普通高等院校航空专业"十二五"规划教

民航客运销售

Air Passenger Tariffs and Sales

黄建伟　林　彦　编著

国防工业出版社

·北京·

内 容 简 介

近十多年来,我国民航事业随着国民经济增长总体呈现快速发展的势头,对既懂业务又能管理的民航客运销售高级人才的需求不断扩大,未来从事民航客运的人才,一方面要掌握民航客运销售实务的专门知识,取得相应的从业资格,另一方面还要具备扎实的民航客运销售管理理论功底和能力。本书立足于国内、国际民航客运销售的实际需要,对接国际规则,全书分别从民航国内客运销售、民航国际旅客运价、民航旅客运输与责任、民航客运销售管理等领域分四篇十一章,系统介绍了民航客运销售相关业务的理论与实际操作知识。

本书不仅适合民航运输类专业学生使用,也可作为航空企业相关人员培训教材。

图书在版编目(CIP)数据

民航客运销售/黄建伟,林彦编著. — 北京:国防工业出版社,2013.5(2016.2 重印)
普通高等院校航空专业"十二五"规划教材
ISBN 978 - 7 - 118 - 08732 - 1

Ⅰ.①民… Ⅱ.①黄… ②林… Ⅲ.①民航运输 - 旅客运输 - 销售管理 - 高等学校 - 教材 Ⅳ.①F560.83

中国版本图书馆 CIP 数据核字(2013)第 079002 号

※

国防工业出版社出版发行
(北京市海淀区紫竹院南路 23 号 邮政编码 100048)
腾飞印务有限公司印刷
新华书店经售
*
开本 787×1092 1/16 印张 18½ 字数 421 千字
2016 年 2 月第 1 版第 2 次印刷 印数 2501—4000 册 定价 42.00 元

(本书如有印装错误,我社负责调换)

国防书店:(010)88540777 发行邮购:(010)88540776
发行传真:(010)88540755 发行业务:(010)88540717

前　言

近十多年来,我国民航事业随着国民经济增长总体呈现快速发展的势头。民航运输规模的快速增长导致行业对民航管理与商务实践领域的人才需求也越来越大,客观上需要培养一批懂业务的高级人才。客运是民航最主要的产品,客运销售是民航客运最为重要的业务领域之一。未来从事民航客运的人才,一方面要掌握民航客运销售实务的专门知识,取得相应的从业资格,另一方面还要具备扎实的民航客运销售管理理论功底和能力,本书的编写就是出于这两方面的考虑。

教材的前三篇系统介绍了民航客运销售的实务知识。第一篇比较完整地反映了2002年民航新一轮改革后国内客运销售的新变化,并将电子客票的相关内容作了系统介绍;第二篇结合国际航协近年来运价规则的调整,从国际旅行、国际旅客运价基础、国际旅客运价计算的原理、国际旅客运价的运用等四个方面介绍了国际旅行及其运价计算规则;第三篇涉及旅客、行李运输及其责任;第四篇则拓展了民航客运销售方面的管理理论。

本书各章的分工如下:黄建伟编写第3~9章及附录,林彦编写第1~2章、第10~11章,全书由黄建伟统稿。上海工程技术大学航空运输学院副院长郝勇教授对本书的编写与出版给予大力支持并审阅了书稿,东方航空公司、上海航空公司、上海工程技术大学航空运输学院的专家和老师为本书编写提出了宝贵建议,在此一并表示感谢!

本书不仅适合民航运输类专业学生使用,也可作为航空企业相关人员培训教材。限于作者水平以及时间紧迫,书中难免存在错误和不足,我们真诚地希望读者给予批评指正。

编者
2013 年 2 月

目　录

第一篇　民航国内客运销售

第1章　国内旅客运价

本章关键词

旅客运价（passenger fares）　　　　公布运价（published fares）

折扣运价（discount fares）　　　　基准价（benchmark price）

成本加成定价（cost plus pricing）　　边际成本（marginal cost）

需求导向（demand orientation）　　　竞争导向（competitor orientation）

政府管制（government regulation）

互联网资料

http：//www.airtis.net

http：//www.travelsky.com

http：//www.caac.gov.cn

http：//www.carnoc.com

> 民航旅客运价是旅客由始发机场至目的机场的航空运输价格,不包括机场与市区之间的地面运输费用。伴随着民航改革进程的推进,我国民航运价的政府管制也逐步放松,我国民航旅客运价从严格执行政府定价逐渐发展为实行政府指导价。

1.1　国内旅客运价的发展

1.1.1　民航国内旅客运价改革历程

　　民航业属于传统自然垄断性行业,由于关系到国民生计和国家安全,其发展必然受到不同程度的政府规制。在计划经济体制下,我国政府对民航运价实行严格的政府规制,进行统一定价。进入20世纪90年代以后,伴随民航改革进程的不断推进,国家逐渐开始放松对民航运价的政府规制。总体来说,我国民航国内旅客运价改革可以划分为4个阶段。

1. 计划价格阶段(1950—1984.8)

1950年8月1日,国内定期航班正式开航,国家首次制定了国内航空运价,当时是根据经营成本并参照铁路、水运运价水平制定的。航空运价为沿铁路平均每客千米0.20~0.24元,不沿铁路为0.31元。由于航空运输成本较高,从而运价较高,导致民航业务量不足。因此,1950年9月18日,1951年2月5日,1952年4月29日,国家3次降低运价。1952年8月1日,国家再次调整旅客运价,将平均每客千米0.26元降低到每客千米0.18元,降价幅度为29.4%。

1955年国家重新制定运价,将沿铁路的航线确定为每客千米0.11元,不沿铁路的航线确定为每客千米0.27元。之后,又经过1958年、1964年、1966年和1971年等几次较大幅度的不计成本、不讲核算的下调,使国内航线价格水平降到了沿铁路线每客千米0.05~0.06元,不沿铁路线每客千米0.06~0.07元,这种运价水平一直持续至1984年8月。

过低的运价水平使民航连年亏损,航空运输生产只能依靠国家财政补贴,而且扩大了国内航线运价与国际航线国内段运价间的差距,造成大批原在国外购买我国国际航线和国内航线联运客票的外国旅客,改为抵达我国后再购买国内航线机票,使国家蒙受外汇和票价差额的损失。因此,1974年1月7日,中国民用航空总局规定:所有外国公民和华侨一律使用国内航段国际票价。自1974年1月15日起,中国民航在国内航线实行两种票价:一类票价用于中国公民(包括台湾同胞,但不适用港澳同胞);二类票价比一类票价约高一倍,用于外国公民、华侨和港澳同胞。

2. 统一、调整票价阶段(1984.9—1997)

20世纪80年代,根据邓小平同志关于"民航要走企业化道路"的指示,民航运输与空军军事运输分离,开始独立核算。

1984年9月1日,中国民用航空总局、国家物价局、国家旅游局、国务院侨办联合下文,决定取消一类票价,以二类票价为公布运价,制定民航国内旅客统一运价。中国公民(包括台湾同胞)、华侨和港澳同胞实行折扣待遇,平均折扣率为60%,折扣运价不对外公布,由民航内部掌握。折扣票价约合每客千米0.08元,比原定的一类票价略有提高,但并没有从根本上解决航空旅客运价脱离成本的问题。

1986年4月1日,由于人民币对外汇率变动和内地至香港地区航线票价调整,广州至北京、上海、杭州、昆明、天津的公布票价平均上调70%,同年7月1日,因汇率因素,上述5条航线以外的国内其他航线公布票价上调30%。因此,这一年国内航线收入水平从1985年每吨千米1.0758元上升到1.1204元,但民航仍处于长期政策性亏损状态。

1987年4月1日,国内航线公布票价再次提高30%,同年6月15日,折扣票价平均提高25%,国内航线收入达到每吨千米1.3322元。

1988年,国内航线出现了需求旺盛局面,为了发挥运价的调节作用,从7月20日起,民航总局取消了北京至广州等56条旅游热线折扣票价,实行中外旅客同价的政策。

1989年3月1日,民航总局将国内旅游航线由原来的56条增加到71条。同年9月5日,民航总局将国内航线公布票价平均上调14.8%,公布票价由每客千米0.24元调整为0.28元,折扣票价平均上调77%,每客千米运价由0.11元调整为0.20元。1989年国内航线收入水平达到2.3226元/吨千米。

1990年至1996年间,国内航线公布票价多次上调,由每客千米0.32元升至0.94元,折扣票价平均水平由每客千米 0.21 元升至 0.66 元,国内航线收入水平达到 6.4712 元/吨千米,为提高企业经济效益,促进民航的持续、快速、健康发展发挥了很大作用。

1997 年,为迎接香港回归和实行国民待遇的要求,民航总局进行运价改革。7 月 1 日,国家取消国内民航运价的"双轨制",实行境内和境外旅客乘坐国内航班同价政策。根据出票地的不同,分为境内购票和境外购票两套不同票价,YA 价适用于在境外购买,YB 价适用于在境内购买,即境内、外旅客在境内购票统一执行每客千米 0.75 元的票价,在境外购票统一按公布票价每客千米 0.94 元执行。1997 年 11 月,国家进一步推出"一种票价、多种折扣"的票价政策,票价浮动幅度扩大到 40%,并试行多级票价制度,机票打折的对象扩大到所有乘客。1984—1997 年间国内旅客运价变动情况见表 1.1。

表 1.1　1984—1997 年间客千米国内旅客运价变动情况

年份	1984	1989	1990	1991	1992	1993	1994	1995	1996	1997
公布票价/元	0.14	0.28	0.32	0.35	0.41	0.51	0.78	0.85	0.94	0.94
折扣票价/元	0.08	0.20	0.21	0.24	0.27	0.35	0.41	0.46	0.66	0.75

3. "禁折"、联营阶段(1998—2002)

1997 年"一种票价、多种折扣"政策实施的初衷是为了给予航空公司一定的定价自主权,使其更好地适应市场需求的变化,进一步改善经营管理。但由于体制改革不到位以及政府对经营者缺乏有效的监督激励机制等多方面原因,各航空公司为抢占市场份额,纷纷实行了低于成本的低价竞销政策,不少票价低于国家定价 30% ~ 40%,有的甚至降至 50% 以下。1998 年,民航业首次出现全行业亏损,当年亏损 35 亿元。为此,民航总局在当年 5 月 8 日下达"统一限价"(机票价格最多只能优惠 20%)的禁令。

由于某些航线"有令不行",因此,1999 年 1 月 25 日,原国家计委、民航总局联合下发了《关于加强民航国内航线票价管理,制止低价竞销行为的通知》,规定各航空公司票价按国家公布价销售,全国所有航线、所有航空公司一律不许打折,要求各航空公司销售国内航线客票,除国家特殊规定外,都必须按国家计委、民航总局印发的《国内航段旅客票价、逾重行李运费表》中公布的价格销售;违规者将面临取消航班的严厉处罚;同时,规范优惠客票的销售办法,支付销售代理人的手续费不得超过客票票价的 3%。这一"禁折令"使我国一度松动的民航运价又变成了标准的全国统一价。

在"禁折令"的作用下,1999 年民航业扭转了亏损,并实现行业盈利 7.9 亿元。但"禁折令"的实施,使民航总局受到了广泛的舆论批评。社会舆论普遍认为,民航业是为了维护行业利益而损害消费者利益和社会利益,其行为与社会福利最大化的目的相悖。在这种压力下,2000 年 4 月 1 日起,民航总局组织航空公司选择客运量大的 108 条国内航线,协商签订联营协议,即多家航空公司共同经营共飞的竞争性航线,机票价格由航空公司共同制定,经民航总局批准并备案,该航线机票以此标准结算,若要打折,必须与同盟公司一起联手。各航空公司的收入按该公司投入在该航线上的运力比例进行再分配。2002 年 3 月 28 日,22 家航空公司在长沙续签第五次联营协议,联营航线增至 113 条。113 条联营航线约占国内航线数的 11.2%,旅客运输量约占国内旅客运输量的 50%,航班量约占 42%,投入座位数约占 53%,收入约占 48%,涉及 34 个通航城市、22 个航空公司。

民航总局实施"航线联营"的初衷是,通过联营各方共同限制运力无效投入,减少成本支出,稳定市场价格,增加航线收益。"航线联营"对于有效遏制各航空公司之间竞相削价行为起到了一定作用,但也极大地增加了规制成本,导致寻租现象的产生。

由于"禁折令"和"航线联营"带来的问题众多,2001年3月6日,民航总局解除了"禁折令",宣布国内北京—广州、北京—深圳等7条航线票价开放,试行多级票价体系。5月20日,又宣布海南往返内地的8条航线机票实行特惠价格。2002年6月10日起,民航总局对团体票试行幅度管理,团体票价最低折扣率根据购票时限、航程性质、人数不同而有所不同,最大优惠幅度为30%。2002年11月4日,民航总局宣布,决定不再实行航线联营,同时取消联营航线的结算及清算,改为按照现行国内航线票证结算规则及程序执行。

4. 指导价格阶段(2003—至今)

2003年年初,民航总局提出年内推行价格管理改革的目标,逐步放松价格规制。4月16日,国家发展和改革委员会公布了《民航国内航空运输价格改革方案》,规定对国内航空运价实行政府指导价,由国家发展和改革委员会会同民航总局,依据航空运输的社会平均成本、市场供求状况、社会承受能力,确定国内航空客货运输基准价和浮动幅度。2004年3月中旬,《民航国内航空运输价格改革方案》经国务院批准,于4月20日正式实行。

根据《民航国内航空运输价格改革方案》规定,民航运价基准价由政府(民航总局)制定,主要考虑航空运输成本和旅客承受能力。确定按每客千米0.75元制定基准价,航空运输企业按全票价销售时,将有一定的赢利和自我发展能力,同时符合旅客承受能力。

1.1.2 民航国内航空运输价格改革方案

《民航国内航空运输价格改革方案》的目标在于建立适应社会主义市场经济体制要求、政府宏观调控、企业自主有限浮动、反映市场供求变化的航空运输价格形成机制。该方案的实施意味着航空客运票价改革向市场化定价迈出了坚实的一步。

《民航国内航空运输价格改革方案》的核心内容是对国内航空运输价格实行政府指导价,政府价格主管部门由核定航线具体票价的直接管理,改为对航空运输基准价和浮动幅度的间接管理。

《民航国内航空运输价格改革方案》规定:国内航线按每客千米0.75元制定基准价,2004年4月20日起国内航空旅客运输,将以现行航空运输企业在境内销售执行的国内各航线票价水平(不含燃油加价)作为基准价(部分航线基准价见表1.2),允许航空运输企业在上浮幅度不超过基准价的25%、下浮幅度不超过基准价的45%的范围内,自行制定具体票价种类、水平、适用条件,提前报民航总局、国家发展和改革委员会备案,并向社会公布后执行。

民航运价上浮幅度的确定,主要考虑三个方面因素:一是给予航空公司票价上浮权,用于对市场实施必要的调节;二是这次运价改革在确定基准价时没有单独考虑燃油附加因素,按国内票价与航油联动机制,国内票价可以在基准价基础上最大上浮20%;三是为了维护我国航空公司在国际上的利益和保持我国航空公司国际市场销售价格政策的稳定性(目前国内航空公司在境外销售票价水平为0.94元/客千米,相当于0.75元/客千米的125%)。综合上述因素,改革方案中允许航空公司票价在基准价基础上最高可上浮25%。

民航运价下浮幅度的确定,主要是考虑国内航线座千米成本,结合未来市场发展、旅客需求以及航线类型确定。2001年民航国内航线客千米成本水平为0.42元(含民航基础建设基金和税等因素），而基准价 0.75 元/客千米的 55% 为 0.41 元/客千米，与 0.42 元的成本水平基本相当。因此，改革方案提出票价下浮幅度最大不得超过基准价的 45%，即最低票价平均水平为 0.41 元/客千米，也就是说，如果平均票价低于这个水平，即使航班客座率达到 100%，航空公司仍将可能出现亏损。

同时，考虑到部分航线运输市场的实际情况，《改革方案》还规定，对三类特殊航线实行更加灵活的价格政策。分别为已经与其他运输方式形成竞争的短途航线，实行市场调节价，不再规定票价浮动幅度；对由航空运输企业独家经营的航线，及部分以旅游客源为主的航线，票价下浮幅度不限，以适应消费者需求，鼓励航空运输企业积极开拓市场（三类特殊航线目录见表 1.3、表 1.4、表 1.5）。

表 1.2　部分航线基准价

航段（代码）	旅客票价/（元/人）	航段（代码）	旅客票价/（元/人）	航段（代码）	旅客票价/（元/人）
自北京（PEK）至		自广州（CAN）至		自上海（SHA）至	
长沙（CSX）	970	北京（PEK）	1360	北京（PEK）	900
重庆（CKG）	1250	长春（CGQ）	1950	长春（CGQ）	1280
大连（DLC）	570	长沙（CSX）	550	长沙（CSX）	710
福州（FOC）	1240	成都（CTU）	1040	成都（CTU）	1290
广州（CAN）	1360	重庆（CKG）	940	重庆（CKG）	1190
桂林（KWL）	1430	大理（DLU）	1230	大连（DLC）	850
贵阳（KWE）	1380	大连（DLC）	1640	福州（FOC）	620
海口（HAK）	1800	福州（FOC）	660	广州（CAN）	1020
杭州（HGH）	920	桂林（KWL）	530	桂林（KWL）	1040
哈尔滨（HRB）	770	贵阳（KWE）	690	贵阳（KWE）	1280
合肥（HFE）	790	海口（HAK）	560	海口（HAK）	1330
济南（TNA）	500	杭州（HGH）	840	哈尔滨（HRB）	1410
昆明（KMG）	1450	哈尔滨（HRB）	2030	合肥（HFE）	390
兰州（LHW）	1070	合肥（HFE）	830	济南（TNA）	610
洛阳（LYA）	690	吉林（JIL）	1940	昆明（KMG）	1520
南京（NKG）	810	济南（TNA）	1270	兰州（LHW）	1400
上海（SHA）	900	昆明（KMG）	1010	拉萨（LXA）	2210
沈阳（SHE）	560	兰州（LHW）	1510	南昌（KHN）	570
深圳（SZX）	1400	拉萨（LXA）	2000	青岛（TAO）	590
厦门（XMN）	1370	南京（NKG）	940	三亚（SYX）	1510
太原（TYN）	470	宁波（NGB）	950	沈阳（SHE）	1040
武汉（WUH）	860	三亚（SYX）	640	深圳（SZX）	1120
乌鲁木齐（URC）	1930	上海（SHA）	1020	太原（TYN）	960
西安（SIA）	840	沈阳（SHE）	1850	天津（TSN）	820
烟台（YNT）	550	太原（TYN）	1140	武汉（WUH）	650
宜宾（YBP）	1250	天津（TSN）	1360	厦门（XMN）	770
张家界（DYG）	1070	武汉（WUH）	740	西安（SIA）	1010
郑州（CGO）	550	乌鲁木齐（URC）	2270	乌鲁木齐（URC）	2240
珠海（ZUH）	1550	厦门（XMN）	530	珠海（ZUH）	1120

表 1.3 实行市场调节价的国内航线目录

航段	航段	航段	航段
阿勒泰 - 乌鲁木齐	成都 - 攀枝花	哈尔滨 - 牡丹江	洛阳 - 南阳
阿尔泰 - 伊宁	成都 - 万县	舟山 - 上海	连云港 - 徐州
阿克苏 - 库车	成都 - 西昌	和田 - 喀什	临沂 - 青岛
阿克苏 - 乌鲁木齐	丹东 - 沈阳	和田 - 乌鲁木齐	临沂 - 潍坊
邦达 - 拉萨	中甸 - 昆明	黄岩 - 上海	宁波 - 上海
保山 - 昆明	大连 - 沈阳	汉中 - 西安	宁波 - 温州
广州 - 梅县	大理 - 西双版纳	且末 - 库尔勒	南京 - 上海
广州 - 汕头	大理 - 昆明	且末 - 乌鲁木齐	南通 - 盐城
广州 - 湛江	敦煌 - 兰州	嘉峪关 - 兰州	北京 - 秦皇岛
郑州 - 南阳	恩施 - 武汉	西双版纳 - 昆明	上海 - 温州
长春 - 延吉	延安 - 西安	西双版纳 - 丽江	上海 - 义乌
朝阳 - 大连	福州 - 晋江	晋江 - 武夷山	西安 - 榆林
朝阳 - 沈阳	福州 - 武夷山	库车 - 乌鲁木齐	汕头 - 湛江
赤峰 - 呼和浩特	福州 - 厦门	喀什 - 乌鲁木齐	汕头 - 珠海
长治 - 太原	格尔木 - 西宁	喀什 - 伊宁	深圳 - 湛江
重庆 - 成都	黑河 - 哈尔滨	南昌 - 赣州	青岛 - 济南
重庆 - 广元	呼和浩特 - 海拉尔	昆明 - 丽江	青岛 - 烟台
重庆 - 九寨沟	呼和浩特 - 通辽	昆明 - 临沧	塔城 - 乌鲁木齐
重庆 - 贵阳	呼和浩特 - 乌海	昆明 - 芒市	济南 - 烟台
重庆 - 万县	呼和浩特 - 锡林浩特	昆明 - 思茅	乌鲁木齐 - 伊宁
重庆 - 铜仁	合肥 - 黄山	昆明 - 昭通	武汉 - 宜昌
长沙 - 张家界	杭州 - 上海	库尔勒 - 乌鲁木齐	武夷山 - 厦门
长沙 - 永州	杭州 - 温州	贵阳 - 铜仁	
成都 - 九寨沟	哈尔滨 - 佳木斯	桂林 - 南宁	

表 1.4 实行票价下浮幅度不限的国内独飞航线目录(部分)

航段	航段	航段	航段
南京 - 石家庄	广州 - 徐州	成都 - 洛阳	北京 - 义乌
南京 - 汕头	广州 - 宜宾	成都 - 石家庄	北京 - 湛江
南京 - 济南	广州 - 义乌	成都 - 湛江	上海 - 襄樊
南京 - 西宁	广州 - 烟台	福州 - 银川	沈阳 - 汕头
南京 - 宜昌	广州 - 盐城	福州 - 南宁	沈阳 - 乌鲁木齐
广州 - 长春	重庆 - 大连	福州 - 温州	沈阳 - 义乌
广州 - 常州	重庆 - 哈尔滨	福州 - 烟台	沈阳 - 延吉
广州 - 广元	重庆 - 黄岩	呼和浩特 - 沈阳	青岛 - 西宁
广州 - 舟山	重庆 - 银川	合肥 - 哈尔滨	武汉 - 西宁
广州 - 黄岩	重庆 - 晋江	合肥 - 南昌	武汉 - 烟台

航段	航段	航段	航段
广州－吉林	重庆－拉萨	合肥－沈阳	厦门－义乌
广州－赣州	重庆－天津	合肥－太原	厦门－烟台
广州－洛阳	重庆－湛江	合肥－乌鲁木齐	常州－沈阳
广州－连云港	长沙－哈尔滨	合肥－烟台	常州－深圳
广州－临沂	长沙－黄岩	杭州－银川	大连－黑河
广州－柳州	长沙－银川	杭州－南京	大连－银川
广州－泸州	长沙－石家庄	杭州－石家庄	大连－吉林
广州－牡丹江	长沙－天津	杭州－西宁	大连－佳木斯
广州－齐齐哈尔	长沙－乌鲁木齐	杭州－徐州	大连－贵阳
广州－南阳	长沙－西宁	杭州－烟台	大连－绵阳
广州－南通	长沙－烟台	杭州－珠海	大连－齐齐哈尔
广州－石家庄	长沙－湛江	北京－通辽	大连－南宁
广州－乌鲁木齐	成都－呼和浩特	北京－乌海	大连－秦皇岛
广州－万县	成都－银川	北京－万县	大连－乌鲁木齐
广州－西宁	成都－拉萨	北京－西昌	大连－烟台

表 1.5 实行票价下浮幅度不限的国内以旅游客源为主的航线目录（部分）

航段	航段	航段	航段
北海－广州	大连－桂林	张家界－宜昌	海口－天津
北海－郑州	敦煌－银川	张家界－珠海	海口－太原
北海－重庆	敦煌－北京	海口－呼和浩特	海口－乌鲁木齐
北海－长沙	敦煌－西安	海口－合肥	海口－温州
北海－成都	敦煌－乌鲁木齐	海口－杭州	海口－武汉
北海－海口	张家界－福州	海口－哈尔滨	海口－襄樊
北海－南京	张家界－合肥	海口－吉林	海口－厦门
北海－北京	张家界－杭州	海口－南昌	海口－徐州
北海－上海	张家界－南昌	海口－昆明	海口－宜昌
北海－深圳	张家界－桂林	海口－贵阳	海口－烟台
北海－武汉	张家界－兰州	海口－桂林	海口－湛江
广州－中甸	张家界－南京	海口－兰州	海口－珠海
广州－大理	张家界－北京	海口－永州	西双版纳－贵阳
广州－张家界	张家界－上海	海口－宁波	西双版纳－天津
广州－海口	张家界－沈阳	海口－南京	西双版纳－上海
广州－西双版纳	张家界－西安	海口－南宁	九寨沟－昆明
广州－昆明	张家界－汕头	海口－北京	九寨沟－北京
广州－桂林	张家界－深圳	海口－上海	九寨沟－西安
广州－丽江	张家界－青岛	海口－沈阳	北京－三亚
广州－三亚	张家界－济南	海口－西安	北京－黄山

航段	航段	航段	航段
广州－黄山	张家界－天津	海口－石家庄	北京－武夷山
广州－武夷山	张家界－太原	海口－汕头	上海－三亚
大连－张家界	张家界－温州	海口－深圳	上海－黄山
大连－海口	张家界－武汉	海口－青岛	上海－武夷山
大连－昆明	张家界－厦门	海口－济南	桂林－上海

《民航国内航空运输价格改革方案》实施标志着民航新型政企关系的基本确立和政府角色定位的进一步明确。政府不再以民航企业亏损与否为根据对价格进行直接的干预,初步实现了由直接规制向间接规制的转变。

根据《民航国内航空运输价格改革方案》,在900多条国内民航航线中,有94条航线完全放开,实行市场调节价,有225条独飞航线和242条旅游航线规定上限,不规定下限。这些航线的旅客运输量占到了民航运输总量的一半。运价改革使用航空公司能够运用价格手段开展灵活的市场营销活动,有效地刺激了市场需求。2004年,民航国内航线旅客运输量达到了10577万人,客运周转量达到1319.8亿客千米,比2002年分别增长了36.4%和35.8%;航班平均客座率71.1%,比2002年提高了7.1个百分点,2004年中国民航全行业利润达87亿元,相当于前10年的利润总和。

1.2 国内旅客运价的管理

航空运输产品的价格,简称运价,是运输企业对运送旅客、行李、货物和邮件等向旅客或托运人收取各项费用的价格。旅客运价是旅客由始发机场至目的机场的航空运输价格,不包括机场与市区之间的地面运输费用。

1.2.1 旅客运价的定价方法

航空旅客运价受5个因素的影响:组织目标、服务成本、服务价值、竞争水平、价格管制。航空运输企业在其发展的不同阶段和处于不同环境下会有不同的组织目标,组织目标影响企业价格决策。新成立的航空公司要进入市场,可能采取低价策略,以迅速获取一定的市场份额。在达到预期的市场份额后,则可能将利润最大化作为组织目标。特殊情况下,航空公司可能将价格作为战术手段,以达成组织的短期目标,如对付竞争者的低价入侵,或获取企业运行所需的最低现金流以免于破产,维持生存。

在市场经济条件下,航空运输企业不管采用何种价格策略,长期条件下必须赢利,这样企业才能生存和发展。航空运输服务的生产成本代表着企业在长期提供这种服务时能够接受的最低价格;消费者为得到这种服务所愿意支付的价格是企业能收取的最高价格,它受服务价值和竞争的影响。政府可以通过价格管制对航空运输企业的定价进行干预,以防止企业收费过高影响到消费者的利益,或进行低价恶性竞争,扰乱市场秩序,损害行业利益。

总的来说,航空运输企业在制定客运价格时,常采用以下一种或几种基本方法。

1. 成本加成定价法

航空运输成本包括飞机折旧(或租金)、燃油费、飞机和发动机大修理费、飞机维修费、飞机保险费、空勤人员工资、起降服务费、管理费等。

航空运输成本也可以叫做总使用成本,用 TOC 表示。TOC 可以分为两部分:与飞机营运直接相关的"直接使用成本"(DOC);与飞机营运无直接关系的"间接使用成本"(IOC)。

用公式表示:TOC = DOC + IOC

1)直接使用成本

直接使用成本 DOC 是衡量飞机使用经济性的依据,由现金成本和所有权成本构成。

现金成本包括:飞行机组费,其中包括工资、福利、津贴和熟练飞机训练费;客舱乘务员费用,包括工资、福利、津贴;燃油费;维修费,维修成本由直接维修费和间接维修费组成;飞机起降费和灯光费,按 CAAC 规定,对每班次只收费一次,根据飞机总重分档收费;航路费和机场进近指挥费,按 CAAC 规定,根据飞机在航路上飞行的千米数及飞机的总重分档收费;旅客过港服务费和运输服务费;机上餐食、饮料供应;飞机清洁费和商务特种车辆使用费。

所有权成本包括:保险费,其中包括基本费、战争险费和旅客保险费等;折旧,折旧只是对最初购置费的分摊,其中包括飞机、备品配件等,起飞全重≥100t 的新飞机,折旧年限是 12 ~ 15 年,10% 的残值;起飞全重 <100t 的新飞机,折旧年限是 8 ~ 10 年,10% 的残值;旧飞机的折旧年限为 7 年,无残值;利息。

2)间接使用成本

IOC 是指与飞机飞行无直接关系的费用。如航空公司的管理费和财务费用、销售费用、广告宣传费、地面交通费,办公室租赁费、通信费和机组培训费等。为了便于分析,航空公司往往将 IOC 费用折合成 DOC 费用的百分数。各航空公司折合的百分数是不一样的,大多数中国航空公司的折合百分数在 25% ~ 50% 之间,有的甚至更大些。

在航空运输企业中,一旦机型、航线、航班时刻确定下来,就可以根据企业的直接使用成本、间接使用成本估算出每一个航班的"座千米成本"或"吨千米成本",加上公司期望的合理利润,形成基本的客运价格。

成本加成定价法简单明了,有利于航空运输企业成本补偿并获取相应利润,缺点是没有考虑到企业在特定情况下面对的竞争和同一服务对不同消费者具有不同价值这一事实。

2. 边际成本定价法

边际成本定价法不按总成本计算价格,而是根据由于运输量增加而直接导致的成本确定价格。这种定价方法广泛应用于短期供给弹性低、固定成本高的行业。在航空运输业中这种方法使用得很普遍,因为航班一旦起飞,其剩余的座位就浪费了。因此,在航班起飞前的很短一段时间内,通常将剩余机票以略高于边际成本的价格出售给候补旅客,即票价略高于每位旅客增加的餐饮、燃油、离港等费用。候补票不能确保旅客在某一航班上的座位,旅客必须提前到达机场等候,航班上有空位时才可以登机。如果没有剩余座位,旅客可以得到退款,或者等候下一次航班。边际成本定价法的好处是能填补剩余运力、补偿固定成本,缺点是如果控制不好,享受边际成本价格的顾客比例过高,会造成航空公司利润损失甚至亏损。

3. 需求导向定价法

航空客运价格的上限取决于旅客对运输价值的判断。运输价值是指航空运输企业生产的产品带给顾客的效用。航空运输价值通常取决于运输距离、服务对象、服务地点、服务时间等因素。成功的需求导向定价就是基于有效的市场分割,以达到每一细分市场的价格最大化。常见的需求导向定价有以下几种。

(1) 针对不同运输距离的定价。与公路、铁路运输相比,距离越长,航空运输的优越性体现得越充分,给顾客带来的价值越大。因此,虽然运输距离越长,航空运输的单位成本越低,但长途运输的单位价格(座千米/吨千米价格)可高于短途运输。航空公司通常又把这一部分价格差额间接地补偿给短途运输,因为短途航空运输的座千米/吨千米成本较高,而服务价值相对较低。

(2) 针对不同类型顾客的定价。民航运输中,大多数航空公司都提供多种运价与服务组合,以满足不同类型顾客的需要。商务旅客常常需要临时作出旅行决定,随时购票,并愿为此支付较高的票价;非商务旅客一般愿意选择较低的票价,并遵守提前几周定票的要求,放弃灵活变更行程的方便;还有的旅客希望享受更低的票价,愿意冒险到机场等待临起飞前的候补机票。因此,航空公司可以针对不同类型顾客提供多等级票价。

(3) 针对不同消费地点的定价。航空运输企业可以在对顾客服务价值大的地方收取较高的价格。在航空运输中,对不同的航线常常收取不同的单位价格。例如,甲地到乙地的市场与乙地到甲地的市场可能不同,因为两地各自的经济水平、竞争程度和顾客购买行为可能是有差异的,对两个市场的定价政策因此也会不同。

(4) 针对不同生产时间的定价。航空运输服务经常面对不均匀需求,表现为需求的日变化、周变化、年变化、季节变化、周期性变化或随机变化。需求旺盛时,消费者愿意付更高的价格,而且供应商为满足短期高峰需求,需要增加服务人员和设施,服务成本也会提高。因此,针对时间的差别,定价既与需求大小有关,又与生产成本有关。航空公司对需求高峰期航班收取较高费用;对需求低谷期的航班会提高票价折扣,或采取一些提供额外服务的促销措施。

4. 竞争导向定价法

航空运输企业很少能够在不考虑竞争对手的情况下确定价格,竞争导向定价法主要有两种:① 与竞争对手采取不同的价格定位,服务不同的细分市场。这种定位应是航空运输企业市场营销组合策略的一部分,要与其他营销要素相互协调。如低成本航空公司的营销定位是服务简单、成本低廉、价格便宜;而一些大型航空公司采用的是服务网络宽、到达目的地多、方便舒适、价格较高的营销定位。② 当一个航空公司的目标市场与竞争对手相同时,价格通常作为获得短期竞争优势的战术手段。

5. 政府管制下的定价

在国际航空运输市场上,以及在许多国家的国内航空运输市场上,政府对航空运输价格都实施一定程度的管制。价格管制一般针对价格歧视、不合理运价和不合理的价格变动。如航空公司或航空公司联盟为了将竞争对手驱逐出市场,占有更高的市场份额而采用的"掠夺式"价格,新航空公司为了迅速进入市场而采用的低价策略,作为国有企业的航空公司管理层不惜国有资产流失而进行的价格战,其价格相对于航空公司的生产成本和市场需求都是不合理的。在国际航空运输市场上,一国的航空公司通过接受政府补贴,采取亏损运营的方式来获取竞争优势,对于未获政府补贴的航空公司而言,其价格也具有"掠夺性"。在某些垄断市场上,航空公司则可能收取不合理的高价。政府管制措施一般是根据一定时期内的航空运输平均成本制定一个基准价格,并以此为基础给出价格上下浮动的范围。

我国民航运输现在实行的是政府指导价,分成 3 个层次:已经与其他运输方式形成竞争的省内航线完全实行市场价格;独家经营和旅游城市票价是放开下限、管住上限;多数的航线实行以政府基准价为基础,在上浮 25%、下浮 45% 的幅度内自主确定价格。政府基准价是依据航空运输的社会平均成本制定的。因此,目前我国的航空运输市场不是完全竞争的,航空运输企业不能够完全按照组织目标或市场力量来确定价格,不能自由使用上述各种定价方法。

1.2.2 燃油附加费

在我国航空公司的成本构成中,航空油料成本是最主要的组成部分,比例平均在 35% 以上,因此,如果航油价格波动为 10%,航空公司的利润就会发生重大变化,甚至决定航空公司是盈利还是亏损。近年来,国际原油价格持续大幅上涨,造成航空公司航油成本不断上升。2008 年上半年,航油成本曾一度占航空公司主营业务成本近 50%。

为减轻增加的航油成本给航空公司带来过重的财务负担,2009 年 11 月,国家发改委、民航局印发了《关于建立民航国内航线旅客运输燃油附加与航空煤油价格联动机制有关问题的通知》(发改价格〔2009〕2879 号),规定国内航线旅客运输燃油附加与航空煤油综合采购成本实行联动。以国内航空煤油价格每吨 4140 元为基准油价,航空煤油价格低于基准价停止征收燃油附加费,超过时由航空公司自行消化不少于 20%,其余按照特定公式计算征收金额的最高标准。允许航空公司在不超过按公式计算的最高标准范围内自主确定具体标准。

1. 燃油附加最高标准计算公式

燃油附加以航线为单位、区分长短航线分两档定额计算。其中:800 千米(含)以下短途航线,燃油附加最高标准统一按 800 千米计算;800 千米以上长途航线,燃油附加最高标准统一按 1500 千米计算。具体公式如下:

800 千米(含)以下航线燃油附加最高标准

= 燃油附加单位收取率/100 ×(国内航空煤油综合采购成本 − 4140)× 800

800 千米以上航线燃油附加最高标准

= 燃油附加单位收取率/100 ×(国内航空煤油综合采购成本 − 4140)× 1500

上述公式中,燃油附加单位收取率由国家发改委、民航局根据上年国内航线航空煤油实际消耗量、旅客运输总周转量和航空公司自行消化不少于 20% 的分担比例等相关参数的变化,逐年测算公布。数值上对应国内航空煤油综合采购成本每吨每超出基准油价 100 元时可以收取的每客千米最高金额。

例 1 2011 年 4 月 1 日至 2012 年 3 月 31 日期间的燃油附加单位收取率为 0.002691 元/客千米,假定国内航空煤油综合采购成本 6340 元/吨,则 800 千米(含)以下航线燃油附加最高标准为 47.36 元,800 千米以上航线燃油附加最高标准为 88.80 元,按照"不足 10 元四舍五入"的原则,分别为 50 元和 90 元。

公式中的国内航空煤油综合采购成本主要取决于国内航空煤油的出厂价,以及中航油国际航油的进口量和进口成本等因素。2011年7月,国家发改委印发了《关于推进航空煤油价格市场化改革有关问题的通知》(发改价格[2011]1419号),改革了航空煤油价格形成机制,航空煤油出厂价格逐步实行市场定价,具体出厂价格由进口到岸完税价和贴水两部分构成,随国际市场油价变化每月调整一次,综合采购成本相应调整。

2011年11月,国家发改委、民航局又进一步完善了上述机制,以减轻消费者负担。一是增设燃油附加调整的启动条件。以上一次燃油附加最高标准调整时的水平为基础,国内航空煤油综合采购成本累计变化幅度超过每吨250元时,燃油附加最高标准方可按现行联动机制有关规定进行调整。二是明确航空公司具体上调燃油附加标准的时间。航空公司按综合采购成本变化幅度测算,需要上调燃油附加标准时,应在综合采购成本调整执行5日后(含第5日)出台;降低时,仍应在综合采购成本调整5日内相应下调或停止收取燃油附加。具体调整计收燃油附加标准时间以旅客实际购票日期为准。三是规定对特殊旅客收取燃油附加尾数处理办法。按规定减半计收儿童、革命伤残军人、因公致残的人民警察等特殊旅客群体燃油附加标准时,对不足10元的个位尾数,由"四舍五入取整到10元"改为"舍去尾数计收"。

2. 国内航线燃油附加费的相关规定

(1) 燃油附加费最小计费单位为10元,不足10元部分四舍五入。

(2) 国内航线婴儿旅客免收燃油附加费。儿童、革命伤残军人、因公致残的人民警察,继续按同一航班普通成人旅客实际收取标准减半收取燃油附加费,对不足10元的个位尾数,实行舍去尾数计收。

例2 普通成人旅客燃油附加费为130元,儿童、革命伤残军人、因公致残的人民警察则为60元。

(3) 燃油附加费在旅客购票时与票价一并收取,燃油附加费项目和标准在客票上单独标示。旅客退票时,燃油附加费按实际收取金额退还旅客。

(4) 对航空公司存在下列行为之一,由政府价格主管部门依法开展调查并实施行政处罚:扩大范围、提高标准收取燃油附加费的;推迟降低或推迟停止收取燃油附加费的;航空公司相互串通,确定燃油附加费具体收取标准和出台时间的;不按规定向社会公布燃油附加费的具体收取标准和执行时间,以及不按规定实行备案的。

1.2.3 机场建设费

机场建设费是为筹集机场建设经费而设立的。机场的修建在早期有民航系统投资和地方投资两种渠道,为了保证地方的投资回报,所以开征机场建设费。

我国机场建设费自1992年开始征收,迄今已经20年。机场建设费征收之初,乘坐民航国内航班(含国际、地区航线国内段)的中外旅客需要缴纳15元的机场建设费,由机场向本站始发旅客收取,而旅客票价低于70元(含70元)的免收机场建设费。不过,由于缺乏统一征收标准,国内各机场的实际征收标准从15元到50元不等。1992年之后的几年间,国内个别地方机场建设费一度收到100元,引起旅客极大不满。

这一收费直到1995年才有条文依据。1995年10月《关于整顿民航机场代收各种建设基金的意见》中称,自1995年12月1日起,将地方委托民航机场代收的各种机场建设基金或附加费等,统一并入"机场建设费",收费标准由国家统一制定。征收标准为:乘坐国内航班的中外旅客每人50元人民币;乘坐国际和地区航班出境的中外旅客每人90元人民币(含旅游发展基金20元)。

2004年,机场建设费开始"并入"机票缴纳。民航总局下发《关于改革民航机场管理建设费征收管理方式等有关问题的通知》,通知规定从2004年8月1日起,各航空运输业和机票销售代理机构销售2004年9月1日(含)以后的机票时,将在机票中加收机场建设费。征收标准为:乘坐国内航班旅客每人50元;乘坐国际和香港、澳门地区航班的旅客每人90元(含旅游发展基金20元);乘坐国内支线航班的旅客每人10元。但对下列人员除外:

(1)乘坐国际及香港、澳门地区航班出境的持外交护照的旅客;

(2)年龄在12周岁(含)以下的儿童。

2011年,为扶持支线航空发展,我国开始免征国内支线航班机场建设费,其他机场建设费征收标准保持不变。

2012年4月1日,《民航发展基金征收使用管理暂行办法》经财政部颁布实施,规定自4月1日起至2015年12月31日,民航机场建设费废止,改征民航发展基金,收费标准不变:乘坐国内航班的旅客每人次50元;乘坐国际和地区航班出境的旅客每人次90元(含旅游发展基金20元)。持外交护照乘坐国际及地区航班出境的旅客、年龄在12周岁以下(含12周岁)的乘机儿童以及乘坐国内支线航班的三类旅客免征民航发展基金。

1.3　国内旅客运价的使用

1.3.1　国内旅客运价的种类及其适用范围

国内航线旅客运价依据旅客服务等级、旅程方式、旅客类型、出票时间地点等具体情况,可以划分为不同的票价种类。

1. 按服务等级划分

国内旅客运价按照为旅客提供服务等级的不同分为三种票价:头等舱票价(F),公务舱票价(C),经济舱票价(Y)。

(1)头等舱票价。航空运输企业在有头等舱布局的飞机飞行的国内航班上向旅客提供头等舱座位。头等舱的座位较公务舱座位宽而舒适,向旅客免费提供的餐食及地面膳宿标准高于公务舱,每人免费交运行李的限额为40千克。国内航线头等舱的票价是经济舱正常票价的150%。

例3　上海虹桥—北京的Y舱票价为1130.00元,则头等舱票价为:1130.00 × 150% = 1700.00元。

(2)公务舱票价。航空运输企业在有公务舱布局的飞机飞行的国内航班上向旅客提供公务舱座位。公务舱座位较头等舱窄,但比经济舱宽,餐食及地面膳宿标准低于头等舱,高于经济舱,每人免费行李限额为30千克。国内航线公务舱的票价为经济舱正常票价的130%。

例4　上海虹桥—北京的Y舱票价为1130.00元,则公务舱票价为:1130.00 × 130% =

1470.00 元。

（3）经济舱票价。航空运输企业在飞机飞行的国内航班上向旅客提供经济舱座位，每人免费交付的行李的限额为 20 千克。其正常票价以国家对外公布的直达票价为基础。

2. **按旅客航程划分**

国内旅客运价按旅客不同的旅程方式分为单程票价、来回程票价和联程票价。

（1）单程票价。单程票价也称为直达票价。它适用于规定航线上的由甲地到乙地的航班运输，现行对外公布的国内航线客票价均为航空运输的直达票价。

例如：上海虹桥—北京现行的 Y 舱单程票价为 1130.00 元。

（2）来回程票价。来回程票价是由两个单程票价组成，一个是使用直达票价的去程运输；一个是使用直达票价的回程运输。某些航空公司来回程票价在两个单程票价的基础上可享受一定的折扣。

例 5 广州—北京 Y 舱来回程票价原价是 $1700.00 \times 2 = 3400.00$，但南方航空公司规定如一次性购买来回程机票可优惠 5% 的全票价，即旅客只需要支付去程和回程各 $1700.00 \times 95\% = 1615.00$ 元，进位后为 1620.00 元，总票款为 3240.00 元。

（3）联程票价。联程运输是旅客的航程超过一个以上的航班，需在航班的中途站或终点站换乘另一航班才能到达目的地。联程票价是将旅客所乘坐航段的票价相加，作全程票价。

例 6 旅客按下列航程旅行：

广州—上海　　　　1280 元
上海—北京　　　　1130 元

则旅客需要支付 $1280 + 1130 = 2410$ 元的联程票价。

3. **按旅客年龄划分**

国内旅客运价按旅客年龄不同分为成人票价、儿童票价和婴儿票价，具体规定如下：

（1）年满 12 周岁或以上的旅客购成人票价。

（2）年满 2 周岁、未满 12 周岁的儿童应按同一航班成人普通票价的 50% 购买儿童票，提供座位。

（3）未满 2 周岁的婴儿按照同一航班成人普通票价的 10% 购买婴儿票，不提供座位，无免费行李额，仅可免费携带一摇篮或可折叠式婴儿车；如需要单独占座位时，应购买儿童票。

（4）每位成人旅客所带未满 2 周岁的婴儿超过一个时，其中只有一个可按成人全票价的 10% 付费，其余按成人全票价的 50% 购买儿童票。

例 7 广州—上海的 Y 舱成人票价为 1280.00 元，则相应航段的 Y 舱婴儿票价为 $1280.00 \times 10\% = 128.00$ 元，取整后为 130.00 元，Y 舱儿童票价为 $1280.00 \times 50\% = 640.00$ 元。如一个旅客携带两个婴儿从广州飞上海，只有一个婴儿可以购买 10% 票价，另外一个按儿童票价付费。则该旅客共需要支付 $1280.00 + 130.00 + 640.00 = 2050.00$ 元。

（5）5 周岁以下的儿童乘机，须有成人陪伴而行，如无成人陪伴，不予接收。5 周岁（含）以上、12 周岁以下无成人陪伴儿童乘机时，应在购票前提出申请，经承运人同意后方可购票乘机。

（6）儿童和婴儿的年龄指开始旅行时的实际年龄，如其在开始旅行时未满规定的年龄，而在旅行途中超过规定的年龄，不另补收票价。航空公司销售以上优惠客票，不得附加购票时限等限制性条件。

4. 特种票价

特种票价是航空公司对特殊运输对象给予一定折扣的票价，它以公布的成人全票价为基础计算，除另有规定外，一般不得重复享受其他优惠。

目前存在的特种票价主要是按照旅客类型、航班时刻和购买方式来制定的，如老人优惠、军人优惠、代理人优惠、团体优惠、来回程优惠、常旅客优惠等。

（1）团体旅客票价。旅客人数在 10 人（含）以上，航程、乘机日期、航班相同并按同一类团体票价支付票款的旅客称为团体旅客。购买儿童、婴儿票价客票的旅客不计入团体人数内。

团体旅客可以在开放的航班上申请订座，订妥座位后，应在规定或预先约定的时限内购票，否则，所订座位不予保留。航空公司可以按有关规定向国内、外团体旅客提供优惠的特种票价。该票价附有不得签转、出票时限等限制条件。

（2）军残票价。凡因公致残的现役军人和因公致残的人民警察在乘坐国内航班时，凭《革命伤残军人证》或《人民警察伤残抚恤证》，在规定的购票时限前，按适用正常票价的 50% 计收。

（3）教师、学生票价。教师和学生在寒暑假期间乘坐国内航班时，凭教师证和学生证，按适用正常票价的 60% 和 50% 计收（具体请参见各航空公司的相关业务规定）。

例 8 桂林—杭州的 Y 舱全票价是 1210.00 元，则寒暑假期间教师凭教师证购票只需要支付 $1210.00 \times 60\% = 730$ 元，学生凭学生证购票只需要支付 $1210.00 \times 50\% = 610.00$ 元。

（4）季节票价。航空公司在旅游淡季向旅客提供的优惠票价，属于促销票价。

（5）其他特种票价。在经济舱正常票价的基础上对符合购票时限、旅客身份、航班时刻、季节浮动等限制条件的团体或单个旅客给予一定的优惠。限制条件详见各航空公司优惠运价文件。

5. 免票、优惠票

由承运人特殊批准的旅客，凭乘机优待证可以填开由该承运人承运的免票、优惠票。

货运包机押运人员凭包机货运单和包机单位介绍信可填开免费客票。在客票的票价计算栏内写明包机运输协议书号码。

航空公司常旅客可凭里程积分换取免票。

6. 包舱票价

在有小客舱的大型飞机飞行的国内航班上，可以向旅客提供包舱。人数以小客舱内的座位数为限。包舱内的座位数乘以直达正常票价，即包舱票价。

7. 占用客舱座位的自理行李、商业信袋、外交信袋的运费

根据自理行李、商业信袋、外交信袋的全部实际重量，按逾重行李计收的运费，与实际占用舱位的座位数的正常客票价计收的费用相比，取高者为其运费。

旅客因为舒适或其他理由，希望额外占用座位，可根据实际占用舱位的座位数计收。当额外占用的座位数超过 1 个时，需在额外占用座位标识"EXST"前注明额外占用的座位数。

8. 包机运费

包机运输是承运人和包机单位单独签订运输合同的客运、货运或客货兼运的民航运输。

包机运费由承运人与包机单位共同商议决定,一般包括包机费、调机费和留机费。

(1) 包机费。包机费是根据包用机型的每千米费率和计费里程或包用机型的每小时费率和飞行时间计算后,取其高者。如每日飞行不足1小时,按该机型的1小时包机费率收取最低包机费。

(2) 调机费。调机是指为执行包机任务而产生调用基地的飞机,由基地调往执行任务始发地的飞行。每飞行小时调机费按包机飞行小时标准费率的50%计算。如包机方单程包用飞机,其调机和包机航段的收费标准按包机收费标准的150%收取,其包机航段的回程和调机的回程不再收费。

(3) 留机费。如包机单位要求在执行包机期间需作停留,在1小时内不收留机费。凡超过1小时,从第2小时起,每停留1小时(不足半小时的按0.5小时计算,超过半小时不足1小时的按1小时计算),按该机型的1小时包机收费标准的20%作为留机费。不是包机单位的原因需停留1小时以上,不收留机费。

1.3.2 国内旅客运价使用的一般规定

客票价为旅客开始乘机之日适用的票价;客票售出后,如票价调整,票款不作变动。例如,某旅客于3月29日购买4月3日MU5303航班Y舱SHA—CAN客票一张,当时票价为1000.00元,但4月1日起,票价调整为1280.00元,由于旅客在3月29日购票,所以该旅客在4月3日乘机时其票价不作变动,不必补交票价差额。相反,若3月29日旅客购票时票价为1280.00元。而4月1日后票价调整为1000.00元,其票价亦不作变动。若旅客要求退回差价,处理时应先按自愿退票处理,后另按新票价重新购票,退票应根据退票的有关规定收取退票手续费。

航空公司公布的国内票价,适用于直达运输。如旅客要求经停或转乘其他承运人航班或交通工具时,除航空公司另有规定外,应按实际航程分段相加计算票价。

使用特种票价的旅客,应遵守该特种票价规定的条件。

旅客应按国家规定的货币和付款方式交付票款,除与航空公司另有协议外,票款一律现付。

当收取的票款与使用的票价不符或计算有错误时,应按照航空公司相关规定,由旅客补付不足的票款或由航空公司退还多收的票款。

客票价以人民币10元为计算单位,航空公司收取的其他费用以人民币元为计算单位,尾数一律四舍五入。

政府、有关当局或机场经营者规定的对旅客或由旅客享用的任何服务、设施而征收的税款或费用不包括在航空公司所公布的票价范围内。

本章小结

在计划经济体制下,我国政府对民航运价实行严格的政府规制,进行统一定价。现在,随着民航改革进程的不断推进,民航运价的政府规制逐步放松,国内航空运价实行政府指导价,政府价格主管部门由核定航线具体票价的直接管理者,转变为对航空运输基准价和浮动幅度的间接管理者。2004年推出的《民航国内航空运输价格改革方案》是现行国内航空旅客运价管理的主要依据。

航空运输企业在制定客运价格时可以使用成本加成定价法、边际成本定价法、需求导向定价法和竞争导向定价法等。由于目前我国的航空运输市场不是完全竞争的市场,所以航空运输企业尚不能够完全按照组织目标或市场力量来确定价格,不能自由使用这些定价方法。目前,国内运价有着比较复杂的票价体系,实际工作中,熟悉各种类别的票价规则十分重要。

复习与思考

1. 民航为什么要进行旅客运价改革?
2. 民航国内航空运输价格改革方案的具体内容有哪些?
3. 儿童和婴儿票价有哪些规定?
4. 陈女士夫妇携刚出生不久的婴儿1名,购买北京至上海经济舱机票,成人旅客享受7折优惠,北京—上海经济舱全票价为1130元,请计算他们全家应付票款总额。
5. 某旅客8月3日乘坐经济舱由重庆飞至武汉,在武汉停留几天后,再乘航班飞至南京,重庆—武汉经济舱全票价为790元,武汉—南京经济舱全票价为730元,旅客重庆—武汉享受9折优惠,武汉—南京享受7折优惠,请计算票款。
6. 一名持革命残废军人证书的伤残人和其夫人购买成都—北京机票,成都—北京经济舱全票价为1440元,旅客购票之日的最低折扣为7折,请计算票款。
7. 一旅游团体乘经济舱从上海浦东飞往西安,按规定享受7折优惠票价,其中16名成人,3名儿童,1名婴儿,上海—西安经济舱全票价为1260元,请计算票款。

阅读

民航新运价体系休克

资料来源:经济观察报(2009年09月18日)

2009年4月20日,国内各大航空公司开始实行新的运价体系,同一级别的机票价格会出现上涨,以前折扣越低的票价上涨比例会越大。同时,在机票查询系统中将不再显示折扣率,只显示价格。据业内人士分析,每个航线的经济舱价格由基础运价+上浮运价组成,这里的上浮运价相当于基础运价的25%。之前的折扣是按照经济舱全价的比率换算出来的,现在的价格是按照经济舱价格中基础运价的比率换算出来的,上浮运价成为了一个常数,因此,折扣越低的票价上涨比例会越大。

但是运行不到半年,中国航空巨头就已经陆续恢复旧运价体系。被认为是航空巨头"价格联盟"的新民航运价体系随即土崩瓦解。

多个消息来源称,此举系应国家发改委要求进行。知情人士称,旧运价体系的恢复,并不是哪家航空公司的单独行为,而是整个民航业的集体调整。

本报获得的信息显示,东航于 9 月 19 日起恢复旧票价折扣计算方法。9 月中旬,南航也抛弃了从 4 月 20 日起执行的仅在基准价上打折,上浮价不打折的折扣模式,全面向旧的票价体系回归,即打折票以经济舱全价(基准价 + 上浮价)为基础,再乘以相应折扣。

此间,深航、厦航、川航等航空公司也基本上取消零碎折扣,将折扣幅度调低。

国航在未改变新运价体系的基础上对价格进行了调整。9 月 1 日,国航在国内航线上新增加了 6 个子舱位,机票折扣体系中出现了 0.3、0.5、0.8 等更为复杂的折扣档次,这被看成是吸引旅客的促销举措。

有机票代理商称,由于航空公司之间存在一定的默契,最终国航或许会将现有的复杂运价体系改回到与其他航空公司相同的体系中。目前,许多机票代理商已接到航空公司发出的调整通知。

南航内部人士称,在回归前,不少旅客均对新出现的 8.4 折、7.6 折、5.2 折等奇怪机票折扣表示不解。

"说实话,零散折扣就是我们自己都不好计算,以至于旅客询问票价折扣时售票员只能在订座系统中订座后才能报出价格,"白云机场售票处一位工作人员对本报说,"旅客还觉得不实惠,新的运价体系是出力不讨好。"

上述南航人士表示,三季度是航空业传统旺季,此时调整对航空公司没有太大的影响。长期关注民航业的另一知情人士则称,此次低调的调整可能跟反垄断有关。

思考题

1. 民航新运价体系为什么不被市场接受?
2. 航空公司应该如何制定合理运价?

第2章 国内客运销售实务

本章关键词

订座(reservation)
旅客订座记录(passenger name record)
客票变更(ticket change)
客票签转(ticket endorsement)

电子客票(E-ticket)
客票销售(ticket sales)
退票(refund)
团体旅客(group tourists)

互联网资料

http://www.ctrip.com
http://www.qunar.com
http://www.caac.gov.cn
http://www.carnoc.com

> 电子客票是传统纸质机票的一种电子映像,是一种电子号码记录。电子客票的产生不仅给航空公司带来了许多优势,而且也给旅客带来诸多便利。电子客票销售包括电子客票订座、出票、变更、签转、换开、退票等工作。

2.1 订 座

2.1.1 订座术语

为了航空运输企业之间在办理订座工作中正确表达各种相关信息,国际上对于订座工作中的专业术语,规定了一致的含义。

1. 订座

订座是指对旅客预定的座位、舱位等级或对行李的重量、体积的预留。

2. 旅客订座单

旅客订座单是旅客购票前必须填写的供承运人或其销售代理人据以办理订座和填开客票的业务单据。

3. 重复订座

同一旅客或团队在同一航班上进行两次或两次以上的订座。

19

4. 落实订座

航空运输企业与已经订妥座位的旅客联系,询问该旅客是否肯定使用已经订妥的座位。

5. 无订座记录

旅客持有订妥座位的客票,而承运人没有已经证实或接受订妥座位的记录。

6. 超额订座

预订座位数超过该航班所能允许销售的座位数。

7. 候补订座

由于目前航班座位情况无法满足旅客所需,无法为其确认座位,而让其等候补座。

2.1.2 订座的要求与流程

1. 订座的一般要求

(1)旅客订妥座位后,应在航空公司规定或预先约定的时限内购买客票。如未在约定的时限内购票,所订座位将会被取消。承运人对所订座位在规定或预先约定的时限内应予以保留。不定期客票须订妥座位后方能使用。

(2)接受旅客订座一般按照先后顺序办理,重要旅客、抢险救灾、抢救病危的旅客应优先安排。

(3)旅客预订联程航班座位,应根据各机场公布的航班最短衔接时间的有关规定办理,避免错失衔接航班。

(4)承运人可规定航班开始和截止接收订座的时限,必要时可暂停接受某一航班的订座。

(5)旅客持有订妥座位的联程或回程客票,如在该联程或回程地点停留72小时以上,须在联程或回程航班离站前两天中午12点(含)以前,办理座位再证实手续,否则原订座位不予保留。如旅客到达联程或回程地点时间离航班规定离站时间不超过72小时,则不需要办理座位再证实手续。

2. 订座的基本流程

订座工作是民航运输服务工作中的一项重要工作,航空公司售票处和客运销售代理是负责接受订座的部门,民航订座人员利用订座系统记录旅客订座要求来完成订座工作。

旅客进行订座的途径可以有多种,旅客可以到航空公司售票处或代理点办理订座,也可以用电话、电报、互联网等方式办理。旅客可以预定中国民航航班上任何起止点一年内的座位。接受订座的班期时刻如有变更,航空公司须及时通知旅客或订座部门,并要求旅客或订座部门对预留的座位予以证实。订座部门人员办理订座要认真负责,核对检查订座记录,如有错误,应及时更正。图2.1显示旅客订座的业务流程。

2.1.3 旅客订座记录

订座需要通过订座系统来进行,国内民航订座系统包括代理人分销系统 CRS 和航空公司系统 ICS,由中航信负责研发,本章主要介绍 CRS 系统的基本操作。

对订座系统的操作主要围绕旅客订座记录(Passenger Name Record,PNR)进行。旅客订座记录是一个记录旅客各种信息的记录,包括旅客姓名、航程、航班、日期、舱位、座位

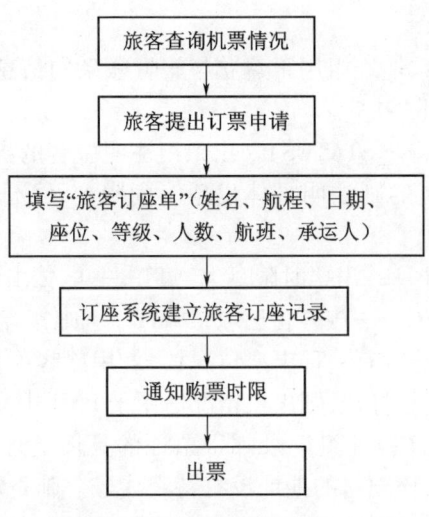

图 2.1　旅客订座的业务流程

数、特殊需求、联系电话等信息。它是通过旅客订座系统的相关指令来完成操作的。计算机赋予每个 PNR 一个编号,俗称电脑号,也称订座记录编号。电脑号一般为五位数字与字母的组合。

旅客订座记录是电脑订座人员必须掌握的内容,PNR 在订座系统中最主要的作用是订座,还可以打票,建立常客信息,订旅馆,以及其他相关信息。

1. PNR 的组成

一个完整的 PNR 包括以下 13 项内容,其中第 1、第 3、第 4、第 5 项是建立 PNR 必须包括的项目。

(1) 姓名组。姓名组由姓名及座位数组成。在姓氏前必须带有该姓氏的座位总数,在姓氏与名字之间要用斜线隔开。姓名组除姓氏外可包含名的缩写、名、称谓及特殊情况代号,特殊情况如残疾、儿童等,一个 PNR 最多可输入 511 个旅客姓名。

(2) 团体组。团体旅客人数最多是 511。如果一个 PNR 的旅客人数等于或多于 10 时,必须输入团体名称。当 PNR 的旅客人数少于 10 人时,如果需要,也可以按团体处理。团体名称可以在建立或修改 PNR 时输入。团体名称组的输入包括团体人数和团体名称。团体名称只能使用字母和斜线。含有团体名称的 PNR 存入系统后,可以用团体名称或该团体中的任何一个旅客姓名提取这个 PNR。

(3) 航段组。航段组为旅客的航程建立提供有关信息,如航班情况、飞行日期、订座情况等。航段组按其提供信息的性质分为 4 种情况,分别是:可采取行动的航段组、提供到达情况航段组、到达情况不明航段组、不定期航段组。

其中,可采取行动的航段组(代号为 Actionable,指令为 SS 或 SD),可根据航班时刻表、座位可利用状况等航班信息直接或间接建立。

提供到达情况航段组(代号为 Informational,指令为 SA),是为有关人员提供旅客到达订座起始地点情况的,其中包括航班、舱位等级、日期、城市对、订座情况等信息。

到达情况不明航段组(代号为 ARNK,指令为 SA),其功能可以用来衔接不连续航程。

不定期航班航段组(代号为 OPEN,指令为 SN),意为航班号与航行日期不确定,可根据情况确认航班与日期。

（4）联系地址组。联系地址组用于建立与旅客联系的信息,主要提供旅客或代理人的联系地址,输入格式由用户决定。

（5）出票情况组(TICKET STATUS)。出票组注明旅客的出票情况,已出票的将注明机票号码等信息,而未出票的则注明具体出票时间限定及安排。出票情况有以下几种类型:

T——已出票　　　　TL——出票时限　　　　TT——电传出票
AT——机场出票　　WC——旅客自己取票　MT——邮寄客票

每一位旅客必须也只能带有一种出票情况代号,用旅客序号标识注明与出票情况相对应的旅客,若没有旅客序号标识,则出票情况适用于 PNR 中全部旅客。

（6）邮寄地址组。邮寄地址组记录邮寄票证的具体地址,如果出票情况为邮寄票(MT),本组是不可缺少的,该项目的地址没有特定代号。邮寄客票的旅客必须有邮寄地址,邮寄地址标明的旅客序号标识,说明该地址只适用于所标明的旅客,没带旅客序号标识的地址适用于所有旅客姓名。

（7）开账地址组。开账地址组将注明开账地址,其写法没有规定。开账地址标明的旅客序号标识,说明该地址只适用于所标明的旅客,没带旅客序号标识的地址适用于所有旅客姓名。

（8）票价组。票价组可以提供所要求的票价情况,也可以提供旅客所需的各种类型的票价。

（9）辅助服务项目组。辅助服务项目组有以下 5 种类型:

出租飞机——ATX　　　出租车服务——CAR
旅客租房服务——HTL　地面运输服务——SUR
旅游服务——TUR

辅助服务项目组在输入有关的内容经封口后,相应的信息通过系统内部自动生成的电报,输送到有关部门的 QUEUE 中,以便联系或采取行动。

（10）特殊服务组。特殊服务组包括任何需要马上采取行动和回答的各类服务情况。特殊服务内容及长短不予限制。每项特殊服务组的建立和修改在封口后,相应的信息通过系统内部自动生成的电报,输送到有关部门的 QUEUE 中,以便联系或采取行动。

（11）备注组。备注组可以记录某些有助于了解旅客情况的信息。

（12）责任组。责任组指的是负责 PNR 的部门名称。当新的 PNR 建立时,系统会自动给出责任组。责任组包括终端所在的部门名称。PNR 的现行部分只能有一个责任组,其他责任项存入 PNR 的历史记录中。

PNR 现行部分是指包括所有当前有效的 PNR 的各种项目,另外也可以包括在同一次显示中所有已失效的项目。PNR 的历史部分指的是 PNR 的非现行项目在做封口后,自动转移到历史记录的那部分项目。

（13）其他服务情况组。其他服务情况组是不需要马上采取行动和回答的各类服务情况,相应的电报会出现在航空公司有关部门。

2. PNR 的建立

建立 PNR,要按照不同旅客的不同情况处理。首先要建立 PNR 的各个项目,最后以封口指令@使记录生效,产生记录编号。

建立 PNR 的一般程序如下:

(1) 查询航班座位可利用情况(AV),建立航段组(SD),输入旅客姓名(NM),输入旅客联系地址组(CT),输入票号(或输入取票时间)(TK),输入特殊服务组(SSR)或其他服务组(OSI),备注组(RMK),输入封口指令。

(2) 如果航段组的始发地不是出票地,应在建立航段组的同时,以(SA)指令建立到达情况组。航段组中城市机场三字代码可参考本书附录一和附录二。

(3) 一般情况下,如果旅客无特殊服务要求和其他服务情况,或无需输入备注情况时,可以省去这三项内容。

例 1 有两位旅客,姓名分别为王涛、周立新,欲购买 7 月 15 日 MU5525 航班上海至青岛,7 月 20 日 MU3083 航班大连至北京的机票,其中王涛的身份是军队司令,要订无盐餐食。据旅客要求建立 PNR 如表 2.1 所示。

表 2.1　PNR 举例

1. WANG/TAO MR VIP

2. ZHOU/LIXIN MR VC3V2

3. MU5525 C SU15JUL SHATAO RR2 0825 1000

4. ARNK WE18JUL TAODLC

5. MU3083 C FR20JUL DLCPEK RR2 1500 1620

6. TEL77256602 - 3652

7. T/ 7812393395783 - 84

8. SSR SPML MU NN1 SHATAO MU5525 NO SALT MEAL/P1

9. OSI MU VIP　FORCE COMMANDER

10. SHA003

说明:

1 ~ 2—姓名组,VC3V2—记录编号;

3—般段组;4—到达组;

5—航段组;6—联系组;

7—出票组;8—特殊服务组;

9—其他服务组;10—责任组。

2.2　电子客票销售

2.2.1　电子客票概述

1. 电子客票定义

电子客票是传统纸质机票的一种电子映像,是一种电子号码记录。电子客票将旅客信息电子化后存储在航空公司订座系统的电子客票数据库中,同时将传统纸质机票的票面内容显示在订座和离港的终端上。实际上,电子客票和纸质机票的内容和信息完全一致,不同的是电子客票是一种虚拟机票,是由一组数字构成的电子票号,旅客仅凭身份证和这组数字就可以在机场直接办理安检和登机手续。

自 1993 年,世界上第一张电子客票在美国 VALUEJET 航空公司诞生,电子客票就受到了航空公司和旅客的青睐,并成为重要的出票方式。2006 年 11 月,国际航协全面停发 BSP 纸制机票,并计划到 2007 年底全部取消纸票的销售。现在,中国已经实现 100% 电子客票。

2. 电子客票分类

电子客票按照生产主体的不同,可以分成航空公司电子客票和 BSP 电子客票。

1) 航空公司电子客票

航空公司电子客票是由各航空公司根据自身的特点和旅客的需求,在适合自身特点的销售系统平台上制造的电子客票。它是在独立的平台上建立的,不仅记录了旅客的信息、航班信息等,还能够实现旅客的自主值机等一些服务工作,相对使用传统的机票,减少了服务人员,降低了服务成本。

2) BSP 电子客票

BSP 表示的是开账与结算计划(Billing and Settlement Plan),它是国际航空运输协会根据协会会员——航空公司的要求,为适应国际航空运输的迅速发展,扩大销售网络,规范销售代理人的行为,为航空公司提供公平竞争的平台,而建立的一种供销售代理人使用的机票中性销售和结算的销售系统。它所推行使用的电子客票就是 BSP 电子客票,BSP电子客票避免了航空公司电子客票各自为政的局限,受到了航空公司和代理人的欢迎。

3) 航空公司电子客票和 BSP 电子客票的联系与区别

(1) 航空公司电子客票是 BSP 电子客票得以实施的前提和基础。BSP 电子客票的机场服务流程与航空公司电子客票相同,都要通过相同的值机系统,完成值机服务,实现旅客登机。

(2) 航空公司电子客票是航空公司纸质本票的一种电子映像,BSP 电子客票是普通中性纸质客票(BSP 纸票)的一种电子映像。

(3) 面向的客户不同。航空公司电子客票面向售票处和直销渠道(包括航空公司网站、旅行社、大客户、代理人);BSP 电子客票面向传统代理人分销渠道。

(4) 客票结算的管理和方式不同。航空公司电子客票是由结算部门直接与销售部门进行结算的;而 BSP 电子客票则是通过分销系统,由结算公司为代理人和航空公司进行利益分配的。

2.2.2 电子客票销售常用指令

电子客票的销售过程与销售传统纸质机票基本相同,包括订座和出票两个过程。以下对这两个过程常用指令进行说明。更多的指令介绍可参考中国民航信息网络股份有限公司出版的《订座业务基础操作手册》。

1. 座位可利用情况显示(AV 指令)

AV 指令用于查询航班座位可利用情况,及其相关航班信息,如航班号、舱位、起飞到达时间、经停点等,是一个非常重要的指令。

指令格式:

＞AV:选择项/城市对/日期/起飞时间/航空公司代码/经停标识/座位等级

格式说明:

(1) 选择项有以下几种:

P:显示结果按照起飞时间先后顺序排列;

A:显示结果按照到达时间先后顺序排列;

E:显示结果按照飞行时间由短到长排列。

不选,默认为 P。

(2) 城市对为必选项,其余为可选项。

例 2 显示 10 月 20 日的北京到上海航班座位可利用情况。

输入格式:

> AV: PEKSHA/20OCT

电脑终端输出信息,如表 2.2 所示。

表 2.2　航班座位可利用情况输出信息

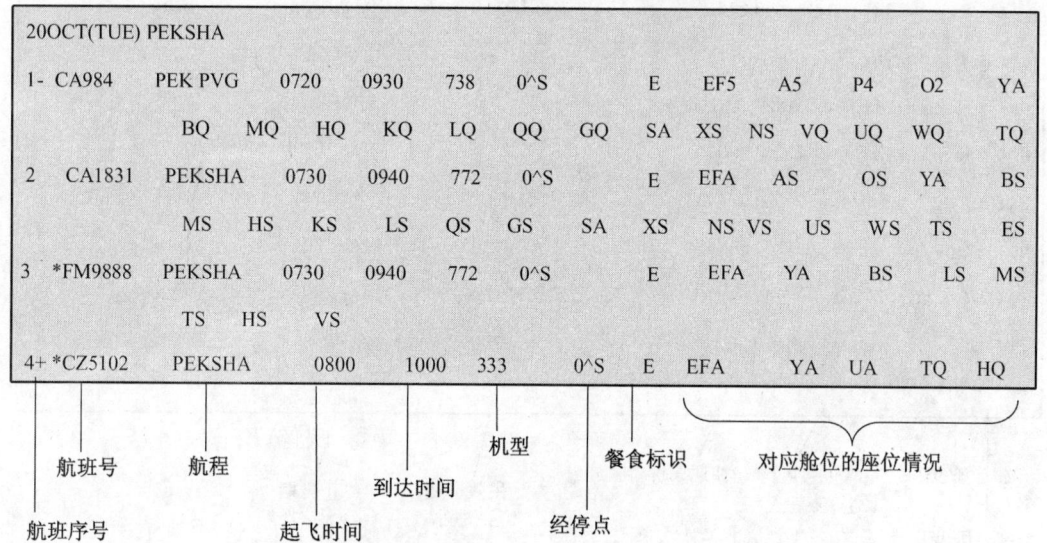

(1) 经停点 0 后的 ASR 标识"^",表示该航班可以为旅客预定航班座位;

(2) FCYSBHKLMQT 等为舱位等级。

(3) 对应等级的座位可利用情况代号,有以下几种含义:

A:可以提供 9 个以上座位;

1～9:可以提供 1～9 个座位,这种情况下系统显示具体的可利用座位数;

L:没有可利用座位,但旅客可以候补;

Q:永久申请状态,没有可利用座位,但可以申请(HN);

S:因达到限制销售数而没有可利用座位,但可以候补;

C:等级彻底关闭,不允许候补或申请;

X:该等级取消,不允许候补或申请;

Z:座位可利用情况不明,这种情况有可能在外航航班上出现。

2. 国内票价查询(FD 指令)

FD 指令可以查询国内航空公司国内段票价。

指令格式:

> FD:城市对/日期/航空公司代码

例 3 查询 2008 年 2 月 14 日从北京到上海国航的票价。

输入格式:

> FD:PEKSHA/14FEB08/CA

电脑终端输出信息，如表2.3所示。

表2.3　票价查询输出信息

FD:PEKSHA/14FEB08/CA				/CNY /TPM 1178/		
01 CA/F	/ 1700.00=	3400.00/F/F/	/ .	/01JUL07		/7001
02 CA/C	/ 1470.00=	2940.00/C/C/	/ .	/01JUL07		/7001
03 CA/Y	/ 1130.00=	2260.00/Y/Y/	/ .	/01JUL07		/7001
04 CA/B	/ 1020.00=	2040.00/B/Y/	/ .	/01JUL07	19APR09	/7001
05 CA/M	960.00=	1920.00/M/Y/	/ .	/01JUL07	19APR09	/7001
06 CA/H	/ 900.00=	1800.00/H/Y/	/ .	/01JUL07	19APR09	/7001
07 CA/K	/ 850.00=	1700.00/K/Y/	/ .	/01JUL07	19APR09	/7001
08 CA/L	790.00=	1580.00/L/Y/	/ .	/01JUL07	19APR09	/7001
09 CA/Q	680.00=	1360.00/Q/Y/	/ .	/01JUL07	19APR09	/7001
10 CA/G	570.00=	1140.00/G/Y/	/ .	/01JUL07	19APR09	/7001
11 CA/V	/ 510.00=	1020.00/V/Y/	/ .	/01JUL07	19APR09	/7001
PAGE 1/1						

舱位　　　　往返票价　　　　生效日期　　终止日期
航空公司代码　　单程票价

3. 姓名输入(NM指令)

NM指令用于在PNR中输入旅客姓名。

指令格式：

> NM: 该姓名的订座总数 旅客姓名（特殊旅客代码）

格式说明：

(1) 姓名组由英文字母或汉字组成；

(2) 若输入英文字母的姓名，姓与名之间需用斜线(/)分开（中文姓名无此限制）；

(3) 旅客英文姓名均应由英文26个字母组成，每个旅客姓名最多只能有1条斜线(/)；

(4) 对于输入英文字母的姓名，姓不得少于两个字母；

(5) 旅客名单按照姓氏的字母顺序排列；

(6) 旅客姓名长度最大为55个字符；

(7) 散客记录最大旅客数为9人，旅客数大于9人的记录为团体旅客记录。

例4　英文(拼音)姓名的输入。

输入英文姓名 EINHARD/HAETTI、STEFAN/PLETZER、ZHU/QI

输入格式：

> NM: 1ZHU/QI 1REINHARD/HAETTI 1STEFAN/PLETZER

电脑终端输出信息，如表2.4所示。

表 2.4　NM 指令英文(拼音)姓名的输出信息

2. REINHARD/HAETTI
3. STEFAN/PLETZER
1. ZHU/Q I
4. PEK123

说明：输出的顺序是按照姓氏的字母顺序排列的。

例5　中文姓名的输入。

输入赵宜明、钱海良、孙家浩的姓名。

输入格式：

＞NM：1 赵宜明 1 钱海良 1 孙家浩

电脑终端输出信息，如表 2.5 所示。

表 2.5　NM 指令中文姓名的输出信息

2. 钱海良
3. 孙家浩
1. 赵宜明
4. PEK123

说明：

（1）出国内票时，国内旅客要输入其中文姓名；

（2）出国际票时，必须输入英文字母；

（3）输入旅客姓名时，要保证姓名的准确，有一些航空公司禁止修改旅客姓名；

4. 航段组建立(SS、SD 指令)

对航班座位进行实际销售是由建立航段组来完成的。

1）直接建立航段组(SS)

直接建立航段组，是在营业员知道待订航班的所有信息，如航班号、日期、航段、舱位、座位数及起飞时间的情况下建立起来的。

指令格式：

＞ SS：航班号/舱位/日期/航段/行动代码/订座数

格式说明：

（1）使用 SS 直接建立航段组时，对于中国民航的航空公司的航班，只能订取系统中实际存在的航班；

（2）对于外国航空公司的航班，可以任意订取，即使该航班实际并不存在，也可以建立，故用 SS 订取外国航空公司的航班时，营业员应事先了解详细的航班情况；

（3）营业员使用 SS 直接建立航段组时，一次输入最多可订取 5 个航班。

例6　申请订取 10 月 20 日 CA1301 航班 Y 舱北京到广州的一个座位。

输入格式：

＞SS：CA1301/ Y /20OCT / PEKCAN/NN1

电脑终端输出信息，如表 2.6 所示。

表 2.6　SS 指令输出信息

1. CA1301 Y　　TU20OCT　PEKCAN HK1　　1500 1800　　　　330 S 0　RE T3 --
2. PEK123

例 7　候补订取 10 月 20 日 CA1301 航班 N 舱北京到广州的一个座位。

输入格式：

＞SS：CA1301/ N/ 20OCT/ PEKCAN/ LL1

其中"LL1"为候补一个座位。

电脑终端输出信息，如表 2.7 所示。

表 2.7　SS 指令候补座位的输出信息

1. CA1301 N　　TU20OCT　PEKCAN HL1　　1500 1800　　/6　330 S 0 E T3--
2. PEK123

说明：上面输出内容中，"/6"是旅客的候补订座级别。候补订座级别标识旅客候补证实的优先级，1 级最高，6 级最低。如不指定级别，缺省为 6 级。

2）间接建立航段组（SD）

间接建立航段组需要先将航班信息提取出来，再根据旅客的要求选择适当的班次。

指令格式：

＞ SD：航线序号 舱位等级/ 行动代码 订座数

格式说明：一般情况下，行动代码可缺省，只有在特殊情况下，才需要输入行动代码。例如，当某舱位已经没有座位，需要为旅客候补订座时，可以输入：＞SD：1U/LL1，表示在 AV 显示的第一条航线的 U 舱候补一个座位，候补级别为缺省级别 6。

例 8　某航班可利用座位状态显示如下：

＞AV：PEKCAN/ +

输入指令，电脑终端输出信息，如表 2.8 所示。

表 2.8　航班可利用座位状态显示

22SEP(TUE) PEKCAN
1-　CA1351　PEKCAN 0800　　1100　　330 0^S　　E　　　EFA A2 O1 YA BS
MS HS KS LS QS GS SA XS NS VS US WS TS ES
** M1S V1S
2　*FM9853　PEKCAN 0800　　1100　　330 0^S　　E　　　EFA YA BS LS MS
TS HS VS
3　CA1321　PEKCAN 0900　　1205　　747 0^S　　E　　　EF8 A2 O1 CA D3
ZS I2 RS YA BS MS HS KS LS QS GS SA XS NS VS US WS TS ES
** M1S V1S
4　*MU7116　PEKCAN 0915　　1220　　333 0^L　　　　　EFA CC YA BQ HQ
LQ MQ RQ SQ VQ KA TQ QA

订取 CA1351 航班 F 舱一个座位。

输入格式：

＞ SD：1F1

电脑终端输出信息,如表2.9所示。

表2.9 SD 指令输出信息

1. CA1351 F   TU22SEP   PEKCAN HK1   0800 1100   330 S 0 E T3 --
2. PEK123

说明:

SD 的输出内容与 SS 的结果是一样的。SS 一个指令便可以建立航段组,而 SD 要经过两步,即 AV、SD 才可建立航段组。

5. 联系组建立(CT 指令)

联系组的功能是在 PNR 中记录旅客和营业员的联系信息,便于航空公司和营业员与旅客联系。

指令格式:

> CT:城市代码/自由格式文本 旅客标识

例9 北京旅客联系电话为66017755 - 2509。

输入格式:

> CT:PEK/66017755 - 2509

电脑终端输出信息,如表2.10所示。

表2.10 CT 指令输出信息

1. WANG/JUN   P53WS
2. CA1501 Y FR10DEC PEKSHA DK1   0840   1035   777 S 0
3. PEK/66017755 - 2509
4. TL/1200/07DEC/PEK123
5. PEK123

6. 出票组(TK 指令)

出票组注明旅客的出票情况,已出票的将给出票号,未出票的则写明具体出票的时限。到达出票时限时,计算机系统会向相应部门拍发电报,提示营业员出票,否则座位会被航空公司取消。

旅客出票类型有以下两种:

(1)未出票,此时 PNR 中输入出票时限。

指令格式:

> TK:TL / 时间 / 日期 / 出票部门 / 旅客标识序号

例10 为 PNR 中旅客设置出票时限。

输入格式:

> TK:TL / 1200 / 6OCT / PEK123

电脑终端输出信息,如表2.11所示。

说明:出票时限可以根据旅客情况而定,但通常要求旅客在航班起飞3天之前出票。

(2)已出票,自动出票:系统将自动产生票号项。

7. 特殊服务组(SSR 指令)

特殊服务组记录了旅客在旅行中需要的特殊服务,并依此与航空公司进行信息交换。

表 2.11　　TK 指令输出信息

1. LI/SAN　　2.ZHANG/WAN　　3.ZHAO/YI　　M4MDS
4. WH2137 Y　　SA10OCT　　PEKCAN HK3　　1030 1310
5. 66017755
6. TL/1200/06OCT/PEK123
7. PEK123

旅客特殊服务包括特殊餐食、常客信息、无人陪伴儿童等内容,此外,SSR 项中还可以记录电子客票、证件号、预定座位等与旅客相关的各种信息。这些内容需要营业员手工输入来建立。

1）身份证信息输入

指令格式:

>SSR: FOID 航空公司代码 HK/NI 证件号/ 旅客标识

例 11　为旅客徐晓东输入身份证号110108200306016＊＊＊。

输入格式:

>SSR FOID CA HK/NI110108200306016＊＊＊/P1

电脑终端输出信息,如表 2.12 所示。

表 2.12　　SSR 指令输出信息—身份证信息输入

1. 徐晓东
2. CA1321 Y　　FR02OCT　　PEKCAN DK1　　0900 1205　　　　　777 S 0　R E T3 - -
3. TL/1200/01OCT/PEK099
4. SSR FOID　CA HK1 NI110108200306016　　＊＊＊/P1
5. PEK099

2）常旅客卡号输入

指令格式:

>SSR: FQTV 航空公司代码 HK/公司代码 卡号/旅客标识

例 13　为旅客徐晓东输入国航常客卡 CA180000001。

输入格式:

>SSR: FQTV CA HK/CA180000001/P1

电脑终端输出信息,如表 2.13 所示。

表 2.13　　SSR 指令输出信息—常旅客卡号输入

1. 徐晓东
2. CA1321 Y　　FR02OCT　　PEKCAN DK1　　0900 1205　　　　　777 S 0　R E T3 - -
3. TL/1200/01OCT/PEK099
4. SSR FQTV CA　HK/ CA180000001/P1
5. PEK099

3）特殊餐食

指令格式:

>SSR: 餐食代码 航空公司代码 NN1/城市对 航班号 舱位 航班起飞日期/文本/旅客标识/航段序号

格式说明：

（1）常用的特殊餐食代码： SPML 特殊餐食申请

HNML 印度（教）餐食

KSML 犹太人的餐食

MOML 穆斯林餐食

CHML 儿童餐食

VGML 素食

（2）城市对 航班号 舱位 航班起飞日期：可以省略。

（3）文本：在使用 SPML 时，在此输入航空公司约定的餐食代码。

例14 为旅客徐晓东输入素食。

输入格式：

＞SSR：VGML CA NN1／P1／S2

电脑终端输出信息，如表2.14所示。

表2.14 SSR 指令输出信息—输入素食

1. 徐晓东
2. CA1321 Y FR02OCT PEKCAN DK1 0900 1205 777 S 0 R ET3 - -
3. TL/1200/01OCT/PEK099
4. SSR VGML CA NN1 PEKCAN 1321 Y02OCT/P1
5. PEK099

说明：SSR 特殊服务申请时，一般通过 NN 申请代码向航空公司申请，要等航空公司给出回应，将 NN 申请代码由 HN 变为 KK 状态，才说明得到了确认，在@K 后状态变为 HK。

8. 自动计算票价（PAT 指令）

PAT：A 自动计算指令是为了简化代理人票价查询、计算流程、减少出票过程中的人为操作失误，提高工作效率而实际开发的。

指令格式：

成人票自动计算：＞PAT：A

儿童票自动计算：＞PAT：A＊CH

婴儿票自动计算：＞PAT：A＊IN

PAT：A 自动搜索最优可适用运价，并自动生成 FC/FN/FP/EI/TC。

例15 旅客订座如下，为其自动计算票价。

1. TEST/ICS

2. CA1831 Y FR07AUG PEKSHA HK1 0730 0940 772 S 0 R E T3 - -

3. PEK099

输入格式：

＞PAT：A

电脑终端输出信息，如表2.15所示。

9. 封口（@指令）

建立或修改 PNR 时使用封口指令使其生效，表示 PNR 已经完成，提交系统处理，系

表 2.15　自动计算票价输出信息

1. TEST/ICS
2. CA1831 Y　　FR07AUG　PEKSHA HK1　　0730 0940　　　　　772 S 0 R E T3 - -
3. FC/A/PEK CA SHA 1130.00Y CNY1130.00END
4. RMK　AUTOMATIC FARE QUOTE
5. FN/A/FCNY1130.00/SCNY1130.00/C0.00/XCNY50.00/ TCNY50.00CN/ TEXEMPTYQ/ ACNY1180.00
6. FP/CASH　, CNY
7. PEK099

统赋予一个记录编号。若不封口则标识 PNR 没做完。

指令格式：

（1）正常封口：>@ 或 \

（2）强行封口：>@ I

指令说明：

（1）@ I 在航段不连续,邮寄时间不够,有航班变更标识,两个连接航段的停留时间小于最小连接时间时用。

（2）每提取一次 PNR 封一次口,封口时系统会自动检查所输入的内容是否完整。

例 16　系统已有 PNR 记录如表 2.16 所示,进行封口操作。

表 2.16　PNR 记录

1. 徐晓东
2. CA1321 Y　　FR02OCT　PEKCAN DK1　　0900 1205　　　　　777 S 0　RET3 - -
3. BJS/T PEK/T-84018401/CACI HELPDESK
4. TL/1200/01OCT/PEK099
5. PEK099

输入格式：

>@

电脑终端输出信息,如表 2.17 所示。

表 2.17　@ 指令输出信息

1	QHD03　-EOT SUCCESSFUL ,　　　BUT ASR UNUSED FOR 1 OR MORE SEGMENTS
2	CA1321　Y FR02OCT　PEKCAN DK1　　0900 1205
3	航空公司使用自动出票时限,　　　请检查 PNR
4	>RT QHD03
5	1. 徐晓东　QHD03
6	2. CA1321 Y　　FR02OCT　PEKCAN HK1　　0900 1205　　　E T3 - -
7	3. BJS/T PEK/T-84018401/CACI HELPDESK
8	4. TL/1200/01OCT/PEK099
9	5. RMK CA/G800R
10	6. PEK099

说明：

1 行：生成的代理系统记录编号，也就是 PNR 为 QHD03，提示 PNR 没为旅客指定座位；

2 行：所订航班情况；

3 行：提示，航空公司对出票时间有要求；

4 行：提取生成的 PNR；

5 行：PNR 中序号 1 为姓名，之后为 PNR 编号；

6 行：行段项，状态代码由 DK 变为确认后的 HK 状态；

7 行：联系组；

8 行：出票时限；

9 行：PNR 中序号 5 的 RMK 项记录了对应的航空公司系统中的 PNR 号，有航空公司 PNR 号的写入，才可以确认订座成功；

10 行：责任组。

10. 电子客票出票（ETDZ 指令）

指令格式：

ETDZ：打票机序号 ［/旅客序号］ ［出票选项］

在完成电子客票出票后，系统会在 PNR 中加入电子客票票号项（SSR TKNE）。

例 17 为旅客出票。

输入格式：

＞ETDZ：18（18 是打票机序号）

电脑终端输出信息，如表 2.18 所示。

表 2.18　ETDZ 指令输出信息

CNY590.00　　　DM00H
784 -4406901337
ET PROCESSING..PLEASE WAIT!　　　DM00H
ELECTRONIC TICKET ISSUED

11. PNR 的提取（RT\MT 指令）

日常工作中经常要提取旅客订座记录，可以通过以下几种方法提取旅客订座记录：

指令格式：

（1）根据记录编号提取：＞RT：xxxxx

（2）根据旅客姓名提取：＞RT：ZHANG/CA1301/10DEC

（3）根据根据旅客名单提取：＞ML：C/CA1301/10DEC

＞RT：序号

（4）查看 PNR 完整的内容：＞RT：C/xxxxx

（5）查看 PNR 的历史部分：＞RT：U1

（6）返回到 PNR 的现行部分：＞RT：A

（7）从 PNR 的特殊服务组开始显示：＞RT：SSR

（8）从 PNR 的其他服务组开始显示：>RT：OSI

例 18 提取记录编号为 ZDR0Y 的 PNR。

输入格式：

>RT：ZDR0Y

电脑终端输出信息，如表 2.19 所示。

表 2.19 根据记录编号提取信息

ELECTRONIC TICKET PNR
1. 钱海良 2. 孙家浩 3. 赵宜明   ZDR0Y
4. CA1310 Y   FR30OCT   CANPEK RR3   0800 1100   E --T3
5. 66017755
6. T
7. FC/M/CAN CA PEK 1700.00Y CNY1700.00END
8. SSR FOID CA HK1 NI3333333333333/P2
9. SSR FOID CA HK1 NI2222222222222/P1
10. SSR FOID CA HK1 NI1111111111111 /P3
11. SSR TKNE CA HK1 CANPEK 1310 Y30OCT 9991110008009/1/P2
12. SSR TKNE CA HK1 CANPEK 1310 Y30OCT 9991110008008/1/P1
13. SSR TKNE CA HK1 CANPEK 1310 Y30OCT 9991110008007/1/P3
14. FN/M/FCNY1700.00/SCNY1700.00/C0.00/XCNY50.00/TCNY50.00CN/TEXEMPTYQ/ACNY1750.00
15. TN/999 -1110008007/P3
16. TN/999 -1110008008/P1
17. TN/999 -1110008009/P2
18. FP/CASH,CNY
19. PEK112

例 19 根据旅客名单提取第一个记录。

输入格式：

> ML：B/CA1501/6OCT

电脑终端输出信息，如表 2.20 所示。

表 2.20 ML 指令输出信息

MULTI				
CA1501 /06OCT		B		
PEKSHA				
001 1LIANGYU	PPEK3 Y RR1	PEK191 29SEP98	K	T
002 1LINTONG	NGC35 Y RR1	PEK191 30SEP98	K	T
TOTAL NUMBER 2				

>RT：1

电脑终端输出信息，如表 2.21 所示。

表 2.21 提取第一个记录

1. 梁育　PPEK3
2. CA1501 Y　　TU06OCT　PEKSHA RR1　　0840 1035
3. T
4. FN/FCNY900.00/SCNY900.00/C4.00/ACNY900.00
5. TN/999-6091714065/P1
6. FP/CASH,CNY2
7. PEK191

12. PNR 记录的删除(XE 指令)

日常工作中经常遇到对 PNR 进行修改或取消的情况。对 PNR 的修改和取消,不同的组项有不同的方式,主要有以下几种:

(1) 除姓名组外的其他项,可以用"XE:序号"先取消,然后再增加新的内容;

(2) 姓名组的修改要使用类似于"1/1ZHANG/HANG"这样的方式;

(3) 行动代码的修改要使用"序号/新行动代码"的方式;

(4) 取消完整的 PNR,则在提取 PNR 后,做 XEPNR@,一旦取消,订座记录不能再恢复;

(5) 取消多人 PNR 中的部分旅客订座要使用"XE:P 旅客序号"的方式。

例 20　旅客取消旅行,取消 PNR。

输入格式:

> RT:DW972

提取旅客 PNR,电脑终端输出信息,如表 2.22 所示。

表 2.22 提取旅客 PNR

1. 魏丽　DW972
2. CA1301 Y　　MO17JAN　PEKCAN RR1　　1450 1745
3. SHUO KE FA
4. T
5. FN/FCNY1360.00/SCNY1360.00/C3.00/ACNY1360.00
6. TN/999-6051923394/P1
7. FP/CASH,CNY
8. PEK105

> XEPNR@

取消该 PNR,电脑终端输出信息,如表 2.23 所示。

表 2.23 取消 PNR

PNR CANCELLED DW972

2.2.3　电子客票订座和出票操作

1. 电子客票订座和出票实例

例 21　旅客王军想购买 12 月 10 日从北京到上海的机票。售票员接受王军购票申请后,操作步骤如下:

首先查询 12 月 10 日北京—上海航班信息。

输入指令：

> AV：PEKSHA/10DEC/CA

此时，电脑终端输出信息，如表 2.24 所示。

表 2.24 北京—上海航班信息

10DEC(THU) PEKSHA VIA CA
1- CA1831 PEKSHA 0730 0940 330 0^B E EFA AQ OQ YA BQ
MQ HQ KQ LQ QQ GQ SA XQ NQ VQ UQ WQ TQ EQ
** V1Q U1Q
2 CA1883 PEKPVG 0800 1010 738 0^B E EFC AC OCYC BC
MC HC KC LC QC GC SC XC NC VC UC WC TC EC
** V1C U1C
3 CA1501 PEKSHA 0830 1040 772 0^B E EFA AQ OQ YA BQ
MQ HQ KQ LQ QQ GQ SA XQ NQ VQ UQ WQ TQ EQ
** V1Q U1Q
4+ CA1519 PEKSHA 0930 1140 738 0^S E EF8 AS OS YA BS
MS HS KS LS QS GS SA XS NS VS US WS TS ES
** V1S U1S
** ** CZ -SHA CHECK IN 45 MINUTES BEFORE DEPARTURE

然后，售票员为王军选择合适的航班、舱位和座位数。

输入指令：

> SD：1Y/1

此时，电脑终端输出信息，如表 2.25 所示。

表 2.25 间接建立航段组

1. CA1831 Y TH10DEC PEKSHA RR1 0730 0940 330 B0RET3 - -
2. PEK003

然后，售票员继续输入旅客姓名、联系电话、身份证号。

输入指令：

> NM：1 王军

CT：66017755

SSR：FOID CA HK/NI520203197203160516/ P1

此时，电脑终端输出信息，如表 2.26 所示。

表 2.26 姓名组、联系组、特殊服务组的建立

1. 王军
2. CA1831 Y TH10DEC PEKSHA RR1 0730 0940 330 B0RET3 - -
3. 66017755
4. SSR FOID CA HK1 NI 520203197203160516 /P1
5. PEK003

然后,售票员通过订票系统自动计算票价,并输入封口指令。

输入指令:

 ＞PAT：A

@

此时,电脑终端输出信息,如表 2.27 所示。

表 2.27　封口

1. 王军
2. CA1831 Y　　TH10DEC　　PEKSHA RR1　　0730 0940　　　　330 B 0 RE T3 - -
3.66017755
4. FC/M/PEK CA SHA 900.00YB CNY900.00END
5. SSR FOID CA HK1 NI520203197203160516/P1
6. FN/M/FCNY1130 .00/SCNY113 0.00/C 0.00//　　　XCNY10 0.00/　　　TCNY50.00CN/　　　T CNY50.00YQ / ACNY123 0.00
7. FP/CASH,CNY
8.PEK003

旅客支付客票票款后,售票人员进行电子客票出票操作。

输入指令:

 ＞ETDZ：3

此时,电脑终端输出信息,如表 2.28 所示。

表 2.28　出票

CNY 1230 .00　　　　　EH 02D
774 -4106901038
ET PROCESSING..PLEASE WAIT!　　　　EH 02D
ELECTRONIC TICKET ISSUED

此时,完成电子客票出票。

2. 电子客票票面信息

电子客票将传统纸质票面信息存储在系统中,航空公司电子客票票面信息如图 2.2 所示,BSP 电子客票票面信息如图 2.3 所示。

航空公司电子客票票面信息的右上方显示为"ARL – D"或"ARL – I",表示国内客票或国际客票。

BSP 电子客票票面信息的右上方显示为"BSP – D"或"BSP – I",分别表示国内客票和国际客票。

3. 电子客票的客票状态及状态代码

电子客票不存在纸质凭证,客票的填开及使用情况全部通过客票状态来反映。客票状态和对应的状态指示代码如表 2.29 所示。

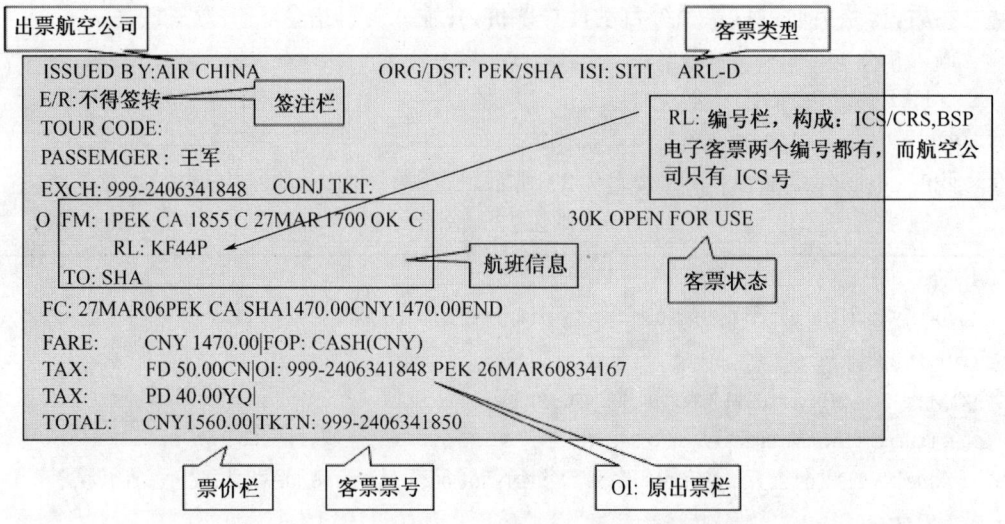

图 2.2 航空公司电子客票票面信息

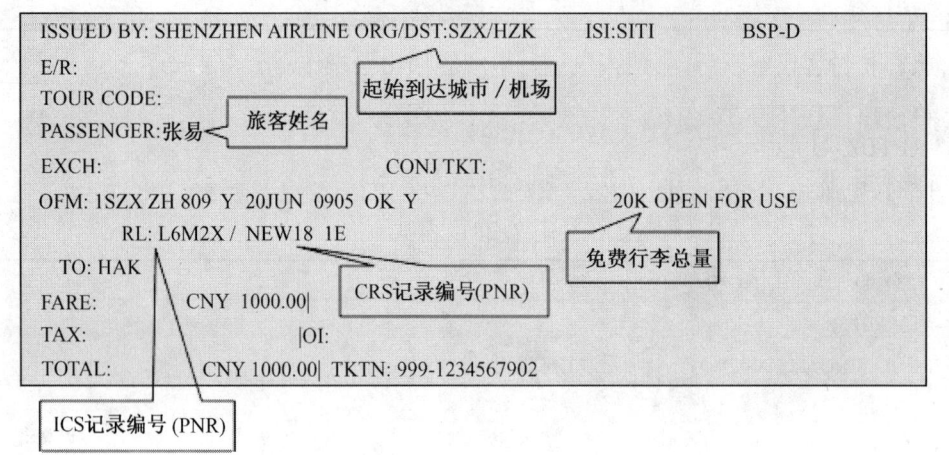

图 2.3 BSP 电子客票票面信息

表 2.29 电子客票票面状态及对应的指示代码

编号	客票状态	状态指示代码	说明
1	AIRPORT CONTROL	A	机场控制
2	OPEN FOR USE	O	客票有效
3	CHECKED IN	C	已办理值机
4	PRINT/EXCH	P	电子客票已打印换开为相同内容纸票
5	VOID	V	客票已作废
6	REFUNDED	R	已退票
7	LIFTED/BOARDED	L	旅客已登机
8	USED/FLOWN	F	客票已使用
9	SUSPENDED	S	客票禁止使用

编号	客票状态	状态指示代码	说明
10	EXCHANGED	E	电子客票已换开为其他客票
11	PAPER TICKET	T	电子客票换开后的纸票记录
12	FIM / EXCHANGED	G	客票已使用飞行中断舱单（FIM）签转
13	IRREGULAR OPERATION	I	不正常操作
14	UNAVAILABLE	U	客票不可用

（1）AIRPORT CONTROL：表明航空公司持有该票联控制权，客票状态无法被第三方更改；如需更改必须向航空公司申请。

（2）OPEN FOR USE：表明电子客票有效未使用。

（3）CHECKED IN：表明旅客已经前往值机柜台或通过电子方式（如自助值机设备）完成值机手续。

（4）PRINT/EXCH：表明电子客票联的的电子记录已转换成纸票文本（注有相同电子票证号）。

（5）VOID：表明整个电子客票销售记录都已经取消。

（6）REFUNDED：表明没有使用过的有价值的电子客票退款给了旅客。

（7）LIFTED/BOARDED：表明旅客已经登机。

（8）USED/FLOWN：表明电子客票中行程已经完成，等待着开账/销售报告。

（9）SUSPENDED：表明出票航空公司对此票联限制使用。

（10）EXCHANGED：表明原电子客票联的价值已经被使用，已更换为一个新的交易（如改变航程，或变更舱位）。

（11）PAPER TICKET：表明出了一张纸质客票。

（12）FIM / EXCHANGED：表明在航班中断情况下，票联由地面工作人员改换上航班中断舱单，并将旅客改换上另一承运人的航班。

（13）IRREGULAR OPERATION：表明由于某些原因，航空公司的控制时间延伸至正常的 72 小时以外，这种延伸从规定的航班起飞后至 7 天之内。

（14）UNAVAILABLE：表明客票中没有可提供的票联，需要重新补收费用（如变更航程中出现了新的航段）。

在这些状态中，属于最终状态的有：VOID，REFUNDED，USED/FLOWN，PRINT EXCH，而其他状态都属于可变状态，根据旅客的动态变化，其电子客票状态也在不断地进行着变化。同时，在这些状态中，除了 OPEN FOR USE 状态的客票将在系统中保留一年外，其他状态的电子客票记录在系统中保留期限为 3 个月。

若由于航班不正常情况或人为操作失误，造成的电子客票状态与实际使用情况不相符，并且无法直接在系统中变更客票状态时，现场工作人员可申请由控制人员强行变更电子客票状态。

2.2.4 电子客票使用

1. 电子客票的购票证件
旅客在购买电子客票时，需要出示有效身份证件，航空公司相应工作人员也必须认真核查购票人或乘机人的有效身份证件。

（1）国内旅客购买电子客票时必须出示居民身份证，法定不予颁发居民身份证的，如：人民解放军、人民武装警察及其文职干部、离休干部，分别使用军官证、警官证、士兵证、文职干部或离退休干部证。人民解放军、人民武装警察部队在校学员凭学员证。16 周岁以下未成年人购票乘机的，可使用学生证、户口簿、独生子女证、出生证或暂住证。

（2）凡出席全国或省、市、自治区的党代会、政协会、工、青、代表会和劳模会的代表，无身份证者（包括军官证、警官证、士兵证、文职干部或离退休干部证明），由所属县团级以上党政军对口部门出具证明信，办理购票。

（3）全国人大代表和全国政协委员执行工作任务时，可以凭全国人民代表大会代表证、全国政协委员证办理购票，但要在"定票单"中注明证件的名称和号码。

（4）凡经国家批准的有突出贡献的中青年科学、技术、管理专家，外出工作或参加学术会议等，可以凭中华人民共和国人事部颁发的《有突出贡献中青年专家证书》办理购票。

（5）旅客因公执行紧急任务或抢救伤员、危重病人（须持有医疗单位出具的适于乘机的证明）及陪同，医护人员和家属，急需乘飞机者，因时间紧迫未带身份证或无身份证件者，经批准后出具证明，予以购票。

（6）中央部、局级、地方省、直辖市级负责同志因紧急事务，未带身份证乘坐其他交通工具外出，返回时需要乘坐飞机者，可凭有关接待单位出具的证明办理购票。

（7）公民在护照签证有效期内均可凭护照直接购票。

（8）旅客的居民身份证在户籍所在地以外被盗或丢失的，凭发案报失地公安机关出具的临时身份证明购票。临时身份证明应贴有本人近期相片，写明姓名、性别、年龄、工作单位和有效日期，并在相片下方加盖公安机关的公章。

2. 电子客票的销售方式

电子客票在销售过程中，可以采用两种方式进行销售：

（1）航空公司或代理人售票处销售。航空公司直属售票处销售航空公司电子客票，由机票代理人售票处销售 BSP 电子客票。这种方式下，旅客在柜台出示有效证件，销售人员为旅客预定电子客票座位，旅客付款后销售人员为旅客完成电子客票订座并打印好电子客票行程单。销售人员将打印好的旅客须知交给旅客。

（2）互联网销售。旅客直接在航空公司网站上购买航空公司电子客票，或者在第三方网站上购买 BSP 电子客票。此种方式可以使旅客在最短时间内完成订座，不需要等待送票上门。旅客通过网站预定电子客票航班的座位，使用信用卡进行网上支付。与银行主机连接的网络服务器在确认旅客付款有效后，将旅客票面信息和旅客须知通过电子邮件、短信或传真传送给旅客。

3. 电子客票改签与退票

旅客可以到航空公司售票处或代理人处进行改签，也可以通过网站进行改签操作。改签后的电子客票数据库将进行自动更新，并且可以记录并限制改签的次数。旅客如果要退电子客票，只能到原出票地办理。

4. 电子客票销售统计管理

电子客票系统提供销售统计报表打印功能。销售报表中包括每一个销售处的电子客票销售、改签、退票等具体信息,航空公司可以通过销售报表来进行电子客票销售情况。

5. 值机

旅客向值机人员出示身份证件,值机人员根据旅客航班号和姓名,提取旅客电子客票票面信息,核对旅客身份证件后为旅客打印电子客票登机牌。旅客也可进行自助值机。

6. 安检

旅客凭有效身份证件和电子客票登机牌通过安检后登机。

7. 结算

旅客完成电子客票预定后,订座系统会将电子客票记录保存到电子客票数据库中,订座系统会定期生成电子客票订座情况数据磁带。航班关闭后,离港系统会将电子客票旅客乘机数据传送到订座系统中,订座系统将生成电子客票乘机情况数据磁带。如果航空公司使用结算中心的系统,数据磁带将传给结算中心进行结算处理,结算中心将最终结果传给航空公司。如果航空公司使用自己的结算系统,数据磁带则直接传给航空公司进行处理。

8. 电子客票行程单

《航空运输电子客票行程单》由国家税务总局监制并按照《中国人民共和国发票管理办法》纳入税务机关发票管理,是旅客购买国内航空运输电子客票的付款及报销凭证。

《航空运输电子客票行程单》采用一人一票制,不作为机场办理乘机手续和安全检查的必要凭证使用。旅客发生退票或其他客票变更导致票价余额与原客票不符时,若已打印《航空运输电子客票行程单》,要将原行程单退回,方能为其办理有关手续。《航空运输电子客票行程单》样张如图2.4所示。

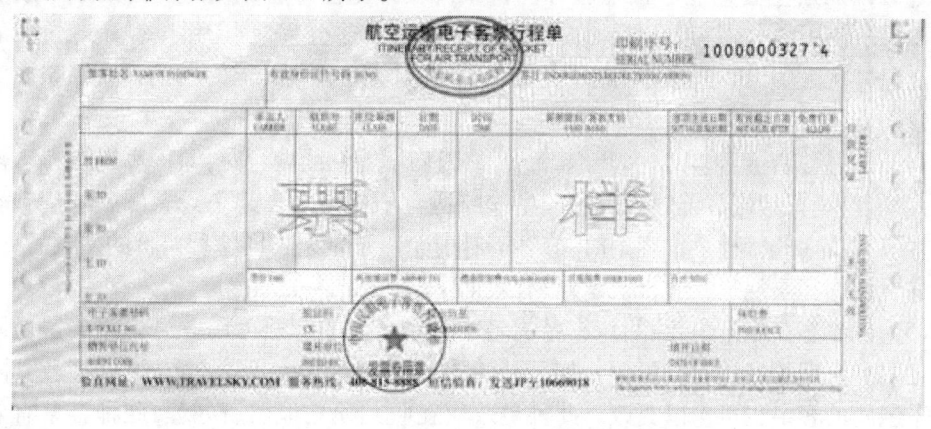

图2.4 《航空运输电子客票行程单》样张

9. 电子客票有效期

电子客票是否有效主要看电子客票的客票状态,根据客票状态来判定电子客票是否处于有效状态。电子客票有效期一般规定如下:

(1)定期客票的有效期自旅客开始第一段旅行之日起,一年内运输有效。不定期客票(OPEN 票),自填开客票之日的次日零时起,一年内运输有效。如果客票全部未使用,则按不定期客票计算客票有效期。如果已使用的定期客票第一航段旅行日期发生变更,有效期应按第一段的旅行实际开始的日期计算,一年内运输有效。

(2)特种票价的客票的有效期,依每一种运价的规定有所不同,一般都不超过一年,具体按照承运人规定的该特种票价的有效期计算。

(3)季节性运价的有效期以该运价实施的季节期间为限。

在某些情况下,电子客票有效期将相应延长,具体如下:

(1)旅客运输,由于以下原因之一,造成旅客未能在电子客票有效期内完成旅行,则该电子客票有效期可以延长到能够按照该客票已付票价的舱位等级提供座位的第一航班为止,不收任何费用。

① 取消旅客已经订妥座位的航班。

② 取消的航班约定经停地点中含有旅客的出发地点、目的地点或中途分程地点。

③ 更换了旅客的舱位等级。

④ 不能提供旅客事先已经订妥的座位。

⑤ 造成旅客已订妥座位的航班衔接错失。

⑥ 未能在合理的时间内按照班期时刻进行飞行。

(2)持正常票价电子客票或与正常票价有效期相同的特种票价电子客票的旅客未能在客票有效期内旅行,是由于航空公司在该旅客订座时未能按其客票的舱位等级提供航班座位,则该客票有效期可以延长到航空公司能够按照该客票已付票价的舱位等级提供座位的第一个航班为止,但延长期不得超过 7 天。

(3)旅客开始旅行后,因病不能继续旅行时,除航空公司对所付票价另有规定外,经医生证明,该客票有效期可延长到旅客健康情况经医生诊断适宜旅行为止;或延长到适宜旅行之日以后航空公司能够按照旅客已付票价相符舱位等级提供座位的第一个航班为止。如果未使用的电子客票包含一个或一个以上的中途分程地点时,该客票有效期的延长不能超过从医生诊断适宜旅行之日起 3 个月。对无自理能力旅客的陪伴直系亲属的客票有效期也可同等延长。

(4)持特种票价客票,旅客开始旅行后,因病不能继续旅行时,除该客票有特殊规定外,客票可以延长到旅客健康情况经医生诊断适宜于旅行之日起 7 天。如旅客持有不能延长客票有效期的特种票价客票时,旅客需补付全程正常票价同特种票价的差额后,方可按正常票价的客票规定,予以延长客票有效期。

(5)如旅客在旅途中死亡,该旅客的陪伴直系亲属的客票可用取消最短停留期限或延长客票有效期的方法予以更改。如已开始旅行旅客的直系亲属死亡,该旅客及其陪伴的直系亲属的客票也可予以更改。此种更改应在收到死亡证明后办理,此种客票有效期的延长不得超过死亡之日起 45 天。

2.3　电子客票退票

旅客购票后,由于旅客原因或承运人原因,不能在客票有效期内完成部分或全部航程,而要求退还部分或全部未使用航段票款,称为退票。

退票分自愿退票和非自愿退票两种,自愿退票是指由于旅客原因造成购票后提出退票要求。非自愿退票指由于航班取消、提前、延误、航程改变、衔接错失以及部分不能提供原定座位等承运人原因造成旅客购票后提出退票要求,非自愿退票还包括由于天气、政府原因和旅客因病经医疗单位证明不能旅行等原因。

2.3.1　电子客票退票的一般规定

1. 退票时限

旅客应在电子客票有效期内提出退票,过期不予办理。

2. 退票地点

退票一般只限在原购票地点办理,在网上购买的电子客票,应在网上办理退票申请手续。特殊情况可在航班始发地、终止旅行地的出票航空公司售票处或经航空公司特别授权的当地销售代理人售票处办理退票。

3. 其他规定

(1) 旅客要求退票,电子客票的客票状态要处于"OPEN FOR USE"状态。

(2) 退票只限退给客票上填明的旅客或客票的付款人。如果票款不是由旅客本人支付,应按付款人的要求办理。

(3) 革命伤残军人、持婴儿票的旅客要求退票,免收退票费。

(4) 旅客在航班的经停地点自动终止旅行,该航班未使用航段视为自动放弃,票款不退,但其他航班未使用航段的乘机联仍可进行运输或退票。

(5) 退款在任何情况下不得超过旅客原付票款。退票费计算到元,元以下四舍五入。

(6) 如果退票受票价使用的限制或规定不得退票,则不予办理退票。

(7) 如果旅客购妥联程或回程的客票,要求退某一航段而保留其他航段时,全航程作为退票处理,另购新票。

(8) 购票时用现金,退票时也用现金;支票购票时(旅行社),退票时也是支票(付支票税)。

2.3.2　电子客票退票的工作程序

1. 航空公司或代理人售票处销售的电子客票退票程序

(1) 工作人员查验客票是否有效。

(2) 核对旅客的有效身份证件。

(3) 根据退票原因确认属于自愿退票还是非自愿退票。

(4) 已订妥座位的旅客要求退票,应取消原订座记录或旅客申退的航段记录。

(5) 填写电子自动退票表格,根据退票规定计算出实退金额,生成退票单。

(6) 若旅客已打印过《行程单》,必须回收《行程单》后,方可为其办理退票手续,并将《行程单》附于退款单财务联后。

(7) 将退款和退款单旅客联交给旅客。

2. 互联网销售的电子客票退票程序

互联网订票旅客可自行在网上提出自愿或非自愿退票申请,订座系统会按照用户在网上提交退票申请的时间自动计算出退票应收手续费,所退票款将返还到旅客支付所使用的银行卡里。若旅客已打印过《行程单》,则必须将已打印的《行程单》回寄给航空公司,航空公司将在收到旅客邮寄的《行程单》后再进行退款。

3. 电子客票退票的操作指令

电子客票退票的指令步骤如下:

(1) 执行 DETR 指令,查看航段是否为"OPEN FOR USE"状态。

(2) TRFD:A/1/D,填写电子退票表格,生成退款单号。

(3) 提取退款单号,TRFD:1/D/退款单号,并打印退款单。

(4) 执行 DETR 指令,再次提出电子客票,检查客票状态是否已经改成"REFUND-ED"。

(5) XEPNR,删除 PNR 订座记录,释放座位。

例 22 旅客王军购买 7 月 25 日 CA1862 航班北京至上海单程 C 舱客票,票价 1560 元(含 CN 及 YQ),票号是 9991100004005,旅客于航班起飞前要求退票。请根据所给情况进行电子客票退票操作。

步骤 1:执行 DETE 指令,查看航段是否为"OPEN FOR USE"状态。如果是,表明旅客客票有效,否则无效,无法办理相关退票手续。

输入指令:

> DETR:TN/999 – 1100004005

电脑终端输出信息,如表 2.30 所示。

表 2.30 DETR 指令输出信息

ISSUED BY: AIR CHINA	ORG/DST: PEK/ SHA	ISI: SITI	ARL -D
TOUR CODE:			
PASSENGER: 王军			
EXCH:	CONJ TKT:		
O FM:1PEK CA 1862 C 25JUL 0730 OK C			20 K OPEN FOR USE
RL: KF26P			
TO: SHA			
FC: 25JUL11PEK CA SHA 1470.00CNY1470.00END			
FARE: CNY 1470.00|FOP: CASH(CNY)			
TAX: CNY 50.00CN|OI:			
TAX: CNY 40.00YQ|			
TOTAL: CNY 1560.00|TKTN: 999 -1100004005			

步骤 2:TRFD:A/1/D,填写电子退票表格,生成退款单号。

输入指令:

> TRFD:A/1/D(A 代表全屏,1 代表打票机号,D 代表国内)

电脑终端输出信息,如表 2.31 所示。

表 2.31 TRFD 指令输出

```
AIRLINE/BSP   TICKET   REFUND   INFORMATION   FORM
Rfd Number:0              Refund      Type:       DOMESTIC Device -ID:   1
Date/Time: 2  5JUL11 /0900   Agent:   8888   IATA: 08341678   Office:      PEK  99
Airline Code: ___   Ticket No.: _____   - _____ _       Check: _
Conjunction No.: 1   Coupon No.: 1:0000     2:0000     3:0000     4:0000
Passenger Name: _____
Gross Refund: _____   Payment Form: CASH____   Currency Code: CNY -2
     SN CD AMOUNT(SN -sequence number ; CD -tax code)      ET-(Y/N): Y
T|  1 _____     2 __ _____     3 _____     4 _____
 |  5 _____     6 _____     7 _____     8 _____
 |  9 _____     10 __ _____     11 _____     12 _____
A| 13 _____     14 _____     15 _____     16 _____
 | 17 _____     18 _____     19 _____     20 _____
 | 21 _____     22 _____     23 _____     24 _____
X| 25 _____     26 _____     27 _____
Commitment: _____%    Other   Deduction:_____   RMK:__/_____
Net Refund: _____        Credit Card: _____
P(Print) C(Copy) S(Save) D(Delete) I/F3(Igno) R/F4(REF) E/F5(Exit) __
```

说明：Airline Code：客票代码；

Ticket No：客票号码；

Conjunction No：1   Coupon No：1：0000   2：0000   3：0000   4：0000 中的 1、2、3、4 表示连续客票本数，后面 4 个"0"表示第一航段、第二航段，第三航段，第四航段。如果退第一本客票的第一航段，则将 1：0000 改成 1：1000；如果退第一本客票的第二航段，则将 1：0000 改成 1：0200；如果退第一本客票的第一、第二航段，则将 1：0000 改成 1：1200，依此类推；

Passenger Name：旅客姓名；

Gross Refund：票面价(不含税的票价)；

ET-(Y/N)：是否是电子客票；

TAX：1、2、3...：表示收取旅客的税款；

Commitment：代理费；Other Deduction：退票手续费；

Net Refund：实际退款(系统自动算出)。

步骤 3：填写退款单，如表 2.32 所示。

填写完退票单中的内容后，在屏幕右下方输入 transmit 键，屏幕显示如图 2.33 所示，说明退款记录创建成功，56022012 为系统自动生成的退款单号。

步骤 4：提取退款单号，并打印退款单。

输入指令：

>TRFD：1/D/56022012

电脑终端输出信息，如表 2.34 所示。

表 2.32 退款单

```
AIRLINE/BSP  TICKET  REFUND  INFORMATION  FORM
  Rfd Number:0              Refund Type:        DOMESTIC Device-ID:  1
  Date/Time: 25JUL11 /0900  Agent:  8888  IATA: 08341678  Office: PEK  99
  Airline Code:  999    Ticket No.: 1100004005    -_____ _    Check: _
  Conjunction No.: 1   Coupon No.: 1:    1000     2:0000    3:0000    4:0000
  Passenger Name:  王军_____

  Gross Refund: 1470    Payment Form: CASH____  Currency Code: CNY    -2
     SN CD AMOUNT(SN -sequence number ; CD -tax code)        ET -(Y/N): Y

  T| 1 __ CN50.00___  2 __ YQ40.00___   3 __ _____   4 __ _____
   |  5 __ _____    6 __ _____     7 __ _____   8 __ _____
   |  9 __ _____   10 __ _____    11 __ _____  12 __ _____
  A| 13 __ _____   14 __ _____    15 __ _____  16 __ _____
   |17 __ _____    18 __ _____    19 __ _____  20 __ _____
   |21 __ _____    22 __ _____    23 __ _____  24 __ _____
  X| 25 __ _____   26 __ _____    27 __ _____

  Commitment: _____%    Other Deduction: 147_____   RMK:_/_____

  Net Refund: _____    Credit Card: _____

  P(Print) C(Copy) S(Save) D(Delete) I/F3(Igno) R/F4(REF) E/F5(Exit) __
```

表 2.33 系统自动生成的退款单号

```
ACTION SUCCESSFUL
UPDATE REFUND: 56022012
```

表 2.34 提取退款单号

```
AIRLINE/BSP  TICKET  REFUND  iNFORMATION  FORM
  Rfd Number: 56022012         Refund Type:        DOMESTIC Device-ID:   1
  Date/Time: 25JUL11 /0920  Agent:  8888  IATA: 083 41678  Office: PEK  99
  Airline Code:  999___   Ticket No.: 1100004005____ -_____ _   Check: _
  Conjunction No.: 1   Coupon No.: 1:1000     2:0000    3:0000    4:0000
  Passenger Name:  王军_____
  Gross Refund: 1470___   Payment Form: CASH____  Currency Code: CNY -2
     SN CD AMOUNT(SN -sequence number ; CD -tax code)        ET -(Y/N): Y

  T| 1 __ CN50.00___  2 __ YQ40.00___   3 __ _____   4 __ _____
   |  5 __ _____    6 __ _____     7 __ _____   8 __ _____
   |  9 __ _____   10 __ _____    11 __ _____  12 __ _____
  A| 13 __ _____   14 __ _____    15 __ _____  16 __ _____
   |17 __ _____    18 __ _____    19 __ _____  20 __ _____
   |21 __ _____    22 __ _____    23 __ _____  24 __ _____
  X| 25 __ _____   26 __ _____    27 __ _____

  Commitment: _____%    Other Deduction: 147_____   RMK:_/_____

  Net Refund: _1413_____    Credit Card: _____

  P(Print) C(Copy) S(Save) D(Delete) I/F3(Igno) R/F4(REF) E/F5(Exit) __
```

步骤5：执行 DETR 指令，再次提出电子客票，检查客票状态是否已经改成"RE-FUNDED"。

输入指令：

> DETE：TN/999 – 1100004005

电脑终端输出信息，如表 2.35 所示。

表 2.35　检查客票状态

ISSUED BY: AIR CHINA　　　　　ORG/DST: PEK/ SHA　　　ISI: SITI　　ARL-D
TOUR C ODE:
PASSENGER: 王军
EXCH:　　　　　　　　　　　　　CONJ TKT:
O FM:1PEK CA　　　1862　　C 25JUL　　　0730　　OK　　C　　　　　　　20K　　　REFUNDED
RL:KF26P
TO: SHA
FC: 2 5JUL 11 PEK CA SHA 1470.00CNY 1470.00END
FARE:　　　　　　CNY 1 470 .00|FOP: CASH(CNY)
TAX:　　　　　　CNY 50.00CN|OI:
TAX:　　　　　　CNY 40.00YQ|
TOTAL:　　　　　CNY 1560 .00|TKTN: 999-1100004005

步骤6：删除 PNR 订座记录，释放座位。

输入指令：

> XEPNR@

2.3.3　电子客票自愿退票

旅客自愿退票，各航空公司根据旅客购买客票的折扣舱位和提出退票时间不同，收取的退票费率也不同。国内各航空公司关于退票的规定略有不同，表 2.36 显示中国东方航空公司的退票规定。

表 2.36　中国东方航空公司的退票规定

舱位	代码	航班起飞前	航班起飞后
头等舱	F	免收退票手续费	免收退票手续费
公务舱	C	免收退票手续费	免收退票手续费
经济舱	Y	免收退票手续费	收取 10% 退票手续费
	B、H	收取 5% 退票手续费	收取 10% 退票手续费
	L、M、N	收取 10% 退票手续费	收取 20% 退票手续费
	R、S、P	收取 20% 退票手续费	收取 30% 退票手续费
	V、T、W	收取 50% 退票手续费	收取 60% 退票手续费
	X	收取 80% 退票手续费	
	G	只退机建和燃油费	
婴儿票、儿童票		免收退票手续费	
其他舱位退票费按运价通告及票面限制条件执行			

退票收费补充说明：

（1）退票手续费计算后四舍五入至个位，但不低于最低退票手续费 50 元人民币。

（2）经济舱子舱位客票由低舱位改高舱位而换开客票时，按升舱前舱位的退票手续费收取。

（3）如果第 n 段提出退票，则后续的 $n+1$ 航段必须退票；如果第 n 段提出退票，则前面 $n-1$ 段必须是客票最终状态。

（4）旅客在航班经停点自动停止旅行，该航班的客票即告失效，未使用航段的票款不退。

（5）旅客持联程、中途分程或回程客票，在航班中途停止旅行时，客票失效部分只算到联程、分程或回程站，续程或回程部分仍属有效。

例 23　旅客王磊购买 2011 年 8 月 2 日 MU5302 广州到福州的机票，航班离站时间 1030，订座舱位 B 舱位，票价 1150 元；8 月 4 日 MU5549 上海到济南的机票，航班离站时间 1555，订座舱位 N 舱位，票价 610 元。该旅客在 8 月 1 日 10∶00 提出退票，工作人员应收取多少退票费，退还旅客多少元？

解：旅客由于个人原因提出退票，属于自愿退票。

东方航空公司航班起飞前 B 舱退票应收取 5% 的退票手续费，N 舱退票应收取 10% 的退票手续费。

退票费：$1150 \times 5\% + 610 \times 10\% = 118.5 \approx 119$ 元

退还旅客：$1150 + 610 - 119 = 1641$ 元

2.3.4　电子客票非自愿退票

1. 非自愿退票原因

（1）取消了旅客已订的航班。

（2）取消航班约定的经停地点（含有旅客的出发地、目的地、经停地）。

（3）未能在合理地时间内按照班机时刻进行飞行。

（4）造成旅客已订妥座位的航班衔接错失。

（5）更换了旅客的舱位等级。

（6）未能提供已订妥的座位。

2. 非自愿退票办理规定

（1）退票均不收取退票费。

（2）客票全部未使用，退还全部票款。

（3）客票部分已使用，退还未使用航段票款。

（4）若航班在非规定的航站降落，旅客要求退票，原则上退降落站至旅客到达站的票款，但退款金额以不超过原付票款为限；如果旅客所付票价为折扣票价，应按相同折扣率计退票款。

例 24　旅客购买广州至北京的机票，票价 1360 元。飞机因故障在深圳备降并取消飞行，旅客要求退票。按规定应退深圳至北京的票款，但由于深圳至北京的票价（1400 元）高于广州至北京的票价（1360 元），因此，只能退广州至北京的票款，即 1360 元。

例 25　旅客购买了上海至西安经停郑州的机票，票价 1000 元，由于在郑州飞机出现机械故障取消飞行，旅客要求退票。上海至郑州票价为 600 元，郑州至西安票价为 500

元。问应退还旅客多少钱？

解：此种情况属于旅客非自愿退票，应退还郑州至西安的票款，不收退票费，因此，应退还 500 元。

例 26 旅客搭乘 MF8304 航班由海口到厦门，该航班因天气原因在经停站珠海取消当日飞行，旅客要求退票。旅客是以 8 折票价购买海口到厦门航段客票，实付票款为 880 元。海口到珠海的 8 折票价为 540 元，珠海到厦门的 8 折票价为 550 元。问应退还旅客多少钱？

解：此种情况属于旅客非自愿退票，应退还珠海至厦门的票款，不收退票费，因此，应退还 550 元。

2.3.5 旅客因病退票

旅客因个人身体健康原因未能全部或部分完成机票中所列明的航程，旅客提出退票，称为旅客因病退票。

旅客因病退票的一般规定如下：

（1）旅客购票后，因病不能旅行要求退票，必须在航班规定离站时间前提出并提供县级（含）以上医疗单位的证明原件（如诊断书原件、病例和旅客不能乘机的证明）。如因病情突然发生，或在航班经停站临时发生病情，一时无法取得医疗单位证明，也必须经承运人认可后才能办理。

（2）旅客因病退票，客票全部未使用，退还全部票款。客票部分已使用，退还的票款为旅客所付票价减去已使用航段相同折扣率的票价金额，但所退金额不得超过原付票款金额。

（3）生病旅客的同行人员要求退票，必须与患病旅客同时提出，也按上述规定办理，否则一律按自愿退票处理。

例 27 旅客搭乘 CZ3613 航班从广州至牡丹江，飞机经停上海。广州至牡丹江票价为 2080 元，广州至上海票价为 1020 元，上海至牡丹江票价为 1462 元。问：（1）若旅客因病在广州要求退票，如何处理？（2）若旅客在飞机上突然发病不能继续旅行，在上海要求退票，如何处理？（3）若该旅客病情严重需要 1 名亲属陪伴，在上海要求退票，如何处理？

解：

（1）旅客如能按照要求提供相关证明并得到承运人的认可，可办理旅客因病退票手续，不收退票费，退还旅客全部从广州到牡丹江的票款 2080 元。

（2）旅客因病在经停站上海取消航程，要求退票得到承运人的认可，可办理旅客因病退票手续，不收退票费。退还未使用票款：2080 − 1020 = 1060 元。

（3）经承运人确认，病人病情确实需要有人陪伴，必须留下照顾病患者的旅客，可依据相关规定，不收退票费，退还未使用的票款：2080 − 1020 = 1060 元。

2.4 电子客票变更

旅客购买定期客票后，改变客票未使用部分的航程、日期、承运人、票价级别等统称为客票变更。旅客客票发生变更有两种情况，自愿变更和非自愿变更。由于旅客个人原因需要改变航程、航班、乘机日期、时间、座位等级或乘机人，均属自愿变更（经医疗单位证明旅客因病要求变更的除外）。由于航班取消、提前、延误、航程改变或承运人未能向旅客提供已经定妥的座位（包括舱位等级），或未能在旅客的中途分程地点或目的地停留，或造成旅客已经订妥座位的航班衔接错失旅客要求变更客票，均属于非自愿变更。

2.4.1 电子客票变更规定与处理

1. 电子客票变更一般规定
(1) 要求变更的客票必须在客票有效期内。
(2) 要求变更的客票不得违反票价限制条件。
(3) 变更航程或乘机人，均应按退票处理，重新购票。
(4) 变更承运人，按客票签转有关规定处理。
(5) 客票变更后，客票的有效期仍按原客票出票日期或开始旅行日期计算。

2. 电子客票自愿变更处理
(1) 变更航班/日期。目前各航空公司对旅客自愿变更航班、日期的处理规定各有差异，一般如旅客提出变更时间较早或购买的是正常客票可免费变更。表 2.37 显示三大航空公司的客票变更规定。

表 2.37   三大航空公司客票变更规定

公司	国航	南航	东航
变更规定	① 正常票不限制； ② 60 折～95 折，免费更改 1 次； ③ 80 折～95 折第二次更改收票面价 5%； ④ 60 折～75 折第二次更改收票面价 10%； ⑤ 55 折（含）以下，每次收票面价 20%	① 起飞前 24 小时以前：当对应舱位开放时，免费更改； ② 起飞前 24 小时内（含）及离站后提出：80 折（含）以上，对应舱位免收变更手续费；7.5 折～6 折（含）收取票面价的 5% 作为变更手续费；6 折以下收取票面价的 10% 作为变更手续费； ③ 如果没有对应舱位，升舱补差费用作为变更费	① F～Y 舱：不限制； ② 90 折～35 折： a. 当对应的舱位开放的情况下：起飞前，免费变更；起飞后，按自愿退票处理。 b. 无对应舱位，升舱补差，必须在东航办理。 ③ 30 折（含）以下：不允许变更

(2) 变更舱位等级。承运人及其销售代理人应在航班有可利用座位和时间的条件下予以积极办理，通常票款的差额多退少补。

3. 电子客票非自愿变更处理
旅客非自愿变更客票时，航空公司工作人员应按照以下措施进行处理。
(1) 为旅客优先安排有可利用座位的本承运人的后续航班。
(2) 征得旅客及有关承运人的同意后，办理签转手续。
(3) 若由承运人原因造成的变更，承运人有义务安排航班将旅客运达目的地或中途分程地点，票款、逾重行李费和其他服务费用多退少不补。
(4) 由于承运人原因，造成旅客舱位等级变更时，票款的差额多退少不补，但仍按原舱位等级享受免费行李额和餐食。如头等舱改为经济舱，应退还票价差额；普通舱改为头等舱，不再收取差额。

2.4.2 电子客票变更操作指令

电子客票变更的指令步骤如下：

（1）提取电子客票旅客记录（PNR）。

（2）取消原航班，建立新航班。

（3）输入新的 SSR TKNE 项，删除原来的 SSR TKNE 项；

（4）封口后用 DETR 提出查看。

例28 旅客王军要求将6月20日 CA1315 航班 Y 舱客票，票号为999 – 1100004006，更改为6月22日 CA1321 航班。

步骤1：执行 DETR 指令，查看电子客票的票面状态是否为 OPEN FOR USE。

输入指令：

> DETR：TN/999 – 1100004006

电脑终端输出信息，如表2.38所示。

表2.38　查看电子客票的票面状态

ISSUED BY: AIR CHINA　　　　　ORG/DST: PEK/ SHA　　　ISI: SITI　　ARL -D
TOUR CODE:
PASSENGER：王军
EXCH:　　　　　　　　　　　　　CONJ TKT:
O FM:1PEK CA　　　1315　　Y 20JUN　　　1130　OK　　Y　　　　　　　　20K　　OPEN FOR USE
RL:MSD04　　　/
TO: CAN
FC: 20JUN 11 PEK CA CAN1200.00CNY1200.00END
FARE:　　　　　　CNY 1200.00‖FOP:　　　CASH(CNY)
TAX:　　　　　　CNY 50.00CN∣OI:
TAX:　　　　　　CNY 40.00YQ∣
TOTAL:　　　　　CNY 12 90.00∣TKTN: 999 -1100004006

步骤2：提取旅客订座记录（PNR）。

输入指令：

> RT：MSD04

电脑终端输出信息，如表2.39所示。

表2.39　提取旅客订座记录

1. 王军　MSD04
2. CA1315 Y　　FR20JUN　PEKCAN HK1　　　　1130 1430　　　　E
3. NA
4. T
5. SSR F OID CA HK1 NI792739824/P1
6. SSR TKNE CA HK1 PEKCAN 1315 Y20JUN 9991100004006/1/P1
7. FN/M/FCNY1200.00/ACNY1290.00
8. TN/999 -1100004006/P 1
9. PEK099

步骤 3：取消旅客原订航班,建立新航班。

输入指令:

> XE：2

SS CA1321/Y/22JUN/PEKCAN/1

电脑终端输出信息,如表 2.40 所示。

表 2.40　取消旅客原订航班

1. 王军 MSD04
2. CA1 321 Y　FR22JUN　PEKCAN HK1　　0900 1155　　　　E
3. NA
4. T
5. SSR FOID CA HK1 NI792739824/P1
6. SSR TKNE CA HK1 PEKCAN 1315 Y20JUN 9991100004006/1/P 1
7. FN/M/FCNY1200.00/ACNY1290.0 0
8. TN/999 -1100004006/P 1
9. PEK099

步骤 4：输入新的 SSR TKNE 项,删除原来的 SSR TKNE 项。

输入指令:

> XE：6

SSR TKNE CA HK1 PEKCAN 1321 Y22JUN 9991100004006/1/P1

电脑终端输出信息,如表 2.41 所示。

表 2.41　输入新的 SSR TKNE

1. 王军 MSD04
2. CA1321 Y　FR22JUN　PEKCAN HK　 1 0900 1155　　　　E
3. NA
4. T
5. SSR FOID CA HK1 NI792739824/P1
6. SSR TKNE CA HK1 PEKCAN 13 21 Y2 2JUN 9991100004006/1/P1
7. FN/M /FCNY1200.00/ACNY12 90.0 0
8. TN/999 -1100004006/P 1
9. PEK099

步骤 5：封口后用 DETR 提出该 PNR,查看客票状态是否为 OPEN FOR USE。

输入指令:

> @

DETR：TN/999 – 1100004006

电脑终端输出信息,如表 2.42 所示。

表 2.42　查看更改后客票状态

ISSUED BY: AIR CHINA　　　　ORG/DST: PEK/SHA　　ISI: SITI　ARL -D	
TOUR CODE:	
PASSENGER: 王军	
EXCH:　　　　　　　　　　　CONJ TKT:	
O FM:1PEK CA　　　1321　Y 22JUN　　　0900　OK　Y　　　　　　　20K　OPEN FOR USE	
RL:MSD04　　/	
TO: CAN	
FC: 20JUN 11PEK CA CAN1200.00CNY1200.00END	
FARE:　　　　　CNY 1200.00‖FOP: CASH(CNY)	
TAX:　　　　　CNY 50.00CN｜OI:	
TAX:　　　　　CNY 40.00YQ｜	
TOTAL:　　　　CNY 1290.00｜TKTN: 999 -1100004006	

2.5　电子客票签转与换开

2.5.1　电子客票签转

　　旅客购票后,如要求改变原客票的指定承运人,称为客票签转。通常,电子客票不能在各承运人之间任意交换使用,只能允许在满足一定条件下进行签转。按照旅客签转的原因不同,电子客票签转可以分为两类:旅客自愿签转、旅客非自愿签转。它们对应的签转规定是不同的。

　　由于旅客自身的原因,向承运人提出改变承运人的要求,称为旅客自愿签转。在办理旅客自愿签转时,工作人员必须首先判断客票是否满足航空公司自愿签转的条件。通常头等舱/公务舱/经济舱全票价及使用儿童/婴儿/革命伤残军人和因公致残人民警察票价的客票,允许自愿变更承运人。其他明折明扣票价客票,不得自愿变更承运人,如旅客要求自愿变更承运人,需补齐明折明扣票价与正常票价的差距。

　　因承运人的航班延误、取消以及承运人自身原因而导致旅客无法成行,旅客提出改变承运人的要求,称为旅客非自愿签转。此时,折扣票价可以签转到其他承运航空公司的航班。

　　电子客票签转的指令步骤如下:

　　(1) 提取电子客票旅客记录(PNR)。

　　(2) 更改航班。

　　(3) 更改电子客票票号项(SSR TKNE)。

　　(4) PNR 封口(@)。

　　例 29　旅客王军购买了 6 月 20 日国航北京至上海 Y 舱电子客票,票号为 999 - 1100004006,后来因私事要求改签 6 月 24 日东航 MU5352 航班。

　　步骤 1:执行 DETR 指令,查看电子客票的票面状态是否为 OPEN FOR USE。

　　输入指令:

　　>DETR: TN/999 - 1100004006

电脑终端输出信息,如表 2.43 所示。

表 2.43　查看更改前电子客票的票面状态

ISSUED BY: AIR CHINA　　ORG/DST: PEK/ SHA　　ISI: SITI　　ARL -D
TOUR CODE:
PASSENGER: 王军
EXCH:　　　　　　　　　　　　CONJ TKT:
O FM:1PEK CA　　　1315　Y 20JUN　　1130　OK　Y　　　　　　　　　20K　　OPEN FOR USE
RL:MSD04　/
TO: SHA
FC: 20JUN11PEK CA　SHA 1200.00CNY1200.00END
FARE:　　　　　　CNY 1200.00‖FOP: CASH(CNY)
TAX:　　　　　　CNY 50.00CN|OI:
TAX:　　　　　　CNY 40.00YQ|
TOTAL:　　　　　CNY 12 90.00|TKTN: 999-1100004006

步骤 2:提取旅客记录(PNR)。

输入指令:

>RT:MSD04

电脑终端输出信息,如表 2.44 所示。

表 2.44　提取旅客记录

1. 王军　MSD04
2. CA1315 Y　FR20JUN　PEKSHA HK 1　1130 1430　　E
3. NA
4. T
5. SSR FOID CA HK1 NI792739824/P1
6. SSR TKNE CA HK1 PEKSHA 1315 Y20JUN 9991100004006/1/P1
7. FN/M/FCNY1200.00/ACNY12 90.00
8. TN/999 -1100004006/P1
9. PEK099

步骤 3:按旅客要求查询改签日期航班。

输入指令:

>AV:PEKSHA24JUN

电脑终端输出信息,如表 2.45 所示。

表 2.45　查询改签日期航班

24JNN (TUE) PEKSHA
1　CA 275　　PEKSHA　　1730　1955　738 0　　　　ECS AS YS US BS
LS MS TS ES HS QS VS WS PS GS KS ZS NS
2　CZ3 275　PEKSHA　　1530　1755　738 0　　　　ECS AS DS YS HS
KS LS MS TS ES VS US QS GS BS RS IS XS WS PS OS JS SS NS ZS
3　MU 5352　PEKSHA　　1215　1505　77A 0^L　　　EFA CC YA BA HA
LA MA NA RA SQ KA VQ TQ QA WQ
4　CZ3102　PEKSHA　　1215　1505　77A 0^L　　　EFA AX P2 CX DX
IX JX YA TA KA HA MA GA SA LA QQ UA EQ VQ BA XQ NA RA O6
5+　CZ346　PEKSHA　　1615　1905　77B 0 C　　　ECA DQ I4 J2 WA

54

步骤4：按旅客要求选择要订取的航班。

输入指令：

>SD：3YRR1

电脑终端输出信息，如表2.46所示。

表2.46 选择要订取的航班

1. 王军 MSD04
2. CA1315 Y FR20JUN PEKSHA HK 1 1130 1430 E
3. MU5352 Y MO24JUN PEK SHA HK 1 1215 1505 320 S 0 E
4. NA
5. T
6. SSR FOID CA HK1 NI792739824/P1
7. SSR TKNE CA HK1 PEKSHA 1315 Y20JUN 9991100004006/1/P 1
8. FN/M/FCNY1200.00/ACNY1290.00
9. TN/999 -1100004006/P1
10. PEK099

步骤5：取消原订航班，删除原来的SSR TKNE项，输入新的SSR TKNE项。

输入指令：

>XE2

XE7

SSR TKNE MU HK1 PEKSHA 5352 Y24JUN 9991100004006/1/P1

电脑终端输出信息，如表2.47所示。

表2.47 更新SSR TKNE项

1. 王军 MSD04
2. MU5352 Y MO24JUN PEK SHA HK 1 1215 1505 320 S 0 E
3. NA
4. T
5. SSR FOID CA HK1 NI792739824/P1
6. SSR TKNE MU HK1 PEKSHA 5352 Y24JUN 9991100004006/1/P1
7. FN/M/FCNY1200.00/ACNY1290.00
8. TN/999 -1100004006/P 1
9. PEK099

步骤6：再次提取电子客票查看客票状态。

输入指令：

>DETR：TN/999 – 1100004006

电脑终端输出信息，如表2.48所示。

表 2.48 再次查看电子客票状态

ISSUED BY: AIR CHINA		ORG/DST: PEK/SHA		ISI: SIT1 ARL-D	
TOUR CODE:					RECEIPT
PRINTED					
PASSENGER: 王军					
EXCH:		CONJ TKT:			
O FM:1PEK MU 5352 Y 24JUN 1215 OK Y				20K	OPEN FOR
USE					
RL:MSD04 /					
TO: SHA					
FC: 2 4JUN 11PEK MU SHA1200 .00CNY1200.00END					
FARE:	CNY 1200.00‖FOP: CASH(CNY)				
TAX:	CNY 50.00CN∣OI:				
TAX:	CNY 40.00YQ∣				
TOTAL:	CNY 1290.00∣TKTN: 999 -1100004006				

2.5.2 电子客票换开

电子客票出票后,有时需要进行换开。旅客所持客票,由于下述原因不能继续使用时,就需要换开新电子客票:改变航程;改变座位等级;改变票价类别;因无业务代理关系或其他原因,一个空运企业的客票不能为另一个空运企业接受。

当旅客需要换开客票时,要将旅客原始客票或已经换开过一次的客票票号写在新开的票上,OI 指令可以记录下这些票号,并作为 PNR 的一个内容存于 PNR 中。

电子客票换开的指令步骤如下:

(1)提取电子客票 PNR。

(2)更改客票信息(舱位、航程等)。

(3)输入 OI/FN/FC/FP 项。

(4)重新 ETDZ。

例 30 旅客陈华,购买 CA1855 机票 PEK 至 SHA,客票为 Y 舱,票价 1130.00 元,税50.00 +40.00,票号:999 -2406341848,旅客办理升舱到 C 舱,票价为 1470.00 元。换开客票操作如下:

步骤 1:提取原电子客票的 PNR 记录。

输入指令:

> DETR:TN/999 -2406341848

电脑终端输出信息,如表 2.49 所示。

步骤 2:更改为 C 舱,并删除原 SSR TKNE 项、T 项以及 FN、FC、FP 项。

输入指令:

> SS:CA1855/ C /27MAR / PEKSHA/NN1

XE4

XE6

表 2.49　提取原电子客票的 PNR 记录

1. 陈华　KF44P
2. CA1855 Y　MO27MAR　PEKSHA HK1　1700 1855　　　　　　　　E
3. NA
4. T
5. SSR FOID CA HK1 NI111111111111111111/P1
6. SSR TKNE CA HK1 PEKSHA 1855 Y27MAR 9992406341848/1/P1
7. FN/M/FCNY1130.00/SCNY1130.00/C0.00/XCNY90.00/TCNY50.00CN/TCNY40.00YQ/ACNY1220.00
8. TN/999 -2406341848/P1
9. FP/CASH,CNY
10. PEK099

　　XE7
　　XE8
　　XE9
　　电脑终端输出信息,如表 2.50 所示。

表 2.50　更改操作

1. 陈华　KF44P
2. CA1855 C　MO27MAR　PEKSHA HK1　1700 1855　　　　　330 S 0 E
3. NA
4. SSR FOID CA HK1 NI111111111111111111/P1
5. PEK099

　　步骤 3:输入 FN/FC/FP/OI 项。
　　输入指令:
　　>FN:RCNY1470.00/SCNY1470.00/C0.00/OCNY50.00CN/OCNY40.00YQ/ACNY340.00
　　FC:PEK CA SHA 1470.00C CNY1470.00END
　　OI:999 -2406341848 # 1000
　　FP:CASH,CNY
　　说明:RCNY 的价格为新票的票面价格;SCNY 的价格为新票的实收价格;OCNY 的
价格为原有的税(如有新增的税则输入 TCNY);ACNY 的价格为新票与旧票的差价。
　　电脑终端输出信息,如表 2.51 所示。

表 2.51　输入 FN/FC/FP/OI 项

1. 陈华　KF44P
2. CA1855 C　MO27MAR　PEKSHA HK1　1700 1855　　　　　330 S 0 E
3. NA
4. FC/M/PEK CA SHA 1470.00C CNY1470.00END
5. SSR FOID CA HK1 NI111111111111111111/P1
6. FN/M/RCNY1470.00/SCNY1470.00/C0.00/OCNY50.00CN/OCNY40.00YQ/ACNY340.00
7. OI/999 -2406341848#1000PEK26MAR6 08341678
8. FP/CASH,CNY
9. PEK099

　　步骤 4:重新出票,并提取原票面和新票面。

输入指令：

> ETDZ：打票机号

电脑终端输出信息，如表 2.52 和表 2.53 所示，由票面信息，可以看出电子客票已经换开。

表 2.52　原票面

ISSUED BY: AIR CHINA	ORG/DST: PEK/SHA	ISI: SITI　ARL-D
TOUR CODE:		
PAS SENGER: 陈华		
EXCH:	CONJ TKT:	
O FM:1PEK　CA　　1855　Y 27MAR　　　Y　　　　　　　　20K　EXCHANGED		
RL: KF44P		
TO: SHA		
FC: 27MAR06PEK CA SHA1130.00CNY1130.00END		
FARE: 　　　　CNY 1130.00|FOP:CASH(CNY)		
TAX: 　　　　　CNY 50.00CN|OI:		
TAX: 　　　CNY 40.00YQ|		
TOTAL: 　　　　CNY 1220.00|TKTN: 999-2406341848		

表 2.53　新票面

ISSUED BY: AIR CHINA	ORG/DST: PEK/SHA	ISI: SITI　ARL -D
TOUR CODE:		
PASSENGER: 陈华		
EXCH: 999 -2406341848	CONJ TKT:	
O FM:1PEK CA　　1855　C 27MAR 1700 OK C　　　　　　　30K OPEN FOR USE		
RL:KF44P　　/		
TO: SHA		
FC: 27MAR06PEK CA SHA1470.00CNY1470.00END		
FARE: 　　　　CNY 1470.00|FOP:CASH(CNY)		
TAX: 　　　　PD　50.00CN|OI: 999 -2406341848 P　EK 2 7MAR6 0834167		
TAX: 　　　　PD　40.00YQ|		
TOTAL: 　　　　CNY 1560.00|TKTN: 999-2406341850		

本章小结

　　订座工作是民航运输服务工作中的一项重要工作，航空公司售票处和客运销售代理是最主要的负责接受订座的部门，民航订座人员利用订座系统记录旅客订座要求来完成订座工作。国内民航订座系统包括代理人分销系统 CRS 和航空公司系统 ICS。旅客订座记录是一个记录旅客各种信息的记录，是电脑订座人员必须掌握的内容。

　　电子客票是传统纸质机票的一种电子映像，是一种电子号码记录。电子客票依托当今流行的通信手段和信息技术,实现无纸化、电子化的订票、结算和办理乘机手续等全过程,它不仅给航空公司带来了许多优势,而且也给旅客带来诸多便利。电子客票的销售与传统纸质机票销售类似,包括订座、出票、客票变更、签转、换开、退票等内容。

复习与思考

1. 旅客订座的基本业务流程如何?
2. 旅客订座记录必须包含的信息有什么?
3. 电子客票是如何出票的?
4. 航空公司电子客票和 BSP 电子客票有什么区别?
5. 什么情况下旅客退票属于非自愿退票?
6. 旅客客票签转需满足什么条件?
7. 旅客张越于 3 月 28 日在北京购买了国航 4 月 7 日北京至青岛 CA1569 航班 Y 舱机票,票价 710 元,起飞时间 7:55,4 月 8 日青岛至上海 CA1535 航班 F 舱机票,票价 1110 元,起飞时间 16:05,客票票号 999 - 2221234567,该旅客于 4 月 6 日 14:00 在北京要求自愿退票,应如何办理?

阅读

电子客票十年风云录

资料来源:http://travel.sina.com.cn/air/2009 - 09 - 23/1104108421.shtml

2000 年,我国第一张电子客票诞生在中国南方航空公司,比国际上第一张电子客票晚了 7 年。但此后 10 年,由小小的机票引发的转型、重整和出局就一直没有停止过。在中国航空史上,这大概是风云变幻最为激烈的 10 年。

电子客票带给航空公司的,首先是成本的节省。据业内人士分析,摊上印刷和配送费用,一张传统的纸质机票成本约为人民币 20 元,而电子客票行程单成本仅为 1 元,以每年 8000 万张机票计算,电子客票将为航空公司节省近 16 亿元成本。在航油成本高居不下的境遇下,电子客票成为压缩成本的新亮点。

但由于人们的消费习惯及航空公司之间电子客票系统不相容、客票签转麻烦等种种问题的影响,电子客票推广缓慢,即使是在电子客票加快发展的 2005 年,其销售比例也仅达到 17%。这离中国航协向国际航协承诺的 2005 年底中国电子客票销售份额将提升到 40% 的目标相去甚远。

直到 2004 年 9 月 1 日,海南航空公司在国内率先推出 BSP 电子客票。

本票是由航空公司发行的纸质机票,代理人销售机票后直接与航空公司结算。而 BSP 票是国际航协为扩大销售网络和规范销售代理人的行为而建立的一种系统,机票销售后,资金并不直接进入航空公司账内,而是由中航协按期和航空公司结算。

BSP 代表庞大的代理人群体,它占据着机票销售 70% ~ 80% 的市场份额,从某种程度上来说,BSP 的全面"E"化才代表着电子客票时代的真正来临。

BSPET 姗姗来迟的原因有二,一是代理人意识模糊,2000 年到 2003 年是机票市场供求平衡的时代,代理人无需改革也能生存得很好;二是航空公司各自为政,2000 年年初,各大航空公司都热衷于自己开发电子客票系统,各自为政的信息系统让代理人吃尽了苦头。2004 年,某航空公司网站一个月竟然只卖出几张电子客票。

2000 年到 2004 年,是电子客票的难产期;2005 年,国际航协大力倡导"简化商务"战略;2006 年 10 月,国际航协不再向包括中国在内的机票代理人发放纸质机票;2007 年,按照中国航协的承诺,纸质机票永远退出历史舞台。

电子客票带来的航空业重新洗牌从此拉开序幕。

电子客票的出现大大增加了航空公司实现直销的可能,引发了航空公司集体转型电子商务的潮流。南航网站销售系统从 2000 年推出至今,全年销售额已经翻了近 100 倍。2008 年的 B2C 最高日交易额比 2007 年翻了 6 倍,而 2008 年的 B2B 最高日交易额比 2007 年翻了 3 倍多。2008 年 7 月 8 日,南航还正式向公众推出了"95539 一码通"短信服务,实现了南航 95539 服务号码在固话、移动、短信三种网络里统一的一条龙服务。

2006 年 11 月 28 日,海南航空公司推出了 WAP 手机电子客票商务平台,这在国内航公司尚属首次。一年以后,海航又成功开通了手机值机业务,突破了时间和地域的限制,旅客可以提前预定机上座位。

航空公司积极向电子商务的转型,使电子商务起家的网站也开始觊觎机票业务这一大蛋糕。9588 掌上通网络技术有限公司就是一家由 SP 增值业务转型进入传统机票代理行业的网站,2006 年,涉入机票领域仅一年的掌上通公司,每天的电话查询量就达到了2000 条,成交量达 10% 。

电信运营商也不甘示弱,12580 综合信息服务门户就是中国移动秉承"一个号码、一个平台"的理念,为用户提供的包括机票、酒店、餐厅、购物、娱乐、景点在内的综合服务平台。中国电信的 114118 服务也是如此。

航空公司的积极转型,"外行"服务商的努力切入,使传统代理人的空间越来越小,由信息技术带来的变革一直持续到 2009 年。经历了 5 年的洗牌,航空公司的电子商务转型已成定局,代理人格局也渐渐进入寡头垄断。

由小小电子客票引发的变革还将继续,无论怎样,最终受惠者——用户,已经越来越能享受到信息技术的快捷和简便,越来越享受信息社会的"乐活"时代。

思考题

1. 电子客票相对传统纸质客票的优势是什么?
2. 电子客票给民航发展带来什么影响?

第二篇 民航国际旅客运价

第3章 国际旅行

本章关键词

护照(passport)　　　　　　旅行信息手册(travel information manual)
签证(visa)　　　　　　　　格林尼治时(greenwich mean time)
海关(customs)　　　　　　当地标准时(local standard time)
机场税(airport tax)　　　　夏令时(daylight saving time)
健康(health)　　　　　　　官方航空指南(official airline guide)
货币(currency)　　　　　　最短衔接时间(minimum connecting time)

互联网资料

http：//www. oag. com
http：//www. iata. org
http：//www. cnta. gov. cn

> 安排国际旅行需要了解一系列的旅行信息,包括护照、签证、健康、机场税、海关、货币等,任何一个环节出现问题都将影响旅客顺利出行,有的甚至会因为违反相关国家的法律而承担法律责任。跨境旅行通常都会遇到时差的问题,时差问题对航班安排和旅客生理、心理等方面都有重大意义。在接受旅客咨询和为旅客订座时,需要考虑班期,班次,航班时刻,出发、经停和目的地机场,直达还是中转,最短衔接时间等诸多因素。

3.1 国际旅行文件和信息(TIM)

本节有关国际旅行文件和信息的介绍,主要依据旅行信息手册(Travel Information Manual,TIM),该手册目前由 IATA 负责出版。其目的是为航空公司、代理人以及其他旅游业相关机构和个人提供最新的旅行规定、程序、限制等官方信息。该手册从 6 个方面提供相关国家的旅行信息,即护照、签证、健康、机场税、海关、货币。

旅行过程中需要检查相关旅行文件,这些检查可以分为两个方面:

1. 始发地—过境地—目的地旅行文件检查

需要根据相应国家的规定进行文件检查,即始发国家、过境国家、目的地国家,还包括再次进入原始发国家时的文件检查。对于最后一种情况要尤为注意,目的地国家允许进入的文件不一定为始发国家接受。比如,美国的出生证明在有些国家可以作为护照的替代文件被接受,但是在再次入境美国时,此出生证明不被接受,必须使用有效护照。

2. 过境文件检查

有些国家过境规定很严格,不同的旅客,即使来自同一航班且不下飞机,也有可能被拒绝过境,或被要求持有过境签证和黄热病检疫证明。

3.1.1 护照

护照(Passport)是由政府主管机关发给本国公民或者外国侨民(多数为无国籍者)的一种官方文件,用于出入本国国境和到国外旅行或居留时证明该公民国籍和身份的合法性。旅客必须确保其护照在整个旅行过程有效,除非相关国家给予豁免,或者旅客只是经停该机场但不出机场(一些国家不允许)。

1. 护照的类型

各国颁发的护照种类不尽相同。我国的护照分为外交护照、公务护照和普通护照;普通护照又分因公普通护照和因私普通护照。

TIM 中的护照分类有如下几种:

(1)外侨护照:主要发给签发国的外国侨民。

(2)儿童身份证:发给未成年人以替代护照。

(3)外交护照:是一国政府依法颁发给国家元首、政府首脑及高级官员、外交代表、领事官员等人从事外交活动使用的护照。

(4)官员、特殊或公务护照:发给政府官员或其他从事政府工作的人。

(5)国际红十字护照:由联合国颁发。

(6)合用护照(家庭护照):家庭共同旅行可以一起使用的护照。

(7)临时/紧急护照:紧急情况下由一国政府颁发给自己国民的护照。

2. TIM 中护照信息的使用

TIM 按国别列出了相关国家护照的规定(图 3.1)。在 1. Passport 项下,细分为护照豁免(Passport Exemptions)、文件有效期(Document Validity)、入境和过境限制(Admission and Transit Restrictions)、机组成员(Crew Members)、军方人员(Military)、附加信息(Additional Information)、未成年人(Minors)、警告(Warning)等。有些国家的护照信息可能只对其中的一部分有明确规定。

"护照豁免"中可以查阅所有适用于各种旅客的可接受的替代文件,应确保替代文件在整个旅行过程中的有效性,同时应留意"入境和过境限制"中的一些特殊限制规定。护照的有效期也非常重要,大多数国家要求护照必须在计划停留时间之后的一段时间内(通常为 3 个月)继续保持有效,具体可参阅"文件有效期"下的说明。

3.1.2 签证

签证(Visa)是一个国家的主权机关在本国或外国公民所持的护照或其他旅行证件上

■ **Pakistan**(PK)

Geographical information: Capital – Islamabad(ISB).

1. **Passport**: Passport required.
    Passport Exemptions:
    1. Holders of a "Laissez-Passer", provided travelling on duty ,issued by:
    1.1 The United Nations;
    1.2 The International Court of Justice at the Hague, The Netherlands, to all nationalities.
    2. Holders of a Seaman Book provided travelling on duty.
    3. Holders of documents issued to stateless persons.
    4. Holders of a Hong Kong（SAR China）Document of identity.
    Document Validity: Passports and/or passport replacing documents must be valid on arrival.
    Admission and Transit Restrictions:
    1. Admission refused to nationals of Afghanistan whose passport or ticket shows evidence of transit or boarding in India ,even if holding a Pakistan visa or re-entry permit.
    2. Admission refused to national of Israel.
    Crew Member: Passport, Airline Identity Card and General Declaration required. Dead Heading Crew must wear uniform.
    Military: Same regulations as for passengers apply.

图 3.1　TIM 中有关巴基斯坦的护照规定

的签注、盖印,以表示允许其出入本国国境或者经过国境的手续,也可以说是颁发给他们的一项签注式的证明。概括地说,签证是一个国家的出入境管理机构(例如移民局或其驻外使领馆),对外国公民表示批准入境所签发的一种文件。

签证与护照既有区别也有联系。护照是持有者的国籍和身份证明,签证则是主权国家准许外国公民或者本国公民出入境或者经过国境的许可证明。签证一般都签注在护照上,也有的签注在代替护照的其他旅行证件上,有的还颁发另纸签证。签证一般来说须与护照同时使用方有效力。

1. 签证的种类

1) 签证的一般分类

按照不同的方法,签证可以分为不同种类。

按出入境性质分为出境签证、入境签证、出入境签证、入出境签证、再入境签证和过境签证等6种类别。

按入境事由分为外交签证、公务签证、移民签证、非移民签证、礼遇签证、旅游观光签证、工作签证、留学签证、商务签证以及家属签证等。

按时间长短分为长期签证和短期签证。长期签证的概念是,在前往国停留3个月以上。申请长期签证不论其访问目的如何,一般都需要较长的申请时间。在前往国停留3个月以内的签证称为短期签证,申请短期签证所需时间相对较短。

不同国家的签证具体种类不同,下面介绍中国和美国的签证种类。

2）中国的签证

中国签证分为外交签证、礼遇签证、公务签证和普通签证。而普通签证又分为 9 种：定居签证、职业签证、学习签证、访问签证、旅游签证、过境签证、乘务签证和记者签证，分别用汉语拼音的第一个字母和数字 D、Z、X、F、L、G、C、J－1、J－2 来标示，签证代号标明在所签发的签证上。根据外国人申请来中国的事由，中国政府的主管部门分别签发相应的签证。普通签证签发的对象见表 3.1。

表 3.1　中国普通签证代号及其对象

签证代号	签证对象
D	来中国定居的人员
Z	来中国任职或者就业的人员及其随行家属
X	来中国留学、进修、实习 6 个月以上的人员
F	应邀来中国访问、考察、讲学、经商、进行科技文化交流及短期进修、实习等活动不超过 6 个月的人员
L	来中国旅游、探亲或者因其他私人事务入境的人员，其中 9 人以上组团来中国旅游的，可以发给团体签证
G	经中国过境的人员
C	执行乘务、航空、航运任务的国际列车乘务员、国际航空器机组人员及国际航行船舶的海员及其随行家属
J－1	来中国常驻的外国记者
J－2	来中国采访的外国记者

3）美国的签证

美国签证分为 18 类,48 种,类别以英文字母排序,从 A 到 R,种则在类字母下以数字排序,如 A－1,A－2 等,另有两类无签证代号。18 类签证代号及其对象见表 3.2。

表 3.2　美国签证代号及其对象

签证代号	签证对象	签证代号	签证对象
A 类	外交人员	J 类	访问学者
B 类	短期访客	K 类	美籍人员的配偶和子女
C 类	过境人员	L 类	跨国公司人员
D 类	机组人员	M 类	特种技能学生及家属
E 类	特别投资商	N 类	北大西洋组织成员国代表及家属以及特殊移民人员的家属
F 类	学生	O 类	杰出人员及助手
G 类	国际组织人员	P 类	国际知名人士及家属
H 类	特别技能人员	Q 类	文化交流项目人员
I 类	记者	R 类	宗教界人士

2. 签证的检查

签证、过境签证或签证豁免均不能保证能进入该国,最终决定权在于相关国家出入境口岸的主管部门。要求检查签证的各方包括：目的地国家、出发国、居住国和过境国。

关于签证的内容可以参考 TIM 中各国资料的 2. Visa 部分,如图 3.2 所示。该部分通常包含签证豁免(Visa Exemptions)、过境免签(TWOV)、商船船员(Merchant Seamen)、机组成员(Crew Members)、军方人员(Military)、签证发放(Visa Issuance)、附加信息(Addi-

2.**Visa:** Visa required. **Visa Exemptions:** 1. Nationals of Pakistan. 2. Holders of a Re-entry Permit issued by Pakistan. 3. Stateless persons and refugees, provided they reside in Iceland, Maldives, Nepal, Samoa, Tonga, Trinidad & Tobago or Zambia. 4. Nationals of Tonga and Trinidad & Tobago. 5. Nationals of Iceland, Maldives and Zambia for a max. stay of 3 months. 6. Nationals of China (people's Rep.) holding normal passports endorsed "Public Affairs" for a max. stay of 3 months. 7. Nationals of Nepal and Samoa for a max. stay of 30 days. 8. Nationals of Algeria, Argentina, Austria, Belgium, Czech Rap, Denmark, Finland, Iran, Korea (Rep.), Luxembourg, Morocco, Netherlands, Norway, Russian Fed, Slovak Rep., Tunisia and Turkey holding diplomatic or official passports, for a max. stay of 3 months.	**TWOV(Transit Without Visa):** Those passengers continuing to a third country within 24 hours ;and -using same or first connecting aircraft; and -not leaving the airport; and -holding tickets with reserved seats; and -holding all documents required for the country of destination, If an overnight stay is involved: -delivering carrier must accommodate the passenger at the airport hotel (prior hotel reservation and/or issue of hotel voucher is recommended). Immigration authorities will retain passengers' passports. a. Except for stateless persons and refugees, who require a visa at all times. **Merchant Seamen:** 1. Visa is not required if Merchant Seamen are nationals of Pakistan, Tonga or Trinidad &Tobago (applicable to normal passport holders) .

图 3.2　TIM 中有关巴基斯坦签证的部分内容

tional Information）、未成年人（Minors）、警告（Warning）等。

1）签证豁免（Visa Exemptions）

"签证豁免"部分注明了持有哪些类型护照的旅客可以免去申请签证,参阅时应注意注释和附加信息（Additional Information）部分的说明。

例1　一位中国大陆的旅客,持中国因公普通护照前往巴基斯坦,计划停留 1 个月,该旅客是否需要申请进入巴基斯坦的签证?

如图 3.2,从 2. Visa 的 Visa Exemptions 部分第 6 条可以得知,中国大陆公民持普通公务护照在巴基斯坦停留 3 个月以内均无需申请签证。

2）过境免签（TWOV）

"过境免签"规定可以参阅 2. Visa 的 TWOV（Transit Without Visa）部分。关于过境国的签证检查,需要说明几点:① 只要旅行途中有降落,就会检查过境签证;② 过境旅客必须能够证明其在规定时间内将会继续其旅行,比如出示剩余航段的机票、回程机票,或者是一笔足以购买续程、回程航段机票的资金;③ 旅客还必须拥有进入目的地国家和过境途中相关国家的旅行文件。

例2　某旅客需要过境巴基斯坦,为节省签证麻烦,急于了解巴基斯坦的过境免签要求,请予说明。

分析：如图3.2所示,从2.Visa 的 TWOV(Transit Without Visa)部分可知,巴基斯坦的过境免签要求同时满足如下条件：① 停留时间不超过24小时；② 使用相同或第一个衔接飞机；③ 不离开机场；④ 持有订妥座位的机票；⑤ 持有所有目的地国家要求的文件；⑥ 如涉及过夜停留,承运人需安排旅客在机场宾馆住宿,且移民局会保留旅客护照。

过境免签可以给当地带来大量的旅游客源和直接经济收益。目前,我国只有上海等少数城市对部分国家旅客提供48小时过境免签。绝大部分城市,外籍人士过境停留时间仅限24小时,且限于机场等口岸。上海、北京从2013年开始实施72小时过境免签政策。

3) 关于申根签证(Schengen Visa)

申根签证指根据申根协议而签发的签证。据此协议,任何一个申根成员国签发的签证,在所有其他成员国也被视作有效,而无需另外申请签证。而实施这项协议的国家便是通常所说的"申根国家"。截至2012年1月1日,有26个成员国：比利时、法国、德国、卢森堡、荷兰、葡萄牙、西班牙、意大利、奥地利、希腊、丹麦、芬兰、瑞典、冰岛、挪威、爱沙尼亚、拉脱维亚、立陶宛、马耳他、波兰、斯洛伐克、斯洛文尼亚、捷克、匈牙利、瑞士、列支敦士登。成员国中除了瑞士、挪威、冰岛和列支敦士登外均为欧盟国家。英国和爱尔兰为有限加入《申根公约》,仅提供警方信息合作,并未取消边境检查(英国与爱尔兰边境例外)。

申根签证的具体申请规定如下：①只前往某一申根国家,应申办该国的签证；②过境一申根国或几个申根国前往另一申根国,应申办另一申根国(入境国)的签证；③前往几个申根国,应申办主要访问申根国(主访国)或停留时间最长的申根国的签证,并要附上其他申根国带名单的邀请信,在签证申请表停留期限一项中必须将在各申根国停留的时间累加填写；无法确定主访国时,应申办前往的第一个申根国的签证；各国颁发签证所需的材料要求不变,必要时受理国可要求提供附加材料；申根签证不能逐个国家申办,须统一在某一申根国办理；根据《申根协定》,办妥一国签证可进入其他申根国,被一国拒签意味着被其他申根国拒签。

申根签证有5类：A类(Type A)为机场过境签证；B类(Type B)为过境签证；C类(Type C)为最常见的短期申根签证(最大3个月有效期)；D类(Type D)为长期国家签证；D+C类(Type D+C)签证结合了C类和D类的基本特征。

3.1.3 健康

对于来自疫病易感地区的旅客,各国都有检查预防接种证明(Vaccination Certificate)的要求,由指定的卫生检疫机关负责签发。根据旅客始发地、途经地经过了哪些易感地区的实际情况,决定是否需要相应的预防接种证明。有时一些易感地区入境国不需要提供预防接种证明,从个人健康计,也有必要做一下检疫。预防接种证明是有有效期的。一般来说霍乱疫苗自接种后第6日起,6个月有效；黄热病疫苗自接种后第10日起,10年内有效。

1. 一般健康信息

TIM 开头部分的一般健康信息(General Health Information)介绍了国际上常见的几种流行病及其易感地区。以下是近年某期 TIM 中的流行病及其易感地区信息,实际工作中应参考最新资料。

1）霍乱（Cholera）

根据世界卫生组织的报告，以下国家存在霍乱（存在霍乱不等于该国全境都感染霍乱）：

非洲：安哥拉、贝宁、布基纳法索、布隆迪、喀麦隆、佛得角、中非共和国、乍得、科摩罗、刚果（布）、刚果（金）、科特迪瓦、吉布提、加纳、几内亚比绍、几内亚共和国、肯尼亚、利比亚、马达加斯加、马拉维、马里、毛里塔尼亚、莫桑比克、尼日尔、尼日利亚、卢旺达、圣多美和普林西比、塞内加尔、塞拉利昂、索马里、南非、斯威士兰、坦桑尼亚、多哥、乌干达、赞比亚、津巴布韦。

亚洲：阿富汗、不丹、柬埔寨、中国、印度、伊朗、伊拉克、老挝、缅甸、尼泊尔、菲律宾、越南。

中美和南美洲：巴西、厄瓜多尔、萨尔瓦多、危地马拉、尼加拉瓜、秘鲁、委内瑞拉。

2）瘟疫（Plague）

非洲：刚果（金）、马达加斯加、马拉维、莫桑比克、纳米比亚、坦桑尼亚、乌干达、赞比亚、津巴布韦。

亚洲：越南。

南美洲：玻利维亚、巴西、厄瓜多尔、秘鲁。

3）黄热病（Yellow Fever）

黄热病感染区包括：

非洲：安哥拉、贝宁、布基纳法索、喀麦隆、刚果（金）、科特迪瓦、加蓬、冈比亚、加纳、几内亚共和国、利比亚、尼日利亚、塞拉利昂、苏丹。

南美洲：玻利维亚、巴西、哥伦比亚、厄瓜多尔、法属圭亚那、秘鲁、委内瑞拉。

黄热病流行区包括：

非洲：安哥拉、贝宁、布基纳法索、布隆迪、喀麦隆、中非共和国、乍得、刚果（布）、刚果（金）、科特迪瓦、赤道几内亚、埃塞俄比亚、加蓬、冈比亚、加纳、几内亚比绍、几内亚共和国、肯尼亚、利比亚、马里、毛里塔尼亚、尼日尔、尼日利亚、卢旺达、圣多美和普林西比、塞内加尔、塞拉利昂、索马里、苏丹、坦桑尼亚、多哥、乌干达。

中美和南美洲：玻利维亚、巴西、哥伦比亚、厄瓜多尔、法属圭亚那、圭亚那、巴拿马、秘鲁、苏里南、特立尼达和多巴哥、委内瑞拉。

根据《中华人民共和国国境卫生检疫法实施细则》（2010 修订）规定："国务院卫生行政部门认为必要时，可以要求来自国外或者国外某些地区的人员在入境时，向卫生检疫机关出示有效的某种预防接种证书或者健康证明。凡申请出境居住 1 年以上的中国籍人员，必须持有卫生检疫机关签发的健康证明。中国公民出境、入境管理机关凭卫生检疫机关签发的健康证明办理出境手续。凡在境外居住 1 年以上的中国籍人员，入境时必须向卫生检疫机关申报健康情况，并在入境后 1 个月内到就近的卫生检疫机关或者县级以上的医院进行健康检查。公安机关凭健康证明办理有关手续。"

2. 预防接种证明的检查

各国对预防接种证明的检查要求不同，有些国家要求检查的较多，还有许多国家甚至对来自任何国家的旅客均不要求检查，如图 3.3 所示。

3. health: No vaccinations are required to enter France from any country.

图 3.3　TIM 中法国的健康规定

总的来说预防接种证明的检查可以分为 3 种：目的地国家的检查、始发国家的检查（包括再次回到始发国的情况）、过境中转国的检查。一般来说，对于来自或经过易感地区的旅客，目的地国和过境中转国可能需要旅客提供预防接种证明，但是对于那些没有离开过途经的易感国家机场的旅客、一周岁以下的儿童、乘坐同一飞机过境的旅客等则通常可以给予豁免，如格林纳达（Grenada）的规定，见图 3.4。

3. Health: Vaccination against **Yellow Fever** required, if arriving within 6 days after leaving or transiting countries with infected areas.

Exempt from Yellow Fever vaccination:

1. Those not leaving the airport.
2. Children under 1 year old.
3. Transit passengers not leaving the airport.

图 3.4　TIM 中格林纳达（Grenada）的健康规定

始发国预防接种证明检查的例子通常较少。有时相关国家的健康规定部分还附有预防建议（Recommended），提醒旅客在该国的哪些地区应注意预防某种疾病。

3.1.4　机场税

TIM 的该部分主要提供旅客需要支付的机场税（Airport Tax），大多数情况下机场税在出发机场支付，也有一些情况下需要在目的地机场支付。

下列税费信息 TIM 不提供：① 旅客购买机票需支付的税款；② 出票时未能向旅客征收，因而需要在机场登机时征收的税款；③ 包含在机票价格中的税款。

查阅时应注意看清税收的种类、金额、适用对象、纳税地点以及免收条件，见图 3.5。

4. Airport Tax: **Departure tax** of USD18. - is levied on all passengers leaving from Freeport.

Place of payment: airport of departure in the Bahamas.

Exempt:

Children of under 6 years of age.

图 3.5　TIM 中巴哈马（Bahamas）的机场税规定

需要说明的是，国际机场税是在购买国际机票时出现的税，是航空公司代当地国家政府征收的一种正式税种。很多国家尤其是经济较为发达的国家并不收取机场税，如中国、美国、法国、日本、韩国等，但是并不意味着这些国家不收取任何费用，例如中国对境内出发的国际航班和港澳台航班收取 90 人民币的机场建设费（2012 年 4 月起改称民航发展基金），而 TIM 中并不提供相关信息。各国收取的这些费用不同于 TIM 中所说的机场税,有时可能相当高。各国具体收取哪些税费,可以参考 PAT 一般规则的"Taxes/Fees/Charges"部分。

3.1.5 海关

TIM 的海关(Customs)部分通常包括:进口(Import)、附加信息(Additional Information)、武器和弹药(Arms and Ammunition)、出口(Export)、机组成员(Crew Members)、宠物(Pets)、行李检查(Baggage Clearance)等内容。

通常海关规定中对酒和香水等物品有所限制,但个人用品一般不受限制。有些国家要求携带宠物者必须提供宠物的检疫证明和进口许可证,并且不是所有类型宠物都可以携带入境。通常旅客携带的行李在第一个入境机场需要接受检查,但是过境中转去第三国的行李如果不离开过境中转区域的可以免除检查。图 3.6 为阿尔巴尼亚(Albania)的海关规定。

---

5. **Customs**:**Import**:Free import of:

　1. 200 cigarettes or 50 cigars or 250 grammes of tobacco;

　2. 1 litre of spirits and 2 litres of wine;

　3. 250ml. of eau de cologne or 50 grammes of perfume.

Crew Members:Same regulations apply as for passengers.

Pets:Cats and dogs must be accompanied by a veterinarian health certificate issued at the point of origin. Pets may enter as passenger's checked baggage, in the cabin or as cargo.

Baggage Clearance:Baggage is cleared at the international airport of Albania.

Exempt:Baggage of the passengers transiting to a third country and not leaving the transit area.

图 3.6　TIM 中阿尔巴尼亚(Albania)的海关规定

3.1.6 货币

货币(Currency)部分主要规定了允许带入或带出境的本国货币及外币金额限制,必须考虑整个行程中所有相关国家的货币规定并严格遵守,违反规定可能受到缴纳罚金甚至更为严重的处罚。有些国家对带入境的货币数量没有限制或仅仅要求事先声明,但几乎所有的国家对带出境的本币和外币数量有限制,或者规定带出数量不超过带入数量,并且事先声明。

图 3.7 中,马拉维对带入本国货币无限制,对带入外国货币虽无数量限制但要求在到达后立即声明;对于本国居民带出境的本国货币限额为 MKW200,或等值的外国货币;对非本国居民,带出境的本国货币为 MWK200,带出境的外币数量则要求不超过带入时的数量并且事先声明。

6. **Currency**: **Import**: Local currency (Malawi Kwacha – MWK): unlimited; foreign currencies: no restrictions, provided declared on arrival.

Export: Residents:
 – local currency (Malawi Kwacha – MWK): MWK200. – or
 – foreign currencies : the equivalent of MWK200. –
 Non – residents:
 – local currency (Malawi Kwacha – MWK): MWK200. – ;
 – foreign currencies : up to the amount imported and declared.

图 3.7　TIM 中马拉维(Malawi)的货币规定

3.2　国际旅行中的时差

地球自转造成不同经度地方的时刻差异,当飞机跨经度飞越时,就会形成时刻上的不统一。世界上主要国际航线多呈东西分布,这样就必然会跨越经度,因此时差问题对航班安排等工作意义重大。

3.2.1　时差的相关概念

1. 地方时

一般,我们以太阳过子午面的时刻为正午 12 时,由此前后推算形成的时间系统称为地方时。地方时运用起来比较麻烦,理论上经度不同时刻就不同,如果经度分得足够细,就会出现无数个地方时,这给人类许多与时间有关的活动带来麻烦。

2. 时区的划分和理论区时

为了解决时间计量的要求,把全球按经度划分为 24 个标准时区,每个时区跨 15°经度,也就是地球自转 1 小时所转过的经度,同时各时区均以本区内中央经线的地方作为全时区的共同时刻,称为理论区时。这样与地方时相比,全球使用的不同时间减少到 24 个。具体来说,以 0°经线为中心线,向西和向东各 7.5°为 0 时区(即中时区)。向西或向东每15°各划分一个时区,东十二区和西十二区为同一时区,称东西十二时区,全球共划分为24 个时区。每个时区的标准时间称为区时,每相邻两个时区相差一个小时。东西十二时区的中心线称为国际日期变更线(日界线),东西十二时区时间相同,但日期相差一天。由西向东飞越日界线应减一天,由东向西飞越日界线应加一天,如图 3.8 所示。

已知某地的区时,求另一地的区时,可以利用公式进行换算:

$$E = E_0 \pm \Delta n$$

这里,E_0 为已知地的区时,E 为所求地的区时,Δn 为时区差。公式运用时应牢记如下规则:对于加减号,所求地在已知地东面的,计算时取"＋",所求地在已知地西面的取"－",简称"东加西减";时区差的规则是所求地和已知地同在东时区或西时区的相减,若分别在东西两个时区则相加,简称"同减异加"。

例 3　当上海(东八区)为上午 9 时,洛杉矶(西八区)的理论区时为多少?

分析:此处已知地为上海,所求地为洛杉矶,利用上述公式,$E = 9 - (8 + 8) = 9 +$

70

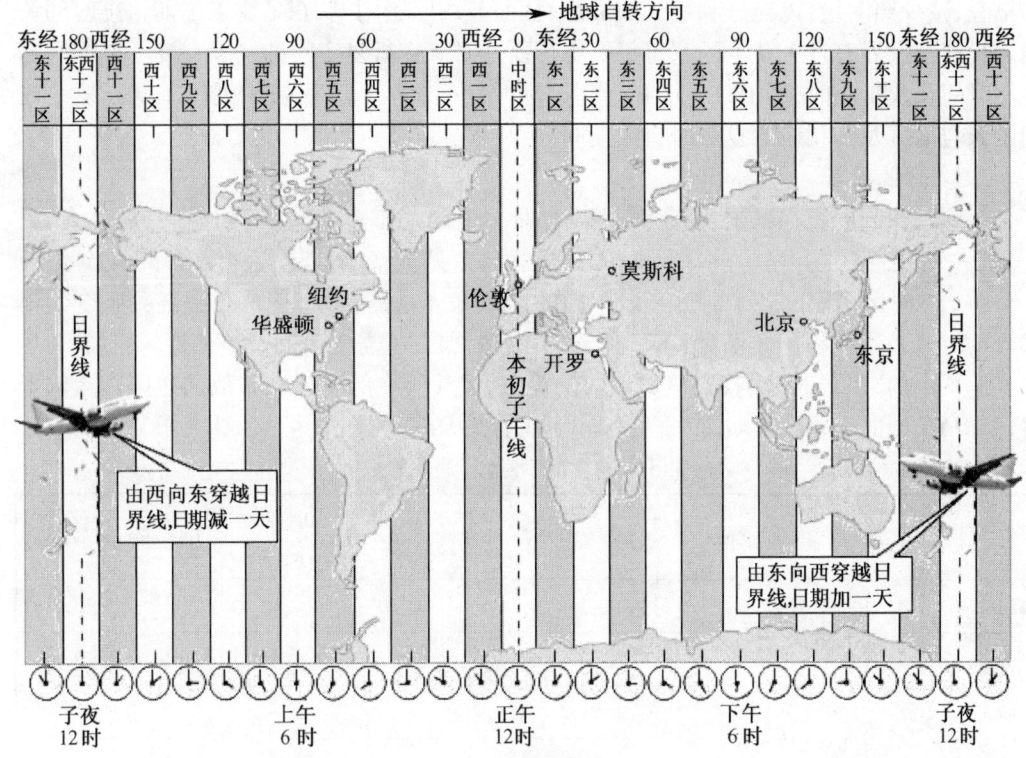

图 3.8　时区的划分

24 - (8 + 8) = 17,即洛杉矶为前一天的 17 时。

3. 当地标准时(Local Standard Time,LST)

理论区时是出于方便的目的而制定的,但是一些国家出于各自的实际情况,其时区并不按照理论区时划分而是参照本国的行政区划,根据需要来确定的,称为当地标准时。当地标准时与理论区时存在一些差别。比如我国由东到西跨越 5 个时区,但是我国统一采用东八区的区时;俄罗斯的圣彼得堡大约在东经 30°线上,应属于东二区,但是实际采用了东三区的时刻;伊朗的一半在理论区时的东三区,另一半在东四区,出于方便,实际采用了东 3.5 区时。

4. 世界标准时:格林尼治时(Greenwich Mean Time,GMT)

0°经线通过英国格林尼治天文台原址,零时区的区时被称为格林尼治标准时或世界标准时。GMT 是世界各国所参考的时刻系统。

5. 标准时差(Standard Clock Time,SCT)

标准时差就是当地标准时与格林尼治时之间的标准时差。当地标准时、格林尼治时和标准时差之间的关系可以用公司表示为:LST = GMT ± SCT。国际时间换算表(表 3.3)中列出了部分国家与地区的标准时差,如阿尔及利亚(Algeria)为 +1,表示当地标准时间比 GMT 快 1 小时。

6. 夏令时(Daylight Saving Time,DST)

夏令时是一种为节约能源而人为规定地方时间的制度,在这一制度实行期间所采用的统一时间称为"夏令时间"。一般在天亮早的夏季人为将时间提前 1 小时,可以使人早起早睡,减少照明量,以充分利用光照资源,从而节约照明用电,在冬季来临前再把时间调回。目前全世界有近 110 个国家每年要实行夏令时。实行夏令时的国家在夏令时期间需要把时间调快 1 小时,即 DST = LST + 1。国际时间换算表(表 3.3)中列出了实行夏令时的国家与地区及其相应的夏令时有效期间。

7. 多时区国家

一些联邦制国家在本国实行多时区制,即一个国家有多个时区,如美国、加拿大、巴西、澳大利亚等。在 OAG 的国际时间换算表中(见表 3.3),这类国家名的右上角有"＊＊"。多时区国家的各个时区是以不同的区域来表示的,要直接从表中查到某个具体城市的时差并不容易。如果对其地理位置不熟悉,那么就需要借助其他工具。比如,通过世界地图中的"世界时区"找到该城市的位置,查看其所在的时区。其他一些国际运输资料,如 OAG 中的航班出发城市一栏也有说明(有关 OAG 的详细说明见 3.3 节)。

表 3.3　国际时间换算表(部分)

Country/area	Standard Clock Time	Daylight Saving Time	DST effective period
Afghanistan	+ 4. 30		
Albania	+ 1	+ 2	29Mar09 – 25Oct09
Algeria	+ 1		
American Samoa	– 11		
Andorra	+ 1	+ 2	29Mar09 – 25Oct09
……	……	……	……
Australia＊＊			
Lord Howe Island	+ 10. 30	+ 11	04Oct09 – 04Apr10
Capital Territory, NSW (excluding Lord Howe Island, Broken Hill) , Victoria	+ 10	+ 11	04Oct09 – 04Apr10
Northern Territory	+ 9. 30		
Queensland	+ 10		
South Australia, Broken Hill	+ 9. 30	+ 10. 30	04Oct09 – 04Apr10
Western Australia	+ 8		
Tasmania	+ 10	+ 11	04Oct09 – 04Apr10

3. 2. 2　国际旅行中的时差计算

1. 时差换算

我们通过一个例子来说明:

例 4　当 Madrid (MAD), Spain 为 9 月 30 日 0500 时, Vancouver (YVR), BC, Canada 的当地时间是几点? 相关资料如下:

Country/Area	Standard Clock Time	Daylight Saving Time	DST effective period
Spain **			
Mainland	+1	+2	31 Mar – 27 Oct
Canary Islands	GMT	+1	31 Mar – 27 Oct
Canada **			
Atlantic Time	-4	-3	07 Apr – 27 Oct
Eastern Time	-5	-4	07 Apr – 27 Oct
Pacific Time	-8	-7	07 Apr – 27 Oct

解：

（1）确定 MAD、YVR 与 GMT 的关系：

由于 9 月 30 日西班牙实行夏令时，且 MAD 位于 Mainland，因此 MAD：GMT +2

由于 9 月 30 日加拿大实行夏令时，且 YVR 位于 Pacific Time，因此 YVR：GMT -7

（2）将 MAD 当地时间转换为 GMT 时间：

GMT 时间为：9 月 30 日 0500 时 -0200 = 9 月 30 日 0300 时（MAD 比 GMT 快 2 小时）

（3）将 GMT 时间转换为 YVR 当地时间：

YVR 当地时间为：9 月 30 日 0300 时 -0700 = 9 月 29 日 2000 时（比 GMT 慢 7 小时）

2. 飞行时间计算

在国际航空运输中，经常会遇到飞行时间计算的问题，以合理地安排旅客的旅行。由于航班时刻表、订座系统等均采用当地时间公布航班信息，如果旅客需要了解全程或某一航段的飞行时间，都可以通过航班的起飞时间和到达经停点或目的地的时间进行换算。

基本的计算公式为：飞行时间 = 航班的到达时间 - 航班的起飞时间。

值得注意的是，由于航班时刻都采用当地时间表示，因此在计算过程中应确保先将到达时间与起飞时间统一为相同的时间标准，即都转换为始发地时间，或都转换为到达地时间，也可以都转换为 GMT 时间，然后相减。

例 5 法航 AF033 航班于 12 月 12 日星期二 1230 从巴黎始发，并于同一天的 1355 到达加拿大的蒙特利尔，请计算飞行时间。相关资料如下：

Country/Area	Standard Clock Time	Daylight Saving Time	DST effective period
France	+1	+2	31 Mar – 27 Oct
Canada **			
Atlantic Time	-4	-3	07 Apr – 27 Oct
Eastern Time	-5	-4	07 Apr – 27 Oct

解：

（1）确定始发地、目的地与 GMT 的关系：

巴黎：GMT +1

蒙特利尔：GMT -5，采用加拿大东部时间

（2）将始发时间和到达时间转换为 GMT：

巴黎始发 GMT 时间：12 月 12 日 1230 -0100 = 12 月 12 日 1130

蒙特利尔到达 GMT 时间：12 月 12 日 1355 + 0500 = 12 月 12 日 1855

（3）计算飞行时间：

飞行时间 = 航班的到达时间 – 航班的起飞时间

= 12 月 12 日 1855 – 12 月 12 日 1130

= 0725（即 7 小时 25 分）

3. 起飞或到达时间推算

在国际航班业务中有时需要确定具体的起飞或到达（当地）时间，其推算原理与飞行时间计算类似。

例 6 某飞机于 9 月 1 日 8 时 10 分从北京起飞，向东飞行 10 小时 10 分后到达洛杉矶，到达时，洛杉矶的区时是多少？如要求 9 月 1 日 18 时到达洛杉矶，那么，北京的起飞时刻是多少？（洛杉矶为西八区，北京为东八区，考虑夏令时）

解：

（1）考虑夏令时情况下洛杉矶：GMT – 7

北京：GMT + 8，两者时区差 15 小时

（2）北京起飞时的洛杉矶时间：9 月 1 日 8 时 10 分 – 15 小时 = 8 月 31 日 17 时 10 分

到达洛杉矶时的当地时间：8 月 31 日 17 时 10 分 + 10 小时 10 分 = 9 月 1 日 3 时 20 分

（3）北京起飞的洛杉矶时间：9 月 1 日 18 时 – 10 小时 10 分 = 9 月 1 日 7 时 50 分

北京起飞的当地时间：9 月 1 日 7 时 50 分 + 15 小时 = 9 月 1 日 22 时 50 分

例 7 一架飞机 2 月 5 日上午 10 时从上海（东八区）起飞，向东越过太平洋到华盛顿（西五区），途中共飞行 19 小时 20 分钟。问：①飞机穿越了多少个时区？②飞机起飞时华盛顿的区时是几时？③飞机到达华盛顿时，当地时间是何时？

解：

问题①的求解要弄清飞机是由西向东飞行，从东八至西五区中间经过了东西十二区，飞机穿越的时区数为 11 个。

问题②以①为基础，向东飞行，每飞过一个时区，区时应增加 1 小时，飞机向东飞越 11 个时区，到达华盛顿区时应为 10 + 11 = 21 时，又由于飞行经过日界线，日期要后退 1 天，因此华盛顿的区时为 2 月 4 日 21 时（也可以利用公式计算，即：10 – (8 + 5) + 24 = 21）。

问题③到达华盛顿的当地时间，只要用起飞时华盛顿的区时加上飞行时间就可以了。因此，到达华盛顿的当地时间为：2 月 4 日 21 时 + 19 时 20 分 = 2 月 5 日 16 时 20 分。

3.3 国际旅行中的航班安排

在接受旅客咨询和为旅客订座时，客运销售人员需要利用订座系统或《官方航空指南》（Official Airline Guide，OAG）来选择和确定具体的航班，其中需要考虑班期，班次，航班时刻，出发、经停和目的地机场，直达还是中转，最短衔接时间等诸多因素。由于 OAG 提供了相当详尽的航班信息，所以在实际工作中使用广泛。有关 OAG 的更多信息可以参考其官网：www.oag.com。

3.3.1 官方航空指南(OAG)

OAG分为航班指南和航班指南附录两本资料。

1. 航班指南

航班指南每月出版一期,内容包括:航班时刻表、航空公司代码、代码共享航空公司、航空公司数字代码、机型代码、州/省代码、城市/机场代码、建立中转航班、最短衔接时间、航班路线、机场候机楼。此外还有一些参考资料信息。

1)航班时刻表(Flight Schedules)

航班时刻表是OAG中最主要的内容,占整个航班指南90%以上的篇幅。

(1)出发地城市/机场情况。一些城市有多个机场,所以在航班安排过程中首先应明确这些城市有几个机场,每个机场的具体位置如何。OAG以两种方式显示出发地城市和机场信息。

① 城市/机场地图。城市/机场地图指明机场相对于城市的位置(图3.9)。

图3.9 出发地城市/机场地图

马来西亚吉隆坡比GMT时间快8小时。吉隆坡有两个机场:苏尔坦机场(Sultan Abdul Aziz Shah)距离市中心14英里/22千米,吉隆坡国际机场(Kuala Lumpur Int'l)距离市中心31英里/50千米。城市/机场地图后面按字母顺序显示到达城市及其相应的航班信息。

② 出发地城市/机场表。如表3.4,出发城市:从中国北京(城市代码BJS)起飞,北京时间比GMT快8小时。

出发机场:北京有两个机场。PEK——北京首都机场,距离市中心15英里/25千米;NAY——北京南苑机场。

出发城市下方有到达城市,比如荷兰阿姆斯特丹(城市代码AMS),北京和阿姆斯特丹相距4866英里/7829千米,荷兰阿姆斯特丹时间比GMT快2小时。

表 3.4　出发地城市/机场表

From **Beijing，China BJS** GMT + 8
PEK（Beijing Capital Airport）15.0mls/25.0km
NAY（Beijing Nanyuan Airport）
Amsterdam AMS 4866mls/7829km GMT + 2

（2）航班时刻信息。航班时刻表中的航班信息按照始发城市的英文字母顺序排列，每个始发城市下方列出了相应的到达城市及其该航段上所有的航班信息，到达城市也按照英文字母顺序排列，以纽约到新加坡的航班时刻表为例，表中相关数据和代码的含义见图 3.10。

（3）路线注释（Flight Line Comments）。航班时刻表中，有时会有一些路线注释，这些注释包括：

- 本航班的运作需经认可。与航空公司确认。
- 本航班的运作需经确认。与航空公司确认。
- 如有足够多的乘客，该航班将运作。
- 仅限持有本运营航空公司发行票据的乘客。
- 乘客不能在任何中转中使用本次航班。
- 乘客可将本次航班作为直达航班及转机航线的一部分。

2）代码共享航空公司（Airline Code Share Carriers）

OAG 对"代码共享"的解释是："代码共享"一词通常指两个或两个以上航空公司之间不同类型的业务或商业安排。更为简洁明了的理解是，"代码共享"是一家航空公司营销而由另一家航空公司运营的航班。即旅客在全程旅行中有一段航程或全程航程是在 A 航空公司购买的机票，实际乘坐的是 B 航空公司航班，那么该次航班为 A 和 B 的代码共享航班。

"代码共享"对航空公司而言，不仅可以在不投入成本的情况下完善航线网络、扩大市场份额，而且越过了某些相对封闭的航空市场的壁垒。由于国际航空运输中对国内载运权的限制，外国航空公司往往不能直接经营本国的纯国内段航线，这样就给国际旅客在航班选择、中转，以及票价等方面带来许多不便。而"代码共享"则可以使旅客享受到更加便捷、丰富的服务，比如众多的航班和时刻选择，一体化的转机服务、优惠的环球票价，共享的休息厅以及常旅客计划，等等。正因为代码共享优化了航空公司的资源，并使旅客受益匪浅，所以自 20 世纪 70 年代在美国市场诞生后，很快成为全球航空运输业内最流行的合作方式。

OAG 的航班时刻表中以★标示出了代码共享航班，该航班并非由此航空公司实际运营，而是由代码共享航空公司运营，具体代码共享情况需要查阅"代码共享航空公司"部分。表 3.5 列出了某时期中国国际航空公司的代码共享情况，例如国航 CA1151～1198 之间的航班号与山东航空实施代码共享。

记住：所有显示的时间都是当地时间。下例列举了从纽约到新加坡的航班。

freq	validity	depart	arrive		flight	stops	cabin/equip
	Singapore SIN		9524mls/ 15324km				GMT+8
	SIN-Changi						
····S	Until 8 Dec UA 881	**0900**	LGAM **2355**+1 SIN1		UA881	2 ★	FCY
	Equipment 319-ORD-744						
MTWTFS	Until 12 Dec UA881	**0900**	LGAM **2355**+1 SIN1		UA881	2 ★	FCY
	Equipment 320-ORD-744						
MTWTFSS	From 13 Dec UA 881	**0900**	LGAM **2355**+1 SIN1		UA881	2 ★	FCY
	Equipment 733-ORD-744						
MTWTFSS		**2120**	JFK1 **0700**+2 SIN2		SQ25	1 744	FCY
M•W•F•S		**2120**	EWR8 **0635**+2 SIN2		SQ23	1 744	FCY
connections		depart		arrive	flight		
M•W•••S•	Until 27 Nov	**0830**	JFK7 **1725**	LHR2	BA002	0 SSC	F
		2055	LHR4 **1745**+1 SIN1		BA017	0 744	FY
····F•S	Until 20 Dec	**0830**	JFK7 **1725**	LHR2	BA002	0 SSC	F
		2100	LHR4 **1745**+1 SIN1		BA017	0 744	FY
MTWTFSS		**1145**	JFK7 **1550**+1 NRT1		★ NH7001	0.777	FCY
		1725+1 NRT1	**2355**+1 SIN1		★ NH7051	0 N4	FCY

直达航班
如果同一行的两个时间都用粗体显示，表明这是一个直达航班。
有可能从"出发城市"直飞"到达城市"，中途不作停留。
也有可能在中途停留一个或多个城市。

中转航班
如果同一行的两个时间不都用粗体显示，表明这是一个中转航班。
中转航班意味着在一个中途机场从一个航班转入另外一个航班。
如果一个出发机场代码与上一个到达机场代码不同，则表明要改变航班才能转入中转航班。
中转航班显示在直达航班之后。

停留次数
如果停留次数超过 8 次，会看到 M（Multi-Stop）标记。
参见航线部分，来了解中途停留的停留次数为 0。

飞机代码
参见飞机代码区域，了解各个代码所代表的飞机。
该次航班的飞机类型为 744—波音 747—400（客机）

舱位代码
F 头等舱 C 商务舱 Y 经济舱
该次航班可供选择的舱位有
F—头等舱 和 C—商务舱 和 Y—经济舱

一周中的每一天
M—周一，T—周二，
W—周三，T—周四，F—周五
S—周六，S—周日
该航班每日运行

有效性
如果有效性栏目未显示日期，表明航班在该版本有效期内一直运行。
该航班从 12 月 13 日起有效。

天数指示符
这些栏目中的（+/-天）符号表明哪些到达和出发时间与行程开始日期不在同一天。
+1 第 2 天
+2 第 3 天
+3 第 4 天
-1 前一天

出发到达时间
所有显示的时间都是当地时间，国际时间计算器部分展示了当地时间与 GMT（格林威治标准时间）的差异。
该次航班从于 1145 从纽约出发，于 2355 抵达新加坡（1 天后）

机场代码
参见城市/机场代码部分，了解每个代码所代表的机场。
该次航班从纽约的肯尼迪国际机场（JFK）出发，连经东京成田机场（NRT），最后抵达新加坡樟宜机场（SIN）

航班编号
航班编号的头 2 个字符是运营此航班的航空公司的代码。
参见航空公司代码部分，了解代码所表示的航空公司。
本次航班由新航运营

候机室代码
候机室代码（如果有的话）显示在机场代码旁边。
该次航班从肯尼迪国际机场的 7 号候机室出发，经由成田机场的 1 号候机室，到达成田机场的 1 号候机室。

航空公司代码运营商
符号 ★ 表示所示航班由另一家航空公司运营，不是航班编号的 2 个字符符所表示的那个航空公司。
参见航空公司代码共享运营商部分，了解实际运营航班的航空公司。

图 3.10 如何使用 OAG 航班时刻表

表 3.5　代码共享航空公司

C	Flight numbers		operated by
CA	**Air China**		
	1151 ~ 1198	**SC**	Shandong Airlines
	3007 ~ 3010	**AY**	Finnair
	3101 ~ 3148	**FM**	Shanghai Airlines
	3601 ~ 3622	**NX**	Air Macau
	4075 ~ 4996	**SC**	Shandong Airlines
	5001 ~ 5036	**OZ**	Asiana Airlines
	5101 ~ 5164	**NZ**	Air New Zealand
	6041 ~ 6231	**LH**	Lufthansa German Airlines
	6501 ~ 6532	**KA**	Dragonair
	6602 ~ 6603	**CX**	Cathay Pacific Airlines
	6651 ~ 6654	**NH**	All Nippon Airways
	6655 ~ 6656		Air Nippon
	6657 ~ 6658		Air Japan
	6659 ~ 6666	**NH**	All Nippon Airways
	6667 ~ 6668		Air Nippon
	6669 ~ 6694	**NH**	All Nippon Airways
	6695 ~ 6698		Air Nippon
	6703 ~ 6752	**NH**	All Nippon Airways
	7001 ~ 7002	**OS**	Austrian Airlines AG
	7011 ~ 7012	**SK**	SAS Scandinavian Airlines
	7021 ~ 7022	**VS**	Virgin Atlantic Airways
	8351 ~ 8356	**AC**	Air Canada
	8712 ~ 8898	**UA**	United Airlines

3) 机型代码(Aircraft Codes)

OAG 中的机型代码以英文字母、数字或字母与数字结合的三字代码形式表示,由国际航空运输协会统一给出,而且同时给出了飞机的种类和机型,表3.6列出了一些常见的机型及其代码。

表 3.6　常见的机型及其代码

机型	代码	机型	代码
Airbus Industrie A318	318	Boeing 737 – 800 Passenger	738
Airbus Industrie A318/319/320/321	32S	Boeing 737 – 900(Winglets) Passenger	73J
Airbus Industrie A319	319	Boeing 737 – 900 Passenger	739
Airbus Industrie A320	320	Boeing 747(Mixed Configuration)	74M
Airbus Industrie A321	321	Boeing 747 Passenger	747
Airbus Industrie A330	330	Boeing 747 – 200 (Passenger)	742
Airbus Industrie A330 – 200	332	Boeing 747 – 400(Domestic Passenger)	74J
Airbus Industrie A330 – 300	333	Boeing 747 – 400(Passenger)	744
Airbus Industrie A340	340	Boeing 747SP Passenger	74L
Airbus Industrie A340 – 200	342	Boeing 747SR Passenger	74R
Airbus Industrie A340 – 300	343	Boeing 757 – 300 Passenger	753
Airbus Industrie A340 – 500	345	Boeing 767 – 300 Passenger	763
Airbus Industrie A340 – 600	346	Boeing 767 – 400 Passenger	764
Airbus Industrie A380 – 800 Passenger	388	Boeing 777 Passenger	777
Boeing 737 – 500 Passenger	735	Boeing 777 – 200 Passenger	772
Boeing 737 – 600 Passenger	736	Boeing 777 – 200LR	77L
Boeing 737 – 700(Mixed Configuration)	73R	Boeing 777 – 300 Passenger	773
Boeing 737 – 700(Winglets) Passenger	73W	Boeing 777 – 300ER Passenger	77W
Boeing 737 – 700 Passenger	73G	Boeing 787	787
Boeing 737 – 800 (Winglets) Passenger	73H	Boeing 787 – 900	789

有关飞机类型,则以下列代号表示:A—两栖/水上,H—直升机,J—纯喷气,P—螺旋桨,S—地面运输(某些航空公司可能为地面运输段指定一个航班号,并且有相应的代码),T—喷气螺旋桨。显然,表 3.6 中列出的空客和波音的所有机型都是 J—纯喷气的。

4)航班路线(Flight Routings)

有时航班是由多个航段构成的,我们需要了解整个航班路线的组成,OAG 提供了类似这样的航班路线信息,如表 3.7 所示。

表 3.7　航班路线

9C	Spring Airlines	9C	Spring Airlines	9C	Spring Airlines
8803	SHA – KHN – KMG	8812	KMG – KHN – SHA	8831	SHA – CGD – KMG
8804	KMG – KHN – SHA	8829	SHA – CGD – KMG	8832	KMG – CGD – SHA
8811	SHA – KHN – KMG	8830	KMG – CGD – SHA		

5)机场候机楼(Airport Terminals)

机场可能拥有一个或多个候机楼,为了说明候机楼情况以及每一候机楼内分别有哪些提供服务的航空公司,OAG 提供了相应的信息。比如英国伯明翰的候机楼及航空公司分布如表 3.8 所示。

表 3.8 机场候机楼

Birmingham, United Kingdom	BHX
1 Terminal 1: AF,BD,CF,CO,CY,EI,EK,GM,KL,KM,KQ,LH,LX*,MK,PK,RE,SK,SN,TK,TS,T3,T5,US,WW,W5,YK,ZB	
2 Terminal 2: AV*,MX*,TA*	

*表示该航空公司在同一机场不止在一个候机楼提供服务,具体细节需要和航空公司确认。

6)建立中转航班与最短衔接时间

有关中转航班和最短衔接时间的内容将在后文详述。

2. 航班指南附录(Flight Guide Supplement)

航班指南附录每季出版一期。内容包括:国家代码、货币代码、城市/机场代码、免费行李额、航空公司常旅客优惠、旅馆业常旅客优惠、汽车租赁业常旅客优惠、卫生保健信息、世界疫情图、各国使馆与旅游办事处网址、国际组织及其定义、世界各国旅游信息(护照、签证等)、世界地图、世界时区图、机场示意图、飞机座位布局等。

OAG 中涉及的内容比较广泛,但是类似国家代码、城市代码、货币代码、世界各国旅游信息等内容在其他资料中也都有,甚至更为详细,显然占 OAG 绝大部分篇幅的航班时刻及其相关信息是 OAG 最为特色和权威的内容,需要重点掌握。

3.3.2 航班安排

实际工作中,经常需要为旅客安排航班。合理的航班安排不仅可以为旅客节约费用,同时也能为旅客节约时间减少旅途疲劳,从而为航空公司赢得旅客信誉增添砝码。

安排航班时应考虑以下三方面的问题:选择合理航线;优先考虑直达航班,没有直达航班时考虑公布的中转衔接航班;最后考虑自行建立中转航班。

1. 航线的选择

航线选择的基本原则是不出现迂回、交叉或重复路线,保证航程距离尽可能短,时间尽可能节省。

例 8 某旅客从 OSL 出发,途经 ATH、BEG、GVA、LON、MAD、PAR、STO、VIE,最后回到 OSL。

显然,可以有多种航线安排的选择。图 3.11 是两种可选的安排。

2. 航班安排

OAG 航班时刻表中提供了两点间直达航班和中转衔接航班信息。一般在有直达航班的情况下,优先考虑直达航班。

1)直达航班

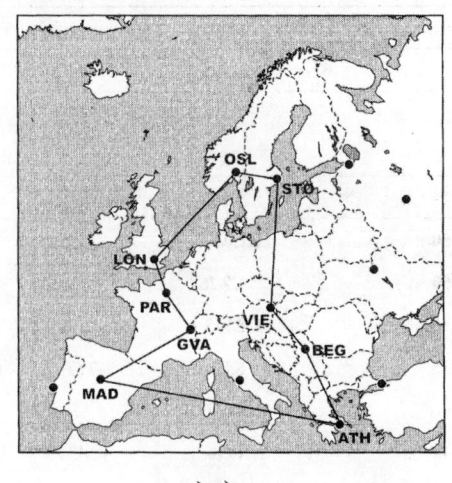

方案 1

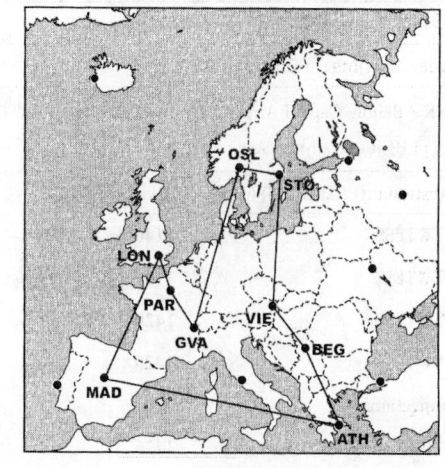

方案 2

图 3.11 航线的选择

直达航班(Direct Flights)是指始发点到目的地为同一航班号的航班。有的航班中间有指定的经停点,这样的航班仍属于直达航班。没有经停点的直达航班也称为 Nonstop Flights。直达航班按照出发时间顺序排列,出发时间和到达时间均用加粗字体表示(表3.9)。

例 9 某旅客要求预订 10 月 15 日(周五)下午从北京(BJS)到阿姆斯特丹(AMS)出发的航班,并且希望优先考虑国内航空公司航班(表3.9)。

分析:北京到阿姆斯特丹共有 KL0898、*CZ767、CZ345、*KL3810 等 4 个直达航班可供选择,并且这 4 个航班周一至周日都运行,但满足下午航班条件的只有后两个,而满足国内航空公司要求的只有 CZ345。

2)中转衔接航班

有时,直达航班不能满足旅客的要求,这时可以考虑航班时刻表下半部分的中转衔接航班(connections)(图3.10)。中转衔接航班也按出发时间顺序排列,始发时间和最后到达时间用粗体表示,转机点到达和出发时间用普通字体表示。当转机点城市拥有多个机场时,应留意到达机场和出发机场是否不同,到达机场和出发机场信息跟在到达和出发时间之后。

例 10 某旅客要求预订 10 月 15 日(周五)12:00 以后从北京(BJS)到阿姆斯特丹(AMS)出发的航班,并且希望在当地时间 15 日到达最终目的地,如果当日所有直达航班均已预订完,请为旅客安排适当的中转衔接航班(表3.9)。

分析:从航班时刻数据看,共有 5 条中转衔接航班信息,但是其中 2、3、4 条不满足航班运营日(days)和有效期(validity)的要求;第 5 条航班信息需要在香港转机,但是从香港出发已经是第 2 天了,不符合旅客要求;只有第 1 条信息符合要求,即先从北京坐 SK996 至哥本哈根,再转 SK549 至阿姆斯特丹,见表 3.10。

81

表 3.9　北京—阿姆斯特丹航班时刻信息

days	validity	depart		arrive		flight	Stops equip	cabin
From　Beijing,　China　BJS　GMT + 8								
PEK (Beijing Capital Airport)15. 0mls/25. 0km								
NAY(Beijing Nanyuan Airport)								
Amsterdam　AMS　4866mls/7829km GMT + 2								
MTWTFSS		**1140**	PEK₂	**1550**		**KL0898**	− 74M	CY
MTWTFSS		**1140**	PEK₂	**1550**		**＊ CZ767**	− 74M	CY
MTWTFSS		**1420**	PEK₂	**1835**		**CZ345**	− 772	CY
MTWTFSS		**1420**	PEK₂	**1835**		**＊ KL3810**	− 777	CY
connections		depart		arrive		arrive		
MTWTF • S from 27Sep		**1455**	PEK₃	1840	CPH₃	**SK996**	− 343	FCY
		2005	CPH₃	**2130**		**SK549**	− M82	CY
MTWT • • S 23Aug – 3Sep		**1455**	PEK₃	1840	CPH₃	**SK996**	− 343	FCY
		2005	CPH₃	**2130**		**SK549**	− M87	CY
MTWTF • S 4 – 10Sep		**1455**	PEK₃	1840	CPH₃	**SK996**	− 343	FCY
		2005	CPH₃	**2130**		**SK549**	− M81	CY
MTWTF • S 13 – 24Sep		**1455**	PEK₃	1840	CPH₃	**SK996**	− 343	FCY
		2005	CPH₃	**2130**		**SK549**	− M87	CY
MTWTFSS		**1930**	PEK₃	2130	HKG₁	**＊ CX6875**	− 330	FCY
		0015 ₊₁	HKG₁	**0650** ₊₁		**CX271**	− 744	FCY

表 3.10　北京—阿姆斯特丹的中转衔接航班

connections	depart		arrive		arrive		
MTWTF • S from 27Sep	**1455**	PEK₃	1840	CPH₃	**SK996**	− 343	FCY
	2005	CPH₃	**2130**		**SK549**	− M82	CY

　　3）最短衔接时间

　　有时,航班时刻表中既没有直达航班也没有中转衔接时间,或者虽有航班信息但都不满足旅客要求,此时需要为旅客另行建立中转航班。建立中转航班必须考虑到航班最短衔接时间的限制。这是因为在中转点转机时可能需要面临海关、检疫、边防等手续,如果中转点城市有多个机场,而旅客到达与出发不在同一机场,或者即使在同一个机场,但在不同的候机楼,这些都需要花费一定的时间,为了确保旅客顺利搭上下一个航班,必须留出足够的衔接时间。一般而言国际旅客因为要办理边境手续会比国内旅客需要更长的最短衔接时间。

　　最短衔接时间(Minimum Connecting Time, MCT)是指从一个航班转换到另一个衔接航班所需的最短时间间隔。国际航协公布了每个机场的标准最短衔接时间。但是值得注意的是,有一些航空公司要求的最短衔接时间可能大于或小于标准 MCT,因此 OAG 建议在安排衔接航班时应与相关航空公司核实。

表3.11 为莫斯科机场的最短衔接时间要求。可以看出，莫斯科共有 SVO、DME、VKO、BKA 4 个机场，其中 SVO 有 2 个候机楼，转机的情况分为以下 3 种：同一候机楼内的转机、同一机场不同候机楼之间的转机、同一城市不同机场之间的转机。

表 3.11　莫斯科机场的最短衔接时间

Moscow, Russian Federation	MOW
SVO（Sheremetyevo）	
Terminal 1	
Domestic to Domestic	**1hr**
Domestic to International	**2hr 30mins**
International to Domestic	**2hr 30mins**
International to International	**1hr**
Terminal 2	
Domestic to Domestic	**1hr**
Domestic to International	**2hr 30mins**
International to Domestic	**2hr 30mins**
International to International	**1hr**
Between Terminals	
Domestic to Domestic	**1hr**
Domestic to International	**2hr 30mins**
International to Domestic	**2hr 30mins**
International to International	**2hr 30mins**
DME（Domodedovo）	
Domestic to Domestic	**1hr**
Domestic to International	**1hr 20mins**
International to Domestic	**1hr 40mins**
International to International	**1hr**
VKO（Vnukovo）	
Domestic to Domestic	**1hr 30mins**
Domestic to International	**1hr 30mins**
International to Domestic	**1hr 30mins**
International to International	**1hr 30mins**
Inter – airport SVO to/from BKA	**5hr**
Inter – airport SVO to/from DME	**6hr**
Inter – airport SVO to/from VKO	**4hr**

（1）同一候机楼内的转机。依据转机的性质，同一候机楼内的转机又分为 4 种：

①国内转国内（Domestic to Domestic）。即转机点的到达航班和出发航班均为国内航班，比如旅客从上海浦东出发至昆明，然后换乘另一航班至丽江，则在昆明的中转视为国内转国内。

②国内转国际（Domestic to International）。即到达转机点航班为国内航班，从转机点出发航班为国际航班。比如旅客从合肥至浦东机场，然后换乘另一航班至新加坡，则在浦东机场的中转视为国内转国际。

③国际转国内（International to Domestic）。即到达转机点航班为国际航班，从转机点出发航班为国内航班。比如旅客从首尔至浦东机场，然后换乘另一航班至温州，则在浦东机场的中转视为国际转国内。

④国际转国际（International to International）。即转机点的到达航班和出发航班均为国际航班，比如旅客从浦东机场出发至新加坡，然后换乘另一航班前往斐济。

有时，最短衔接时间表中还会出现欧洲这一概念，如国内转欧洲（Domestic to Europe）、国际转欧洲（International to Europe），这里的欧洲范围的界定与自然地理上欧洲概念有区别，具体可参阅第 4 章有关 IATA 区划的相关内容。

依据表 3.11，同样是在莫斯科 SVO 机场第 1 航站楼转机，国内转国内最短衔接时间为 1 小时，而国内转国际最短衔接时间为 2 小时 30 分钟。显然这里确定旅客是国际旅客还是国内旅客对明确最短衔接时间和航班安排十分重要。

OAG 提供了一些判断旅客性质的一般规则：

完全在同一国内运营的航班为国内航班，在不同国家之间运营的航班为国际航班。

如果某国际航班在同一国家的多个城市降停，当该航班在同一国内已有一次降停，并且该航班有在该国国内两点之间承运当地旅客的完全运输权时，该航班在该国国内后续的降停被视为国内到达，如果这些条件未能满足，该航班就是国际的。例如：旅客乘坐 CA4111 航班从洛杉矶（LAX）—成都（CTU，经停）—北京（BJS），然后旅客在北京（BJS）换乘其他航班去首尔，由于该航班在成都已有一次降停，且国航有成都至北京的完全运输权，因此到达中转点北京属于国内到达，在北京的中转应视为国内转国际。

如果某国际航班在同一国多个城市降停，当该航班的下一个降停在同一国内，并且该航班有在该国国内两点之间承运当地旅客的完全运输权时，该航班在该国国内的出发被视为国内出发，如果这些条件未能满足，该航班就是国际的。例如旅客乘坐 UA 的航班从洛杉矶（LAX）—上海（SHA），然后换乘 CA 的航班从上海（SHA）—北京（BJS，经停）—莫斯科（MOW），CA 航班在北京有一次降停，且 CA 有上海至北京的完全运输权，旅客在上海的出发属于国内出发，旅客在上海的中转就是国际转国内。

所有从美国出发至加拿大的航班被视为国内出发；但是只有从加拿大卡尔加里、埃德蒙顿、蒙特利尔、渥太华、多伦多、温哥华和温尼伯这几个城市飞往美国的航班被视为国内到达。

申根协定成员的 26 国之间的转机由于取消了相互之间的边境手续，因此类似于国内转机，但是进出申根国家的转机仍然属于国际转机，旅客需要接受海关、边防、检疫等手续。此外如果旅客整个航程首或尾不在申根国家范围内，但中间有一个或几个航段在申根国家范围内，此种情况仍被视为国际航班，在申根国家内的衔接点仍需办理边境手续。

（2）同一机场不同候机楼之间的转机

对于拥有多个候机楼的机场，不同的航空公司可能被安排在不同的候机楼（见前面有关机场候机楼的介绍），这可能会增加旅客转机所需的时间。如表 3.11 所示，SVO 的两个候机楼内转机，国内转国内最短衔接时间为 1 小时，国内转国际、国际转国内、国际转国际最短衔接时间均为 2.5 小时。

（3）同一城市不同机场之间的转机

对于拥有多个机场的城市，还可能遇到到达和出发不是同一个机场的情况，这种转机往往费时许久。比如表 3.11 中，莫斯科的 4 个机场之间转机的最短衔接时间，SVO 和 BKA 之间为 5 小时，SVO 和 DME 之间为 6 小时，SVO 和 VKO 之间为 4 小时。

对于 OAG 没有列出的城市和机场，一般默认国内转国内最短衔接时间为 20 分钟，国内转国际、国际转国内、国际转国际最短衔接时间均为 1 小时。

4）利用最短衔接时间建立中转航班

如果航班时刻表中没有至旅客期望的目的地的直达或中转衔接航班，可以自行建立中转航班。其基本步骤是：① 先在始发城市下方选择期望作为中转点的城市。② 然后将该中转点作为下一个衔接航班的始发点，在始发城市列表中找到它，并在其下方找到最终目的地城市。③ 如果在第②步的航班时刻表中未能找到最终目的地城市，回到最初的始发城市航班时刻表中，换一个中转点继续重复上述步骤，直至找到符合要求的中转点。④ 最后根据选定的中转点，查询该中转点的最短衔接时间表，确保到达中转点的时间与后续出发时间之间的间隔大于最短衔接时间（当然在满足最短衔接时间要求情况下应尽可能减少旅客在中转点的滞留时间）。

例 11 某旅客要求预订 8 月 20 日（周日）北京至雷克雅未克航班，但是航班时刻表中该两点间并无直达和中转衔接航班，旅客希望经阿姆斯特丹中转，请为旅客安排相应的中转航班。相关资料见表 3.9、表 3.12 和表 3.13。

表 3.12　阿姆斯特丹—雷克雅未克航班时刻信息

days	validity	depart	arrive		flight	Stops equip	cabin
From Amsterdam, Netherlands AMS GMT +2							
Airport Schiphol 9.0mls/14.0km							
Reykjavik REK 1252mls/2014km GMT							
KEF – Keflavik Apt							
MTWTFSS	Until 27Sep	**1400**	**1510**	KEF	**FL503**	–75W	FCY
•T•TFSS	From 29Sep	**1400**	**1510**	KEF	**FL503**	–75W	FCY
••W•••S Until 9Aug		**2225**	**2330**	KEF	**FL503**	–75W	FCY
••••••S 16–30 Aug		**2225**	**2330**	KEF	**FL505**	–75W	FCY

表 3.13　阿姆斯特丹机场的最短衔接时间

Amsterdam, Netherlands	**AMS**
Europe is comprised of Continental Europe ,the British Isles, Mediterranean Islands, Russia west of the Ural mountains, Algeria, Azores, Canary Islands, Madeira, Morocco and Tunisia.	

Amsterdam, Netherlands	AMS
Domestic to Domestic	25mins
Domestic to International	50mins
Domestic to Europe	40mins
International to Domestic	50mins
Europe to Domestic	40mins
International to International	50mins
Within Europe	40mins
Europe to International	50mins
International to Europe	50mins

分析：见表 3.9，第一个待选航班的 4 个直达选项 KL0898、*CZ767、CZ345、*KL3810 由于到达阿姆斯特丹时间已经晚于表 3.12 中前两个衔接航班（均为 FL503）的始发时间，因此这两个 FL503 衔接航班不予考虑。表 3.12 衔接航班中的第三个选项 FL503 有效期截至 9Aug，因此也不予考虑，这样衔接航班选定为 FL505。由于该航班起飞时间为 2225，考虑到尽量减少等待时间，表 3.9 中第一个航班可以选择出发时间较晚的 CZ345 或 *KL3810。两个航班之间时间间隔为 3 小时 50 分钟，而表 3.13 中阿姆斯特丹机场的最短衔接时间为 50 分钟，满足要求。因此位旅客安排航班如下：

北京—阿姆斯特丹：

MTWTFSS	1420	PEK$_2$	1835	CZ345	−772	CY
MTWTFSS	1420	PEK$_2$	1835	*KL3810	−777	CY

上述两个航班可任选其一。

阿姆斯特丹—雷克雅未克：

• • • • • • S 16 – 30 Aug	2225		2330	KEF	FL505	−75W	FCY

本例中因为旅客指定要求在阿姆斯特丹中转，中转过程等待时间较长，也可建议旅客选择其他中转点以便减少等待时间。

本章小结

本章结合 TIM 旅行手册，介绍国际旅行中涉及的护照、签证、健康、机场税、海关、货币等方面的信息获取及其要求，这些内容对完成一次顺利的旅行至关重要；本章第二节介绍了时差产生的原理，详细讲述了地方时、理论区时、当地标准时（LST）、国际标准时（GMT）、标准时差（SCT）、夏令时（DST）等一系列时间之间的相互转换方法，并介绍了航班飞行时间计算方法，相关知识也可以参考专门的航空运输地理教程；第三节结合时差计算，介绍如何利用 OAG 官方航空指南中有关航班时刻、最短衔接时间等信息为旅客进行航线选择和航班安排，合理的航班安排可以帮助旅客节省费用，节约时间，减少旅途疲劳。

1. 我国和 TIM 中是如何分别对护照进行分类的?

2. 什么是过境免签? 过境国的签证检查应注意哪些? 说说我国的过境免签政策。

3. 什么是申根签证?

4. OAG 中的最短衔接时间是指什么? 不同的转机情况最短衔接时间不同,那么 OAG 中有哪些不同的转机?

5. 某航班于 15:40 从法兰克福起飞,于第二天 8:35 到达北京,求飞行时间。

6. CA981 航班于 8 月 25 日 13 时 05 分从北京起飞,于当地时间 14:20 到达纽约 JFK 机场,求飞行时间是多少? 如果飞行时间不变,旅客希望最迟于当地时间 16:30 分到达纽约 JFK 机场,那么北京的起飞时刻最晚是多少?

7. 某旅客,计划在 9 月 5 日(星期三)从北京飞往阿姆斯特丹,相关航班信息如下,如旅客希望在当地时间 14:30 后出发,当天到达目的地,他能否乘坐直达航班? 请为旅客安排适当的航班。

days validity	depart		arrive		flight	Stops equip	cabin
From Beijing, China BJS GMT +8							
PEK (Beijing Capital Airport) 15.0mls/25.0km NAY (Beijing Nanyuan Airport)							
Amsterdam AMS 4866mls/7829km GMT +2							
MTWTFSS	**1140**	PEK₂	**1550**		**KL0898**	−74M	CY
MTWTFSS	**1420**	PEK₂	**1835**		＊KL3810	−777	CY
connections	depart		arrive		arrive		
MTWTF • S 4 – 10Sep	**1455**	PEK₃	1840	CPH₃	**SK996**	−343	FCY
	2005	CPH₃	**2130**		**SK549**	−M81	CY
MTWTF • S 13 – 24Sep	**1455**	PEK₃	1840	CPH₃	**SK996**	−343	FCY
	2005	CPH₃	**2130**		**SK549**	−M87	CY
MTWTFSS	**1930**	PEK₃	2130	HKG₁	＊CX6875	−330	FCY
	0015 ₊₁	HKG₁	**0650** ₊₁		**CX271**	−744	FCY

北京上海过境免签政策获批

资料来源:国际金融报(黄烨 2012 年 12 月 13 日)

12 月 9 日,据新华社报道,国务院正式批复了上海的口岸过境免签政策,即从 2013 年 1 月 1 日起,上海口岸对 45 个国家公民实施 72 小时过境免签政策。届时,上海浦东机场和虹桥机场将在入境检查现场设立 72 小时过境免签检查区域及通道。此前,北京已于 12 月 5 日公布了过境免签政策。

上海对 45 国免签

所谓过境免签,是指外籍人士依据过境国的法律或有关规定,从一国经转某国前往第三国时,不必申请过境国签证即可过境,并可在过境国进行短暂停留的政策。

将于 2013 年 7 月 1 日施行的《中国出境入境管理法》规定,"外国人入境,应向中国驻外签证机关申请办理签证。持联程客票搭乘国际航班、船舶、列车从中国过境前往第三国或地区,在中国境内停留不超过 24 小时,且不离开口岸,或在特定区域内停留不超过规定时限的可免办签证。"

据悉,过境免签是全球各国实施的免签制度中的一项内容,之前在不少国家都有实践。比如,日本去年 7 月就推出了冲绳多次往返签证的利好政策。今年 7 月 1 日,据日本驻上海总领事馆公布的政策,首次前往日本东北地震灾区的岩手县、宫城县、福岛县三地的中国游客和商务人员,3 年内也可自由进入日本。

北京和上海公布了力度更大、范围更广的过境免签政策。据国务院的批复,上海享受 72 小时过境免签政策的国家有 45 个,与北京完全一致。在这 45 个国家中,欧洲国家超过半数,主要以奥地利、比利时等申根国为主,其他如美国、英国、俄罗斯、加拿大等国,其游客数量也一直处于进京游客的前 10 名。

据公安部规定,享受 72 小时过境免签政策的外国人需持有本人能证明其国籍身份的有效国际旅行证件、持有 72 小时内已确认日期和座位的从北京首都机场或上海的空港口岸(浦东国际机场或虹桥国际机场)出境前往第三国或地区的联程机票或者其他证明,并符合前往国家或地区的入境条件等。

带动京沪及周边发展

北京和上海的 72 小时过境免签政策可谓大势所趋。多年来,作为中国政治中心的北京和经济中心的上海,一直是海外游客进入中国大陆的主要航空口岸。2011 年,北京的入境人数同比增幅为 6.2%,国际旅游收入增幅 7.4%;从总数上看,上海的入境人数高过北京。数据显示,北京、上海的入境旅游人数占总游客接待人次比例一直偏低,以北京为例,2011 年其接待入境旅游者为 520 万人次,还未达到总游客接待人次的 3%,而伦敦的入境旅游人数为 2012 万人次,占总人数的比例高达 43%。

另外,从经验上看,在金融危机期间,有不少国家采取了政策,意图以此为支点,获得快钱,增加收益,并度过危机。2009 年金融危机肆虐之时,韩国的仁川机场却仍保持了很高的吞吐量,抵御了金融危机的负面影响,一个重要原因就是过境免签政策的施行。

不仅如此。据国际民航组织预测,每 100 万航空旅客可带来 1000 个直接和 3700 个间接工作岗位;每新增加一个航班将直接增加 750 个工作岗位。

"对于上海来说,上述政策同样将提供一种借鉴。"业内同行对《国际金融报》记者表示,"之前,旅游业曾被确定为上海在'十二五'和'十三五'期间转型升级的重要着力点,上海相关部门也曾期望将上海打造成为国际购物天堂。通过未来 3 天的 72 小时数据,恰恰能为上海的旅游发展提供借鉴。"

在业内人士看来,上述政策同样能辐射周边,带动周边城市的发展。由于以上海为中心的长三角地区和以北京为中心的京津唐地区内部的联系越来越紧密,在上海和北京获得收益的同时,也能为提供配套服务等的周边城市带来效益。

思考题

1. 过境免签对于当地经济有什么影响?
2. 外国人享受 72 小时过境免签政策要具备哪些条件?

第4章　国际旅客运价基础

本章关键词

旅客航空运价(passenger air tariff)　　运输会议大区(traffic conference areas)

运输会议次区(subareas)　　　　　　　旅行方向代码(global indicator)

当地货币运价(local currency fare)　　中间组合单位(neutral units of construction)

IATA兑换率(IATA rate of exchange)　全进位法(full adjustment)

半进位法(half adjustment)　　　　　　运输始发国(country of commencement)

互联网资料

http://www.passengerairtariff.com
http://www.atpco.net/atpco/index.shtml
http://www.iata.org

> 国际旅客运价计算与国内运价计算相比,涉及的内容更多,计算也更为复杂。国际旅客运价计算是建立在国际航空运输协会区域划分的基础之上的,而国际航协的区域划分与自然地理的区划既存在一定的联系又有相当大的差异。不同旅行方向的运价存在较大的差异,运价选择需要在掌握区划的基础上判断旅客行程的方向代码。国际运价计算中,还可能涉及多个国家承运人之间的联运,而不同国家在国际运输中使用的货币通常不相同,因此运价计算还需要了解货币转换的规则。

4.1　旅客航空运价(PAT)

世界各航空公司使用的国际运价资料来源很多,由于运价信息处于不断变动过程中,出于准确和便捷的考虑,实际业务中主要使用不同的计算机系统中的运价信息。空运企业使用的书面国际运价资料主要是《旅客航空运价》,本教材有关运价的介绍基本依据该资料进行。

《旅客航空运价》(Passenger Air Tariff,PAT),1999年由原来的航空公司旅客运价(APT)和航空运价(AT)合并而来,由国际航空运输协会(IATA)和国际航空电信协会共同出版。一套完整PAT包括4卷:《一般规则》、《世界范围的运价》、《世界范围的运价规则》、《最大允许里程》。其中《一般规则》和《世界范围的运价规则》每季度第一个月出版,每年出版4期。《世界范围的运价》每月出版1期。《最大允许里程》每年4月出版1期。

1. 《一般规则》(General Rules)

《一般规则》卷涉及以下几个方面的内容：使用指南(Passenger Air Tariff Guide)、代码表(Coding/Decoding,包括国家代号、城市代号、航空公司代码等)、一般规则部分(General Rules)、部分航空承运人的特殊规定(Carrier Special Regulations)、开票点里程表(Ticketed Point Mileages)。实际使用中应注意每期内容的新变化(editorial 部分)。

1) 使用指南

对 PAT《一般规则》的介绍及使用说明。

2) 代码表

涉及城市代码,部分国家代码,州、省或行政区代码,航空公司代码,IATA 成员列表,共享同一机场的城市和多个机场的城市。

(1) 城市代码(City Codes)。城市代号以三字英文字母组成,按英文字母顺序排列,可从三字代码查全称或反之。该表仅收录城市代码,查询机场代码需要参考 OAG。常见的城市代码参见本书附录一和附录二。

例1　从全称查代码(Coding)。

城市名称	州	国家代号	三字代码
Copenhagen		DK	CPH
Sao Paulo	SP	BR	SAO

例2　从三字代码查全称(Decoding)。

三字代码	城市名称	州	国家代号
VIE	Vienna		AT
YVR	Vancouver	BC	CA

(2) 国家代码(Country Codes)。国际标准组织(ISO)制定的国家两字英文代号,按字母顺序排列,可从国家代号查全称或反之。

例3　从代号查全称(Decoding)。

国家代码	国家名称	IATA 区域
CA	Canada	area1
CH	Switzerland	area2

例4　从全称查代号(Coding)。

国家名称	国家代码	IATA 区域
Australia	AU	area3
Singapore	SG	area3

(3) 州、省或行政区代码(State, Province, Territory Names)。部分国家的州、省或行政区代码可由此查询,如美国50个州的两字代码等。

例5　阿根廷的部分州、省、或行政区代码。

州、省或行政区代码	州、省或行政区全称
BA	Buenos Aires
CA	Catamarca

（4）航空公司代码（IATA Airline Designators）。承运人在经营活动中,除使用全称外,在不同的场合还使用三字数字代码和两字代码,规则的航空公司代码部分提供了 3 种检索方式,按照字母或数字顺序排列。

例 6 以全称查代号（Encode）。

承运人全称	承运人二字代码	承运人数字代码
Air Canada	AC	014
Singapore Airlines Limited	SQ	618

例 7 以三字数字代号查全称（Numeric Decode）。

承运人数字代码	承运人全称	承运人二字代码
001	American Airlines Inc.	AA
016	United Airlines Inc.	UA

例 8 以两字代号查全称（Decode）。

承运人二字代码	承运人全称	承运人数字代码
AF	Air France	057
CA	Air China Limited	999

（5）IATA 成员列表（IATA Membership List）。列出了 IATA 的会员。

（6）共享同一机场的城市（Cities sharing the same airport）。该部分列出了两个距离相当的城市共同使用一个机场的资料。当在一个城市下找不到开票点里程时,可能在另一个较大的共享机场城市名下能找到,所以在涉及运价计算时,视始发点到该两个城市具有相同里程数。大部分共享同一机场的城市是美国的,例如美国的纽阿克和纽约。

（7）多个机场的城市（Cities with multiple airports）。该部分列出了所有拥有多个机场的城市清单。如莫斯科有 4 个机场:谢诺梅杰沃机场（SVO）、多莫杰多沃机场（DME）、伏努科沃机场（VKO）、莫斯科机场（MOW）。在客票销售以及安排转机过程中,对于多个机场的城市往往不仅要知道城市代码,而且要求掌握机场代码。

3）一般规则（General Rules）

规则部分是一般规则卷的重点,主要包括:缩语和定义,运价计算的运用,行李,行业酬金,承运人附加费,折扣,订座及配套服务,旅客接受,付款、PTA 及退票,关联性/奖励性团体,货币,税费,客票,其他票证,客票变更,信用卡支付,额外的可选服务,综合旅游等内容。这部分规则内容多,涉及范围广,后续章节将会根据需要介绍部分内容。

4）部分航空承运人的特殊规定（Carrier Special Regulations）

部分承运人在执行国际航协相关规则的同时,由于各自的市场需求,在经营活动中建立了一些仅适用于有关航空公司运输的特种运价及规定,公布于此。使用时要特别注意该规定所限定的承运人。

5）开票点里程表（Ticketed Point Mileages）

用以查阅两城市间的里程（单位为英里）,该表以字母顺序排序。开票点里程的概念在后面章节细述。

2.《世界范围的运价》(Worldwide Fares)

主要内容包括：货币兑换率(转换比价)，运价(不包括综合旅游运价)，综合旅游运价，行业比例运价，承运人比例运价，航路等。

1) 货币兑换率(Currency Conversion Rates)

该部分包括货币兑换率表(转换比价)及计算后货币尾数的取舍规则,亦可查阅各国货币代号。相关内容的详细介绍可参见4.4节。

2) 运价(不包括综合旅游运价)(Fares(Except IT Fares))

运价表中包括了普通运价和特种运价(Normal and Special Fares),是PAT《世界范围的运价》的主要部分,它提供了全球范围内所适用的各种公布运价和最大允许里程,按城市英文字母排序。所公布的运价种类包括头等舱、公务舱和经济舱以及各种经济舱折扣运价,分别以单程和往返程(加粗字体)的中间组合单位数及当地货币列出。详细内容参见5.2.2小节。

3) 综合旅游运价(Inclusive Tour (IT) Fares)

该运价是预先安排的,为促进航空旅行而结合航空和地面服务的,附有一定限制条件的特种运价。

4) 行业比例运价与承运人比例运价(Industry Add – ons /Carrier Add – ons)

运价表能查到世界许多城市间的直达运价,但有些城市之间没有公布直达运价,此时采用公布该城市至该国门户点间的规定数额的方式,通过查阅比例运价表来获取这类数额,进而计算所需的直达运价。其中,承运人比例运价主要适用于构成来自或前往美国、加拿大的北大西洋、太平洋、西半球航线的承运人运价。比例运价被视同为直达运价。有关比例运价的内容详见6.2节。

5) 指定航程(Routings)

有些公布运价的使用受航路限制,这类运价仅适用于所指定的特殊航程,不适用于里程制。凡在运价表中的 Routing 栏内附有航程数字代号的运价,均需核查航程数字代号所规定的内容。有关指定航程的内容详见6.1.2小节。

3.《世界范围的运价规则》(Worldwide Rules)

该部分包括运价规则索引,运价标准条件(SC100、SC101),运价规则。

运价规则索引主要是便于检索运价注释号和相应的运价规则。

运价标准条件(Standard Condition)是使用运价应遵循的基本运价规则,分为两种: 特种运价标准条件(SC100)和普通运价标准条件(SC101)。

运价规则(Fare Rules)是针对特定运价的适用条件,也就是运价表中某个运价注释号号对应的具体运价规则。具体解释见5.2.3小节。

4.《最大允许里程》(Maximum Permitted Mileages)

公布世界范围内部分城市对之间的最大允许里程,单位为英里。如果《世界范围的运价》手册的运价表中找不到相应的最大允许里程,可以在该手册中查阅。查阅方法是从英文首字母靠前的城市查到靠后的城市。有关最大允许里程的概念参见5.3.1小节。

4.2　IATA运输会议区域划分

为了更好地协调和制定国际运价及其规则,根据相关国家之间航空运输往来的密切程度以及地理位置,国际航协(IATA)将世界划分为三个运输会议大区(IATA Traffic Conference Areas,简称 Areas 或 TC),即 IATA 一区、二区、三区(Area1、Area2、Area3,或 TC1、TC2、TC3)。在每个区内还划分为若干个次区(Subareas),甚至有些区域下面还包括所谓的次地区(Subregions)和次组群(Subgroups)。

需要指出的是,IATA 世界区划是出于业务需要(特别是运价计算方面的)的划分,因此和一般的自然地理概念有一定的区别,后续章节有关运价计算的内容都是建立在 IATA 特定区域概念基础上的,学习过程中应注意这些区别。出于不同的运价计算目的,同一大区内也会由于划分的标准不同,出现不同的次区,如 TC1 就有两种划分方法。

4.2.1　IATA 大区的划分

1. IATA 一区(TC1 或 Area1)

IATA 一区范围包括南北美洲大陆及其附属岛屿,格陵兰、百慕大、西印度洋群岛和加勒比海各岛屿,夏威夷群岛(包括中途岛和巴尔米拉岛)。

一区中的北美是世界航空运输最发达的地区之一。北美许多航空公司在世界的航空公司中占有重要的地位,占有相当于全球一半以上的航班量,尤其是美国的航空运输尤为发达,其运输总周转量目前在全世界排名第一。北半球中纬度地区东西向的国际航线是世界最主要的航线,北美地区是连接亚洲和欧洲的中轴,航线十分繁忙。

2. IATA 二区(TC2 或 Area2)

IATA 二区范围包括欧洲全部(包括俄罗斯乌拉尔山以西部分)及其临近岛屿,冰岛、亚速尔群岛,非洲全部及其临近岛屿,阿森松岛,伊朗以西的亚洲部分(包括伊朗)。

二区的欧洲、中东、非洲地区在政治、经济、种族、宗教、发展历史等各方面有着较大的差异,航空运输的发展也不平衡。欧洲是商务航空运输的发源地,旅客运输的历史源远流长,是世界航空运输发达地区,其定期航班完成的运输周转量仅次于北美,而不定期航班也很发达。而中东是连接欧亚大陆的必经之地,是世界文化的发源地之一,有丰富的石油资源,航线分布密集,航空运输业务量大,航空运输比较发达。非洲则是世界上交通运输业比较落后的一个洲,没有完整的交通运输体系。由于缺乏财政支持,航空运输基本属于待发展阶段。

3. IATA 三区(TC3 或 Area3)

IATA 三区范围包括亚洲全部及其邻近岛屿(除了包括在二区的部分),东印度群岛,澳大利亚,新西兰及其邻近的岛屿,太平洋岛屿中除去属于一区的部分。

亚洲人口众多,地域广阔,人们需要利用各种不同的运输方式旅行。由于经济发展水平差距较大,所处的地理位置不同,各种运输方式的发展极不平衡。亚洲的航空运输网络发展非常健全,这不仅表现在亚洲范围内,而且还表现在其与相邻各个洲的紧密联系,如中国、日本、韩国、东南亚各国、大洋洲等国家,都拥有连接欧洲、北美等各主要航空港的航班,航空运输具有很大的发展潜力。

4. 各大区之间的分界线

1）一区和二区之间的分界线

一区和二区之间存在天然的分界线，即大西洋。

2）一区和三区之间的分界线

一区和三区之间同样存在天然的分界线，即太平洋。需要注意的是美国的夏威夷等太平洋岛屿属于一区。

3）二区和三区之间的分界线

二区和三区之间大陆相连，没有类似大西洋和太平洋这样明显的天然分界线，在二区和三区分界线的南部，有些国家边境相互接壤且不规则，因此需要具体界定。二区和三区之间的分界线从北至南为乌拉尔山，乌拉尔河，里海，土库曼斯坦、伊朗、阿富汗、巴基斯坦的国境线。

细心的读者会发现，图4.1中的各大区之间的分界线基本上呈南北向直线状，但却在某些地方有弯折，这是因为考虑到尽量按大洋中间、洲界等天然界线来设置区划，避免将同一国家或者联系紧密的地区国家划分在不同的大区。比如图中夏威夷群岛的地方分界线有一个明显的弯折，夏威夷被划到一区，这样就不会出现美国国内运输变成跨一区和三区运输的问题。

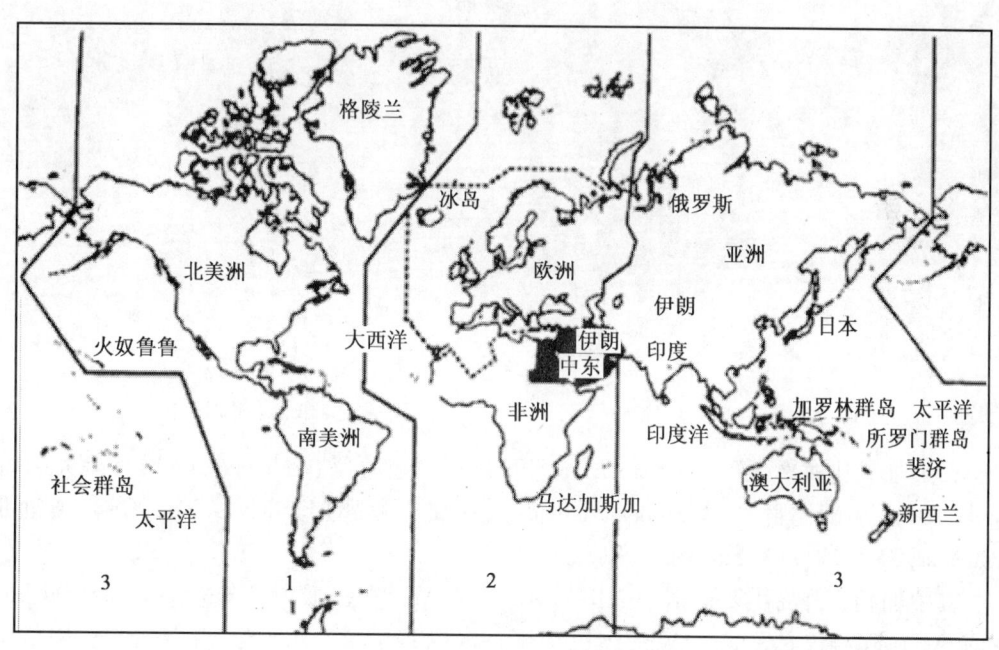

图4.1　IATA世界区域划分图

5. IATA区划与东、西半球的关系

东半球（Eastern Hemisphere）：包括IATA二区和三区。

西半球（Western Hemisphere）：包括IATA一区。

4.2.2 IATA 次区的划分

1. IATA 一区的次区

依据运价规则及其计算需要，一区的次区的划分主要有两种方法，即按照美洲划分次区和按照大西洋划分次区。

1）按照美洲划分次区

按照美洲划分为 4 个次区：北美洲、南美洲、中美洲和加勒比海。各次区组成国家详述如下：

（1）北美洲（North America）：加拿大（Canada，CA）、墨西哥（Mexico，MX）、圣皮埃尔和密克隆（St. Pierre and Miquelon）、美国，包括波多黎各和美属维尔京群岛（United States of America including Puerto Rico and the US Virgin Islands，US）（图 4.2）。

（2）中美洲（Central America）：伯利兹（Belize，BZ）、危地马拉（Guatemala，GT）、洪都拉斯（Honduras，HN）、萨尔瓦多（El Salvador，SV）、尼加拉瓜（Nicaragua，NI）、哥斯达黎加（Costa Rica，CR）（图 4.3）。

图 4.2　北美洲次区

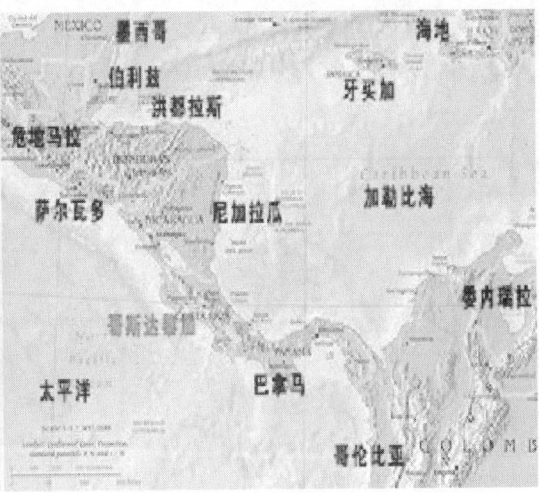

图 4.3　中美洲次区

（3）加勒比海次区（Caribbean Area Sub-area）：巴哈马（Bahamas，BS）、百慕大（Bermuda，BM）、加勒比群岛（Caribbean Islands）、法属圭亚那（French Guiana，GF）、圭亚那（Guyana，GY）、苏里南（Suriname，SR）。

其中加勒比群岛主要包括：安圭拉（Anguilla，AI）、安提瓜和巴布达（Antigua and Barbuda，AG）、阿鲁巴（Aruba，AW）、巴巴多斯（Barbados，BB）、开曼群岛（Cayman Islands，KY）、古巴（Cuba，CU）、多米尼加（Dominica，DM）、多米尼加共和国（Dominican Republic，DO）、格林纳达（Grenada，GD）、瓜德罗普（Guadeloupe，GP）、海地（Haiti，HT）、牙买加（Jamaica，JM）、马提尼克（Martinique，MQ）、蒙特塞拉特（Montserrat，MS）、荷属安的列斯（Netherlands Antilles，AN）、圣巴托洛缪（St. Barthelemy，BL）、圣基茨和尼维斯（St. Kitts and Nevis，KN）、圣卢西亚（St. Lucia，LC）、圣马丁（St. Martin，MF）、圣文森特和格林纳丁斯（St. Vincent and the Grenadines，VC）、特立尼达和多巴哥（Trinidad and Tobago，TT）、特

96

克斯和凯克斯群岛（Turks and Caicos Islands，TC）、英属维尔京群岛（Virgin Islands –
British，VG）（图4.4）。

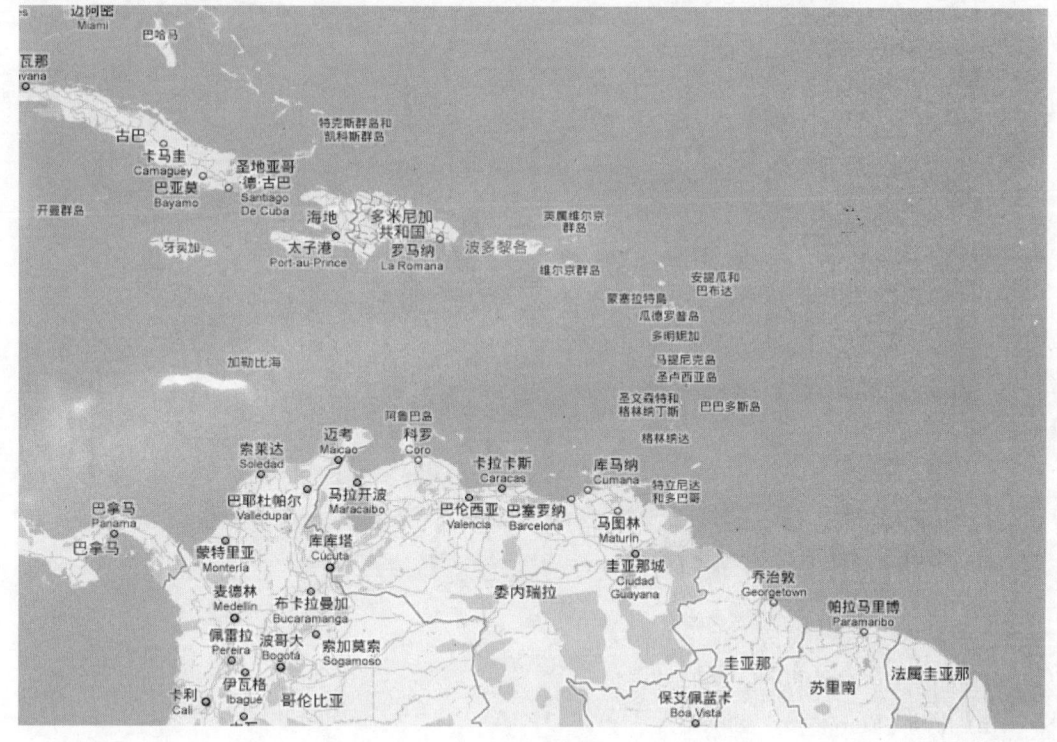

图4.4　加勒比海次区

（4）南美洲（South America）。当全航程在南美州地区时，下列国家应被视为南美洲
的一部分：阿根廷（Argentina，AR）、玻利维亚（Bolivia，BO）、巴西（Brazil，BR）、智利（Chile，
CL）、哥伦比亚（Colombia，CO）、厄瓜多尔（Ecuador，EC）、法属圭亚那（French Guiana，
GF）、圭亚那（Guyana，GY）、巴拿马（Panama，PA）、巴拉圭（Paraguay，PY）、秘鲁（Peru，
PE）、苏里南（Suriname，SR）、乌拉圭（Uruguay，UY）、委内瑞拉（Venezuela，VE）（图4.5）。

2）按照大西洋划分次区

按照大西洋划分为3个次区：北大西洋次区、中大西洋次区和南大西洋次区。各次
区组成国家详述如下：

（1）北大西洋（North Atlantic，NATL）：加拿大、墨西哥、美国（包括波多黎各和美属维
尔京群岛）。

（2）中大西洋（Mid Atlantic，MATL）：安圭拉、安提瓜和巴布达、阿鲁巴、巴哈马、巴巴
多斯、伯利兹、百慕大、玻利维亚、英属维尔京群岛、开曼群岛、哥伦比亚、哥斯达黎加、古
巴、多米尼加、多米尼加共和国、厄瓜多尔、萨尔瓦多、法属圭亚那、格林纳达、瓜德罗普、危
地马拉、圭亚那、海地、洪多拉斯、牙买加、马提尼克、蒙特塞拉特、荷属安的列斯、尼加拉
瓜、巴拿马、秘鲁、圣巴托洛缪、圣基茨和尼维斯、圣卢西亚、圣马丁、圣文森特和格林纳丁
斯、苏里南、特立尼达和多巴哥、特克斯和凯克斯群岛、委内瑞拉。

（3）南大西洋（South Atlantic，SATL）：阿根廷、巴西、智利、巴拉圭和乌拉圭。

图 4.5　南美洲次区

2. IATA 二区的次区

二区的次区分为欧洲、中东、非洲。

1）欧洲（Europe）

IATA 定义中的欧洲包括自然地理概念上的欧洲国家以及属于北非的阿尔及利亚、摩洛哥、突尼斯，以及亚洲的土耳其（图 4.6）。

具体包括如下国家：阿尔巴尼亚（Albania, AL）、阿尔及利亚（Algeria, DZ）、安道尔（Andorra, AD）、亚美尼亚（Armenia, AM）、奥地利（Austria, AT）、阿塞拜疆（Azerbaijan, AZ）、白俄罗斯（Belarus, BY）、比利时（Belgium, BE）、波斯尼亚与黑塞哥维那（Bosnia & Herzegovina, BA）、保加利亚（Bulgaria, BG）、克罗地亚（Croatia, HR）、塞浦路斯（Cyprus, CY）、捷克共和国（Czech Republic, CZ）、丹麦（Denmark, DK）、爱沙尼亚（Estonia, EE）、法罗群岛（Faroe Islands, FO）、芬兰（Finland, FI）、法国（France, FR）、格鲁吉亚（Georgia, GE）、德国（Germany, DE）、直布罗陀（Gibraltar, GI）、希腊（Greece, GR）、匈牙利（Hungary, HU）、冰岛（Iceland, IS）、爱尔兰共和国（Republic of Ireland, IE）、意大利（Italy, IT）、拉托维亚（Latvia, LV）、列支敦士登（Liechtenstein, LI）、立陶宛（Lithuania, LT）、卢森堡（Luxembourg, LU）、前南斯拉夫马其顿共和国（Macedonia FYROM, MK）、马耳他（Malta, MT）、摩尔多瓦共和国（Rep. of Moldova, MD）、摩纳哥（Monaco, MC）、黑山（Montenegro, ME）、摩洛哥（Morocco, MA）、荷兰（Netherlands, NL）、挪威（Norway, NO）、波兰（Poland, PL）、葡萄牙包括亚速尔群岛和马德拉群岛（Portugal including Azores and Madeira, PT）、罗马尼亚（Romania, RD）、俄罗斯欧洲部分（乌拉尔山以西）（Russia in Europe, RU）、圣马力诺（San Marino, SM）、塞尔维亚（Serbia, RS）、斯洛伐克（Slovakia, SK）、斯洛文尼亚（Slovenia, S1）、西班牙包括巴里阿里群岛和加那利群岛（Spain including Balearic & Canary Islands, ES）、瑞典（Sweden, SE）、瑞士（Switzerland, CH）、突尼斯（Tunisia, TN）、土耳其（Turkey, TR）、乌克

图 4.6 欧洲次区

兰(Ukraine,UA)、英国(United Kingdom,GB)。

IATA 区划中,欧洲次区中还包括一些次组群(Subgroups):

(1)欧洲共同航空区(European Common Aviation Area,ECAA)。至 2011 年共 37 国:阿尔巴尼亚、奥地利、比利时、波斯尼亚和黑塞哥维那、保加利亚、克罗地亚、塞浦路斯、捷克共和国、丹麦、爱沙尼亚、芬兰、法国、德国、希腊、匈牙利、冰岛、爱尔兰共和国、意大利、拉托维亚、列支敦士登、立陶宛、卢森堡、前南斯拉夫马其顿共和国、马耳他、黑山、荷兰、挪威、波兰、葡萄牙(包括亚速尔群岛和马德拉群岛)、罗马尼亚、塞尔维亚、斯洛伐克、斯洛文尼亚、西班牙(包括巴里阿里群岛和加那利群岛)、瑞典、瑞士、英国。

(2)斯堪的纳维亚(Scandinavia):丹麦、挪威、瑞典。需要注意的是,如无特别说明,在计算国际运价时,上述三国常被视为一国。

(3)欧洲经济与货币联盟(European Economic and Monetary Union,EMU)。至 2011 年共 17 国:奥地利、比利时、塞浦路斯、芬兰、法国、德国、希腊、爱尔兰、意大利、卢森堡、马耳他、荷兰、葡萄牙、斯洛伐克、斯洛文尼亚、西班牙、爱沙尼亚。

2)中东(Middle East)

包括位于阿拉伯半岛上的中东国家和自然地理概念上属于非洲的埃及、苏丹(图 4.7)。

具体包括如下国家:巴林(Bahrain,BH)、埃及(Egypt,EG)、伊朗(Iran,IR)、伊拉克(Iraq,IQ)、以色列(Israel,IL)、约旦(Jordan,JO)、科威特(Kuwait,KW)、黎巴嫩(Lebanon,LB)、阿曼(Oman,OM)、卡塔尔(Qatar,QA)、沙特阿拉伯(Saudi Arabia,SA)、苏丹(Sudan,

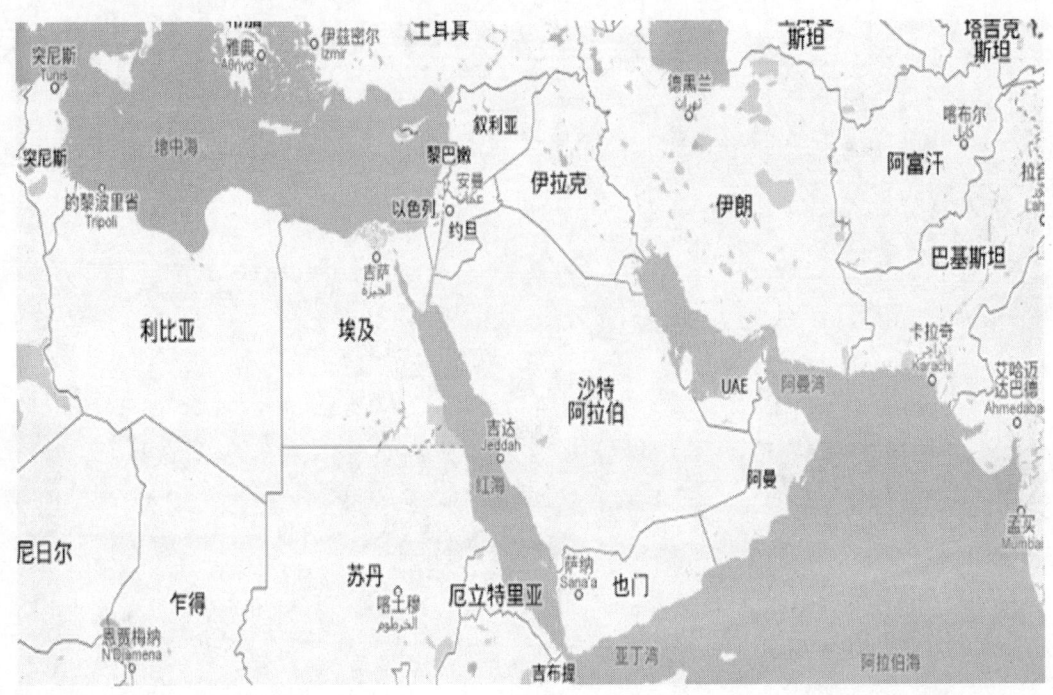

图 4.7　中东次区

SD）、叙利亚（Syrian Arab Republic,SU）、阿拉伯联合酋长国（United Arab Emirates,由阿布扎比、阿治曼、迪拜、富查伊拉、哈伊马角、沙迦及乌姆盖万等组成）、也门（Yemen,Republic of,YE）。

中东里面还包括一个次组群（Subgroup）：阿拉伯海湾国家（Arab Gulf States），即巴林、科威特、阿曼、卡塔尔、沙特阿拉伯、迪拜6个国家。

3）非洲（Africa）

IATA 的非洲是指除去阿尔及利亚、摩洛哥、突尼斯、埃及、苏丹5国以外的所有非洲国家。非洲还可以分为中非、东非、印度洋群岛、利比亚、南非和西非（图4.8）。具体包括如下国家。

（1）中非：马拉维（Malawi,MW）、赞比亚（Zambia,ZM）、津巴布韦（Zimbabwe,ZW）。

（2）东非：布隆迪（Burundi,BI）、吉布提（Djibouti,DJ）、厄立特里亚（Eritrea,ER）、埃塞俄比亚（Ethiopia,ET）、肯尼亚（Kenya,KE）、卢旺达（Rwanda RW）、索马里（Somalia,SO）、坦桑尼亚（Tanzania,TZ）、乌干达（Uganda,UG）。

（3）印度洋群岛：科摩罗（Comoros,KM）、马达加斯加（Madagascar,MG）、毛里求斯（Mauritius,MU）、马约特（Mayotte,YT）、留尼汪（Reunion,RE）、塞舌尔（Seychelles,SC）。

（4）利比亚（Libyan Arab Jamahiriya,LY）。

（5）南非：博茨瓦纳（Botswana,BW）、莱索托（Lesotho,LS）、莫桑比克（Mozambique,MZ）、纳米比亚（Namibia,NA）、南非（South Africa,ZA）、斯威士兰（Swaziland,SZ）。

（6）西非：安哥拉（Angola,AO）、贝宁（Benin,BJ）、布基那法索（Burkina Faso,BF）、喀麦隆（Cameroon,CM）、佛得角（Cape Verde,CV）、中非共和国（Central African Republic,CF）、乍得（Chad,TD）、刚果（布）（Congo（Brazzaville）,CG）、刚果（金）（Congo（Kinsha-

图 4.8　非洲次区

sa）,CD）、科特迪瓦（Cote d'Ivoire,CI）、赤道几内亚（Equatorial Guinea,GQ）、加蓬（Gabon,
GA）、冈比亚（Gambia,GM）、加纳（Ghana,GH）、几内亚（Guinea,GN）、几内亚比绍（Guinea
Bissau,GW）、利比里亚（Liberia,LR）、马里（Mali,ML）、毛里坦尼亚（Mauritania,MR）、尼日
尔（Niger,NE）、尼日利亚（Nigeria,NG）、圣多美和普林西比（Sao Tome and Principe,ST）、
塞内加尔（Senegal,SN）、塞拉利昂（Sierra Leone,SL）、多哥（Togo,TG）。

3. IATA 三区的次区

IATA 三区划分为 4 个次区：东南亚、印度次大陆或南亚次大陆、西南太平洋和日本/
朝鲜次区,有时也把三区中除了西南太平洋之外的区域称为北/中太平洋（图 4.9）。

1）东南亚（South East Asia,SEA）

IATA 的东南亚包括：文莱（Brunei Darussalam,BN）、柬埔寨（Cambodia,KH）、中国
（不包括香港和澳门特别行政区,不包括中国台湾省）（China excluding Hong Kong SAR &
Macao SAR,CN）、中国台湾（Chinese Taipei,TW）、圣诞岛（Christmas Island,CX）、科科斯
（基林）群岛（Cocos（Keeling）Islands）、关岛（Guam,GU）、中国香港特别行政区（Hong
Kong SAR,HK）、印度尼西亚（Indonesia,ID）、哈萨克斯坦（Kazakhstan,KZ）、吉尔吉斯坦
（Kyrgyzstan,KG）、老挝（Lao People's Dem. Rep.,LA）、中国澳门特别行政区（Macao SAR,
MO）、马来西亚（Malaysia,MY）、马绍尔群岛（Marshall Islands,MH）、密克罗尼西亚（Micro-
nesia,FM）、蒙古（Mongolia,MN）、缅甸（Myanmar,MM）、北马里亚纳群岛（Northern Marian-
as,MP）、帕劳（Palau,PW）、菲律宾（Philippines,PH）、俄罗斯（亚洲部分）（Russia（in
Asia）,XU）、新加坡（Singapore,SG）、塔吉克斯坦（Tajikistan,TJ）、泰国（Thailand,TH）、东

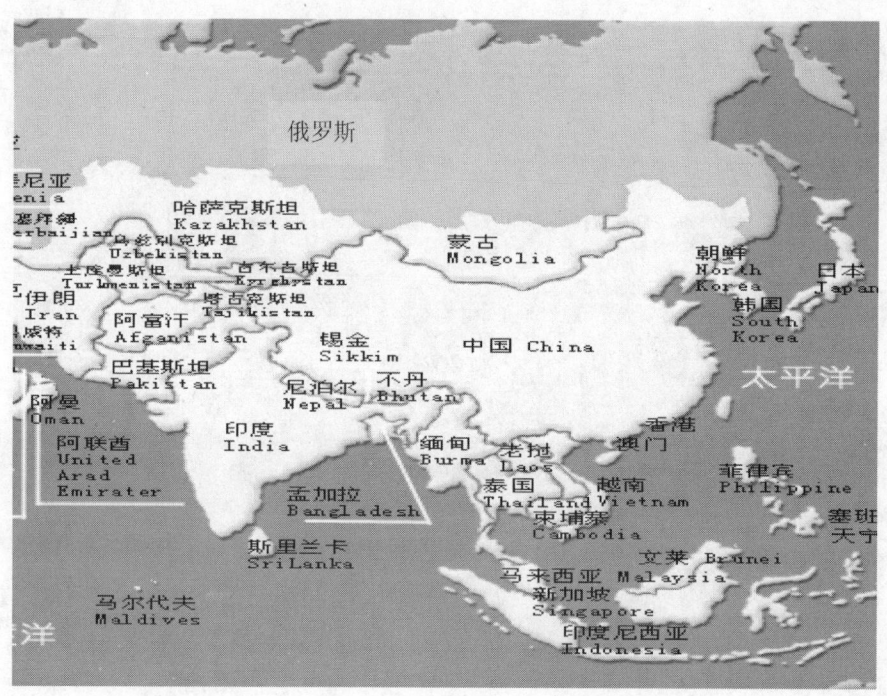

图 4.9 IATA 的三区

帝汶(Timor Leste,TL)、土库曼斯坦(Turkmenistan,TM)、乌兹别克斯坦(Uzbekistan,UZ)、越南(Viet Nam,VN)。

东南亚中包括两个次地区(Subregions):

(1)东南亚国家联盟(ASEAN),包括:文莱、柬埔寨、印度尼西亚、老挝、马来西亚、缅甸、菲律宾、新加坡、泰国、越南。

(2)密克罗尼西亚(Micronesia),包括加罗林群岛(帕劳群岛除外),由夸贾林环礁、马朱罗、波纳佩岛、罗塔岛、塞班岛、天宁岛、特鲁克群岛、雅浦岛组成。

2)南亚次大陆或印度次大陆(South Asian Subcontinent or India Subcontinent,SASC)

包括:阿富汗(Afghanistan,AF)、孟加拉(Bangladesh,BD)、不丹(Bhutan,BT)、印度(包括安达曼群岛)(India including Andaman Islands,IN)、马尔代夫(Maldives,MV)、尼泊尔(Nepal,NP)、巴基斯坦(Pakistan,PK)、斯里兰卡(Sri Lanka,LK)。

3)西南太平洋(South West Pacific,SWP)

西南太平洋包括:美属萨摩亚(American Samoa,AS)、澳大利亚(Australia,AU)、库克群岛(Cook Islands,CK)、斐济(Fiji,FJ)、法属波利尼西亚(French Polynesia,PF)、基里巴斯(Kiribati,KI)、瑙鲁(Nauru,NR)、新喀里多尼亚(包括洛亚尔提群岛)(New Caledonia including Loyalty Islands,NC)、新西兰(New Zealand,NZ)、纽埃(Niue,NU)、诺福克岛(Norfolk Island)、巴布亚新几内亚(Papua New Guinea,PG)、萨摩亚(Samoa,WS)、所罗门群岛(Solomon Islands,SB)、汤加(Tonga,TO)、图瓦卢(Tuvalu,TV)、瓦努阿图(Vanuatu,VU)、瓦利斯和富图纳群岛(Wallis & Futuna Islands,WF)。

4)日本/朝鲜地区(Japan/Korea,JAPKOR)

包括:日本(Japan,JP)、大韩民国(Republic of Korea,KR)、朝鲜人民民主共和国

（Democratic People's Republic of Korea，KP）。

5）北/中太平洋（North/Central Pacific）

三区中除了西南太平洋国家。

IATA 区划这一内容十分重要，下一节有关旅行方向代码的判断是严格建立在区划基础上的，因此需要熟练掌握。实际工作中，我们在订座、销售等业务中遇到的常常是城市和机场名称及代码，因此需要遵循城市/机场→国家→次区→大区的逆向顺序掌握好 IATA 区划这一内容。

例 9 判断下列城市所在的 IATA 大区和次区（表 4.1）。

表 4.1 判断 IATA 大区和次区的例子

城市	城市三字代码	所在 IATA 大区	所在 IATA 次区
上海	SHA	TC3	东南亚/北中太平洋
芝加哥	CHI	TC1	北美洲/北大西洋
特拉维夫	TLV	TC2	中东
卡拉奇	KHI	TC3	南亚次大陆/北中太平洋
伊斯坦布尔	IST	TC2	欧洲
河内	HAN	TC3	东南亚/北中太平洋
首尔	SEL	TC3	日本朝鲜/北中太平洋
圣保罗	SAO	TC1	南美洲/南大西洋

4.3 旅行方向代码

旅行方向代码（Global Indicator，GI）用于在航程经过的地点所属 IATA 区域、次区域的基础上判断航程的全球性方向。

那么为什么要学习方向代码？这是因为即使目的地相同，不同旅行方向的航程的航行距离差别仍会很大，票价也不同。例如，某旅客从上海出发，最终目的地为美国纽约，他可以向东飞越太平洋到达纽约，也可以向西飞越三区、二区和大西洋到达纽约，两条线路距离不同因而价格不同。在运价表中，不同的航程方向代码对应不同的运价，因此计算运价时必须先明确旅客航程的旅行方向。

4.3.1 主要旅行方向代码

1. WH

航程在一区（西半球）以内的旅行。（Within Area 1（Western Hemisphere）.）

例 10 NYC—YVR

　　　　 MEX—SAO—BUE

2. AP

航程在二区与三区之间经大西洋和太平洋的旅行。（Between Area 2 and Area 3 via

the Atlantic and the Pacific.)

例 11 HKG—YTO—LON

PAR—YMQ—SFO—PVG

3. SA

航程在南大西洋国家(巴西、阿根廷、智利、巴拉圭、乌拉圭)和东南亚、南亚次大陆、韩国、朝鲜之间,经大西洋,且仅经过中非、南非、印度洋群岛、南亚次大陆、东南亚、韩国、朝鲜的点,或者经大西洋的直达航班的旅行。(Between Argentina/Brazil/Chile/Paraguay/ Uruguay and South East Asia, South Asian Subcontinent, Korea (Dem.·People's Rep. of), Korea (Rep. of) via the Atlantic and only via point(s) in Central Africa, Southern Africa, Indian Ocean Islands, SASC, Southeast Asia, Korea or via direct services.)

例 12 SAO—BKK

SAO—DEL

SAO—JNB—HKG

SAO—JNB—KUL—SEL

4. AT

航程在一区和二区/三区之间,经大西洋的旅行(不包括属于 SA 的情况)。(Between Area 1 and Area 2/Area 3 via the Atlantic (other than SA).)

例 13 PAR—NYC

HKG—LON—NYC

5. PN

在南美和西南太平洋之间,经过北美,但不经过除西南太平洋以外的三区(也就是不经过北/中太平洋)。(Between South America and South West Pacific via North America but not via Area 3 except SWP.)

例 14 SYD—MEX—SCL

AKL—LAX—SAO

6. PA

(1)航程在三区和一区之间经太平洋(不包括航程在西南太平洋和南美之间经北美和北/中太平洋的旅行,不包括属于 PN 的情况)。(Between Area 3 and Area 1 via Pacific (other than between SWP and South America via North America and North/ Central Pacific, other than PN).)

例 15 SHA—SFO

MEX—SFO—MNL

(2)不适用于加拿大/美国和南亚次大陆之间的不经停航班旅行。此种情况属于 AT。(Not applicable for routings on non – stop services between Canada/USA and South Asian Subcontinent.)

例 16 CHI—BOM

7. FE

航程在俄罗斯(欧洲部分)/乌克兰和三区之间,且俄罗斯(欧洲部分)/乌克兰和三区(不包括日本、韩国、朝鲜)之间乘不经停航班。(Between Russia (in Europe)/Ukraine and

Area 3 with nonstop service between Russia（in Europe）/Ukraine and Area 3 other than Japan，Korea（Dem. People's Rep. of），Korea（Rep. of）.）

注意：

① 这里前面只要求三区,而后面要求三区不包括日本、韩国、朝鲜；

② 直达航班(direct service),有经停和不经停两种,只要不是转机的航班都是直达的。至于经停,只不过是中途停靠一下,也属于直达航班。

例 17　BJS—MOW

　　　　IEV—BJS—TYO

　　　　MOW—BJS—SEL

8. RU

航程在俄罗斯(欧洲部分)和三区之间,且俄罗斯(欧洲部分)和日本、韩国、朝鲜之间乘不经停航班,且不经过其他欧洲国家。（Between Russia（in Europe）and Area 3 with nonstop service between Russia（in Europe）and Japan，Korea（Dem. People's Rep. of），Korea（Rep. of）；not via another country(ies) in Europe.）

例 18　MOW—SEL—PVG

　　　　MOW—TYO

9. TS

航程在二区和三区之间(经西伯利亚路线),且在欧洲和日本、韩国、朝鲜之间乘非经停航班(不包括属于 FE/RU 的情况)。（Between Area 2 and Area 3（Trans Siberian route）with a sector having nonstop service between Europe and Japan，Korea（Dem. People's Rep. of），Korea（Rep. of）（other than FE/RU）.）

例 19　HKG—TYO—FRA—LON

　　　　TPE—SEL—PAR—ZRH

　　　　JED—IST—TYO

　　　　MOW—PAR—OSA

10. EH

（1）航程在二区和三区之间,经东半球的旅行(不包括属于 TS/RU/FE 的情况)。（Between Area 2 and Area 3 via Eastern Hemisphere（other than TS/RU/FE）.）

例 20　HKG—DXB—MOW

　　　　MOW—LON—MNL

（2）航程在二区以内或在三区以内的旅行。（Within Area 2 or within Area 3.）

例 21　MAD—PAR

　　　　PVG—SIN

4.3.2　IATA 区划与方向代码的联系

对于初学者而言,准确理解并熟练运用上述定义进行航程方向代码判断有一定难度,为了便于理解和记忆,可以将方向代码与 IATA 的区划结合起来,分两种情况,用表格(表4.2、表4.3)的形式归纳如下。

1. 在同一区域内的旅行

表4.2　在同一区域内的旅行

区域	方向代码	描述
TC1	WH	1区以内的旅行(西半球)
TC2	EH	2区以内的旅行(东半球)
TC3	EH	3区以内的旅行(东半球)

2. 在区域之间的旅行

表4.3　在区域之间的旅行

区域	在……	和……之间	经过	方向代码
TC12	TC1	TC2	经大西洋	AT
TC31	西南太平洋	南美洲	经过北美,但不经过北/中太平洋	PN
	TC3	TC1	(1) 经太平洋(不包括航程在西南太平洋和南美之间经北美和北/中太平洋的旅行,不包括PN); (2) 不适用于加拿大/美国和南亚次大陆之间的不经停航班旅行(AT)	PA
TC123	南大西洋国家	东南亚、南亚次大陆、韩国、朝鲜	(1) 经大西洋,且仅经过中非、南非印度洋群岛南亚大陆、东南亚、韩国、朝鲜; (2) 或者经大西洋的直达航班	SA
	TC1	TC3	经大西洋(但不属于SA和PA)	AT
TC23	TC2	TC3	同时经大西洋、TC1和太平洋	AP
	俄罗斯(欧洲部分)/乌克兰	TC3	俄罗斯(欧洲)/乌克兰和三区(不包括日本、韩国、朝鲜)之间乘不经停航班	FE
	俄罗斯(欧洲部分)	TC3	俄罗斯(欧洲)和日本、韩国、朝鲜之间乘不经停航班,且不经过其他欧洲国家	RU
	TC2	TC3	经过欧洲和日本、韩国、朝鲜之间乘非经停航班(不包括属于FE/RU的情况)	TS
	TC2	TC3	经东半球的旅行(不包括上述属于TS/RU/FE的情况)	EH

4.3.3　方向代码的判断

1. 有关方向代码判断的几点说明

(1) 如果某航段存在一个以上方向代码,要根据旅行的实际路线来决定方向代码。

例22　BJS—NYC有PA和AT两个方向可以选择,如果是不经停航班,那么应判断为PA。

例23　MOW—SIN可能有两个方向:EH和FE,假如航班经停JED,应判断为EH。如果为不经停航班,应判断为FE。

(2) 若对应上述任何方向代码航程都无票价,或者航程有方向代码但该代码没有对应的直达票价,用分段相加最低组合。

例 24　PER—SIN—LAX—CCS,它既不是 PA 也不是 PN,而是使用 PER—SIN(EH) + SIN—LAX—CCS(PA)的分段相加最低组合价。

例 25　BJS—TYO—LON,应该为 TS 方向,但只有 EH 的票价有公布,此时用 BJS—TYO(EH) + TYO—LON(EH)的最低组合票价,不适用 BJS—LON 的直达价格。

(3) 方向代码仅适用于 7 个运输大会对应的区域之间(见表 4.2、表 4.3 所列的起讫地点、经停点。)

例 26　SEL—SYD 的 EH 票价不适用于中间经过 TC1 的情况。

例 27　SEL—NYC—SYD,航程(TC313)不属于 7 种情况之一。

由于约束 IATA 运输大会行为的条款强调:"特定运输大会的权力是建立完全在该运输大会范围内的跨航空公司间的 IATA 票价,经过另一个运输大会范围内的地区的运输被认为超出了初始范围。"比如上例中 SEL – SYD 的 EH 票价原本在 TC3 运输会议范围

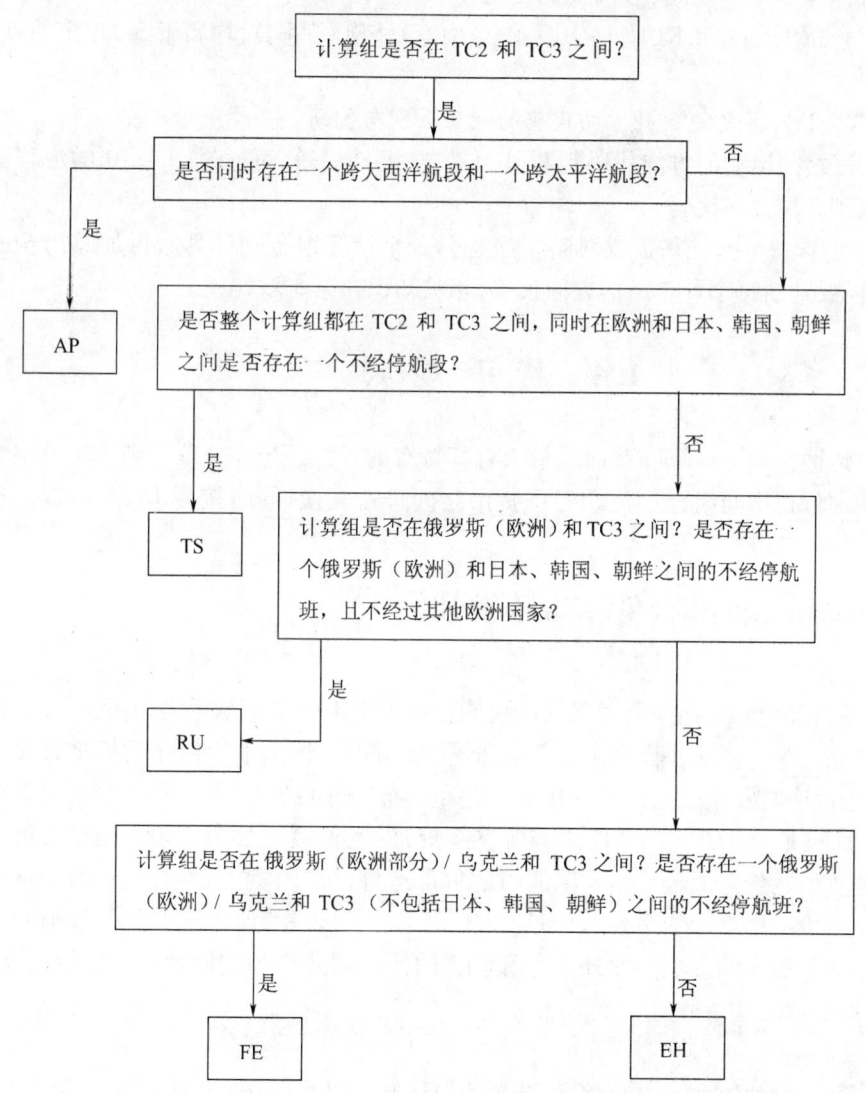

图 4.10　判断二区和三区之间 5 种方向代码的流程图

内,如中间经过 NYC,则涉及到 TC1 运输大会的范围。尽管如此,仍可以在承运人票价中设置例外。

2. 几个实例

例 28　PAR　—　YMQ — SFO　—　PVG

分析:　2　大西洋　1　TC1　1　太平洋　3

由于该航程在 TC23 之间,方向代码可能是 AP、TS、RU、FE、EH 中的一个,由于航程同时经大西洋、TC1 和太平洋,判定为 AP。

有时仅仅通过 IATA 大区判断 GI 还不够,需要先明确次区乃至具体国家才能做进一步判断。

例 29　SAO　—　JNB—KUL—SEL

分析:　1　大西洋　2　　3　　3

由于该航程在 TC123 之间,方向代码可能是 AT、SA 中的一个。又由于 SAO(巴西,南大西洋国家),JNB(南非),KUL(马来西亚,东南亚),SEL(韩国),均属于 SA 规定的点,因此判定为 SA。

3. 关于二区和三区之间 5 种方向代码的相互区别与判断

二区和三区之间运输的方向代码判断最为复杂,极易混淆,可通过图 4.10 的流程图进一步帮助区别 5 种方向代码。

注:运价计算过程中,往往需要对整个航程分若干计算组分别计算后再加总出全航程运价,因此需要判断每个计算组的方向代码,相关知识在第 5 章详述。

4.4　货币规则

国际航空运输在票价计算和票面显示中有其特有的货币系统和付款规则。本节主要介绍利用转换比价在中间组合单位和各国货币之间进行互换,同时按照 IATA 的货币规则对各国货币的尾数进行处理。

4.4.1　当地货币、中间组合单位及其转换比价

1. 当地货币

国际航空旅客运输中,同一条对飞航线可能会有若干不同国家承运人,并且可能经由许多不同的国家。为了便于协商制定国际运价,需要引进一种基本货币作为标准计价单位。IATA 采用运输始发国的当地货币作为制定和公布运价的基本货币,称为当地货币运价(Local Currency Fare,LCF)。PAT(旅客航空运价)的运价表中公布了始发国出发的各条线路的当地货币运价。大部分始发国的当地货币运价以本国货币表示,但也有一些国家的当地货币运价不用本国货币表示,而是以美元、欧元等表示,原因之一是为了避免受到本国货币币值不稳定的影响。此外,欧元区 17 国使用欧元作为共同货币,其始发国当地货币均为欧元。

2. 中间组合单位

我们先来看一个小案例:某旅客航程为 SHA—MU—TYO—JP—SFO—AF—PAR,设想不同国家的航空公司对各自承运的航段均收取本国货币会给旅客旅行带来什么影响?

答案不言自明。

在国际旅客运输中,当计算非直达航程的运价时,运价规则允许采用对不同航段进行组合、比较、计算后的价格作为全航程的最终运价,但是不同运价计算组的始发地当地货币名称可能不同,相互之间不能直接比较和相加。因此在计算涉及多个国家的联程运输票价时,难以用当地货币形式完成复杂计算,需要构造一种虚拟的起到中间作用的货币,称为中间组合单位(Neutral Units of Construction, NUC)。PAT(旅客航空运价)的运价表中除了公布始发国的当地货币运价外,同时公布相应的中间组合单位价格。需要指出的是, NUC 是 IATA 为了便于国际运价计算而构建的,世界上并不发行此种货币。

3. IATA 的转换比价

1) IATA 转换比价的形成

要实现当地货币运价和中间组合单位运价之间的转换,就需要看一个类似汇率的转换比价。国际航协清算所采用每年 2 月、5 月、8 月、11 月的 15 日之前美元与所涉及货币的 5 天平均比价得出的平均汇率作为 IATA 转换比价来公布(IATA Rate of Exchange,或称兑换率,简称 IROE)。该比价每年公布 4 次,从每季度的第 1 个月开始生效,每次有效期 3 个月。为了保持转换比价的相对稳定,便于实际操作,转换比价在 3 个月有效期内保持不变。但是由于汇率是不断波动的,为了防止汇率波动过大可能给航空公司或旅客带来过大的损失,规定如果某种货币币值在有效期内变化超过 6%,就将对其 IROE 做出调整,并在次月第一天开始生效。本质上,IROE 是其他货币相对美元的汇率,因此美元 IROE 总为 1。

2) IATA 转换比价表

使用 IROE 进行货币转换需要查阅 IATA 的转换比价表,该转换比价表公布在 PAT 运价手册中(图 4.11),本书附录三的数据可供练习之用,实务中应使用最新数据。该表相关栏目的含义解释如下:

(1) 国家名称(Country)。本栏按国家或地区英文名称的字母顺序排列。国家名称前标有“＋”的国家或地区其对应的当地货币是不可自由兑换的,也就是说在该国或地区以外使用该货币支付票款不被接受。比如,中国前面有一个“＋”,表示人民币是非自由兑换货币,具体使用限制在下文中详述。国家或地区名称前没有“＋”的则表示该当地货币为硬货币(strong currency)。

(2) 货币名称(Currency Name)。本栏为当地货币的全称。大部分国家国际运输中的当地货币就是本国实际流通的货币,但也有一些国家使用美元、欧元等作为国际运输的计价货币。如果某国同时公布有美元或欧元以及本国货币兑换率,此时国际运输票价和其他相关收费如逾重行李费等将以美元或欧元计价。一般只有在涉及国内国际运价组合时才使用本国货币兑换率将本国货币公布的国内运价转为美元或欧元,如图 4.11 中的阿富汗,同时公布有美元和阿富汗尼两种货币,使用时应注意参考注解 2。

(3) 国际标准组织货币代码(ISO Code)。货币代码分为两栏,即英文字母代码和数字代码。货币代号由 3 位英文字母组成,前两位为 ISO 国家代号,第三位为货币名称缩写。每种货币有唯一的货币代号。比如人民币字母代码 CNY,由中国国家代号 CN 和人民币缩写 Y 组成。数字代码由 3 位数字组成,一般只用于销售报告中,与票价计算没有关系,可忽略。人民币数字代码为 156。

IATA Rates of Exchange (IROE)

NOTE:
The ROE used to convert NUC into the currency of the country of commencement of transportation shall be that in effect on the date of ticket issuance.

To calculate fares, rates or charges in currencies listed below:				Multiply NUC fare rate/ charge by the following rate of exchange:	And round up the resulting amount to the next higher unit as listed below:			
Country (+ local currency acceptance limited) (1)	Currency Name (2)	ISO Codes (3) Alpha	Numeric	From NUC (4)	Rounding Units (5) Local Curr. Fares	Other Charges	Decimal Units (6)	Notes (7)
Afghanistan	US Dollar	USD	840	1.000000	1	0.1	2	5
+ Afghanistan	Afghani	AFA	004	76000.000000	1	1	0	2, 8
+ Albania	Lek	ALL	008	NA	1	1	0	2
Albania	US Dollar	USD	840	1.000000	1	0.1	2	5
+ Algeria	Algerian Dinar	DZD	012	73.244000	10	1	0	
American Samoa	US Dollar	USD	840	1.000000	1	0.1	2	5
Angola	US Dollar	USD	840	1.000000	1	0.1	2	5
+ Angola	Kwanza	AOA	973	19.854300	0.1	0.1	2	2, 8
Anguilla	US Dollar	USD	840	1.000000	1	0.1	2	5
Anguilla	East Caribbean Dollar	XCD	951	NA	1	0.1	2	
Antigua Barbuda	US Dollar	USD	840	1.000000	1	0.1	2	5
Antigua Barbuda	East Caribbean Dollar	XCD	951	2.700000	1	0.1	2	
Argentina	US Dollar	USD	840	1.000000	1	0.1	2	5

图 4.11　IATA 的转换比价表

注：IATA 的转换比价表第(1)栏中"Country"是指国家或地区,是国际民航惯用表示方法,本书其他地方类似表达均为此意。

（4）IATA 转换比价(兑换率)(From NUC)。IATA 转换比价即运输始发国当地货币 LCF 和中间组合单位 NUC 之间的比价。IATA 转换比价要求保留到 6 位小数。在客票的票价计算区域,小数点后超过 2 位的零需要舍去。

（5）尾数进位单位(Rounding Units)。此栏分为当地货币运价(Local Curr. Fares)和其他收费(Other Charges)两部分,分别用来表示当地货币运价和其他收费(如税费)的尾数保留单位。比如,人民币当地货币运价的尾数保留单位是 10 元,其他收费的尾数保留单位是 1 元。有关尾数取舍是本节的重点。

（6）小数位(Decimal Units)。尾数取舍后应该保留的当地货币小数位数。不足规定位数的部分应补零,直至小数位符合规定。

（7）注解(Notes)。有些货币的对应注解栏中有一些数字。这些数字是注解条件的序号,考虑到节约文字空间的问题,每种货币的注解条件被放在整个 IROE 转换比价表的最后面,在表格中仅以相应的序号表示。在进行货币转换时,应注意遵循注解条件的规定。如阿富汗当地货币阿富汗尼,注解条件为 2、8,注解序号 2 的规定是：该国国际运输票价和其他相关收费如逾重行李费等将以美元计价,只有在同一张机票上允许国内国际运价组合时才使用本国货币兑换率将本国货币公布的国内运价转为美元;注解条件 8 则表明,该国银行兑换率的信息来源是 PAT 手册的某个部分。

4. 利用 IROE 进行货币转换

用 IROE 进行货币转换主要有两种方式：

1）用 IROE 将当地货币价（LCF）转换为 NUC

在国际运价计算中，有时需要将当地货币票价及以当地货币表示的中途分程费、安检费等转换为 NUC 价格。

计算公式：NUC = LCF/IROE

例 30 航程为 BJS—HKG，LCF 价格为 CNY2560，求 NUC。

查 PAT IROE 表，假定人民币的 IROE = 6. 517700

NUC = CNY2560/ROE6. 517700 = NUC392. 77

2）用 IROE 将 NUC 转换为 LCF

国际运价计算的中间过程一般都以 NUC 价格进行，但是由于 NUC 是一种不发行的虚拟货币，最终还是要将 NUC 价格转化为始发国当地货币方可进行支付。

计算公式：LCF = NUC × ROE

例 31 航程为 OSA—MAD，运价为 NUC3721. 04，求 LCF。

查 PAT IROE 表，假定日元的 IROE = 97. 714480

LCF = NUC3721. 04 × ROE97. 71448 = JPY363600

4.4.2 货币转换的尾数规则

尾数的取舍是国际航空运输票价计算和支付的重要内容。

1. 中间组合单位尾数的取舍规则

所有 NUC 尾数只保留两位（第三位开始忽略不记）。

例 32 NUC1456. 14~~145~~ → NUC1456. 14

NUC1456. 14~~615~~ → NUC1456. 14

2. 当地货币票价尾数的取舍规则

先查 PAT IROE 表确定该货币尾数保留单位，再查 Notes 栏是否有注解，如有注解应按注解进行。

1）全进位法

（1）若要求保留的尾数单位是整数（100、10、5、1 等），则保留到十分位，舍去其余部分，然后检查该尾数单位之后的各位数字，只要余额不全为零，则在规定尾数单位上进位，否则不进位。

例 33 人民币票价 CNY8100. 35，求尾数取舍后的票价。

分析：查表确定人民币要求保留的尾数单位为 10，因此只考虑 CNY8100. 3，由于十位数以下的余额为 0. 3 元，即规定尾数单位 10 以下不全为零，因此进位后票价为 CNY8110，人民币要求保留的小数位为 0，因此 CNY8110 就是最终结果。这里人民币的进位规则可以简写为 H10。

（2）若要求保留的尾数单位是小数，则将尾数取到要求保留的尾数后一位，舍去其余部分，检查该位数字是否为零，若不为零则在规定尾数单位上进位，否则不进位。

上述两种当地货币的进位方法称为全进位法（Full Adjustment），即有一位必须进一位，进到更高的一位，英文表示 Higher，用 H 表示，根据尾数保留单位不同，可以写成 H10、H5、H1、H0. 1 等。

例 34 约旦第纳尔票价 JOD281. 2978，求尾数取舍后的票价。

分析：查表确定约旦第纳尔要求保留尾数单位是 0.1，因此 JOD281.29 ~~78~~ →
JOD281.29，由于要求保留尾数单位之后的数字为 9 > 0，进位后票价为 JOD281.300，约旦
第纳尔要求保留的小数位是 3，因此需要补充 0，JOD281.29→JOD281.290。这里约旦第
纳尔的进位规则可以简写为 H0.1。

2）半进位法

如果 Notes 栏有注解，如注解序号 5、12 等，按注解要求尾数取舍应采取半进位法
（Half Adjustment）。所谓半进位法即四舍五入法，英文表示为 Nearest，即进到最近的一
位，用 N 表示，根据尾数保留单位不同，可以写成 N10、N1、N0.1 等。如美元当地货币进
位规则可以表示为 N1。需要指出的是，注解条件中如无关于半进位法的相关要求，则按
照全进位法取舍，因此大多数货币是采用全进位法取舍尾数的。

例 35 求美元 USD234.5689 进整后的结果。

分析：美元要求保留的尾数单位是 1，Notes 栏有注解提示 5，查阅号码 5 的内容得知
美元尾数 0.49 以下舍去，0.5 及以上进位，即半进位法。因此考虑 USD234.5~~689~~ →
USD234.5 取舍后为 USD235.00。这里美元的进位规则可以简写为 N1。

其他收费（Other Charges）的尾数取舍规则类似于票价，只需注意尾数保留单位的
不同。

为了便于练习，表 4.4 列出了一些常见的货币及其进位规则，当然实际工作中还应确
认注解条件。

表 4.4　常见货币及其进位规则

国家/地区	货币名称	货币代号	进位规则	小数位
新加坡	新加坡元	SGD	H1	0
马来西亚	林吉特	MYR	H1	0
泰国	泰铢	THB	H5	0
澳大利亚	澳大利亚元	AUD	H1	2
中国	人民币	CNY	H10	0
香港	港币	HKD	H10	0
美国	美元	USD	N1	2
日本	日元	JPY	H100	0
韩国	韩元	KRW	H100	0
欧元区	欧元	EUR	H1	2
瑞士	瑞士法郎	CHF	H1	2
英国	英镑	GBP	N1	2
加拿大	加元	CAD	N1	2

3. 一些进一步的例子

例 36 印度始发的某航班票价为 NUC1456.79，IROE 为 46.589000，计算当地票价。

分析：查表确定印度当地货币为印度卢比（INR），要求保留的尾数单位为 5，注解条
件为 8 和 10，分别是关于银行兑换率的信息来源和非印度居民兑换外汇的要求，与本题

货币转换计算无关,因此可采用全进位法。

计算过程:

NUC   1456.79

×   IROE   46.589

=   67870.3~~8931~~（尾数保留单位为5,保留到小数点后一位）

↓

INR   67875（全进位法,进位规则 H5,0.3 卢比余额进整为 5 卢比,小数位 0）

例 37 从澳大利亚出发某国际航段票价为 NUC1000.00,旅客用澳元付款,IROE = 1.356208,需要多少澳元?

分析:查表确定澳大利亚当地货币为澳元(AUD),要求保留的尾数单位为 1,有注解 8、17,但都不涉及运价进位的规定,因此可采用全进位法。

计算过程:

NUC   1000.00

×   IROE   1.356208

=   1356.2~~08~~（尾数保留单位为1,保留到小数点后一位）

↓

AUD   1357.00（全进位法,进位规则 H1,0.2 澳元余额进整为 1 澳元,小数位 2,因此需要补 2 个 0）

例 38 货币转换:根据要求完成表格。

Country	NUC	IROE	Decimal Units	Rounding Unit	Rounded LCF
SINGAPORE	249.47	1.405660	2	H1	SGD351.00
CANADA	274.?9	1.368080	2	N1	CAD376.00
U.S.A	655.25	1.000000	2	N1	USD655.00
HONGKONG	784.77	7.733700	0	H10	HKD6070
AUSTRALIA	1024.58	1.248940	2	H1	AUD1280.00
JAPAN	674.24	108.730000	0	H100	JPY73400
PORTUGAL	627.54	1.087860(EUR)	2	H1	EUR683.00
URUGUAY	3494.17	1.000000(USD)	2	N1	USD3494.00
THAILAND	124.45	43.643504	0	H5	THB5435

4.4.3 付款规则

1. 基本术语

(1) 运输始发国(Country of Commencement, COC):航程中第一个国际航段出发地所在国家。国际客运销售中付款地点有两种情况:运输始发国内和运输始发国外。

(2) 付款国(Country of Payment, COP):旅客购票时,承运人或其代理人接受付款的地点所属国家。

(3) 付款国货币(Currency of the Country of Payment, CCP):付款国在国际航空运输中使用的货币。如前所述,有些国家会使用美元或欧元而不是本国实际流通货币作为国际运输中使用的货币。

（4）银行买入价（Banker's Buying Rate，BBR）：银行以本币购买外币时使用的外汇比价。

（5）银行卖出价（Banker's Selling Rate，BSR）：银行将外币转换为本币时使用的外汇比价。

上述比价是为通过银行系统转换资金公布的外汇价格，不同于外汇现金交易的价格。

例如，某时银行公布的人民币对美元的比率为：

BBR 1.00USD = CNY6.58145

BSR 1.00USD = CNY6.59413

（6）实付等值货币（Equivalent Fare Paid，EFP）：实际支付的与应该支付的价值相等的货币数额。

2. 运输始发国内付款规则

（1）付运输始发国当地货币：用运输始发国 IROE，将 NUC 价格转换为 LCF，并以始发国 LCF 付款。

（2）以没有"＋"标记的任何外币付款：使用始发国银行公布的出票当日银行买入价 BBR 将 LCF 转换为等值外币付款。

例 39 旅客航程 HKG—TYO—AKL，C 舱客票，价格为 NUC2329.61，旅客在香港用美元付款，应付多少美元？ IROE = 7.798620，BBR 为 USD100 = HKD774.132。

解：LCF = NUC2329.61 × 7.798620 = 18167.743→HKD18170

EFP（实付等值货币）= HKD18170 ÷ 7.74132 = 2347.144931→USD2347.00

3. 运输始发国外付款规则

始发国外付款首先还是要将 NUC 转化为 LCF，然后有两种付款方式。

（1）以付款国货币（CCP）支付：使用付款国银行公布的出票当日银行卖出价 BSR 将 LCF 转换为等值付款国货币 CCP。

例 40 航程为 GVA—CAI，YIF 价格 NUC813.45，旅客在巴黎出票并以欧元支付票款，应付多少欧元？ 假定 IROE = 1.308550，法国当地银行 BSR 为 1CHF = 0.6452EUR。

解：LCF = NUC813.45 × 1.308550 = CHF1064.439998→CHF1065.00（H1，小数位 2）

查表可知法国在国际运输中采用欧元作为当地货币（欧元区国家）。

CCP = CHF1065.00 × 0.6452 = EUR687.138→EUR688.00（H1，小数位 2）

（2）以没有"＋"标记的任何外币付款：使用付款国银行 BBR 将 CCP 进一步转换为 EFP。

例 41 航程为 FRA—RIO，YIF 价格 NUC3474.75，旅客在巴西里约热内卢以巴西雷亚尔付款，应付多少雷亚尔？ 假定 IROE = 0.837469，巴西当地银行 BSR 为 1EUR = 1.278609USD，BBR 为 1BRL = 0.46104USD。

解：LCF = NUC3474.75 × 0.837469 = EUR2909.995408→EUR2910.00（H1，小数位 2）

查表可知巴西在国际运输中采用美元作为当地货币。

CCP = EUR2910.00 × 1.278609 = USD3720.75219→USD3721.00（N1，小数位 2）

EFP = USD3721.00 ÷ 0.46104 = BRL8070.883221→BRL8070.88（H0.01，小数位 2）

例 42　旅客航程 BJS—TYO—AKL,C 舱客票,价格为 NUC2137.63,旅客在香港用美元付款,应付多少美元? 假定 IROE = 8.276900,香港银行 BSR 为 CNY100 = HKG96.57,香港银行 BBR 为 USD100 = HKD774.132。

解: LCF = NUC2317.63 × 8.276900 = CNY17692.94974→CNY17700(H10,小数位 0)

CCP = CNY17700 × 0.9657 = HKD17092.89→HKD17100(H10,小数位 0)

EFP = HKD17100 ÷ 7.74132 = USD2208.925→USD2209.00(N1,小数位 2)

需要指出,根据我国有关的法律,人民币是中华人民共和国境内唯一合法使用的货币,且人民币只是在经常项目下可兑换,所以业务人员不能在境内接受旅客用外币支付的票款,即使是按照银行兑换率进行兑换。

本章小结

本章介绍了 IATA 世界三大区域划分的具体规定,包括 3 个大区(Area)、相应的次区(Subarea),以及次地区(Subregions)和次组群(Subgroups)具体划分,建立从城市(机场)→国家→次区→大区的层层 IATA 地理概念,掌握 IATA 区划和自然地理区划的不同。第二节在第一节的基础上介绍国际运价计算中引入 GI 的意义,具体介绍 EH、AP、TS、RU、FE、PA、PN、AT、SA、WH 等方向代码的含义、相互区别及其判断方法。第三节介绍了 NUC 的含义以及国际运价计算中使用 NUC 的原因和 IROE 的形成,重点介绍 IROE 表的使用及其对 NUC 和各国 LCF 尾数的处理。

复习与思考

1. 填写三字代码并判断所在 IATA 大区与次区。

城市	三字代码	所在 IATA 区域	所在 IATA 次区
蒙特利尔			
圣保罗			
法兰克福			
哈瓦那			
开罗			
悉尼			
雅加达			
伊斯坦布尔			
伊斯兰堡			
哥本哈根			
火努鲁鲁			
马德里			
大阪			
曼谷			
首尔			
温哥华			

2. 判断下列航程的方向代码。

序号	运价计算组	区域	方向代码
1	ROM – MOW – TYO		
2	SHA – TYO – LED		
3	DEL – BJS – ANC – CHI		
4	CHI – LON – DXB		
5	RIO – MIA – YTO		
6	PAR – ROM – TYO – TPE		
7	MOW – BJS – OSA		
8	PAR – MOW – HKG – TYO		
9	VIE – OSA – SHA		
10	TYO – MOW		
11	KHI – SFO		
12	NAN – HNL – LAX – SCL		
13	RIO – CPT – SIN		
14	TYO – ROM – CAI		
15	MOW – VIE – SEL – HAN		
16	SIN – DEL – JNB – SAO		
17	SEL – HNL – LAX		
18	LED – MOW – TYO – HKG		
19	TAO – LON – RIO		
20	BKK – OSA – X/HEL – MOW		

3. 货币转换：根据要求完成表格。

Country	NUC	IROE	Decimal Units	Rounding Unit	Rounded LCF
France	167.29	1.087860	2		
Thailand	1878.56	43.643504	0		
Malaysia	1245.13	3.800000	0		
Singapore	457.69	1.405660	2		
Australia	548.12	1.248940	2		
Korea(South)	1236.59	1278.770000	0		
Hongkong	2351.12	7.733700	0		
Canada	453.26	1.368080	2		
Japan	235.58	108.730000	0		

116

SIS——全球民航收入结算领域的一次伟大技术革命

资料来源：http://www.travelsky.net/cn/xwzx/gsxw/zbdt/255348.shtml

2007年，国际航协（IATA）提出了以 Simplified Interline Settlement（SIS）为核心的简化联运开账项目，目标是实现客运、货运、服务费、UATP 无纸化开账。基本方案是利用 IATA 建立的集成清算平台（Integrated Settlement, IS）实现开账方与被开账方的电子数据交换。用严格的系统校验，确保电子账单的数据质量和可靠性。用与国际航协清算所 ICH 平台的无缝连接，确保结算信息与清算信息的高度一致性和自动化处理。这一项目将全面简化结算清算流程；节约航空公司的成本，为实现"日结算"创造条件。SIS 项目改变了民航结算领域的行业规则，借助技术手段，创新了民航结算业务模式。同时，它要求航空公司的结算系统做相应修改，以满足各项 SIS 标准和规则。

2010年初，IATA 在全球挑选了包括中国国航在内的 12 家有代表性的航空公司，作为 SIS 项目的首批试点公司。国航是中国大陆唯一一家试点公司，也是为数不多的客运、货运、杂项业务都参与试点的公司之一。结算公司承担了国航所有业务的 SIS 功能开发工作。

SIS 项目的一大特点是"头绪多"，表现在项目关系方众多，业务覆盖面广，系统流程和业务流程需要同时优化等方面。从结算公司的角度来说，这个项目的外部关系方包括我们的航空公司客户和机场客户；与我国公司有联运关系的各个外航；IATA 国际清算所；IATA iiNet 服务商；等等；在结算公司内部，该项目涉及客运、货运、机场、清算等业务部门以及系统运行部和系统服务部等技术部门。SIS 项目不仅涉及的公司和部门众多，覆盖的业务范围也很大，一下子囊括了客运、货运、杂项业务（Miscellaneous）、UATP 业务等多项业务。除此之外，SIS 项目不仅涉及结算系统、清算系统的功能升级，还要求重新制定业务流程以适应 SIS 的要求。

SIS 项目的另一大特点是"国际化"。它不仅是一个影响全球所有航空公司的新标准，也是一个全球几大收入结算系统供应商展现各自实力的舞台，全部工作按照国际化的要求来开展。IATA 制定了严格的时间表，要求各航空公司在规定的时间内完成相应的系统修改。对于试点公司，这个时间表更加紧迫。

思考题

国际航协提出的 SIS 项目对航空运输收入结算有何意义？

第5章 国际旅客运价计算的原理

本章关键词

航程(journey)   计价单元(pricing unit)
运价计算组(fare component)   中途分程点(stopover point)
非中途分程点(no stopover point)   开票点(ticketed point)
里程制(mileage system)   最大允许里程(maximum permitted mileage)
开票点里程(ticketed point mileage)   超里程附加(excess mileage surcharge)
额外里程优惠(extra mileage allowance) 中间较高点(higher intermediate point)

互联网资料

http://www.passengerairtariff.com
http://www.iata.org
http://www.aslan.com.cn/index.aspx

> 国际旅客运价的计算有着一套相对复杂且成熟的规则。国内运价计算与国际运价计算规则的主要区别之一是国际运价计算允许非直达航程使用直达运价,这降低了国际运价水平,促进了国际航空旅客运输大发展,按照这一方法计算的国际运价称为里程制运价。行业和承运人的运价信息可以通过PAT的相关手册获取,但是如何选择正确的直达运价,在选择好合适的运价之后又如何按照IATA的规则进行计算,这些都是本章需要阐述的内容。

5.1 航程与计价单元

旅客旅行过程中经由点、旅行方向、旅程方式等不同都会导致运价不同。为了进行运价计算,本节引入航程、计价单元及其相关的一系列概念。

5.1.1 航程及其组成

1. 航程(Journey)的基本概念

航程是指客票上标示出的,自客票中的始发点至目的地全部旅程。

显然航程是由始发地、中间点和目的地等一系列点组成的,航程中的这些点有着不同的含义和性质。

1）开票点（Ticketed Point）

航程的开票点是指所有开列在客票航程栏中的城市,包括始发点、所有中间点和目的地点。

例1 假设旅客航程为 MEL—SYD—BJS,但是旅客乘坐的航班经停上海,即航班实际全部飞行路线为 MEL—SYD—SHA—BJS。那么对该旅客说,开票点为 MEL、SYD、BJS,上海（SHA）是经停点（Transit Point）,不能算开票点。

2）航程的始发点（Origin）和终点（Destination）

航程的始发点是指客票中列明的整个航程的原始出发地。

航程的终点是指客票中列明的整个航程的最终目的地。

3）转机点（Transfer Point/Intermediate Point）

航程中的转机点也称为中间点。转机是指旅客乘一家航空公司的航班到达某地后换乘同一家航空公司的另一航班继续旅行（Online Transfer）,或转乘其他航空公司航班继续旅行（Interline Transfer）。转机发生地称为转机点,它包括中途分程点和非中途分程点。

中途分程点（Stopover Point）是转机点的一种,指旅客到达该点且计划在 24 小时以后继续其旅行的转机点。分程点事先安排好并在机票中予以注明。

例2 旅客乘坐 9 月 20 日 NH7001 航班于 1145 从纽约肯尼迪国际机场出发,于 9 月 21 日 1550 到达东京成田机场,9 月 22 日换乘 SQ11 航班于 1910 从成田机场出发前往新加坡樟宜机场。这里东京成田机场为中途分程点。

非中途分程点（No Stopover Point/ Connecting Point/Transfer Connection）也是转机点的一种,也被称为衔接点或转机衔接点,指旅客到达该点且计划在 24 小时以内继续其旅行的转机点。如果航程中的某一点为非中途分程点,需要在其前面加注"X"以区别于中途分程点。

例3 旅客乘坐 9 月 20 日 NH7001 航班 1145 从纽约肯尼迪国际机场出发,于 9 月 21 日 1550 到达东京成田机场,然后换乘 NH7051 航班于当日 1735 从成田机场出发前往新加坡樟宜机场。这里东京成田机场为非中途分程点。

2. 运价计算组与运价计算点

根据运价规则,运价计算时经常需要将整个航程划分为几个组成部分,每个组成部分可能由一个或几个航段组成,这些组成部分被为运价计算组。

更为准确地说,运价计算组（Fare Component）是指两个关联的运价计算点之间的部分航段;这里的运价计算点（Fare Construction Point/ Fare Break Point）则表示运价计算组的端点,标志着所用运价的开始或结束。

在运价计算中,当运价适用条件对中途分程或转机次数有限制,或要求收取中途分程费时,需要计算分程和转机次数,计数时应注意允许的转机点数量包括分程点,同时运价计算点和折返点不计入转机点中。

例4 运价规则允许有 1 次分程和 1 次转机,那么航程 SIN—DEL—PAR（分程 1 次）和航程 SIN—X/DEL—PAR（转机衔接 1 次）都是允许的,但航程 SIN—X/DEL—BOM—PAR 不被允许,因为这里总的转机点数为 2 次。

例5 说明下列航程中中途分程点与非中途分程点的个数。

```
    SN    BA   AM    AF    AF
```
BRU—X/AMS—LON—MEX—PAR—BRU

分析：航程为来回程（有关单程的知识见后文），MEX 为折返点，BRU 是运价计算点，均不能作为转机点。

中途分程点：LON、PAR，共 2 点；

转机点：AMS、LON、PAR，共 3 点；

非中途分程点：AMS。

例 6 说明下列航程中的运价计算点、中途分程点、非中途分程点、转机点、开票点。

BOM—DEL—BKK—KUL—X/SIN—SYD—AKL

分析：航程为单程（有关单程的知识见后文）。

运价计算点：BOM、AKL；

中途分程点：DEL、BKK、KUL、SYD；

非中途分程点：SIN；

转机点：DEL、BKK、KUL、SIN、SYD；

开票点：BOM、DEL、BKK、KUL、SIN、SYD、AKL。

5.1.2　航程的类型

按照不同的分类方法，航程可以分为不同的类型。不同的航程类型票价计算规则不同。

1. 按有无中转点分类

1）直达航程（Direct Route）

所谓直达航程即两点间（单向或双向）直达航班所经过的最短路程。直达是相对于转机而言的，只要不改换航班，即使在始发地与目的地之间有若干经停点，航程仍然是直达的，在客票（行程单）的行程栏中，直达航程只有始发和终点两个点，经停点不出现在行程栏中，相当于纸质客票下只有一张乘机联。比如 SHA—SEL；SHA—SEL—SHA。

2）非直达航程（Indirect Route）

非直达航程也称为联程，是航程中存在转机点的运输。转机点会出现在机票行程栏中，转机后航班有变化，整个航程的乘机联数将大于 1。在国际旅客运价计算中，非直达航程在符合一定条件下通常可以使用直达运价，或在直达运价基础上进行一些计算后使用。

2. 按形态分类

1）单程（One - Way Trip，OW）

从运价计算的角度出发，单程是指非来回程、非环程也非缺口程，且全程不一定全部为航空运输的航程。单程使用单程 OW 运价计算。

比如，航程 PVG—HKG—SIN，该航程可使用 PVG—SIN 的单程直达运价。

2）来回程（Round Trip，RT）

来回程是指由始发地出发前往目的地然后再返回原始发地，全航程只有两个运价计算组，每个组都使用相同的始发地至折返地 1/2RT 运价，且全程为航空运输的航程。来回程不同于环球程。

比如,航程 SHA—PAR—LON—PAR—SHA 是一个来回程,从上海出发在伦敦折返再回到上海,全程在 LON 分开为两个运价计算组,回程应使用与实际航程相反的运价,即去程和回程均使用 SHA—LON 的 1/2RT 运价。

3）环程(Circle Trip,CT)

环程指从一点出发,经由一条连续不断的环形路线,最后回到原始发地的航程。环程应区别于来回程,它可以有两个或两个以上的运价计算组,去程和回程的运价也不同,但都使用 1/2RT 运价。当环程全程为航空运输且只有两个运价计算组时,往往需要在计算过程中才能与来回程区别。

比如航程 YVR—X/SFO—SEL—SHA—SEL—YVR,容易判断折返点为 SHA,全程分为两个运价计算组,均使用 YVR—SHA 方向 1/2RT 运价,但由于两个运价计算组最终计算的价格不相等,因此该航程为环程。(有关环程运价计算的内容见第 6 章。)

4）环球程(Round The World Trip,RWT)

环球程是指从一点出发,同时经过太平洋和大西洋,最后回到原始发地的航程。环球程属于环程的一种特殊情况。环球程使用 1/2RT 运价。

比如航程 SHA—TYO—LAX—NYC—LON—SHA,该航程从上海出发又回到上海,中间经过太平洋(SHA—TYO—LAX)和大西洋(NYC—LON)各一次,因此该航程是环球程。

5）缺口程 (Open Jaw,OJ)

缺口程分为两种情况,即普通运价缺口程(Normal fare Open Jaw,NOJ)和特殊运价缺口程(Special Open Jaw,SOJ)。缺口程使用 1/2RT 运价。

普通运价缺口程是指从一国出发最后又回到该国,全程包括去程和回程两个国际运价计算组,但在始发地、目的地或始发地与目的地同时存在一个国内缺口,且全程使用普通运价的航程。缺口程有时容易和单程混淆,普通运价缺口程的缺口段是国内缺口,如果普通运价航程是国际缺口,应属于单程(特殊运价缺口程可以是国际缺口);特殊运价缺口程使用特殊运价,缺口两端可以是特殊运价适用条件规定的区域内的任意两点。

无论是普通运价缺口程还是特殊运价缺口程都有 3 种具体形式:始发地缺口、折返地缺口和双缺口。下面以普通运价缺口程为例简单说明。

(1)始发地缺口(Origin Normal fare Open Jaw,ONOJ)。去程的出发点和回程的到达点都在始发国内,但是出发点和到达点不是同一个点。比如航程 SHA—OSA—TAO,可以视为缺口段在中国境内的始发地缺口程。该航程始发点为上海,到达点为青岛,均为中国城市,全程包括使用 1/2RT 运价的 SHA—OSA 和 TAO—OSA(反方向运价)两个国际运价计算组。

(2)折返地缺口(Turnaround Normal fare Open Jaw,TNOJ)。去程的到达点和回程的出发点都在折返国境内,但是到达点和出发点不是同一个点。比如航程 SHA—OSA……TYO—SHA,可以视为缺口段在日本境内的折返地缺口程。该航程始发点为上海,去程到达点为大阪,回程从东京出发,全程包括使用 1/2RT 运价的 SHA—OSA 和 SHA—TYO(反方向运价)两个国际运价计算组。

(3)双缺口 (Double Normal fare Open Jaw,DNOJ)。去程的出发点和回程的到达点都在始发国内,但是出发点和到达点不是同一个点,同时去程的到达点和回程的出发点都在折返国境内,但是到达点和出发点也不是同一个点。比如航程 SHA—OSA……TYO—

TAO,可以视为在中国和日本境内各有一个国内缺口的双缺口程。该航程始发点为上海，去程到达点为大阪，回程从东京出发，到达青岛，全程包括使用 1/2RT 运价的 SHA—OSA 和 TAO—TYO(反方向运价)两个国际运价计算组。

5.1.3 计价单元与次航程

计价单元概念的出现是国际航协运价计算规则演进的结果。在计价单元出现之前，运价计算是将全航程作为一个整体进行的，在计价单元概念引进后，运价计算可以将航程中具有单独计价和开票的部分独立计算。

1. 计价单元(Pricing Unit)

所谓计价单元是航程中可以作为一个整体单独计算票价的一部分航程，也就是说计价单元能够单独开票。计价单元主要用于组合运价计算。

引入计价单元后，一些相关的概念也相应调整：

单元始发国(Country of Unit Origin)：计价单元始发点所在国家。

单元起点(Unit Origin)：计价单元始发点。

单元终点(Unit Destination)：计价单元终点。

2. 次航程(Subjourney)

次航程即航程中的计价单元。次航程有两种类型：

单程次航程(One Way Subjourney)是指从一个国家的城市出发且不回到该国，能作为一个计价单元使用单程 OW 运价的全部航程中的一部分航程。

往返次航程(Return Subjourney)是指从一个国家的城市出发且回到该出发点，能作为一个计价单元使用 1/2RT 运价的全部航程中的一部分航程，包括来回程、环程和缺口程。

3. 航程和计价单元的比较

航程的概念和计价单元既有联系又有区别。航程是旅客的整个旅程，从运价计算的角度，航程是由一个或多个计价单元组成的。计价单元是航程中可以单独计价和出票的部分，它和航程一样可以包括一个或多个运价计算组。计价单元(次航程)和运价计算组可以相同也可以不同，单程次航程可以和单程中的一个运价计算组相同，但是往返次航程和往返程(来回程、环程和缺口程)的一个运价计算组是不同的。

例 7　航程 PVG—HKG—SIN，包括 1 个单程计价单元，同时也是 1 个单程运价计算组。

PVG
HKG　　1 个 PU（计价单元）=1 个 FC（运价计算组）
SIN

例 8　航程 SHA—PAR—LON—PAR—SHA，包括 1 个计价单元和 2 个运价计算组。

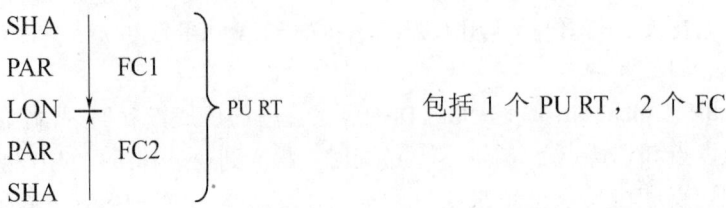

SHA
PAR　FC1
LON　　　PU RT　　　包括 1 个 PU RT，2 个 FC
PAR　FC2
SHA

例 9 航程 SHA—PAR—LON—PAR—SHA,包括 2 个计价单元和 4 个运价计算组。

上例中实际上是将全航程按航程概念进行运价计算,如果按照计价单元概念,该航程可进行如下划分: PU1 包括 FC1 和 FC2,PU2 包括 FC3 和 FC4。

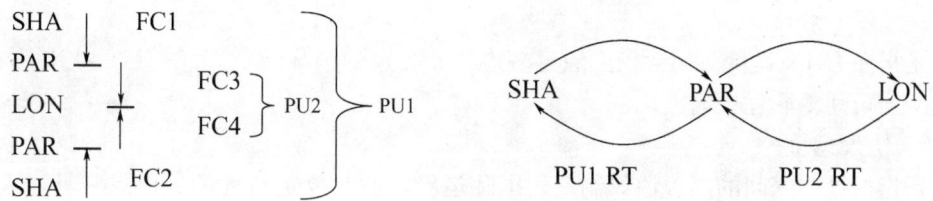

5.2　运价种类及其选择

5.2.1　国际运价分类

从不同的角度出发,国际运价可划分为各种不同类别。

1. 普通运价和特殊运价

按照运价水平划分,国际运价分为普通运价和特殊运价。

1) 普通运价(Normal Fares)

普通运价包括主要普通运价、次要普通运价以及 IATA 柔性运价。

(1) 主要普通运价(Primary Normal Fare)。主要普通运价也就是我们通常所指的无限制的普通头等舱运价、公务舱运价和经济舱运价(Unrestricted Normal Fare),包括 IATA Flex 运价。虽然大多数这类运价没有限制,但仍可能伴有季节因素、一周中不同日等限制条件。

常见的经济舱运价代码有: Y/YH/YL/YX/YW,S,W,YIF(Flex);

常见的公务舱运价代码有: C,CH,CL,J,CIF;

常见的头等舱运价代码有: F/P,FIF。

(2) 次要普通运价(Secondary Normal Fare)。次要普通运价是有限制的普通运价(Restricted Normal Fare),亦称第二水平运价,它也可能伴有季节因素、一周中不同日等限制条件,另加中途分程、中转等限制条件。

常见的经济舱运价代码有: Y2,Y3,Y11,B,H,K,L,M,N,Q,T,V,X;

常见的公务舱运价代码有: C2,C3,J2,D;

常见的头等舱运价代码有: F2,P2,A。

普通运价也包括在上述运价的百分比基础上建立的儿童或婴儿折扣运价。与主要普通运价相比次要普通运价通常更低一些,但限制也更多。

(3) IATA 柔性运价(IATA Flex Fares,IF)。柔性运价是指完全柔性的 IATA 航空公司间联运运价产品,以代号 IF 表示。比如,YIF 代表经济舱柔性运价,FIF 代表头等舱柔性运价。在柔性运价下,旅客仍然可以实现航公公司间联运。最初柔性运价只在进出欧洲和进出西南太平洋市场上运用,其目标是将来推广到全球市场。

2) 特殊运价(Special Fares)

特殊运价是指除普通运价之外的任何其他运价。与普通运价相比,特殊运价通常低于普通运价。

2. IATA 运价、协议运价和承运人运价

按照运价的制定方式划分,国际运价分为 IATA 运价、协议运价和承运人运价。

1) IATA 运价

是指在 IATA 运价协调会议上通过多边协商制定的国际运价。此类运价主要用于不同航空公司间的联程运输。

2) 协议运价

是指根据国家间的双边协议制定的国际运价。通常指定航程的经由点和承运人,其运价水平一般低于 IATA 运价。

3) 承运人运价

是指航空公司自行制定的仅适用于本公司或两国间对飞航空公司的国际运价。由于协调运价牵涉到反垄断问题,目前承运人运价使用越来越广泛。

3. 头等舱运价、公务舱运价和经济舱运价

按服务等级不同,国际旅客运价可以划分为头等舱运价、公务舱运价和经济舱运价等。在各等级之间还包括不同的折扣运价,具体情况根据各航空公司的规定而有所区别。

4. 单程运价和往返程运价

按照航程种类划分,国际运价分为单程运价和往返程运价。

单程运价(OW Fares)是适用于单程航程的运价。

往返程运价(RT Fares)是适用于来回程、环程、环球程和缺口程的运价。

5. 直达公布运价、比例运价和组合运价

按照运价构成方式划分,国际运价分为直达公布运价、比例运价和组合运价。

1) 直达公布运价(Published Through Fares)

直达公布运价是指运价手册中公布的城市对间的直达运价,包括普通运价和特殊运价。它不仅适用于两点间的直达航程,而且在一定条件下也适用于非直达航程。公布直达运价用于非直达航程主要运用于满足里程制和指定航程运价计算条件的情况,相关知识参见本章后续内容。

2) 比例运价(Add – ons)

比例运价是采用公布一些城市与该国门户点间的固定数额,并将此数额与门户点至国外某点的公布直达票价相加,从而获取所需要的两点之间的票价。它适用于两点间没有直达公布运价的情况。相关内容参见第 6 章。

3) 组合运价(Combination of Fares)

组合运价是由若干航段或次航程运价组合而成的全程运价。

6. 国内运输权运价(Cabotage Fares)

国内运输权运价是指适用于一国领土与其所属海外领土与属地间的航空运价。该运价并不适用于所有的承运人,其销售、出票和承运仅限于某些指定的承运人,可在运价适用规则中查看指定的承运人。外国航空公司在未获得有关政府特许前不得承担这类地区的运输。

国内运输权运价主要包括以下 7 种:

(1) 英国国内运输权。下列领土与其所属海外领土及属地间的航程属于英属国内运

输权：英国、百慕大、英属维尔京群岛、凯科斯岛、开曼群岛、直布罗陀、蒙特塞拉特岛、特克斯岛。该运输仅限于英国的空运企业，如英国航空公司（BA），在某些特殊的情况下，可以授予外国空运企业出票。

（2）荷兰国内运输权。下列领土与其所属海外领土及属地间的航程属于荷属国内运输权：荷兰、荷属安的列斯、阿鲁巴。该运输仅限于荷兰的空运企业，如荷兰皇家航空公司（KL）。

（3）法国国内运输权。下列领土与其所属海外领土及属地间的航程属于法属国内运输权：法国、科西嘉岛、法属圭亚那、瓜德罗普岛（含桑特群岛、玛丽—嘎兰特群岛、欲望岛）、马提尼克岛、马约特群岛、留尼汪岛、圣巴托洛缪、圣马丁、圣皮埃尔和密克隆岛、新喀里多尼亚（含洛亚蒂群岛）、法属波利尼西亚（含瓦利斯和富图纳群岛）。该运输仅限于法国的空运企业，如法国航空公司（AF）。

（4）美国国内运输权。下列领土与其所属海外领土及属地间的航程属于美属国内运输权：美属萨摩亚、贝克岛、关岛、豪兰岛、贾维斯岛、约翰逊环礁、金曼礁、中途岛、北马里亚那岛、波多黎各、塞班岛、斯温斯岛、太平洋托管地、巴尔米拉岛、巴拿马运河区、美属维尔京群岛、威克岛。该运输仅限于美国的空运企业，如美利坚航空公司（AA）。

（5）澳大利亚国内运输权。下列领土与其所属海外领土及属地间的航程属于澳大利亚国内运输权：澳大利亚联邦、澳大利亚南极领土、阿什莫尔和卡地亚群岛、圣诞岛、科科斯（基林）群岛、珊瑚海群岛、赫德岛、麦当劳群岛，诺福克岛。该运输仅限于澳大利亚的空运企业，如澳洲航空公司（QF）。

（6）丹麦国内运输权。下列领土与其所属海外领土及属地间的航程属于丹麦国内运输权：丹麦、格陵兰、法罗群岛。

（7）新西兰国内运输权。下列领土与其海外领土及属地间的航程属于新西兰国内运输权：新西兰、南极洲的罗斯属地、太平洋托克劳、与新西兰保持自由联系的自治领土库克群岛和纽埃。该运输仅限于新西兰的空运企业，如新西兰航空公司（NZ）。

5.2.2 直达公布运价

直达公布运价可以在 PAT《世界范围的运价》中公布的城市对间的运价表中获取，包括普通运价和特殊运价。该运价适用于两点间的直达航程和满足一定条件的非直达航程。

熟悉运价表的结构是准确使用运价的基础，运价表结构如图 5.1 所示。

1. 起点、终点城市（Headline City / Sideline City）

即直达运价的起始点和终点，同一起点下方可以有多个终点城市，均按城市名称英文字母顺序排列。起点城市用较大号的加粗字体表示，在城市全称后面的括号里标出城市三字代码，下方标明国家名称。终点城市用较小号的加粗字体表示，在城市全称后面的括号里标出城市三字代码。需要注意的是运价是有方向性的，这里的直达运价是从起点城市至终点城市方向的运价，不适用于反方向的情况。

2. 运价类别代码（Fare Type）

运价表中包括普通运价和特殊运价。运价以代码表示，普通运价以服务等级代码 F、C、Y 等表示，也可以在服务等级代码后加季节代码或表示运价水平的数字，如 Y2；特殊运

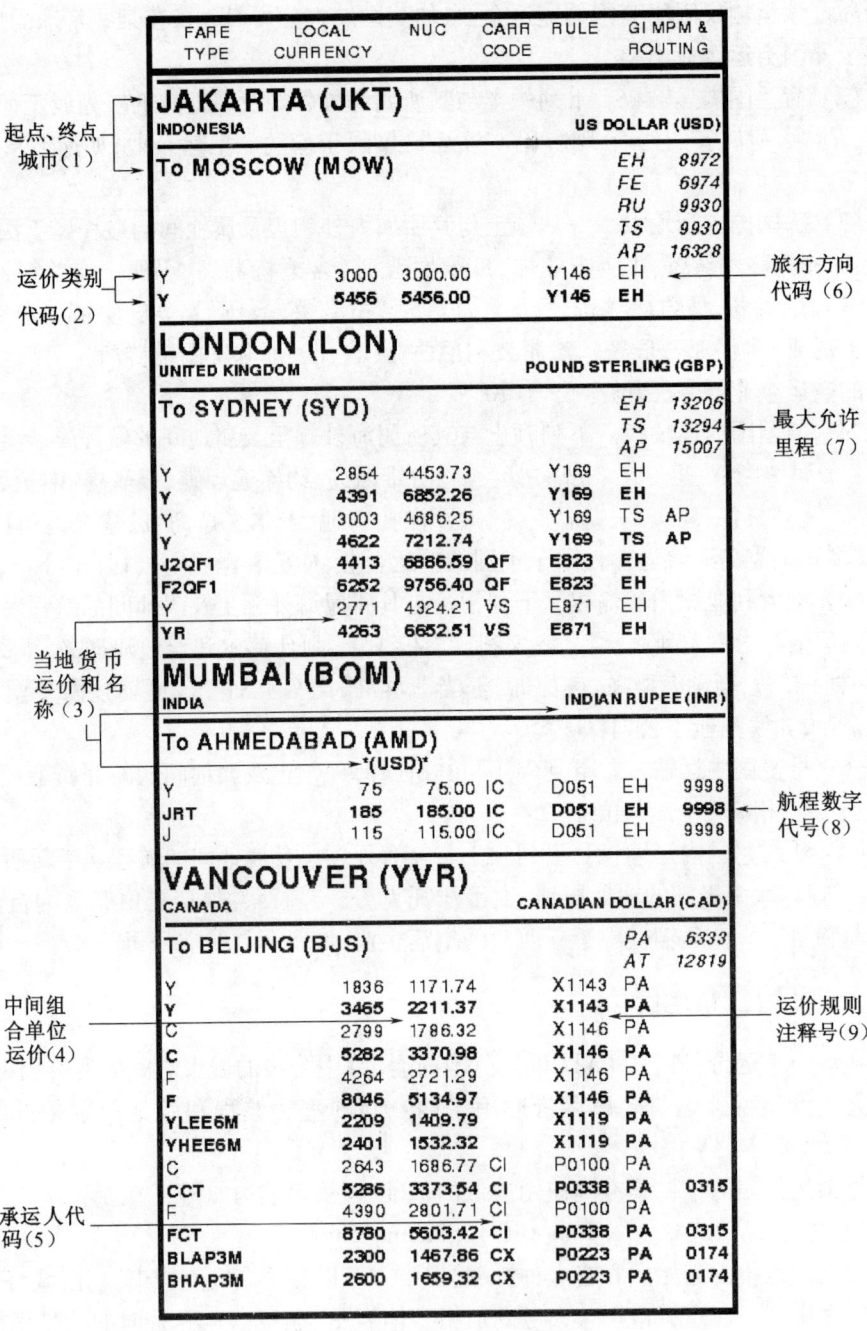

图 5.1　直达公布运价表的结构

价的表示需再加上其他代码,这些代码包括:

(1) 服务等级代码。代码及含义见表5.1,服务等级代码可单独使用。

126

表 5.1　服务等级代码

头等舱		公务舱		经济舱	
R	超声速飞机运价	J	公务豪华级	W	经济豪华级
P	头等豪华级	C	公务级	S	经济级
F	头等	D	公务折扣级	Y	经济级
A	头等折扣级	I	公务折扣级	B	经济折扣级
		Z	公务折扣级	H	经济折扣级
				K	经济折扣级
				L	经济折扣级
				M	经济折扣级
				N	经济折扣级
				Q	经济折扣级
				T	经济折扣级
				V	经济折扣级
				X	经济折扣级

（2）季节代码。季节代码可跟在服务等级代码后使用。当季节运价有一种以上时，级别从高到低的代码依次是：H、K、J、F、T、Q、Y、L，即 H 为旺季，L 为淡季，其余按顺序介于旺季淡季之间。

（3）一周内某一天代码。用于限定周末或平时的运价，W 表示周末，X 表示平时。

（4）一日内某一部分代码。主要用于限定夜间航班运价，用 N 表示夜间运价。

（5）运价与旅客类型代码。用来描述特殊和折扣运价类别，此类代码有很多，表 5.2 列出了常见的一些代码。

表 5.2　运价与旅客类型代码

运价类型		旅客类型	
代码	含义	代码	含义
AB	预购运价—低水平	AD	代理人
AP	预购运价	CD	老年人
BB	保本运价	CG	导游
CF	国内运输权运价	CH	儿童
EE	短期游览运价	DT	教师
GV	团体综合游览运价	IF	推荐票价
IP	临时购票运价	ID	空运企业雇员
IS	迟购运价	IN	婴儿
IT	综合游览运价	SC	海员
OX	单程短期游览运价	SD	学生
PD	家庭运价—家庭成员	MM	军人
RP	经常乘机旅客运价	ZZ	青年
PR	促销运价		
UU	机场候补票运价		
PX	现购短期游览运价		

（6）运价水平代码。同一运价等级代号存在多种运价水平时,用运价水平代码来区别。其中 1 代表最高运价水平,2 代表第二高运价水平,依次类推。

有时,客票还有最长有效期的限制,分别以字母 D（天数）、M（月数）、Y（年数）表示,如 3 个月有效期表示为 3M。

例 10 解释下列运价的含义:

YEE6M,表示有效期为 6 个月的经济舱短期游览运价。

YPX3M,表示有效期为 3 个月的经济舱现购短期游览运价。

3. 当地货币运价和名称（Local Currency Fare/ Currency Name）

以始发地当地货币表示的运价以及该货币的名称与代码,空运中计价的当地货币可能与该国实际流通货币不同。单程运价以普通字体表示,来回程运价以加粗字体表示。比如图 5.1 中 LON—SYD 的单程 Y 舱 EH 方向的价格为 2854GBP。同样是 Y 舱 EH 方向,加粗字体表示的来回程价格为 4391GBP。

4. 中间组合单位运价（Neutral Unit Of Construction）

以中间组合单位表示的运价,该运价表示方式在后续章节介绍运价计算时很常用,一般用于非直达航程的运价计算。单程运价以普通字体表示,来回程运价以加粗字体表示。

5. 承运人代码（Carrier Code）

运价后面如跟有承运人代码,表明该运价是指定的承运人运价,其具体适用条件应参阅相应的运价规则。如果承运人代码的位置空白,则表明该运价是适用于所有承运人的行业运价。图 5.1 中 YVR—BJS,同样是单程 C 舱 PA 方向,CI 的承运人价格为 1686.77NUC,而行业运价则为 1786.32NUC。

6. 旅行方向代码（Global Indicator）

同一运价类别下可能有不同旅行方向的运价,应根据航程的实际旅行方向选用不同旅行方向代码对应的运价。有关旅行方向代码的内容参见第 4 章。

7. 最大允许里程（Maximum Permitted Mileage）

即非直达航程使用直达运价时,根据里程制的原则,相应的直达运价允许飞行的最大距离。使用时同样应注意旅行方向的区别。有关最大允许里程的应用将在下一节详述。

8. 航程数字代号（Routing）

航程数字代号以 4 位数字代码表示,如果某运价对应的该栏有航程数字代号,表明此运价为指定航程运价。非直达航程如满足指定航程要求可直接使用直达运价,可以通过 PAT 的指定航程表来确定是否满足指定航程要求。

9. 运价规则注释号（Fare Rule）

大多数运价都有各自的适用条件,对应在运价规则注释号一栏中有一个注释号,比如 X1143,该注释号规定的使用条件可以在《世界范围内的运价规则》手册中找到,使用该运价前应核实运价的适用条件。

5.2.3 运价的选择

选择和使用运价应遵循一定的规则和标准。

1. 一般规则

运价使用和计算时,应遵循以下一般规则:

（1）优先使用公布直达运价。

（2）如无公布直达运价，则使用比例运价。

（3）既无公布直达运价又无比例运价，则采用分段相加最低组合方式组成运价。

上述规则是运价计算前需遵循的一般性规则，也称为直达运价优先原则。

2. 选择公布直达运价需考虑的因素

选择公布直达运价时应考虑多方面的因素，按照一定的步骤和标准进行，需要考虑的因素包括：

（1）确定航程的方向代码，如 EH、AP、TS…

（2）按照舱位等级确定运价种类，如 F、C、Y…

（3）判断使用 OW 运价还是 1/2RT 价格。

（4）如有承运人运价，优先使用。

（5）检查运价适用条件，特别是中转、分程次数等。

例11 根据方向代码选择合理的运价，相关数据参见下面运价表：

① 若旅客航程为 LON—WAS—SEL，全程使用 C 舱运价，请选择 NUC 运价。

② 若旅客航程为 LON—BKK—SEL，全程使用 C 舱运价，请选择 NUC 运价。

分析：航程 LON—WAS—SEL 方向代码应判断为 AP，航程为单程（OW），因此应选择 C 舱 4172.73NUC；航程 LON—BKK—SEL 方向代码应判断为 EH，航程为单程（OW），因此应选择 C 舱 3860.75 NUC。（当然还应考虑是否满足运价规则 Y094，这里暂略，本章 5.3.5 小节例23 中有相应的介绍。）

FARE TYPE	LOCAL CURRENCY	NUC	CARR CODE	RULE	GI MPM& ROUTING
LONDON（LON） UNITED KINGDOM					POUND STERLING（GBP）
TO SEOUL（SEL）					EH8924
					AP11766
					TS8374
C	2376	3860.75		Y094	EH TS
C	2568	4172.73		Y094	AP
C	4012	6519.08		Y094	AP
F	3802	6177.85		Y094	EH TS

3. 选择承运人运价的方法

按照运价规则，其他条件相同情况下如既有承运人运价又有行业运价，应优先使用承运人运价。承运人运价通常较行业运价低一些。当运价计算组内存在多个承运人时，应按照一定的规则选择适用的承运人运价。

1）自/至美国、加拿大的国际路线（除美国、加拿大间跨境路线）

相关规则见表5.3。

表 5.3　美、加路线的承运人运价选择

区域	方向代码	主要承运人（Predominant Carrier）	
TC31	PA/PN	选择跨太平洋承运人 例：SGN—BR—TPE—CI—SFO	主要承运人 CI
TC12	AT	选择跨大西洋承运人 例：VIE—OS—FRA—LH—NYC	主要承运人 LH
TC123	AT/SA	选择跨大西洋承运人 例：TYO—JL—FRA—DL—NYC	主要承运人 DL
TC1	WH	选择美国、加拿大门户承运人 例：SCL—LA—AUA—DL—ATL	主要承运人 DL

2）欧洲境内

选择以下运价较低者：① 第一个国际航段承运人运价；② 具有最大 TPM 的国际航段承运人运价（此处斯堪的纳维亚内旅行视为国际旅行）。最大 TPM 指累积的里程，也就是同一航空公司所飞国际航段 TPM 之和（TPM，即开票点里程，两点间飞行的最短距离）。

例 12　航程为 CPH—LH—MUC—LH—ZRH—LX—GVA—LX—TUN，选择适当的承运人运价。

TPM：　　　　503　　　　163　　　　144　　　　683

分析：

第一个国际航段承运人：LH

具有最大 TPM 的国际航段承运人：LX（144 + 683 > 503 + 163）

比较 LH 和 LX 的运价，选择较低的承运人运价。

例 13　航程为 BCN—IB—GVA—AZ—MIL—AP—BRI—6P—TSR，请选择适当的承运人运价。

TPM：　　　　395　　　　157　　　　489　　　　395

分析：

第一个国际航段承运人：IB

具有最大 TPM 的国际航段承运人：IB 或 6P（TPM 均为 395，这里 AP 承运航段不是国际运输，因此 AP 不属于具有最大 TPM 的国际航段承运人。）

比较 IB 和 6P 的运价，选择较低的承运人运价。

3）TC123（不包括自/至美国、加拿大）

选择跨大西洋承运人。

例 14　航程为 HKG—CX—PAR—AF—SAO—PU—MVD，请选择适当的承运人运价。

分析：跨大西洋段为 PAR—AF—SAO，因此主要承运人为 AF。

4）其他情况下承运人运价选择

按照以下顺序选择：选择第一个跨 IATA 大区的承运人；若没有，则选择第一个跨 IATA 次区的承运人；若仍没有，则选择第一个国际航段承运人。

例外：对在 TC1 内的旅行（除自/至美国），在跨次区时适用以下规则：南美洲次区不包括圭亚那、法属圭亚那、苏里南，它们属于加勒比海次区；北美洲次区包括美国、加拿大、

130

墨西哥、圣皮埃尔和密克隆、格陵兰。

4. 关于运价适用条件

运价的使用应遵循相应的条件。国际运价的适用条件分为两大类,即标准条件和特定运价的适用条件。标准条件又分为特种运价标准条件(SC100)和普通运价标准条件(SC101)。本书后续章节有关运价计算的内容主要涉及普通运价,这里先介绍普通运价标准条件(SC101)。

1) 普通运价标准条件(SC101)

普通运价标准条件(SC101)以表格形式列出,如表 5.4 所示,左边为第一部分,右边是第二部分,第二部分是第一部分的进一步解释。

表 5.4 SC101—普通运价标准条件(基于 IATA 决议 101)

第一部分 标准条件	第二部分 除非特定运价条件另有支配性说明,下列限定条件和一般规则适用

0)运价的适用
  A)1)适用
    参见运价规制
  2)运价
    见运价页
  3)旅客费用
    允许
	B)1)旅行种类
	    参见一般规则 2.7
	    单程、来回程、环程、缺口程
	  2)旅客费用
	    参见一般规则 8.4

1)资格
  A)没有要求
  例外:无成人陪伴婴儿,不符合资格	

2)日期/时间
  A)没有限制
  承运人运价规则例外:平日或周末运价适用期间
  平日:星期一、星期二、星期三、星期四
  周末:星期五、星期六、星期日
	B)平日/周末运价的适用
	    每一运价区间的第一个国际航段的出发日期决定适用的运价
	    承运人运价规则例外:跨大西洋或跨太平洋平日或周末运价;跨大西洋或跨太平洋航段出发日期决定整个计价单元的适用运价

3)季节性
  A)没有限制
	B)季节性运价的适用
	    每一运价区间的第一个国际段的出发日期决定适用的运价
	    承运人运价规则例外;跨大西洋或跨太平洋季节运价;跨大西洋或跨太平洋航段出发日期决定整个计价单元的适用运价

4)航班适用
  A)没有限制
  承运人运价规则例外:旅行受 0)运价的适用中列出的承运人服务限制
	B)参见一般规则 2.4

5)订座和出票 A)没有限制	

第一部分　标准条件	第二部分　除非特定运价条件另有支配性说明,下列限定条件和一般规则适用
6）最短停留期限 　A）没有要求	
7）最长停留期限 　A）没有要求	
8）中途分程 　A）无限许可	B）参见一般规则2.1.9
9）转机 　A）无限许可	B）参见一般规则2.1.10 　　如果对转机次数有限制,每一次中途分程应计为一次允许的转机
10）构成和组合 　A）1）构成 　　非指定直达运价可以由适用的比例额经计算来构成 　　2）组合 　　允许	B）1）构成 　　参见一般规则2.5.6.1
11）锁定日期 　A）没有限制	
12）附加费 　A）没有要求	
13）陪伴旅行 　A）没有要求	
14）旅行限制 　A）没有限制	
15）销售限制 　A）1）广告和销售 　　没有限制 　　2）有效期的延长 　　如一般规则中提供的条件	B）1）广告和销售 　　a）销售包括发售客票、旅费证、多用途票证和预付票款通知 　　b）广告:任何有关广告的限制不妨碍在公司运价表、系统时刻表和航空指南中公布该运价 　　2）有效期的延长 　　参见一般规则15.5.1和15.5.2
16）罚金 　A）没有限制	B）1）取消、误机、升舱 　　参见一般规则9.3 　　2）变更订座和变更航程 　　a）自愿:一般规则15.11、15.7、15.8,以及在患病情况下变更订座和变更航程的条款 　　b）非自愿:一般规则15.11和15.9

132

第一部分 标准条件	第二部分 除非特定运价条件另有支配性说明,下列限定条件和一般规则适用
17）中间较高点和里程例外 　A）特定的例外情况显示在该运价规则中	B）参见一般规则 2.9 和 2.4.2
18）客票签转 　A）没有限制	
19）儿童和婴儿折扣 　A）1）儿童 　　　a）有成人同行的 2～11 岁儿童:收取成人适用运价的 75% 　　　b）无成人陪伴 2～11 岁儿童:收取成人适用运价的 100% 　　2）婴儿 　　　a）有成人陪伴婴儿 　　　ⅰ）不占座:收取成人适用运价的 10% 　　　ⅱ）占座:收取成人适用运价的 75% 　　　b）无成人陪伴婴儿:不允许	B）参见一般规则 6.2
20）导游折扣 　A）允许	B）参见一般规则 6.6
21）代理人折扣 　A）允许	
22）其他折扣/次要运价的适用 　A）1）运价 　　　特定要求显示在该运价规则中 　　2）资格 　　　特定要求显示在该运价规则中 　　3）文件 　　　特定要求显示在该运价规则中 　　4）陪伴旅行 　　　特定要求显示在该运价规则中	
23）无	
24）无	
25）无	
26）团体 　A）没有要求	
27）旅游 　A）没有要求	B）参见一般规则 18
28）无	
29）保证金 　A）没有要求	

2）特定运价的适用条件

运价表中大多数运价都有其特定适用条件,该适用条件以运价规则注释号的形式表示在运价后面,特定的运价注释号规定的条件可以通过《世界范围内的运价规则》查询。

如图5.2所示,特定运价规则E041,这是一个英国至东南亚的公务舱普通运价。我们发现它里面的适用条款序号是不连续的,这是因为每一个运价注释号的各条款序号均与标准文本内的条款序号相一致,没有出现的条款即缺号部分表示该款内容与标准文本相同,应结合查阅标准条件SC101。

可以看到运价规则注释号E041允许每个方向上在新加坡有一次中途分程(不包括目的地为新加坡的情况);允许每个方向上在新加坡有一次转机(不包括目的地为新加坡的情况);对于至/自英国境内城市的旅行,允许每个方向上在伦敦有一次转机;此外还包括运价的适用、航班适用、构成和组合、儿童和婴儿折扣、代理人折扣等方面的特殊约定。为旅客选用运价时,必须注意其旅行是否符合该运价注解的要求或限制。

E041   **BUSINESS CLASS FARES**   ⇒SC 101
            FROM UK TO SOUTH EAST ASIA

0）APPLICATION
   A）1）Application
      a）business class OW/RT/CT/OOJ via SQ via EH
        from UK to Bandar Seri Begawan, Jakarta, Kuala Lumpur, Manila, Taipei
      b）business class RT/CT/OOJ via SQ via EH
        from UK to Singapore
    2）Fares
      b）fares only apply if purchased before departure
      c）between MAN and SIN the lower fare may apply when traveling on direct SQ services

4）FLIGHT APPLICATION
   A）Exceptions
     1）travel not permitted on SQ codeshare flighs: SQ 1000 – SQ7999, SQ9000 – SQ9999
     2）interlining on BD and BA permitted for travel between LON and UK interior points

8）STOPOVERS
   A）one permitted in SIN in each direction
     Exception: to SIN: not permitted

9）TRANSFERS
   A）1）one permitted in each direction in SIN
     Exception: for travel to SIN: not permitted
    2）for travel to/from interior UK points: one permitted in LON in each direction

10）CONSTRUCTIONS AND COMBINATIONS
   A）1）Constructions
     permitted with UK normal add – ons

19）CHILDREN AND INFANT DISCOUNTS
   A）1）Chikdren
      a）accompanied children aged 2 – 11 years: charge 67% of applicable adult fare
      b）unaccompanied children: contact carrier for details
    2）Infant
      a）accompanied infant
       ii）booked seat: charge 67% of applicable adult fare
      b）unaccompanied infant: contact carrier for details

21）AGENT DISCOUNTS
   A）not permitted

图5.2　E041运价规则

5.3 里 程 制

国内与国际运价计算规则的主要区别之一是国际运价计算允许非直达航程使用直达运价,这降低了国际运价水平,促进了国际航空旅客运输的发展。在考虑最大允许里程的限制的条件下,允许非直达航程使用直达运价,按照这一方法计算的国际运价称为里程制(Mileage System)运价。

5.3.1 里程制的基本要素

1. 最大允许里程(Maximum Permitted Mileage,MPM)

最大允许里程是适用的某一公布直达运价所允许旅行的最大距离(单位为英里)。旅行的方向不同,公布的运价和其所适用的最大允许里程也不同。最大允许里程可以在运价表的右上角找到,如图5.3所示。

非直达航程起点、终点相同,但中间经过不同的点,旅行方向代码就可能不同,因此需要根据实际情况选择 MPM。

例15 根据图5.3,确定下列航程的最大允许里程。

(1) 航程 AKL—NYC—SCL

(2) 航程 AKL—LIM—SCL

显然航程(1)经太平洋且经北美,方向代码应为 PN,因此相应的最大允许里程是14619英里;航程(2)仅仅飞越太平洋,方向代码为 PA,相应的最大允许里程是7198英里。

AUCKLAND (AKL)					
FARE TYPE	LOCAL CURRENCY	NUC	CARR CODE	RULE	GI MPM& ROUTING
AUCKLAND (AKL)					
NEW ZEALAND			NEW ZEALAND DLR (NZD)		
TO SANTIAGO (SCL)					PN14619
					PA 7198
Y	4514	2917.19		X1100	PN
Y	3539	2287.09		X1100	PA
C	5689	3676.54		X1100	PN
C	4507	2912.67		X1100	PA
F	8853	5721.30		X1100	P N
F	6949	4490.83		X1100	PA

最大允许里程

图 5.3 运价表中的最大允许里程

此外,有时运价表中没有公布两点间的直达运价和最大允许里程,此时需要查阅 PAT《最大允许里程》,该最大允许里程一般用于构成比例票价时使用,如图5.4所示。

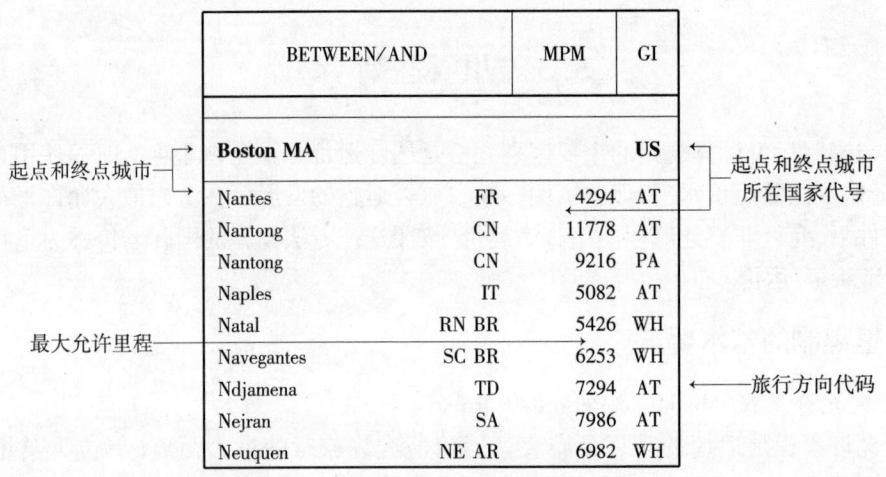

图 5.4 《最大允许里程》手册中的 MPM

2. 开票点里程(Ticketed Point Mileage,TPM)

开票点里程也即实际里程,是指相邻的两个开票点之间的直达的最短飞行距离(单位为英里)。由于旅行方向不同,同一城市对会出现不同的 TPM,因此计算运价时,应根据实际旅行路线和方向选择相应的 TPM。比如 NYC—SIN 之间有两个 TPM,一个是9884AT,另一个是9649PA,这时就需要根据实际乘坐的航班路线来确定应该选哪个。

开票点里程可以通过查阅 PAT《一般规则》手册获取,该表列出了有直达航班的城市对之间的 TPM,如图 5.5 所示。由于两点之间的距离不存在去与回的差别,因此可以在两个开票点中任取一个作为始发点。比如图 5.5 中阿布扎比和开罗之间的开票点里程为1468 英里,方向 EH。

BETWEEN/AND		TPM	GI
Abu Dhabi			**AE**
Aden	YE	1012	EH
Al Ain	AE	74	EH
Aleppo	SY	1307	EH
Alexandria	EG	1572	EH
Al – Fujairah	AE	127	EH
Amman	JO	1232	EH
Amsterdam	NL	3218	EH
Ashgabad	TM	963	EH
Athens	GR	2019	EH
Bahrain	BH	271	EH
Bangalore	IN	1710	EH
Bangkok	TH	3084	EH
Beirut	LB	1314	EH
Cairo	EG	1468	EH

图 5.5 开票点里程

136

5.3.2 超里程附加(EMS)

当非直达航程开票点里程之和没有超过运价计算组(当航程包含多个计算组时需分组计算)两个计算点间的最大允许里程时,根据里程制的基本思想,可以采用运价计算组起点到终点的直达运价作为整个运价计算组的运价。

当非直达航程开票点里程之和超过运价计算组两个计算点间的最大允许里程时,就不能直接使用直达运价,而需要按照一定的比例对运价进行附加,这种做法称为超里程附加(Excess Mileage Surcharge,EMS)。也就是通过计算开票点里程之和超出最大允许里程的比例来确定超里程附加费。但是该方法有一个前提,即允许超出的最大限度为25%,如超出25%则采用分段相加最低组合方法计算运价。

具体来说计算超里程附加费可按照以下步骤进行:

(1)查各城市对 TPM,计算各开票点里程之和$\sum$TPM。

(2)查运价计算组起点到终点的 NUC 直达运价。

(3)查相应的 MPM。

(4)将$\sum$TPM 和 MPM 比较,若$\sum$TPM≤MPM,则直接使用直达运价。

(5)若$\sum$TPM > MPM,则计算$\sum$TPM/MPM,确定超里程附加率,按超里程附加率计算EMS,相应提高直达运价。

在第(5)步计算超里程附加率时应注意按表 5.5 确定最终的附加比例。

表 5.5 超里程附加率

TPM/MPM = S	运价附加百分比	运价表示
$S \leqslant 1.00000$	0	M
$1.00000 < S \leqslant 1.05000$	5%	5M
$1.05000 < S \leqslant 1.10000$	10%	10M
$1.10000 < S \leqslant 1.15000$	15%	15M
$1.15000 < S \leqslant 1.20000$	20%	20M
$1.20000 < S \leqslant 1.25000$	25%	25M
$S > 1.25000$	采用分段相加最低组合运价	

上述 TPM/MPM 计算到小数点后 5 位,第 6 位以后的数字直接舍去不进位。

例 16 计算下列航程运价:成人旅客全程乘 Y 舱,开票点里程数据在航程横线上方(单位英里),运价资料如下:

TPM: 3024 3807 647 385

航程: BJS—KHI—PAR—VIE—FRA

运价构成:

FCP BJSFRA (单程,只包括一个运价计算组)

FARE TYPE	LOCAL CURRENCY	NUC	CARR CODE	RULE	GI MPM& ROUTING
BEIJING （BJS）					
CHINA					YUAN RENMINBI(CNY)
TO FRANKFURT （FRA）					EH 7035
Y	16210	1958.37		Y146	EH
C	19590	2366.71		Y146	EH
F	29750	3594.17		Y146	EH

BEIJING （BJS） (table title)

NUC　　Y OW 1958.37　　（运价表中查得的直达单程 Y 舱 NUC 运价）

RULE　Y146　　　　　　（运价规则涉及适用性、运价和儿童婴儿折扣,不影响本例）

MPM　EH7035　　　　　（运价表中查得的 MPM）

TPM　7863　　　　　　（各航段开票点里程和,即 3024 + 3807 + 647 + 385）

EMA　NIL　　　　　　　（额外里程优惠,后文将详述,本例没有）

EMS　　　　15M　　　　（TPM/MPM ＝7863/7035 ＝1.11769,由表 5.5 应为 15%）

AF　　NUC　2252.12　　（1958.37 × 1.15 ＝2252.12,尾数按规定取舍）

上述计算过程中出现的一些缩写代号及其具体含义、步骤等将在后文详述。

　　　　　5099　　220

例 17　航程 BJS—PAR—LON,头等舱普通运价,计算运价,结果以 NUC 表示。

运价构成:

FCP　BJSLON

NUC　F OW 2300.27

RULE Y146

MPM　EH 7480

TPM　5319

EMA　NIL

EMS　　　　M

AF　　NUC　2300.27

运价:	F	OW	NUC	CARR CODE	RULE	GI MPM
BJS—LON			2300.27		Y146	EH 7480

说明:该航程为不超里程的非直达航程,按规定可采用直达运价。

5.3.3　额外里程优惠(EMA)

　　所谓额外里程优惠(Extra Mileage Allowance,EMA)是指航程经过某些特定的路线或地点时,按规定将优惠的里程数从 TPM 总额中减去(因此也称为 TPM 附减),然后进行超里程附加。额外里程优惠可避免或降低超里程附加。特定的路线和优惠额度可以通过查阅《一般规则》中的额外里程优惠表获得。PAT 中该表按照 IATA 区域划分为若干张表格,比如 Area1 EMA、Area2 EMA、Area3 EMA 等,这里为了方便将一些常见的、与三区有关的额外里程优惠汇总列出,见表 5.6。

表 5.6　额外里程优惠

Between	And	via	Mileage Deduction
TC3（不含全程在南亚次大陆的航程）	TC3	同时经 BOM 和 DEL，或同时经 ISB 和 KHI	700
CA/US（除夏威夷）	TC3	夏威夷（仅限中/北太平洋运价）	800
欧洲	南亚次大陆	同时经 BOM 和 DEL	700
中东	TC3（除西南太平洋）	同时经 BOM 和 DEL，或同时经 ISB 和 KHI	700

表 5.6 中第 1、2 列为运价计算组的起点和终点，只要求在两点之间就可以，也就是反方向的航程同样适用。第 3 列为经由点，当公布有多个经由点时一般对其顺序无限制。第 4 列为里程优惠额，计算运价时可以从 TPM 总和中减去该数字（单位为英里）。

使用该表还应注意：

（1）当两个城市被"–"分开时，表示航程可以经由上述两个或一个城市，即"–"表示"和、或者"）。

（2）当两个城市被"/"分开时，表示航程可以经由上述两个城市中的任意一个，即"/"表示"或者"）。

（3）当经由的两个城市以 both…and…表示时，航程必须同时经过这两个城市。

（4）航程中可以增加其他的点但不能省略任何指定的经由点，同一运价计算组只能使用一次里程优惠。

例 18　根据表 5.6，判断下列航程是否有里程优惠？

① JNB—KHI—ISB—SHA

② KWI—BOM—DEL—SIN—AKL

③ BJS—BOM—BKK

④ NYC—LAX—HNL—TYO—SHA

分析：① 否，JNB 属于非洲

　　　② 否，AKL 属于西南太平洋

　　　③ 否，未同时经 DEL

　　　④ 是，优惠 800 英里

例 19　计算下列航程运价，结果以 NUC 表示：YMQ—X/NYC—TLV—NBO—JNB，头等舱普通运价。

```
TPMs：
     YMQ
330  X/NYC   AC
5666 TLV     LY
2310 NBO     KQ
1806 JNB     SA
```

```
Fares：         F OW   NUC  CARR CODE   RULE  GI MPM
YMQ – JNB       7985.75              X0814  AT9907
```

EMA：

Between	And	via	Mileage Deduction
Canada/Mexico/USA	South Africa	Tel Aviv	660

运价构成：

FCP　　YMQ JNB(LY ~ YY)

NUC　　F OW 7985.75

RULE　X0814

MPM　　AT9907

TPM　　10112

EMA　　−660　　　　E/TLV

EMS　　　　　　　　M

AF　　　NUC　　　　　　　　7985.75

说明：该航程原本是超里程的，但是由于航程符合额外里程优惠条件，在扣除660英里后不再超里程，额外里程优惠在这里记为−660 E/TLV，表示是经过 TLV 的里程优惠。本例提供了各航段承运人情况，应考虑承运人运价的可能性，但由于运价表没有 LY 的承运人运价，因此适用行业运价。

5.3.4　其他里程规定

里程制运价计算中可能还存在以下一些影响到里程的特殊规定，从而影响到最终运价。

1. 巴西里程均等规则(Brazilian Mileage Equalisation Rule)

对于全航程在 TC1 内的航程，如果始发点、终点或运价计算点中有一个点是里约热内卢(RIO)或圣保罗(SAO)，并且上述 SAO 或 RIO 都不是运价计算组内的中间开票点，那么：

(1) 如果自/至 RIO 的路线不超里程，而同样航程自/至 SAO 超里程，则自/至 SAO 的票价不必附加。在客票上以 B/RIO 表示。

(2) 如果自/至 SAO 的路线不超里程，而同样航程自/至 RIO 超里程，则自/至 RIO 的票价不必附加。在客票上以 B/SAO 表示。

(3) 如果自/至 RIO 和 SAO 的路线均超里程，并且超里程附加比例不同时，则可选用较小的超里程附加比例。

例20　航程 BOG—LIM—RIO，其开票点里程和最大允许里程如下：

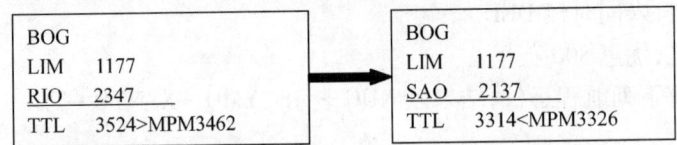

从左边方框数据来看，显然实际航程的开票点里程和大于最大允许里程。由于该航程符合巴西里程均等规则条件，因此可以用 SAO 替代 RIO，从右边方框的结果看，替代后不再超里程，这样就降低了整个运价水平。

在运用这一规则时一定要注意 SAO 或 RIO 都不能是运价计算组内的中间开票点。比如航程 SAO—RIO—BUE—SCL，因为 RIO 是中间开票点，因此不能适用该规则。

2. 南大西洋 TPM 捷径规则

该规则适用于南大西洋地区与中东、三区间的航程。

（1）如果航程中阿根廷、巴西、智利、巴拉圭、乌拉圭国内一点与北美地区的 MIA、YMQ、NYC、YTO 任一点乘直达航班，且 MIA、YMQ、NYC、YTO 中任一点与中东之间直达航班，则可采用南大西洋门户点（最后一个离开南大西洋地区的点）与中东地区门户点（第一个到达中东的点）之间的 TPM 代替上述两个直达航段 TPM 之和。用示意图示为图 5.6。

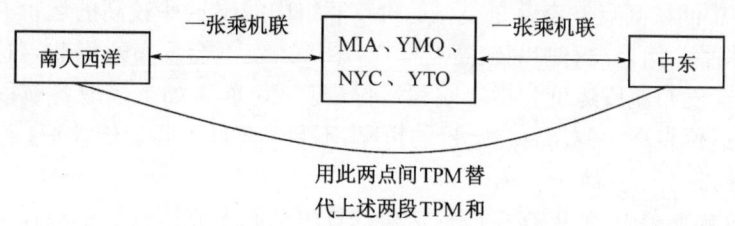

图 5.6　南大西洋 TPM 捷径规则（1）

（2）如果航程中阿根廷、巴西、智利、巴拉圭、乌拉圭国内一点与北美地区的 ATL、MIA、YMQ、NYC、WAS、YTO 任一点乘直达航班，且 ATL、MIA、YMQ、NYC、WAS、YTO 中任一点与 TC3 之间乘直达航班，则可采用南大西洋门户点（最后一个离开南大西洋地区的点）与 TC3 地区门户点（第一个到达 TC3 的点）之间的 TPM 代替上述两个直达航段 TPM 之和。用示意图表示为图 5.7。

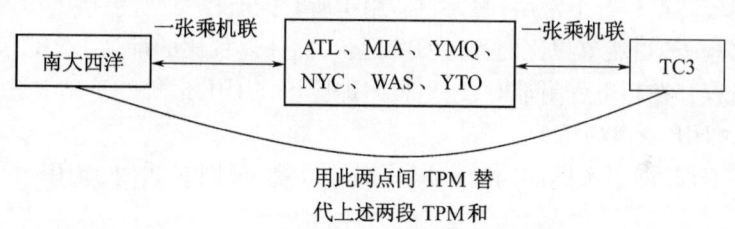

图 5.7　南大西洋 TPM 捷径规则（2）

例 21　航程 RIO—NYC—KHI—HKG,开票点里程情况如左框所示,且 RIO—KHI 之间的最大允许里程为 11053AT。

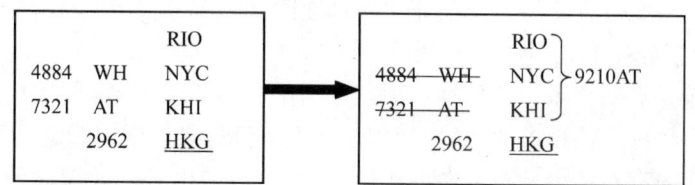

说明：由于本例符合南大西洋 TPM 捷径规则中的（2）这种情况,在计算开票点里程和时可以用 RIO—KHI 的里程替代 RIO—NYC 和 NYC—KHI 两段里程制之和。本题中实际上 RIO—KHI 开票点里程在一般规则卷中没有公布,根据规则可以采用 RIO—KHI 之间的最大允许里程除以 1.20 来获得（即 $11053 \div 1.20 = 9210$）。

5.3.5　中间较高点检查（HIP）

非直达航程按照里程制规则使用直达运价过程中,可能会遇到一种从逻辑上来讲是不合情理的情况,即运价计算组的起点至终点的运价小于起点至某一中间点,或中间点至另一中间点,或中间点至终点的运价。也就是说起点至终点的运输距离更长,但运价反而比上述提到的运输距离较短的情况更低,这是不符合正常逻辑的,必须予以纠正。

在某一个运价计算组中,任意两个中途分程点(包括始发地和目的地)之间的运价高于该运价计算组始发地到目的地的同一服务等级运价,称为中间较高运价(Higher Intermediate Fare,HIF)。与该中间较高运价对应的点,称为中间较高点(Higher Intermediate Point,HIP)。中间较高点检查就是要在运价计算组中找出这些较高的运价并按照一定规则提升运价水平。如果没有中间较高点检查,承运人就不会发布适用非直达航程的直达运价,或者只能发布航段运价和指定航程运价(见第 6 章),如果采取各航段运价相加的办法,得到的运价将高于使用直达运价的情况,不利于降低国际运价水平。

1. 中间较高点检查的一般规则

(1) 运价计算组中,如果存在:① 运价计算组的起点到该计算组内任一中途分程点的直达运价;② 运价计算组内任意两个中途分程点之间的直达运价;③ 运价计算组内任一中途分程点到该计算组终点的直达运价。上述①、②、③的运价如果高于该运价计算组起点到终点的同方向、同等级的直达运价,则该非直达航程运价计算组的运价不应低于上述 3 种情况中的最高的那个中间较高点运价。显然中间较高点检查通常只检查中途分程点,因此上述 3 种情况可以概括为一句话:查至中途分程点。

(2) 当存在一个以上的较高点时,应采用最高的较高点运价。

(3) 中间较高点检查很常用,因为它适用于所有的航程类型,包括单程、来回程、环程等均需做 HIP 检查,当然单程比的都是 OW 运价,而往返程比的都是 1/2RT 运价。

(4) 当航程存在超里程附加时,超里程附加应该在 HIP 运价的基础上进行。

2. 适用于 HIP 检查的运价

在 HIP 检查时,除了考虑前面的一般规则外,运价规则对适用于 HIP 检查的运价是有要求的:

(1) 建立在季节性因素上的运价(包括日期限制、一周中的某天或航班适用等),HIP 检查应考虑这些季节因素的适用性。

(2) 若同一个承运人有多个同等级普通运价,在满足下列限制条件时可使用较低/最低水平的运价:一周中的某一天、季节性(含日期限制)、航班适用、中途分程和转机限制(不包括收取中途分程费)、航路。

(3) 为了确定哪一个承运人的运价适用于 HIP 检查,每一个需要被检查的城市对可以看成类似于一个独立出票航段,然后运用承运人运价选择规则来确定。类似地,如果遇到被检查的城市对存在多个旅行方向的运价,也按照该城市对之间航段的旅行方向选择用于 HIP 检查的运价,而不是选用全航程旅行方向的运价。

(4) 没有公布直达运价的开票点不必重新构建适用于 HIP 检查的运价,这一点与过去通过比例票价甚至最低组合运价方式构成适用于 HIP 检查运价的规则有所不同。

(5) HIP 检查运价比较时应在同等级普通运价之间比较,在没有同等级运价公布时,可按照如下顺序确定比较的运价:卧铺运价与卧铺运价比较,如无卧铺运价,可与头等舱运价比较;头等舱运价与头等舱运价比较,如无头等舱运价,可与公务舱运价比较(或与下一个较低运价比较);公务舱运价与公务舱运价比较,如无公务舱运价,可与经济舱运价比较,在有多个经济舱运价时,与最高的经济舱运价比较;经济舱运价与经济舱运价比较。

3. 不同情况下的 HIP 检查示例

例 22 同时存在 EMA、EMS 和 HIP,没有公布的承运人运价,所有运价都是行业运价的情况:航程为 LAX—YVR—X/HNL—TYO—SHA,经济舱普通运价,相关数据如下,计算运价。

TPMs:		
	LAX	
1071	YVR	UA
2706	X/HNL	AC
3831	TYO	JL
542	SHA	MU

Fares:	Y OW NUC	CARR CODE	RULE	GI MPM
LAX – SHA	1225.24			PA 6741
LAX – TYO	1207.14			PA
LAX – YVR	358.23			WH
YVR – SHA	1577.00			PA
YVR – TYO	1337.56			PA
TYO – SHA	480.55			EH

运价构成:

FCP	LAXSHA(JL ~ YY)	
NUC	Y OW 1225.24	
RULE	NIL	
MPM	PA 6741	
TPM	8150	
EMA	– 800	E/HNL
EMS		10M
HIP	Y(JL ~ YY)1577.00	YVRSHA
RULE	NIL	
AF	NUC	1734.70
IROE		1.00000
LCF	(N1,2) USD	1735.00

说明:本例 LAXSHA 原本应使用 JL(这里跨太平洋承运人为主要承运人)的运价,但是本例没有公布的承运人运价,因此使用行业运价(YY 运价)。

航程符合经过 HNL 里程优惠的情况,因此有 800 英里里程优惠。

本例有超里程 10%,同时存在较高点,较高点检查的范围是:

- 起点到分程点:LAX—TYO   LAX—YVR
- 分程点到分程点:YVR—TYO
- 分程点到终点:YVR—SHA   TYO—SHA

经检查有两个城市对运价高于起点到终点的运价,即 YVR—SHA1577.00 和 YVR—TYO1337.56,选择最高的即 YVR—SHA1577.00 作为 HIP 运价。

超里程附加需要在 HIP 运价基础上进行,即 1577.00 ×(1 + 10%) = 1734.70。

为简化过程,本例没有考虑运价规则 RULE 的限制条件。

例 23 使用有限制普通运价(次要普通运价)的 HIP 检查:航程为 SEL—TYO—X/BJS—MIL,经济舱普通运价,相关数据如下,计算运价。

运价构成:

TPMs:		
	SEL	
758EH	TYO	OZ
1313EH	X/BJS	NH
5013EH	MIL	CA

Y094：

0）适用性

　A）1）适用性（略）

　　　2）运价（略）

19）儿童婴儿折扣（略）

Y086：

0）适用性

　A）1）适用性：日本至欧洲经 EH、FE、RU、TS 有限制的经济舱普通运价

8）中途分程

　A）不允许

9）转机

　A）1）单程运价：每个计价单元允许 2 个转机点

　　　2）来回程运价：每个方向允许 2 个转机点

SEOUL（SEL）					
FARE TYPE	LOCAL CURRENCY	NUC	CARR CODE	RULE	GI MPM& ROUTING
SEOUL（SEL）					
KOREA REP					WON(KWR)
TO TOKYO（TYO）					EH910
Y	268400	209.88		Y277	EH
C	362400	283.39		Y277	EH
F	416100	325.39		Y277	EH
TO MILAN（MIL）					EH8224
					TS8024
					AP12466
Y	1466100	1146.49		Y094	EH TS
Y	1705400	1333.62		Y094	AP

TOKYO（TYO）					
FARE TYPE	LOCAL CURRENCY	NUC	CARR CODE	RULE	GI MPM& ROUTING
TOKYO（TYO）					
JAPAN					YEN(JPY)
TO MILAN（MIL）					EH9120
					TS7293
					AP11973
Y2	329100	2739.49		Y086	EH TS
Y	397400	3308.03		Y094	EH TS
Y	437800	3644.33		Y094	AP

FCP	SELMIL（CA ~ YY）		
NUC	Y OW（EH）1146.49		
RULE	Y094		
MPM	EH8224		
TPM	7084		
EMA	NIL		
EMS		M	
HIP	Y2 EH（CA ~ YY）2739.49	TYOMIL	
RULE	Y086		
AF	NUC	2739.49	
IROE		1025.9000	
LCF	（H100,0）	KRW 2810500	

说明：本例中 HIP 检查只有分程点到终点 TYO—MIL，但是 TYO—MIL 有 3 个经济舱普通运价，其中有一个是 Y2 的有限制的运价，两外两个是没有限制的普通运价但旅行方

144

向不同。检查运价规则 Y086,不允许中途分程但允许 2 次转机,本例 TYO—MIL 之间没有分程,只在 BJS 有一次转机,因此符合要求,可以选用较低的运价 Y2 用于 HIP 检查的运价比较,并确定 TYO—MIL 之间的运价为中间较高点运价。本例同样没有公布的承运人运价,因此使用行业运价(YY 运价)。

4. HIP 检查例外情况

国际运价计算中用到的各种检查,基本上都有相应的一些例外情况,包括政府保留、承运人提交的文件、地区决议等。

HIP 检查例外可以分为 2 种类型,即免除 HIP 检查和附加 HIP 检查。

1)免除 HIP 检查

免除 HIP 检查可以分为 3 种情况。

(1)指定航程。即某些符合特定条件的航程可以直接使用公布的直达票价,而不必按里程制规定计算票价,这样也就不需要进行 HIP 检查了。指定航程相关内容参见第 6 章。

(2)印度政府保留。对于从印度始发、目的地为美国/加拿大的运输,当在欧洲或英国中途分程时,欧洲或英国的一点与美国/加拿大的一点之间的运价不能作为中间较高点运价。

例 24 航程为 BOM—MIL—X/PAR—WAS,请指出 HIP 检查范围。

分析:按照 HIP 检查的一般规则,理论上检查的范围应包括 BOM—MIL、MIL—WAS,这两个城市对的运价和 BOM—WAS 运价比较,来确定是否存在较高点。但是本例中,起点为印度城市孟买、终点为美国华盛顿,米兰属于欧洲,依据印度政府保留的例外条件,即使 MIL—WAS 运价高于 BOM—WAS 运价,MIL—WAS 运价也不能作为中间较高点运价,因此本例 HIP 检查范围只包括 BOM—MIL。

(3)没有公布直达运价。按照正常的运价选择标准,如果相应的旅行方向没有公布直达运价,相应航段的 HIP 检查可以忽略。这一点前面已经提到。

2)附加 HIP 检查

(1)西非 HIP 检查。对于从西非始发的航程,HIP 检查应该对每个运价计算组内所有属于西非的开票点进行。西非的概念可以参考第 4 章有关 IATA 区划的内容。

例 25 航程为 LAD—X/ACC—PAR—LON,请指出 HIP 检查范围。

分析:按照 HIP 检查的一般规则,理论上检查的范围应包括 LAD—PAR、PAR—LON。但本例 LAD 和 ACC 均属于西非,因此 HIP 检查还应增加 LAD—ACC、ACC—PAR、ACC—LON 三组运价。

(2)以色列政府保留。对于从以色列始发的航程,HIP 检查应该包括对所有从始发点至开票点的运价进行。这里只强调始发点到所有开票点,但不包括开票点至其他开票点或运价计算点的情况。

例 26 航程为 TLV—MIL—X/PAR—WAS,请指出 HIP 检查范围。

分析:按照 HIP 检查的一般规则,理论上检查的范围应包括 TLV—MIL、MIL—WAS。但本例航程从以色列出发,符合以色列政府保留的条件,HIP 检查还应增加 TLV—PAR。

(3)马拉维附加 HIP 检查。对于马拉维始发的航程,HIP 检查应该对每个运价计算组内所有属于马拉维的开票点进行。

（4）运价规则第 17）项关于"中间较高点和里程例外"。有些运价对应的特定运价规则第 17）项有关"中间较高点和里程例外"中明确要求对所有开票点进行 HIP 检查。比如 Y010 运价规则第 17）项就要求：对于 EH 方向，从从东南亚经欧洲至非洲的航程，需要对所有欧洲的开票点进行 HIP 检查。

5.3.6 非直达航程运价计算的一般步骤与限制

1. 非直达航程运价计算的一般步骤

从前面的一些例子可以看出，按照国际航协运价计算规则计算运价时应该遵循一定的步骤，每个运价计算组内的计算，只要按每一步骤规定具体规则进行即可，每一个步骤都用特定的英文缩写表示，完整的运价计算过程和解释见表 5.7。

表 5.7 里程制运价计算的基本步骤

序号	缩写	解　释
1	FCP	运价计算点，即确定运价计算点，也就是要对整个航程划分运价计算组并确定其端点
2	NUC	中间组合单位，即根据舱位、航程类型、旅行方向等确定运价计算组起点到终点的直达运价
3	RULE	运价适用规则（条件），即检查所用运价是否满足特定运价的适用条件、指定航程等
4	MPM	最大允许里程，即根据实际航程旅行方向确定运价计算组起讫点间最大允许里程
5	TPM	开票点里程，即将该运价计算组内各航段实际开票点里程相加
6	EMA	额外里程优惠，即检查该计算组内有无适用的额外里程优惠，如有，从应 TPM 中减去优惠额，重新与 MPM 比较
7	EMS	超里程附加，即如考虑 EMA 后的 TPM 总和仍大于 MPM，则计算 $\sum$ TPM/MPM，确定超里程附加百分比并计算附加额
8	HIP	中间较高点，即按运价规则检查运价计算组内是否有中间较高点
9	RULE	运价适用规则（条件），检查上述中间较高点运价是否满足其适用条件
10	AF	适用运价，即根据步骤 1～9，确定该运价计算组的 NUC，在 HIP 和 EMS 并存时，应在 HIP 运价基础上进行超里程附加
11	CHECK	最低限额检查，即按照航程、次航程类型进行相应的最低限额检查，如 BHC、CTM、RWM 等
12	TTL	总价，即根据步骤 10、11 的结果，计算所有运价计算组的 NUC 总数
13	ROE	IATA 转换比价，即确定适用的运输始发国货币的转换比价
14	LCF	当地货币运价，即根据 ROE 计算当地货币运价并确定对运价尾数取舍

有时，计算到 LCF 并不意味着结束。比如当在运输始发国外付款时，需要使用付款国银行公布的出票当日银行卖出价 BSR 将 LCF 转换为等值付款国货币 CCP。如果以没有"＋"标记的任何外币付款时还需使用付款国银行 BBR 将 CCP 进一步转换为 EFP。

前面提到的 BHC、CTM 等内容在后续章节中还将做进一步介绍。

2. 非直达航程使用直达运价的限制

除了在超里程附加中提到的超里程小于 25% 的限制外，非直达航程使用直达运价还有另外一些限制条件，基本的包括 3 个方面：每个运价区间内起点不能有多于一次的出发；每个运价区间内终点不能有多于一次的到达；每个运价区间内中间点不能有多于一次的中途分程。出现上述情况时应使用最低组合运价将多于一次的该点分开。

例 27　起点不能有多于一次的出发。

HKG
BKK
X/HKG
AKL

不允许使用 HKG—AKL 的直达运价,因为本例中 HKG 有两次出发。

例 28　终点不能有多于一次的到达。

SAO
X/MAD
LIS
MAD

不允许使用 SAO—MAD 的直达运价,因为本例中 MAD 有两次到达。

例 29　中间点不能有多于一次的中途分程。

SHA
PAR
LON
PAR
BER

不允许使用 SHA—BER 的直达运价,因为本例中 PAR 有两次中途分程。

　　除了上面提到的一般性的限制条件,非直达航程使用直达运价的限制还体现在基于国别的国内航段运价限制上,例如巴西、德国、日本等。此外非直达航程使用直达运价的限制还有一些例外情况,这里不再一一叙述。

本章小结

　　本章介绍了航程的类型、组成以及航程和计价单元的区别,中间包括一系列的重要概念,如航程、运价计算组、开票点、运价计算点、中转点、中途分程点、非中途分程点等,本章同时介绍了单程、来回程、环程、环球程、缺口程等一系列航程类型的概念以及判断方法。这些概念是后续掌握运价计算的基础。

　　国际运价的种类也比较多,不同情况下适用何种运价不是一个简单的问题,除了能看懂基本的运价表外,还需要考虑航程的方向代码、舱位等级、航程类型、承运人情况、运价适用条件特别是中转、分程次数等诸多因素。

　　本章的核心是里程制运价的基本原理,介绍了里程制的基本元素如 MPM、TPM 的概念,超里程附加、额外里程优惠、较高点检查的判断、使用方法,同时总结了运价计算的一般步骤及其每一步代表的含义。

复习与思考

　　1. 说明航程 MEX—X/SAL—NYC—MAD—WAW—VIE 中的运价计算点、中途分程点、非中途分程点、转机点、开票点。

　　2. 说明航程 TYO—SEL—IST—ATH—X/IST—TYO 中的运价计算点、中途分程点、非中途分程点、转机点、开票点。

3. 航程和计价单元的概念有何联系与区别?

4. 按照运价水平划分,国际运价如何分类?

5. 为下列航程的各运价计算组选用适当的承运人运价。

航程	主要承运人
AF MX CU IST—×/PAR—MEX—HAV	
BA AF CAI—LON—PAR	
UA AC JL CA SFO—YVR—×/HNL—TYO—BJS	
CA AA KE CA BJS—SHA—YVR—SEL—BJS	

6. 判断下列航程是否存在额外里程优惠,如存在优惠,优惠额是多少?

(1) SFO—YVR—X/HNL—TYO—BJS

(2) CAI—BOM—DEL—SIN—SYD

(3) BOM—ISB—BKK—BJS

(4) PAR—BOM—DEL

7. 计算运价:

航程为 YTO—AC—YMQ—SR—ZRH—KL—AMS,经济舱普通运价,ROE = 1.551818,相关数据如下,计算运价。

TPMs:		
	YTO	
308WH	YMQ	AC
3728AT	ZRH	SR
375EH	AMS	KL

Fares:	Y OW NUC	CARR CODE	RULE	GI MPM
YTO – ZRH	1375.53		AT	
YTO – AMS	1377.56		AT	4400
YMQ – ZRH	1239.67		AT	
YMQ – AMS	1240.35		AT	
其余运价略				

电商加入竞争　国际机票预订进入"明折明扣"时代

资料来源:浙江在线—今日早报　作者:叶恒珊

出国旅行,要订张国际机票,经常搞得人一头雾水,这是不少消费者的同感。

"跟机票代理公司打交道很头疼,要来来回回打好多个电话,价格也是忽低忽高,让人很没有安全感,万一需要退改签,这些票代更是撒手不管。"经常去欧洲自助游的杭州白领小戴对此感触颇深,"自己上网查询,可选择的航班又非常少,查到也未必就能订到。"

不过,记者近日获悉,目前多家机票预订网站已经推出全新的国际机票预订平台,长期以来,价格不透明、预订繁琐的国际机票,终于与国内机票一样,开始进入"明折明扣"的时代。

与国内机票明折明扣不同,国际机票则显得迷雾重重。同样去趟悉尼,同一时间同趟航班,有门道会买机票的,和没经验不会买机票的,单程相差四五千元是很普遍的。

没有折扣的概念,同一条航线选择不同航空公司航班,票价可能相差甚远,连燃油附加费也是千差万别。由于机票上并不显示实际成交价格,消费者也无从得知自己在代理商手中买到的机票真实的售价是多少。

取得一级机票代理资格的公司可以售卖国际机票,没有资格的公司交纳一定费用便可以"挂靠"方式入行,有些批发商下面会挂靠几十个甚至几百个代理商。在这种层层挂靠的利益链条中,代理商常常会想尽办法抬高票价,比如隐瞒可用航线,推荐不合理路线等,消费者很难摸清门道。

记者也注意到,去年以来,随着出境游市场的快速增长,携程网、去哪儿网、淘宝旅行等电商也纷纷开设国际机票预订,加大投入,抢占这一市场"空白"。

记者昨日登录携程新推的国际机票预订平台发现,很多航线都有多家航空公司的数十种报价可以比较,价格与国内机票一样透明。想出国旅游买便宜机票的旅客可实时在线查询、预订最多六段航程的近万条国际航线机票,其中每条航线至少提供 3 家或以上的航空公司机票、航线增加到 5 - 6 条。

以 4 月 10 日杭州飞首尔的机票为例,有 14 个航班可以选择,除直飞航班外,还可以选择中转,三家国内外航空公司的最低价格信息都在最显著的位置对比列表,以方便消费者选择。其中,直飞最便宜的是中国国航,1370 元起,韩亚航空次之,1490 元起。

业内人士分析认为,随着消费者预订经验日趋丰富,对国际机票预订也会提出更高的要求,产品选择丰富、信息准确透明、查询预订方便快捷,将成为国际机票市场的进化方向。

思考题

1. 国际机票的价格为何让消费者觉得迷雾重重?
2. 不考虑销售渠道的问题,为什么不同航空公司航班,票价可能相差甚远?

第6章 国际旅客运价的运用

本章关键词

指定航程（specified routings）　　　比例运价（Add‐ons）

单程（one way）　　　　　　　　　单程回拽检查（one way backhaul check）

来回程（round trip）　　　　　　　折返点（point of turnaround）

去程（outbound）　　　　　　　　回程（inbound）

环程（circle trip）　　　　　　　　环程最低限额检查（circle trip minimum check）

环球程（round the world trip）　　　环球最低限额检查（round the world minimum check）

互联网资料

http：//www. passengerairtariff. com

http：//www. iata. org

http：//www. travelsky. net/cn

> 里程制是国际旅客运价计算的基本制度，但是并非所有情况都适用里程制。某些符合条件的航程可以直接使用公布的直达票价，还有一些情况下，直达运价根本就不存在，此时需要使用比例运价来构成运价。此外，不同的航程类型运价计算过程不同，中间涉及的一些运价检查也不同，本章介绍一些基本航程类型的运价计算。

6.1 指 定 航 程

指定航程（Specified Routings）是指某些符合条件（经过特定的点）的航程可以直接使用公布的直达票价，而不必按里程制规定计算票价。指定航程实际上是里程制运价的特例，符合条件的航程除非另有票价规则，不需要进行超里程附加和 HIP 等检查，甚至当开票点里程和超过最大允许里程25%时也可以直接使用指定航程的直达运价。

指定航程以两种形式表示：① 指定航程表（Table of IATA specified routings）；② 指定航程线性图（Linear routings）。

6.1.1 一般规则手册中的指定航程表

1. 指定航程表的内容

适用指定航程的直达运价关键在于判断是否经过了指定的路线，这些指定的路线信

150

息在 PAT 一般规则 2.4.5 部分以指定航程表的形式,分 IATA 大区和次区公布,见表 6.1。

表 6.1　Area 3 中的指定航程

Between	And	Via
Beijing	Fukuoka	Shanghai
Beijing	Nagasaki	Shanghai
Beijing	Osaka	Shanghai – Nagasaki(Note 2)
Beijing	Tokyo	Shanghai – Nagasaki – Osaka(Note 1)
Beijing	Sendai	Shanghai – Osaka(Note 3)
Colombo	Lahore	Karachi
Delhi	Nagoya/Osaka/Tokyo	Bangkok
Hong Kong	Kuala Lumpur	Kota Kinabalu/Manila
Hong Kong	Singapore	Manila
Karachi	Seoul	Bangkok/Manila – Tokyo
Kathmandu	Hong Kong	Bangkok
Kolkata	Hong Kong/Taipei	Bangkok
Kota Kinabalu	Taipei	Hong Kong
Sapporo	Seoul	Nagoya/Tokyo
Tokyo	Faisalabad/Karachi/Islamabad/Lahore/Multan/Peshawar	Manila – Bangkok

NOTES:

1 Only 1 stopover permitted at Shanghai/Nagasaki/Osaka.

2 Only 1 stopover permitted at Shanghai/Nagasaki.

3 Only 1 stopover permitted at Shanghai/Osaka.

2. 指定航程表的使用

（1）表中符号"–"代表"和、或者",符号"/"代表"或者"。

（2）指定航程表一般适用于行业性运价,使用时还应注意遵循某些指定航程的注解条件,注解条件一般在经由点后面予以标注(如表 6.1 中第三行有一个 Note 2),具体解释内容在表格的下部。

（3）引用指定航程必须按照表中的城市顺序从左到右或从右到左,不能颠倒顺序和随意增加城市点,但可以省略部分经由点。

例 1　根据表 6.1 判断下列航程是否符合指定航程要求。

① BJS—X/SHA—NGS—OSA

② BJS—SHA—OSA

③ OSA—NGS—BJS

④ BJS—DLC—NGS—OSA

⑤ BJS—NGS—X/SHA—OSA

分析：北京和大阪之间的航程可以参考表6.1中第三行信息。

① 航程 BJS—X/SHA—NGS—OSA，注解2要求上海/长崎中只能有1个分程点，符合指定航程要求，可以采用直达运价。

② 航程 BJS—SHA—OSA，省略了中间点长崎，符合指定航程要求，可以采用直达运价。

③ 航程 OSA—NGS—BJS，省略了中间点上海且采用了反方向的路线（从右到左），符合指定航程要求，可以采用直达运价。

④ 航程 BJS—DLC—NGS—OSA，因为 DLC 不是表中规定的点，不符合指定航程要求。

⑤ 航程 BJS—NGS—X/SHA—OSA，顺序颠倒了，不符合指定航程要求。

例2 根据以下指定航程表的信息列出所有符合条件的航程。

Between	And	Via
Karachi	Seoul	Bangkok/Manila – Tokyo

分析：以下航程符合要求：

KHI—BKK—TYO—SEL	或反向
KHI—MNL—TYO—SEL	或反向
KHI—BKK—SEL	或反向
KHI—MNL—SEL	或反向
KHI—TYO—SEL	或反向
KHI—SEL(点到点航程)	或反向

例3 计算下列航程的票价

航程：BJS—SHA—X/NGS—OSA，经济舱普通运价。

运价: Y OW NUC CARR CODE RULE GI MPM
BJS – OSA 594.39   EH 1314

指定航程信息：

Between	And	Via
Beijing	Osaka	Shanghai – Nagasaki(Note 2)
NOTES： 2 Only 1 stopover permitted at Shanghai/Nagasaki.		

运价构成：

FCP	BJSOSA
NUC	Y OW（EH）594.39
RULE	NIL
SR	YES （这里 SR 表示指定航程）
AF	NUC594.39

IROE   6.83252

LCF   （H10，0）CNY4070

说明：本例符合指定航程要求,因此使用了起点到终点的直达票价,避免了可能的超里程附加以及 HIP 等检查。

6.1.2　运价手册中的指定航程

有时,运价表的最大允许里程和指定航程栏中有相应的 4 位数字代号(图 6.1),表明对应的运价为指定航程运价,可以通过查阅运价手册的指定航程(Routings)部分获取相应的信息。该指定航程运价一般适用于承运人运价。

FARE TYPE	LOCAL CURRENCY	NUC	CARR CODE	RULE	GI MPM & ROUTING
MUDANJIANG (MDG)					
CHINA					YUAN RENMINBI (CNY)
To BEIJING (BJS)					
Y	1190	147.04	CA	D019	EH 1000 ←
C	1550	191.53	CA	D019	EH 1000
F	1790	221.18	CA	D019	EH 1000

图 6.1　运价表中的指定航程数字代号

此类指定航程分为 3 种：东半球指定航程表;跨大西洋指定航程表;北大西洋、太平洋和西半球指定航程线性图(Linear Routings)。

1. 东半球指定航程表

东半球指定航程表适用于航程方向代码为 EH,且运价表的指定航程栏中有相应的四位数字代号的情况。东半球指定航程表的形式如图 6.2 所示。

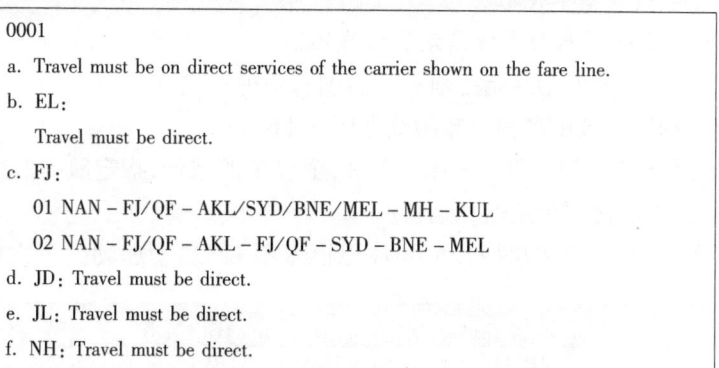

0001
a. Travel must be on direct services of the carrier shown on the fare line.
b. EL：
   Travel must be direct.
c. FJ：
   01 NAN – FJ/QF – AKL/SYD/BNE/MEL – MH – KUL
   02 NAN – FJ/QF – AKL – FJ/QF – SYD – BNE – MEL
d. JD：Travel must be direct.
e. JL：Travel must be direct.
f. NH：Travel must be direct.

图 6.2　数字代号为 0001 的东半球指定航程

当航程前有航空公司代码时,表明全程由该公司承运,但当两个城市之间标有某航空公司代码时,该航段必须由指定航空公司运输。

城市之间、承运人代码之间的“/”表示“或者”,城市代码之间的“ – ”表示“和”。

例 4　航程为 NAN—FJ—AKL—FJ—SYD—FJ—BNE—FJ—MEL,旺季,是否可以使用 NAN—MEL 的指定航程直达运价? 运价信息如下：

NADI (NAN)					
FARE TYPE	LOCAL CURRENCY	NUC	CARR CODE	RULE	GI MPM& ROUTING
NADI (NAN)					
FUJI ISLANDS				FIJI DOLLAR (FJD)	
TO MELBOURNE (MEL)					EH2883
Y	987	430.68		Y276	EH
YLEE120	948	413.66	AN	E152	EH 2705
YHEE120	1114	486.09	AN	E152	EH 2705
BLEE120	958	418.02	FJ	E802	EH0001
BHEE120	1124	490.46	FJ	E802	EH0001

分析：该航程方向为 EH，OW 运价，承运人全程为 FJ，可以选择的指定航程运价为 BLEE120 和 BHEE120，但是符合旺季的只有 BHEE120，其运价规则为 E802，指定航程数字代码为 0001。

查指定航程表中序号为 0001 的指定航程，结果如图 6.2 所示，旅客实际航程符合：

c. FJ：

02 NAN – FJ/QF – AKL – FJ/QF – SYD – BNE – MEL

进一步核对 E802，如符合其要求，则可以选用 NAN—MEL 的指定航程直达运价 NUC490.46。

2. 大西洋航线指定航程表

大西洋航线指定航程表适用于运价规则代号为 G 序列的来自和前往加拿大的 AT 航线承运人运价，也适用于运价规则代号为 M 序列的中/南大西洋航线承运人运价。形式上与东半球指定航程表基本相似。

3. 北大西洋、太平洋和西半球指定航程线性图

北大西洋、太平洋和西半球指定航程线性图有两种形式：

（1）按起点和终点城市名称公布的线性图（图6.3）。

例5 航程为 SVD—LI—BGI—BW—MIA，全程 Y 舱票价，指定航程信息见图 6.3，票价信息如下，是否可以使用指定航程运价？

分析：本例中 SVD（圣文森特）和 BGI（巴巴多斯）都属于加勒比海次区，MIA（迈阿

ST. VINCENT （SVD）					
FARE TYPE	LOCAL CURRENCY	NUC	CARR CODE	RULE	GI MPM& ROUTING
ST. VINCENT （SVD）					
ST. VINCENT/GRENA				US Dollar(USD)	
TO MIAMI （MIA）					WH1837
Y	495	495.00	BW	W0100	WH 0008
KLXAP	623	623.00	BW	W0282	WH 0008

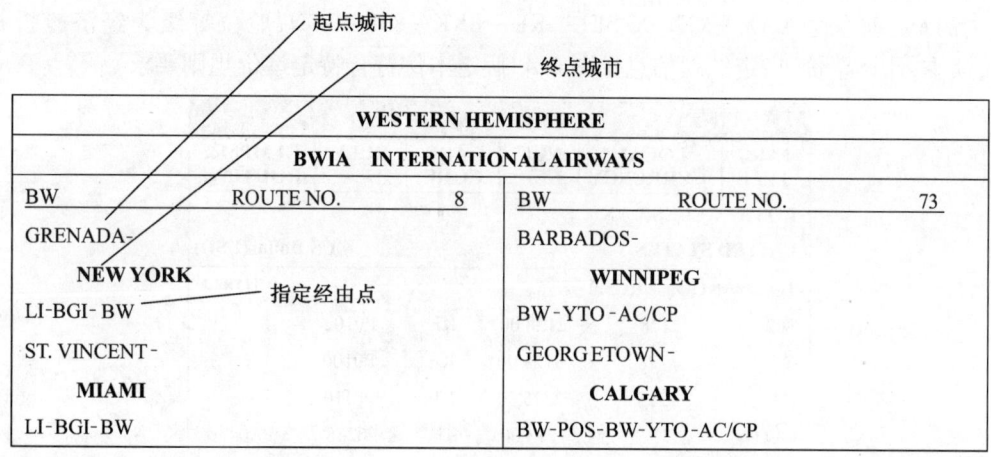

图 6.3　按起点和终点城市名称公布的线性图

密）为美国城市,全程在 TC1 内,应选择美国、加拿大门户承运人运价,即 BW 的 Y 舱运价。该运价后面有指定航程代码 0008,查西半球指定航程线性图（图 6.3）,符合指定航程要求,可使用 SVD—MIA 直达价 NUC495.00。

（2）按起点、指定经由点和终点城市三字代码顺序公布的线形图（图 6.4）。

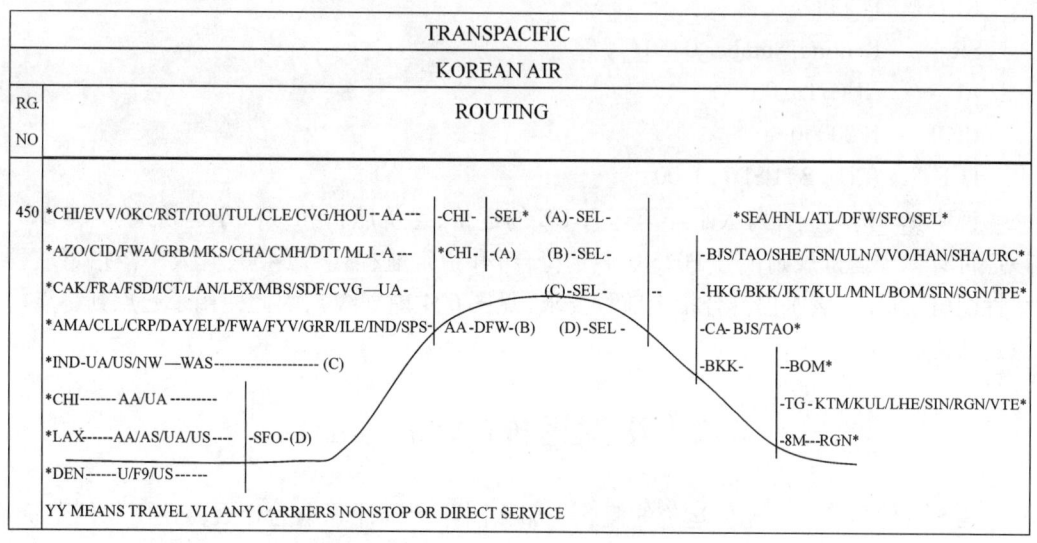

图 6.4　按起点、指定经由点和终点城市三字代码顺序公布的线形图

说明:

从起点城市（左边有一个星号）开始,顺序列出指定经由点,终点城市右边也有一个星号;当航程被一根垂线分开时,表明该航程仍在延续,垂线之后的点不仅可以作为经由点,且可以作为指定航程的端点（起点或终点）;两城市间没有标明承运人代码或 YY,则该航段必须由表头指定航空公司承运;使用指定航程运价时,可以经由更直接的航程（可以省略经由点）但不能随意增加新的点,不能变更承运人,不能改变经由顺序;可以反向使用该表。

例6 航程为 LAX—KE—X/SEL—KE—BKK—8M—RGN,舱位等级为经济舱折扣级,淡季,计算票价,指定航程信息见图6.4,假定本例符合特定运价规则要求。

LOS ANGELES(LAX)					
FARE TYPE	LOCAL CURRENCY	NUC	CARR CODE	RULE	GI MPM& ROUTING
LOS ANGELES(LAX)					
UNITED STATES					US Dollar(USD)
TO YANGON（RGN）					WH1837
S02	2128	2128.00	KE	P0102	PA
C	3128	3128.00	KE	P0100	PA
C2	2225	2225.00	KE	P0110	PA
QLOW	713	713.00	KE	P0258	PA0450
QKOW	829	829.00	KE	P0258	PA0450
QHOW	859	859.00	KE	P0258	PA0450

运价构成:

FCP	LAXRGN(KE)
NUC	QLOW（PA）713.00
RULE	P0258
SR	Routing Number 0450
AF	NUC713.00
IROE	1.00000
LCF	（N1,2）USD713.00

说明:本例应选择跨太平洋承运人 KE 的运价,经济舱折扣级淡季运价应为 QLOW,该运价有一个运价规则代号 P0258(假定符合)和指定航程代号 0450,查太平洋指定航程线性图(图6.4),该航程符合指定航程要求(见图6.4中划线),因此使用了起点到终点的直达票价。

6.2 比例运价(Add – ons)

第5章曾经提到过比例运价的概念。那么国际运价计算中为什么要使用比例票价? 由于全世界通航城市太多,PAT 运价表不可能将所有两点之间的运价全部公布,故对没有公布的采用在直达运价基础上附加一定运费的方法,即比例票价。

6.2.1 比例运价的基本概念、类型与构成形式

1. 比例运价的概念

比例运价(Add – ons)是采用公布一些内部点(Interior Points) 城市与该国门户点(Gateway)间的附加额,并将此数额与门户点至国外某点的公布直达运价相加,从而获取所需要的两点之间的运价。该运价被视同为公布直达运价。

只有在两点之间没有公布直达运价时才使用比例运价,而且比例运价的附加额不能

单独销售,也不能单独标注在客票中,只能用于构成比例运价。

2. 比例运价的类型

比例运价有两种类型,即:

(1)行业性比例运价(Industry Add - ons)。行业性比例运价使用 IATA 航空公司间联运运价(包括 IATA flex 运价)和比例附加额来构成。行业性比例运价包括一般行业性比例运价和美国行业性区域制比例运价两种形式。

(2)承运人比例运价(Carrier Add - ons)。承运人比例运价只有在使用承运人运价时才使用,其比例附加额只能和相同的承运人运价相加,不能和 IATA 行业运价相加。一些承运人发布了仅适用于自己的比例附加额,在符合该承运人的运输条件下,应优先使用承运人比例运价。

本节主要介绍行业性比例运价。

3. 比例运价的构成形式

比例运价有 3 种构成形式:

(1)终点使用比例附加额。

公布直达运价 + 比例附加额

A ——————→ B ——————→ C

(2)起点使用比例附加额。

比例附加额 + 公布直达运价

A ——————→ B ——————→ C

(3)起点和终点均使用比例附加额。

比例附加额 + 公布直达运价 + 比例附加额

A ——————→ B ——————→ C ——————→ D

在构成比例运价时应注意不可以在起点或终点连续使用 2 次及 2 次以上比例数额。比如下列情况不符合比例运价构成规则:

公布直达运价 + 比例附加额 + 比例附加额

A ——————→ B ——————→ C ——————→ D

终点连续两次使用比例附加额

比例附加额 + 比例附加额 + 公布直达运价

A ——————→ B ——————→ C ——————→ D

起点连续两次使用比例附加额

当出现两个或两个以上符合条件的比例运价时,一般应遵循以下顺序来选择运价:① 指定运价;② 只使用一次比例附加额的比例运价;③ 使用两次比例附加额的比例运价(首尾各一次)。

6.2.2 一般行业性比例运价

1. 一般行业性比例运价表的构成

使用比例运价,比例附加额需要通过查阅比例运价表获取,如图 6.5 所示。

ADD-ON CITY AREA	GI	ADD TO	FARE TYPE	RULE	NUC NORMAL/SPECIAL OW	SPECIAL RT	LOCAL CURRENCY NORMAL/SPECIAL OW	SPECIAL RT	MILEAGE ADD TO	
JAPAN	PA	DFW	Y/C		81.00		81		195	DFW
	PA	DFW	F		97.00		97		195	DFW
FROM JAPAN	PA	DFW	Y	31	81.00		81		195	DFW
ABILENE TX (ABI)	US						JPY			
FROM JAPAN	PA	DFW	SPC			90.86		10000	195	DFW
ABILENE TX (ABI)	US						USD			
TO JAPAN	PA	DFW	Y	31	51.00		51		195	DFW
	PA	DFW	AP			80.00		80	195	DFW
KOREA	PA	DFW	Y		51.00		51		195	DFW
	PA	DFW	C		81.00		81		195	DFW
	PA	DFW	F		97.00		97		195	DFW
	PA	DFW	SPC		40.00	80.00	40	80	195	DFW
ABU DHABI (AUH)	AE						AED			
AFRICA	EH	DXB			0.00	0.00	0	0		
ABUJA (ABV)	NG						USD			
EUROPE	EH	LOS	Y		100.00	200.00	100	200	376	LOS
	EH	LOS	C/F		200.00		200		376	LOS
MIDDLE EAST	EH	LOS			0.00	0.00	0	0	376	LOS
AREA 1	AT	LOS			0.00	0.00	0	0	376	LOS
ABU SIMBEL (ABS)	EG						EGP			
EUROPE	EH	CAI	Y		150.08		866		163	ASW
	EH	CAI	C/F		160.65		927		163	ASW
	EH	CAI	SPC		112.65	235.70	650	1360	163	ASW
MIDDLE EAST	EH	CAI			59.27	101.38	342	585	163	ASW
AFRICA	EH	CAI			66.03	90.81	381	524	163	ASW
AREA 1	AT	CAI			92.89	185.78	536	1072	163	ASW

图 6.5　一般行业性比例运价表

（1）适用比例运价的城市（ADD – ON CITY）。可以是运价计算组的起点或终点,在城市全称后面有城市三字代码和所在国家两字代码,有的还有所在州/省的代码。适用比例运价的城市实际上就是所谓的内部点,一般是运价计算组的起点或终点中较小的城市。

（2）运价适用的地区（AREA）。与 ADD – ON CITY 相对应的运价计算组的另一个端点所在的 IATA 大区、次区或国家,适用比例运价的城市和不同区域之间的比例附加额可能会不同。

（3）旅行经过的方向代码（GI）。依据运价计算组的实际旅行方向选择正确的比例附加值。

（4）构成比例运价借助的点（ADD TO）。依据该点来确定公布直达运价的一个虚拟的端点,另一个端点即运价计算组中的起点或终点,确定公布直达运价时应注意运价方向与原计算组方向保持一致。该点一般就是所谓的门户点,该点可以是航程中的一个中间点,也可以是一个不在实际航程中的虚拟点。

（5）运价类别（FARE TYPE）。比例额的舱位等级应与和它相加的公布直达运价相同。

（6）运价规则（RULE）。有的比例附加额前面有一个两位数字表示的运价规则代码,比如图 6.5RULE 栏中的"31",使用该附加额需要查阅比例运价规则部分,确认符合条件。

（7）比例附加额。包括中间组合单位 NUC 和当地货币两种方式表示的运价,当 ADD – ON CITY 和航程始发地城市不是同一种当地货币时必须使用 NUC 比例附加额。每种货币表示方式下再分普通及特殊单程运价附加额(NORMAL/SPECIAL OW)、特殊往返程运价附加额(SPECIAL RT)两栏,往返程附加额仅适用特殊运价。比例附加额本身一般没有方向性(A→B 和 B→A 的附加额没有差别),但和适用地区和旅行方向有关。如果比例附加额有方向的限制,会在相应的区域前面标明"FROM"或"TO",比如图 6.5 第三行中的"FROM JAPAN"表示从日本出发。单程比例附加额应与单程公布直达运价相加,往返程比例附加额应与往返程公布直达运价相加,由于普通往返程运价附加额没有公布,因此可以采用单程附加额乘 2 来代替。

(8) 构成比例运价 MPM 的里程附加额及所借助的点(MILEAGE ADD TO)。依据该点来确定公布直达运价所对应的最大允许里程的一个虚拟的端点,另一个端点即运价计算组中的起点或终点,然后从运价表中获取两点间的最大允许里程。该点可以是航程中的一个中间点,也可以是一个不在实际航程中的虚拟点,可以和运价借助的点相同,也可以不同。比如图 6.5 中最后一行,运价借助的点是 CAI,最大允许里程借助的点是 ASW。里程附加额和直达运价所对应的最大允许里程相加得到整个计算组的最大允许里程,以终点使用比例附加额为例,即:

$$\underbrace{A \xrightarrow{\quad\quad\quad\quad\quad} B}_{\text{直达运价对应的 MPM}} \quad + \quad \underbrace{B \xrightarrow{\quad\quad\quad\quad\quad} C}_{\text{MPM 附加额}}$$

当本栏没有提供最大允许里程附加额及所借助的点时,可从 PAT《最大允许里程》卷中直接查取。

2. 一般行业性比例运价使用举例

例 7 终点使用比例附加额

航程为 LON—AKL—IVC,全航程为 Y 舱,直达运价和最大允许里程信息见下面的简化运价表,比例运价信息见下面一般行业性比例运价表。

TPMs:		
	LON	
11825AP AKL		BA
753EHIVC		NZ

运价:Y	OW	NUC	CARR CODE	RULE	GI MPM
LONAKL	4244.87			Y169	AP 14190
LONCHC	4298.06			Y169	AP 14380

ADD – ON CITY AREA	GI	ADD TO	FARE TYPE	RULE	NUC NORMAL / SPECIAL OW RT	LCF NORMAL / SPECIAL OW RT	MILEAGE ADD TO
INVERCARGILL(IVC)	**NZ**					**NZD**	
SEA	EH	CHC	Y		108.73		346 CHC
SEA	EH	CHC	C/F		130.77		346 CHC
EUROPE	EH/AP	AKL	Y		100.89		346 CHC
EUROPE	EH/AP	AKL	C/F		122.44		346 CHC

分析:

① 由于 LONIVC 没有公布直达运价,故考虑使用比例运价,ADD – ON CITY 为 IVC(新西兰的内部点,相对于 LON 是小城市)。

② 在比例运价表查到 IVC,因 LON 属欧洲,旅行方向 AP,舱位 Y,故查知 IVC 与欧洲间比例运价借助的点是 AKL,单程比例额为 100.89。

③ 按旅行方向(AP),查出 LONAKL 的直达运价为 NUC4381.71,构成 LONIVC 的比例运价:

公布直达运价 4381.71　+　比例附加额 = LONIVC NUC 4482.60　100.89

$$LON \longrightarrow AKL \longrightarrow IVC$$

比例运价借助的点　　　　适用比例运价的城市
ADD TO　　　　　　　　ADD – ON CITY

④ 检查 LONIVC 的 MPM,借助的城市为 CHC,附加额为 346,即:

直达运价对应的 MPM 1485　+　比例附加额 = LONIVC MPM 15191　346

$$LON \longrightarrow CHC \longrightarrow IVC$$

MPM 借助的点　　　　　适用比例运价的城市
MILEAGE ADD TO　　　　ADD – ON CITY

⑤ 计算实际航程的 TPM

$$TPM = 11825 + 753 = 12578$$

LON——AKL——IVC

⑥ 按里程制运价计算步骤正常进行其余步骤计算。

上述分析过程可用标准的运价计算步骤表示为:

FCP	LONIVC(BA ~ YY)	
NUC	LONAKL AP　4381.71(OW)	
	+ AKLIVC AO　100.89(OW)	(这里 AO 表示附加额)
	LONIVC NUC　4482.60 AP	
RULE	NIL	
MPM	LONAKL MPM 14845	
	+ AKLIVC　AO　346	(这里 AO 表示附加额)
	LONIVC　MPM　15191	
TPM	12578	
EMA	NIL	
EMS	M	
HIP	NIL	
CHECK	NIL	
AF	NUC 4482.60	

例8 起点使用比例附加额

旅客航程为 IVC—WLG—SYD—BJS,全航程使用 C 舱票价,直达运价和最大允许里程信息见下面的简化运价表,比例运价信息见下面一般行业性比例运价表。

TPMs:		
	IVC	
479EH	WLG	NZ
1398EH	SYD	QF
5564EH	BJS	CA

Fares:	C OW NUC	CARR CODE	RULE	GI MPM
ALKBJS	1980.00			EH8300
CHCBJS	1974.92			EH8277
WLGBJS	1974.92			EH
SYDBJS	1541.30			EH

ADD – ON CITY AREA	GI	ADD TO	FARE TYPE	RULE	NUC NORMAL/ SPECIAL SPECIAL OW RT		LCF NORMAL / SPECIAL SPECIAL OW RT		MILEAGE ADD TO
INVERCARGILL(IVC)	**NZ**						**NZD**		
SEA	EH	CHC	Y		108. 73				346 CHC
SEA	EH	CHC	C/F		130. 77				346 CHC
EUROPE	EH/AP	AKL	Y		100. 89				346 CHC
EUROPE	EH/AP	AKL	C/F		122. 44				346 CHC

分析:

起点比例运价本质上和终点比例运价计算过程要求相同,本题 IVCBJS 没有公布直达运价,因此使用比例运价,Add – ON CITY 为 IVC(新西兰的内部点,相对 BJS 是小城市)。

计算过程同样要抓住三条主线,即运价、最大允许里程、开票点里程的构成:

① 运价:

比例附加额　　　　　　　　公布直达运价 = IVCBJS NUC 2105. 69
130. 77　　　　　　+　　　　1974. 92
IVC ————————→ CHC ————————→ BJS

适用比例运价的城市　　　比例运价借助的点
ADD – ON CITY　　　　ADD TO

② MPM:

比例附加额　　　　　　　　直达运价对应的 MPM = IVCBJS MPM 8623
346　　　　　　+　　　　8277
IVC ————————→ CHC ————————→ BJS

适用比例运价的城市　　MPM 借助的点
ADD – ON CITY　　MILEAGE ADD TO

③ TPM:

479　+　1398　+5564　=　7441
IVC——WLG——SYD——BJS

上述过程用标准的运价计算步骤表示为:

FCP　　IVCBJS(CA ~ YY)

NUC　　IVCCHC　AO　130. 77 (OW)

　　　+ CHCBJS NUC 1974. 92 (OW)

　　　IVCBJS NUC　2105. 69EH

RULE　NIL

MPM　IVCCHC　AO　346

```
                    +  CHCBJS MPM    8277

                       IVCBJS MPM        8623
```

TPM   7441

EMA   NIL

EMS   M

HIP   NIL

AF   NUC 2105. 69

CHECK NIL

TOTAL NUC2105. 69

ROE   2. 041672

LCF   （H1,2）NZD4300. 00

例9 起点和终点同时使用比例附加额

旅客航程为 OSA—ROM—NIC,全航程使用 Y 舱票价。

分析:

① OSA—NIC 之间没有公布直达运价,因此需要构建比例运价。

② NIC(尼斯)是一个相对较小城市,是法国的内部点,考虑将 NIC 作为适用比例运价的城市,查比例运价表确定可以将 PAR(巴黎)作为比例运价借助的点,附加额为 NUC91.92,但是查运价表发现 OSA—PAR 之间无公布直达运价,即:

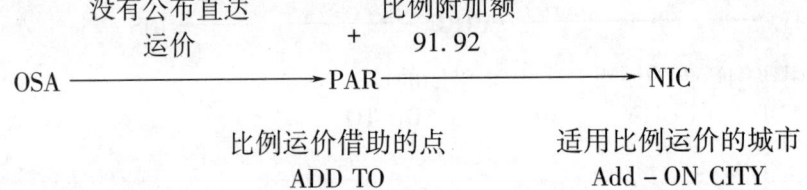

③ 考虑起点再次使用比例运价,即将 OSA 作为适用比例运价的城市,查比例运价表确定可以将 TYO(东京)作为比例运价借助的点,附加额为 NUC0.00,查运价表发现 TYO—PAR 之间公布直达运价为 3308.03,即:

```
                                    公布直达运价
         附加额0.00          +          3308.03         +  附加额91.92
  OSA ───────────────→ TYO ───────────────────→ PAR──────────────→ NIC
```

适用比例运价的城市   比例运价借助的点   比例运价借助的点   适用比例运价的城市

④ 至此说明本例可以用比例运价完成计算,按正常步骤进行即可,如比例运价表没有提供 MPM 借助点和附加额,可以从 PAT《最大允许里程》卷中直接查取起点至终点 MPM。

6.2.3　美国行业性区域制比例运价

美国一些城市其比例运价在一般行业性运价表中找不到,此时可以运用美国行业性区域制比例运价。

1. 美国行业性区域制比例运价表的构成

美国行业性区域制比例运价表需要通过两张表格配合使用,一张是美国的城市分区表(表6.2),另一张是行业性区域附加额表(表6.3)。

表 6.2　美国的城市分区表

City Name	State	Alpha	Zones	Mileage	
				Add	To
Modesto	CA	MOD	7,7A,7C,11,20,35,37,44	94	SFO
Moline	IL	MLI	4,4A,4C,4E,16,24,30,42	175	CHI
Monroe	LA	MLU	4,4A,4C,4E,16,24,28,42		

该表按城市名称字母顺序排列,包括城市名称、州代码、城市三字代码、城市所在区域代号和里程附加点和附加额。里程附加点和附加额空白的地方表示应通过《最大允许里程》卷来查阅 MPM。根据此表查出的美国城市所在区域代号,再来查阅表6.3。

表 6.3 中"AREA"一栏不再是 IATA 区域和次区域,而是根据表6.2确定的"ZONE",相应的表中的"MILEAGE ADD TO"一栏空白,相关数据应采用表6.2中的"MILEAGE ADD TO"中的数值。

表 6.3　行业性区域附加额

Add – ON CITY AREA	GI	ADD TO	FARE TYPE	RULE	NUC NORMAL / SPECIAL OW	SPECIAL RT	LCF NORMAL / SPECIAL OW	SPECIAL RT	MILEAGE ADD TO REFER TO US ZONAL CITIES
ZONE 15　　(15)									**USD**
SASC	PA	SFO	Y		336.00		336		
	PA	SFO	C		392.00		392		
	PA	SFO	F		496.00		496		
	PA	SFO	EE			283.00		283	
SEA	PA	SFO	Y		336.00		336		
	PA	SFO	C		392.00		392		
	PA	SFO	F		496.00		496		
	PA	SFO	SPC		185.00	283.00	185 283		
ZONE 16　　(16)									**USD**
SASC	PA	SFO	Y		438.00		438		
	PA	SFO	C		520.00		520		
	PA	SFO	F		686.00		686		
	PA	SFO	EE			336.00		336	
SEA	PA	SFO	Y		438.00		438		
	PA	SFO	C		520.00		520		
	PA	SFO	F		686.00		686		
	PA	SFO	SPC		218.00	336.00	218 336		

某些美国的城市在表6.2中没有列出,此时需要通过表6.4来确定该城市所在区域,比如 Palmdale, CA(PMD),其区域代码为7。

表6.4　美国行业性区域制比例运价的地理区域定义

6D	DEN
7	Arizona(AZ),California(CA), except BUR, LGB, LAX, OAK, ONT, SJC, SNA, Idaho(ID), Nevada(NV), Oregon(OR), Puerto Rico(PR), US Virgin Islands(VI), Washington(WA)
7A	ZONE 7 except LAS, PDX, PHX, SAN

2. 美国行业性区域制比例运价举例

例10　航程为 SHA—TYO—WAS—MLI,全航程为 Y 舱,直达运价和最大允许里程信息见下面的简化运价表,比例运价信息见表6.2和表6.3。

<table>
<tr><td rowspan="5">TPMs:

　　　　SHA
1123EH TYO　MU
6763PA WAS　JL
736WH MLI　UA</td><td>Fares/MPM</td><td>SHAWAS</td><td>SHACHI</td><td>SHANYC</td><td>SHASFO</td><td>SHALAX</td></tr>
<tr><td>MPM AT</td><td>12334</td><td>12720</td><td>12076</td><td>14448</td><td>14548</td></tr>
<tr><td>PA</td><td>9264</td><td>8704</td><td>9118</td><td>7482</td><td>7869</td></tr>
<tr><td>FARE AT</td><td>3064.58</td><td>3212.57</td><td>2929.82</td><td>3560.30</td><td>3560.30</td></tr>
<tr><td>NUC PA</td><td>1352.27</td><td>1202.94</td><td>1352.27</td><td>1076.87</td><td>1076.87</td></tr>
</table>

分析:

① 由于 SHAMLI 没有公布直达运价,故考虑使用比例运价,Add – ON CITY 为 MLI(美国的内部点,相对 SHA 是小城市)。

② 在一般行业性比例运价表查不到相关数据,由于航程终点是美国城市,因此考虑美国行业性区域制比例运价。

③ 查表6.2确定 Moline(MLI)的区域代号为 4,4A,4C,4E,16,24,30,42,里程附加175英里,借助的点是 CHI。

直达运价对应的 MPM + 比例附加额 = SHAMLI MPM 8879

$$SHA \xrightarrow{\quad 8704 \quad} CHI \xrightarrow{\quad 175 \quad} MLI$$

MPM 借助的点　　　　　　　　　适用比例运价的城市
MILEAGE ADD TO　　　　　　　　Add – ON CITY

④ 查行业性区域附加额表,区域代号 4,4A,4C,4E,16,24,30,42 中只有 ZONE16 符合要求,如表6.3,比例运价借助的点是 SFO,单程比例额为438.00。

⑤ 按旅行方向(PA),查出 SHASFO 旅行方向 PA 的直达运价为 NUC1076.87,构成SHAMLI 的比例运价:

公布直达运价 + 比例附加额 = SHAMLI NUC 1514.87

$$SHA \xrightarrow{\quad 1076.87 \quad} SFO \xrightarrow{\quad 438 \quad} MLI$$

比例运价借助的点　　　　　　　适用比例运价的城市
ADD TO　　　　　　　　　　　　　Add – ON CITY

164

⑥ 计算实际航程的 TPM

$$TPM = 1123 + 6763 + 736 = 8622$$
$$SHA——TYO——WAS——MLI$$

按里程制运价计算步骤正常进行其余步骤计算。

上述分析过程可用标准的运价计算步骤表示为：

FCP	SHAMLI(JL ~ YY)
NUC	SHASFO NUC 1076.87(OW)
	+ SFOMLI AO 438.00(OW)
	SHAMLI NUC 1514.87PA
RULE	NIL
MPM	SHACHI MPM 8704
	+ CHIMLI AO 175
	SHAMLI MPM 8879
TPM	8622
EMA	NIL
EMS	M
HIP	NIL
AF	NUC 1514.87
CHECK	NIL
TOTAL	NUC 1514.87

6.3 单程普通运价

单程(One Way)是最为常见的一种航程类型,单程使用运价表中的 OW 运价,非直达单程除了按照里程制的一般规定进行计算外,还应进行单程回拽检查(BHC)。由于运价规则的调整,单程运价计算取消了单元始发国最低限额检查(COM)和方向性最低收费检查(DMC)。

6.3.1 单程的界定

单程是指非来回程亦非环程,且全程不一定全部为航空运输的航程。单程使用实际旅行方向的 OW 运价,但当终点回到始发国时,最后一个运价计算组应使用与实际方向相反的运价。

通常判断航程是否为单程除了根据定义,还应结合其主要特点:

（1）始发地与目的地在不同国家。

例11 只有一个运价计算组,始发地与目的地不在同一国家,按实际旅行方向计价的航程。

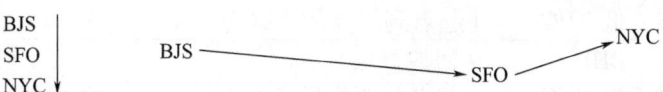

（2）航程允许存在一个或一个以上国际缺口段,缺口段可以在始发地和/或折返地。

例12 有两个运价计算组(即运价由两个OW计价单元或次航程运价相加获得),始发地与目的地不在同一国家且存在一个始发地国际缺口段,按实际旅行方向计价。

例13 有两个运价计算组,始发地与目的地在相同的国家且存在一个折返地国际缺口段,最后一个运价计算组应使用与实际方向相反的运价。

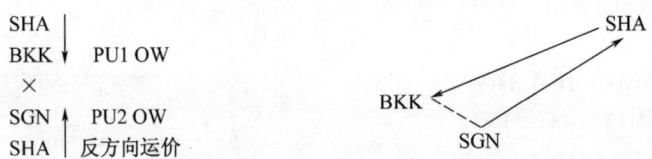

(3)对含两个以上运价计算组的航程,缺口段允许是国内缺口。

例14 有3个运价计算组(超过了两个),始发地与目的地在相同的国家且中间存在一个国内缺口段,最后一个运价计算组应使用与实际方向相反的运价。

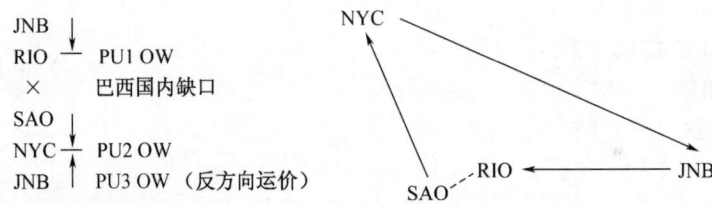

符合上述特征的航程都是单程。上述例题中画出了航程的实际路线示意图,这对我们在运价计算中判断航程是否需要分组或计价单元,也就是确定标准运价计算步骤的第一步FCP非常重要。

6.3.2 单程回拽检查(BHC)

1. 单程回拽检查的定义与步骤

所谓单程回拽(One Way Backhaul)是指运价计算组中自起点到该运价计算组内任意一中途分程点的票价高于该运价计算组自起点到终点的直达票价的情况。联想到第5章讲到的HIP检查,如果出现单程回拽情况,显然这也是不符合正常逻辑的,必须予以纠正。单程回拽检查(One Way Backhaul Check,BHC)就是要纠正这一问题。

单程回拽检查只适用于单程普通和特种运价计算,并且和出票地点、销售地点无关。这一点不同于HIP检查,HIP检查适用于所有航程类型的运价计算组的检查。如果航程分为多个运价计算组,每组都要分别做BHC检查。

2. 单程回拽检查的步骤

高 NUC	(起点到票价最高的中途分程点的 NUC)
− 低 NUC	(起点到终点的 NUC)
BHD	(回拽差额)
+ 高 NUC	(起点到票价最高的中途分程点的 NUC)
= OWM NUC	(单程最低限额 NUC)

166

将 OWM NUC 和 AF 比较:

若 OWM > AF,则用 OWM 减 AF,得单程回拽附加额 BH PLUS 并将全程运价提升到 OWM;若 OWM ≤ AF,则忽略 OWM,仍使用 AF 运价。

显然 BHC 检查和 HIP 检查是存在一定联系的,BHC 检查范围可以看成是 HIP 检查范围 3 种情况中的一种,即只检查起点至分程点。只要起点和中途分程点之间构成一个 HIP,就一定需要进行 BHC 检查。

3. 单程回拽检查的几个例子

例 15 航程为 IST—X/PAR—MEX—HAV,全程经济舱普通运价,相关数据如下,相关运价满足特定运价规则条件,计算运价。

TPMs:

	IST	
1392EH	×/PAR	AF
5716AT	MEX	MX
1099WH	HAV	CU

Fares:	Y OW NUC	CARR CODE	RULE	GI MPM
IST—HAV	1942.00		X0900	AT7442
IST—MEX	2609.00		X0759	AT 8511
MEX—HAV	略			

分析:画出航程的实际路线示意图,可知航程不需要分组,全程为一个运价计算组的单程,从图形看,IST—MEX 的距离大于 IST—HAV,在采用相同的 Y 舱运价下,很可能存在较高点和单程回拽,需做进一步检查。

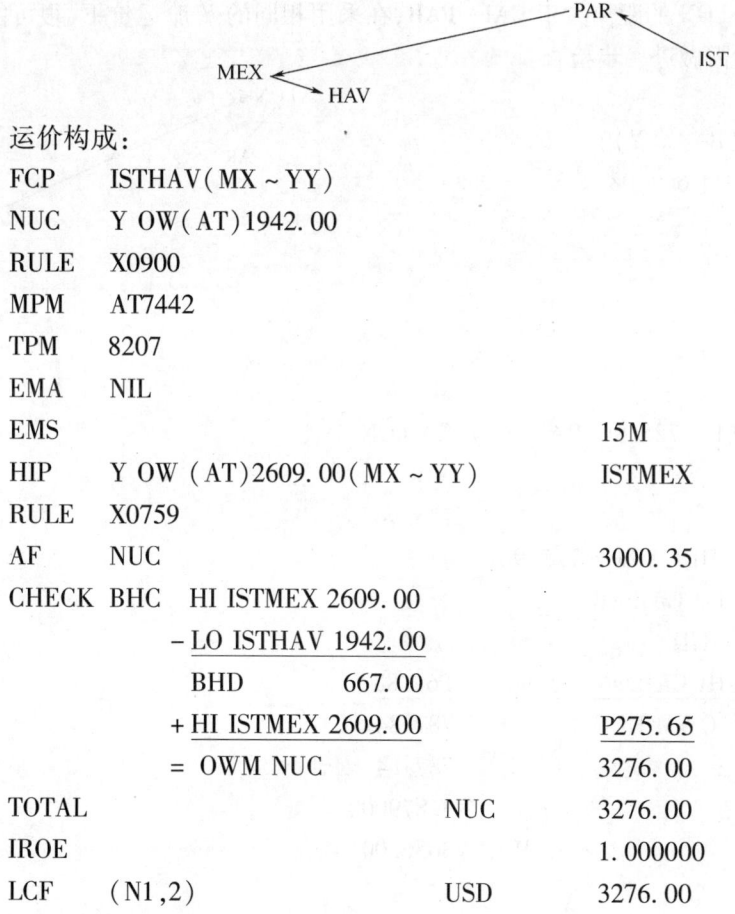

运价构成:

FCP	ISTHAV(MX ~ YY)	
NUC	Y OW(AT)1942.00	
RULE	X0900	
MPM	AT7442	
TPM	8207	
EMA	NIL	
EMS		15M
HIP	Y OW(AT)2609.00(MX ~ YY)	ISTMEX
RULE	X0759	
AF	NUC	3000.35
CHECK BHC	HI ISTMEX 2609.00	
	− LO ISTHAV 1942.00	
	BHD 667.00	
	+ HI ISTMEX 2609.00	P275.65
	= OWM NUC	3276.00
TOTAL	NUC	3276.00
IROE		1.000000
LCF (N1,2)	USD	3276.00

说明：

① 本例有超里程15%，同时存在较高点，较高点检查的范围是：

• 起点到分程点：IST—MEX 2609.00 构成较高点；

• 分程点到终点：MEX—HAV（同为 TC1 内墨西哥湾附近的点，通常不可能比跨 TC12 的 IST—MEX 运价更高，因此省略。）

② 超里程附加需要在 HIP 基础上进行，即 2609.00 × (1 + 15%) = 3000.35。

③ BHC 检查范围：起点到分程点 IST—MEX，OWM 3276.00，大于 AF，全程运价需要提升到 NUC3276.00，BH PLUS 为 275.65。

④ 本例中，HIP 检查结果和 BHC 检查的最高运价航段正好重合，可以得出结论，当起点至中途分程点存在 HIP 时，后续计算过程必然要做 BHC 检查。

例 16　航程为 CAI—LON—PAR，全程经济舱普通运价，相关数据如下，相关运价满足特定运价规则条件，计算运价。

TPMs:			Fares:	Y OW NUC	CARR CODE	RULE	GI MPM
	CAI		CAI – LON	725.96		Y118	EH2672
2187EH LON	BA		CAI – PAR	664.08		Y118	EH2419
220EH PAR	AF		LON – PAR	略			

分析：画出航程的实际路线示意图，可知航程不需要分组，全程为一个运价计算组的单程，从图形看，CAI—LON 的距离大于 CAI—PAR，在采用相同的 Y 舱运价下，很可能存在较高点和单程回拽，需做进一步检查。

运价构成：

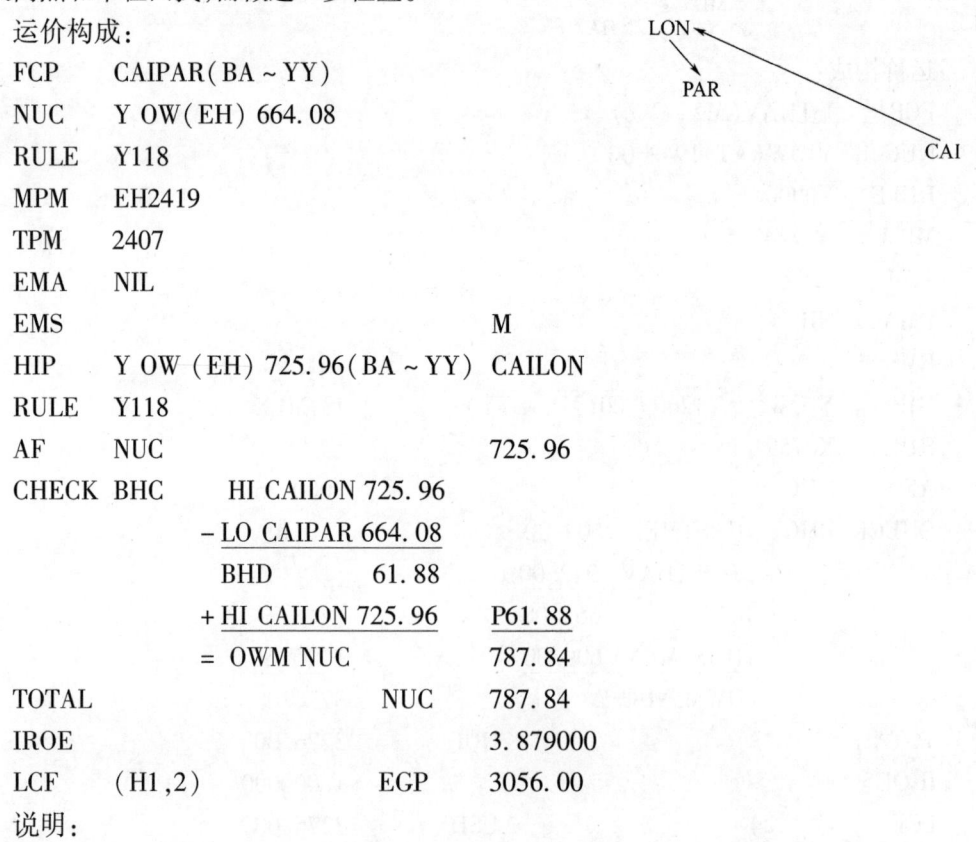

FCP	CAIPAR(BA ~ YY)		
NUC	Y OW(EH) 664.08		
RULE	Y118		
MPM	EH2419		
TPM	2407		
EMA	NIL		
EMS		M	
HIP	Y OW (EH) 725.96(BA ~ YY)	CAILON	
RULE	Y118		
AF	NUC	725.96	
CHECK BHC	HI CAILON 725.96		
	− LO CAIPAR 664.08		
	BHD 61.88		
	+ HI CAILON 725.96	P61.88	
	= OWM NUC	787.84	
TOTAL	NUC	787.84	
IROE		3.879000	
LCF (H1,2)	EGP	3056.00	

说明：

168

① 本例不超里程,较高点检查的范围是:

• 起点到分程点:CAI—LON 725.96 构成较高点;

• 分程点到终点:LON—PAR(相邻国家,通常不可能比跨中东和欧洲次区的 CAI—PAR 运价更高,因此省略。)

② BHC 检查范围:起点到分程点 CAI—LON,OWM 787.84,大于 AF 725.96,全程运价需要提升到 NUC787.84,BH PLUS 为 61.88。

③ 本例中,HIP 检查结果和 BHC 检查结果正好重合,并且 BHD = BH PLUS = 61.88,比较例题 15,你发现了什么? 为什么?

例 17 航程为 MEX—X/SAL—NYC—MAD—WAW—VIE,全程经济舱普通运价,相关数据如下,相关运价满足特定运价规则条件,计算运价。

TPMs:			Fares:	Y OW NUC	CARR CODE	RULE	GI MPM
	MEX		MEX – VIE	2029.00		X0759	AT7579
1014WH	X/SAL	MX	MEX – WAW	2168.00		X0759	AT7612
2079WH	NYC	CO	MEX – MAD	1770.00		X0759	AT6759
3588AT	MAD	IB	NYC – MAD	975.00	IB	N0329	
1412EH	WAW	LO	NYC – WAW	1372.00		X1200	
342EH	VIE	OS	NYC – VIE	1498.00		X1300	

分析:画出航程的实际路线示意图,全程为一个运价计算组的单程。

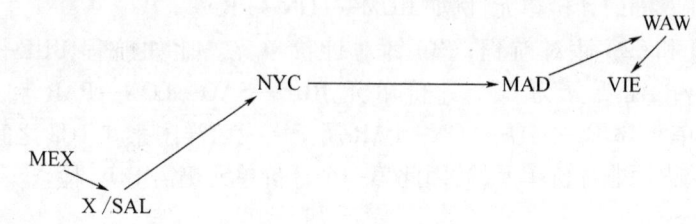

运价构成:

FCP	MEX VIE(IB ~ YY)	
NUC	Y OW(AT)2029.00	
RULE	X0759	
MPM	AT7579	
TPM	8435	
EMA	NIL	
EMS		15M
HIP	Y OW (AT)(IB ~ YY)2168.00	MEX WAW
RULE	X0759	
AF	NUC	2493.20
CHECK BHC	HI MEXWAW	2168.00
	– LO MEXVIE	2029.00
	BHD	139.00
	+ HI MEXWAW	2168.00
	= OWM NUC	2307.00 < 2493.20

169

TOTAL	NUC	2493.20
IROE		1.000000
LCF　　(N1,2)	USD	2493.00

说明：

① 本例较高点检查的范围是：

- 起点到分程点：MEX—NYC, MEX—MAD,MEX—WAW；
- 分程点到分程点：NYC—MAD,NYC—WAW, MAD—WAW；
- 分程点到终点：NYC—VIE,MAD—VIE,WAW—VIE。

② BHC 检查范围：起点到分程点 MEX—NYC,MEX—MAD,MEX—WAW。OWM 小于 AF,因此忽略 OWM 采用 AF 运价。

6.3.3　单程回拽检查例外情况

和其他检查一样,单程回拽检查也有例外情况。

1. 单程回拽检查不适用于以下情况

（1）整个在 TC1 内的航程,比如 NYC—BUE—SAO。

（2）整个在南大西洋国家(巴西、阿根廷、智利、巴拉圭、乌拉圭)和 TC2 之间的航程,比如 BUE—SAO—LON—FRA。

（3）整个在欧洲的计价单元,例如 ROM—LON—PRA。

应注意（1）和（2）针对航程,（3）针对计价单元。比如航程 BUE—SAO—LON—PAR—NYC—YVR,需要分为 2 个计价单元 BUE—SAO—LON—PAR 和 PAR—NYC—YVR,尽管计价单元 BUE—SAO—LON—PAR 属于南大西洋国家和 TC2 之间运输,但是这一例外是针对航程而非计价单元的,因此第一个计价单元仍需 BHC 检查。

2. 其他例外情况

对于符合 HIP 例外免除检查的点,其 BHC 检查同样可以免除,比如符合指定航程条件的可以直接使用直达运价不做 HIP 检查,同样也不做 BHC 检查。

6.4　来回程、环程、环球程普通运价

6.4.1　来回程运价计算

1. 来回程的界定

来回程(Round Trip,RT)是指由始发点出发到达另一点然后回到始发点且全程为航空运输的航程。

1）来回程基本特征

判断一个航程是否为来回程可以抓住一些基本特征：

（1）来回程无地面运输段。

（2）来回程含有(只含有)两个 1/2RT 价的运价计算组,来回程的去程和回程运价相等。

2）来回程运价计算的一般规则

（1）来回程的折返点（Point of Turnaround）是指离计价单元起点地理上最远的运价计算点（在两个运价计算组之间），它将来回程计价单元分为去程和回程两个运价计算组。

（2）来回程运输始发国与终点为同一国，第二个运价计算组的运价要采用从始发国出发方向的运价，也就是与实际旅行方向相反的运价。

（3）来回程两个运价计算组均采用始发点至折返点的1/2RT运价，且去程和回程运价经一系列计算后最终相等，这也是区别来回程和环程（有关环程的介绍见后文）的主要依据。

（4）在非直达或指定航路的情况下，每个运价计算组均按照基本的步骤进行运价计算，比如里程制和HIP检查等。（注意BHC检查只适用于单程，不适用于来回程。）

（5）如无特别说明，在RT运价未公布的情况下，用OW价格代替1/2RT运价。1/2RT运价计算时注意NUC价格的尾数只保留2位。比如：RT NUC1200.05→1/2RT NUC600.02。

例18 去程和回程路线相同的来回程。

```
BJS  │
DLC  │
TYO  ↓ 642.72   1/2RT NUC
DLC  ↑
BJS  │ 642.72   1/2RT NUC
```

说明：这里 BJS—DLC—TYO 是去程（Outbound），TYO 是折返点（BJS—TYO 的 MPM 最大，也即 TYO 在地理上距离 BJS 最远），TYO—DLC—BJS 是回程（Inbound）。第一个运价计算组采用 BJS—TYO 方向的1/2RT运价，第二个运价计算组采用与实际旅行方向相反的运价，即相同的 BJS—TYO 方向的1/2RT运价。在两个运价计算组分别进行运价计算后，发现两个运价计算组的运价相等均为NUC642.72，因此这是一个来回程。

例19 去程和回程路线不相同的来回程。

```
NAN    │
X/TYO  │
BOM    │ 3067.78   1/2RT
X/SIN  ×
SYD    │
NAN    │ 3067.78   1/2RT
```

说明：这里 NAN—X/TYO—BOM 是去程（Outbound），BOM 是折返点（NAN—BOM 的 MPM 最大，也即 BOM 在地理上距离 NAN 最远），BOM—X/SIN—SYD—NAN 是回程（Inbound）。第一个运价计算组采用 NAN—BOM 方向的1/2RT运价，第二个运价计算组采用与实际旅行方向相反的运价，即依然是 NAN—BOM 方向的1/2RT运价。在两个运价计算组分别进行运价计算后，发现两个运价计算组的运价相等均为NUC3067.78，因此这是一个来回程。

需要特别说明的是，除了环球程，国际运输中决定一个航程是否是来回程的依据是运价水平而不是方向代码。举例来说，假设一个来回程的两个运价计算组，其中一个组采用 RU 方向的1/2TR 价格，另一个组采用 TS 方向的1/2TR 价格，如果经计算这两个组最终的 1/2TR 价格相等,那么该航程是来回程。

2. 来回程的例外

由于下列原因导致的来回程适用的去程和回程运价不同,其航程类型仍然属于来回程而非环程。

(1)服务等级的变化。

例 20

ATL | 3557.50　　(AT C 1/2RT)　　　　去程乘坐 C 舱,回程乘坐 F 舱,因此导致

FRA ↓　　　　　　　　　　　　　　　　　去程和回程 AT 方向 1/2RT 运价不等,但航

ATL | 4902.50　　(AT F 1/2RT)　　　　程仍为来回程。

(2)季节性因素。一般规定每个方向第一个国际航段出发日期决定整个计价单元适用的运价。但有些例外允许某些情况下的运价,比如某些青年运价,回程适用不同的季节性运价。

例 21

ATL | 429.00　　(AT YLXAP3M 1/2RT)　　去程为淡季运价,回程为旺季运价,因此

LON ↓　　　　　　　　　　　　　　　　 导致去程和回程 AT 方向 1/2RT 运价不等,

ATL | 599.00　　(AT YHXAP3M 1/2RT)　　但航程仍为来回程。

(3)一周中不同日的变化。运价规则允许情况下,来回程的去程和回程票价可能会根据一周中不同日而不同。

例 22

TYO | 807.29　　(YLXPX3M TS 1/2RT)　　去程为周中运价,回程为周末运价,因此

MIL ↑　　　　　　　　　　　　　　　　导致去程和回程 TS 方向 1/2RT 运价不等,

TYO | 849.06　　(YLWPX3M TS 1/2RT)　　但航程仍为来回程。

(4)承运人变化。去程和回程票价可能因不同的承运人而不同。

例 23

BJS |

YVR ↓ JL　1627.34　C PA 1/2RT　　　去程为 JL 的运价,回程为 OZ 的运价,

BJS | OZ　1575.39　C PA 1/2RT　　　因此导致去程和回程 PA 方向 C 舱

　　　　　　　　　　　　　　　　　　　1/2RT 运价不等,但航程仍为来回程。

3. 来回程运价计算示例

例 24 去程和回程路线相同的来回程。

航程为 TYO—LON—LIS—LON—TYO,全程经济舱普通运价,相关数据如下,计算运价。

TPMs:			Fares:	Y RT NUC	CARR	CODE	RULE	GI MPM
TYO			TYOLON	5050.80				TS 7464
6220 LON	JL		TYOLIS	5154.48				TS 8508
986 LIS	↓ BA		LONLIS	875.16				
986 LON		BA						
6220 TYO	JL							

分析:显见航程是一个去程和回程路线相同的航程,折返点为 LIS。

172

运价构成：

	去程		回程
FCP	TYOLIS(JL ~ YY)	FCP	TYOLIS(JL ~ YY)
NUC	Y 1/2RT(TS)2577.24	NUC	Y 1/2RT(TS)2577.24
RULE	NIL	RULE	NIL
MPM	TS8508	MPM	TS8508
TPM	7206	TPM	7206
EMA	NIL	EMA	NIL
EMS	M	EMS	M
HIP	NIL	HIP	NIL
RULE	NIL	RULE	NIL
AF	NUC2577.24	AF	NUC2577.24
TOTAL	RT NUC5154.48		
IROE	120.131767		
LCF	（H100,0） JPY619300		

说明：这是一个去程和回程路线相同的航程,容易判断折返点为 LIS。运价需分两个运价计算组分别计算后再加总,每个运价计算组内的计算是相互独立的,采用 1/2RT 运价,各自按照基本的步骤进行运价计算,回程采用反方向运价。由于两个运价计算组的最终运价相等,因此航程是一个来回程。

例25 去程和回程路线不同的来回程。

航程为 DAR—NBO—AMS—BRU—NBO—DAR,全程经济舱普通运价,相关数据如下,相关运价满足特定运价规则条件,计算运价。始发地当地货币使用美元计价。

TPMs:			Fares:	Y RT NUC	CARR	CODE	RULE	GI MPM
	DAR		DAR – NBO	342.00				EH 500
417	NBO	PW	DAR – AMS	2350.00			Y046	EH 5478
4148	AMS	KQ	DAR – BUR	2200.00			Y046	EH 5120
89	BRU	KL	NBO – AMS	2381.00			Y046	EH4977
4087	NBO	SN	NBO – BRU	2370.00			Y046	EH4960
417	DAR	KQ	BRU – AMS	303.34				EH 480

分析：这是一个去程和回程路线不同的航程,路线示意如下：

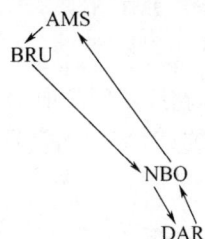

由于去程和回程路线不同,不易直观地判断折返点,需根据最大允许里程来确定：

DAR—NBO　　EH 500

DAR—AMS　　EH 5478　　√

173

DAR—BRU　EH 5120

DAR—AMS 的 MPM 最大,可以判断折返点为 AMS。

运价构成:

去程		回程	
FCP	DARAMS（KQ ~ YY）	FCP	DARAMS(SN ~ YY)
NUC	Y 1/2RT(EH) 1175.00	NUC	Y 1/2RT(EH)1175.00
RULE	Y046	RULE	Y046
MPM	EH 5478	MPM	EH 5478
TPM	4565	TPM	4593
EMA	NIL	EMA	NIL
EMS	M	EMS	M
HIP	Y 1/2RT1190.50　NBOAMS(KQ－YY)	HIP	Y 1/2RT1190.50　NBOAMS(SM－YY)
RULE	Y046	RULE	Y046
AF	NUC　1190.50	AF	NUC　1190.50
TOTALRT	NUC2381.00		
IROE	1.000000		
LCF	（N1,2）　USD2381.00		

说明:由于回程采用与实际航程反方向运价,即 DAR—NBO—BRU—AMS 方向,因此 HIP 检查时同样采用反方向的 1/2TRT 运价。本例中去程运价计算组的 HIP 检查范围为:DAR—NBO,NBO—AMS;回程运价计算组的 HIP 检查范围为:DAR—NBO,DAR—BRU,NBO—BRU,NBO—AMS,BRU—AMS。由于两个运价计算组的最终运价相等,因此航程是一个来回程。

例26　来回程的例外:去程和回程运价不相等是由不同的承运人运价导致,航程仍属于来回程。

航程为 BJS—SHA—YVR—SEL—BJS,全程公务舱普通运价,相关数据如下,计算运价。

TPMs:			Fares:	C RT NUC	CARR	CODE	RULE	GI MPM
	BJS		BJS – YVR	3353.74		AA		PA 6333
676	SHA	CA	BJS – YVR	3150.78		KE		PA 6333
5611	YVR	AA	BJS – SEL	798.57				EH680
5092	SEL	KE	SHA – YVR	3353.74		AA		PA 6733
567	BJS	CA	SEL – YVR	2308.78		KE		PA 6110

分析:这是一个去程和回程路线不同的航程,路线示意如下:

BJS—YVR 的 MPM 最大,显然应选择 YVR 作为折返点。

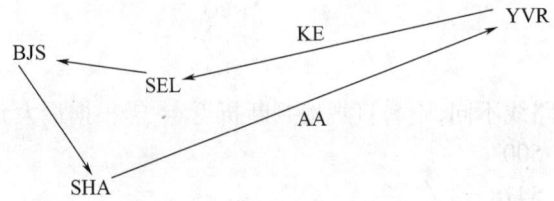

运价构成:

	去程			回程	
FCP	BJSYVR(AA)		FCP	BJSYVR(KE)	
NUC	C 1/2RT(PA)1676.87		NUC	C 1/2RT(PA)1575.39	
RULE	NIL		RULE	NIL	
MPM	PA 6333		MPM	PA 6333	
TPM	6287		TPM	5659	
EMA	NIL		EMA	NIL	
EMS		M	EMS		M
HIP	NIL		HIP	NIL	
AF	NUC	1676.87	AF	NUC	1575.39
TOTAL	RT	NUC3252.26			
IROE		6.435678			
LCF	(H10,0)	CNY20940			

说明:本例中去程和回程的运价差异不是由于 HIP 或 EMS 等原因造成,而是由于去程采用了 AA 的运价,回程采用了 KE 的运价,两者并不相等,因此这属于之前提到的来回程的例外情形之一,因此航程仍然是一个来回程。

6.4.2 环程运价与环程最低限额检查(CTM)

1. 环程的界定

环程(Circle Trip,CT)是指从出发地前往某地并继续旅行,经一条连续、环形的航路,最后再返回原始发地的航程,包括由两个运价计算组组成但不满足来回程条件的航程。

1)环程的基本特征

判断一个航程是否为环程可以抓住一些基本特征:

(1)环程由两个或两个以上运价计算组组成。

(2)当环程只含有两个运价计算组时,去程和回程有着不同的 1/2RT 运价。

2)环程运价计算的一般规则

环程运价的计算规则和来回程非常相似:

(1)环程由两个或两个以上运价计算组组成,每个运价计算组均采用 1/2RT 运价,环程运价是上述 1/2RT 运价的最低组合。

(2)在非直达或指定航路的情况下,每个运价计算组均按照基本的步骤进行运价计算,比如里程制和 HIP 检查等。

(3)环程运输始发国与终点为同一国,运价计算采用实际旅行方向的运价,但是回到单元始发国的运价计算组要采用与实际旅行方向相反的运价。

环程的运价方向存在例外,下列情况下环程的运价计算组始终采用实际旅行方向的运价:运价计算组在加拿大和美国之间;运价计算组在丹麦、挪威、瑞典之间(斯堪的纳维亚地区)。上述两种情况在国际运价计算中常被视为"一国",即所谓"一国原则"。

例 27 环程的运价方向。

(4)环程需要进行环程最低限额检查(CTM 检查)。

```
MIA ↓
PAR ⌐→ MIA−PAR 1/2RT
YVR ⌐ YVR−PAR 1/2RT（美、加视为一国，PAR−YVR应采用与实际旅行反方向运价）
MIA ↓    YVRMIA 1/2RT（美、加之间应采用实际旅行方向运价）
```

2. 环程最低限额检查（CTM）

环程最低限额检查（Circle Trip Minimum Check，CTM）是指环程的运价（不包括任何旁岔程）不得低于该环程计价单元始发点至任意一个中途分程点的同等级最高往返直达票价。

环程最低限额检查的基本步骤如下：

（1）打破计算组的限制，在全航程中列出所有单元起点至中途分程点（包括折返点）的往返运价。

（2）找出单元起点到全程任意中途分程点的最高往返运价，此为环程最低限额。

这里需要说明几点：

① 如同一承运人同一服务等级有多个普通运价，在满足季节性、一周中不同日的条件下，可以采用最低（较低）的运价用于 CTM 检查，无需考虑中途分程和转机的限制。

② 如果去程和回程有不同的承运人运价，可以选择较低的运价用于 CTM 检查。

③ 如果去程和回程有不同的方向代码运价，可以选择较低的运价用于 CTM 检查。

④ 对于可以免除 HIP 检查的点，CTM 检查同样可以免除。

（3）用该最低限额与全程总额比较，决定是否提升运价，环程运价不能低于环程最低限额。

3. 环程运价计算示例

1）环程运价需要提升到 CTM 的例子

例 28 航程为 SCL—HAV—KIN—PTY—SCL，全程经济舱普通运价，相关数据如下，相关运价满足特定运价规则条件。计算运价。

TPMs:			Fares:	TYPE	OW NUC	CARR CODE	RULE	GI MPM
	SCL		SCLHAV	Y1	1144.00		X2600	WH 4766
3972	HAV	CM	SCLPTY	Y2SA	984.00		X1500	WH3584
504	KIN	JM	SCLKIN	Y1	1168.00		X2600	WH4713
642	PTY	CM	PTYHAV	Y1	444.00		X2600	
2987	SCL	CM	PTYKIN	Y1	358.00		X2600	

分析：航程的路线示意如下：

尽管去程和回程路线不同，显然 HAV 作为最远的点还是很容易看出来，从 MPM 来

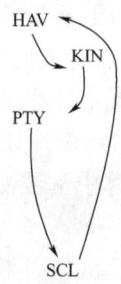

176

看,确实 SCLHAV 的 MPM 最大,为 WH 4766。因此确定 HAV 为折返点。

运价构成:

	去程		回程
FCP	SCLHAV(CM~YY)	FCP	SCLHAV(CM~YY)
NUC	Y1 1/2RT(WH)1144.00	NUC	Y1 1/2RT(WH)1144.00
RULE	X2600	RULE	X2600
MPM	POINT	MPM	WH4766
TPM		TPM	4133
EMA	TO	EMA	NIL
EMS		EMS	M
HIP		HIP	Y1 1/2RT 1168.00 SCLKIN
RULE	POINT	RULE	X2600
AF	NUC1144.00	AF	NUC1168.00

CT SUBTOTAL NUC2312.00

CHECK　　CTM　　　　P　　24.00

SCLKIN RT NUC　2336.00

TOTAL　　NUC2336.00

IROE　　1.00

LCF　　(N1,2)USD2336.00

说明:

容易判断航程的折返点为 HAV,运价需分两个运价计算组分别计算后再加总。

本例中相关城市对之间没有 RT 运价,因此采用 2OW 运价代替 RT 运价。

去程为点到点运输。回程 HIP 检查范围为:SCLPTY、SCLKIN(较高点)、PTYKIN、PTYHAV、KINHAV。由于两个运价计算组的最终运价不相等,因此航程是一个环程,需要进行 CTM 检查。

CTM 检查在全航程单元起点至中途分程点(含折返点)进行,包括:

去程				回程			
SCLHAV	Y1 WH RT 2288.00			SCLHAV	Y1 WH RT 2288.00		
SCLPTY	Y2SA WH RT 1968.00			SCLPTY	Y2SA WH RT 1968.00		
SCLKIN	Y1 WH RT 2336.00			SCLKIN	Y1 WH RT 2336.00	√	

因此环程运价需要提升到 CTM SCLKIN RT NUC 2336.00。

2)CTM 检查采用了最低(较低)水平的运价

例 29　航程为 TYO—SEL—IST—ATH—X/IST—TYO,全程经济舱普通运价,相关数据如下:其中运价规则 Y094 对中途分程和转机无限许可;Y086 不允许中途分程,RT 运价允许每个方向有 2 个转机点。计算运价。

TPMs:				
	TYO			
759	SEL	JL		
5187	IST	TK		
345	ATH	OA		
345	X/IST	OA		
5755	TYO	JL		

Fares:	TYPE	RT NUC	CARR CODE	RULE	GI MPM
TYOSEL	Y	778.31		Y280	EH 910
TYOIST	Y	5755.34		Y094	TS 6906
	Y2	4758.10		Y086	TS 6906
TYOATH	Y	5646.30		Y094	TS 7261
	Y2	4669.03		Y086	TS 7261
SELIST	Y	2474.56		Y094	
SELATH	Y	2474.56		Y094	
ISTATH	Y	550.00		Z001	

注：SELIST、SELATH 因没有 Y 舱 RT 运价,因此采用了 2OW 运价替代。

分析：航程的路线示意如下：

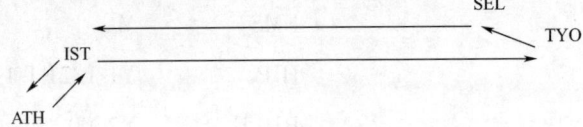

TYOATH 的 MPM 最大,为 TS 7261。因此确定 ATH 为折返点。

运价构成：

	去程		回程
FCP	TYOATH(TK ~ YY)	FCP	TYOATH(JL ~ YY)
NUC	Y 1/2RT(TS)2823.15	NUC	Y2 1/2RT(TS)2334.51
RULE	Y094	RULE	Y086
MPM	TS7261	MPM	TS7261
TPM	6291	TPM	6100
EMA	NIL	EMA	NIL
EMS	M	EMS	M
HIP	Y 1/2 RT 2877.67 TYOIST	HIP	NIL
RULE	Y094	RULE	NIL
AF	NUC2877.67	AF	NUC2334.51

CT SUBTOTAL NUC5212.18

CHECK　CTM　TYOIST Y2 TS RT 4758.10 <

TOTAL　NUC5212.18

IROE　120.131767

LCF　（H100,0）　JPY626200

说明：容易判断航程的折返点为 ATH,运价需分两个运价计算组分别计算后再加总。由于去程有 SEL 和 IST 两个中途分程点,因此不能采用较低的 Y2 运价,只能采用 Y 运价,因为 Y2 运价规则 Y086 不允许中途分程。而回程只有一个转机点 IST,因此回程可以采用较低的 Y2 运价。

去程 HIP 检查范围为：TYOSEL、TYOIST、SELIST、SELATH、ISTATH,同样 TYOIST 只能选 Y 运价用于 HIP 检查,因为这两点之间有一个分程点 SEL。回程没有分程点,不作 HIP 检查。

由于两个运价计算组的最终运价不相等,因此航程是一个环程,需要进行 CTM 检查。

CTM 检查在全航程单元起点至中途分程点(含折返点)进行,包括:

	去程		回程
TYOSEL	Y EH RT 778.31		
TYOIST	Y2 TS RT 4758.10	TYOIST	Y2 TS RT 4758.10
	~~Y TS RT 5755.34~~		~~Y TS RT 5755.34~~
TYOATH	Y2 TS RT 4669.03	TYOATH	Y2 TS RT 4669.03
	~~Y TS RT 5646.30~~		~~Y TS RT 5646.30~~

由于 CTM 检查无需考虑中途分程和转机的限制,因此可以选用较低的 Y2 运价,这样查出来的运价均小于 CT SUBTOTAL NUC5212.18,因此依然采用 AF 运价。

3)去程和回程有不同的方向代码运价的 CTM 检查

例 30 航程为 SEL—TYO—IST—BJS—SEL,全程经济舱普通运价,相关数据如下,计算运价。其中运价规则 Y094 对中途分程和转机无限许可;Y086 不允许中途分程,RT 运价允许每个方向有 2 个转机点;Y146 条件符合。

Fares:	TYPE	NUC	CARR CODE	RULE	GI MPM
SELTYO	Y	OW 209.88		Y277	EH 910
SELIST	Y	OW 1237.28		Y094	TS 7816
	Y	OW 1057.57		Y094	EH 7216
SELBJS	Y	OW 214.19		Y277	EH 280
TYOIST	Y2	RT 4578.10		Y086	TS 6906
	Y	RT 5755.34		Y094	TS 6906
BJSIST	Y	RT 3368.25		Y146	EH 6102

TPMs:

	SEL	
759	TYO	KE
5755	IST	JL
4395	BJS	CA
567	SEL	KE

分析:航程的路线示意如下:

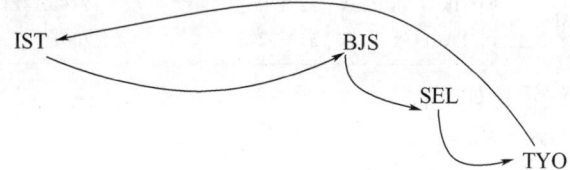

SELIST 的 MPM 最大,为 TS 7816。因此确定 IST 为折返点。

运价构成:

	去程		回程
FCP	SELIST(JL ~ YY)	FCP	SELIST(CA ~ YY)
NUC	Y 1/2RT(TS)1237.28	NUC	Y 1/2RT(EH)1057.57
RULE	Y094	RULE	Y094
MPM	TS7816	MPM	EH7216
TPM	6514	TPM	4962
EMA	NIL	EMA	NIL
EMS	M	EMS	M
HIP	Y2 1/2 RT 2289.05 TYOIST	HIP	Y 1/2RT 1684.12　BJSIST
RULE	Y086	RULE	Y146
AF	NUC 2289.05	AF	NUC1684.12

CT SUBTOTAL NUC3973. 17

CHECK　CTM　SELIST Y RT（EH）2115. 14 <

TOTAL　NUC3973. 17

IROE　1278. 770000

LCF　（H100,0）　KRW5080800

说明：

CTM 检查在全航程单元起点至中途分程点（含折返点）进行，包括：

去程　　　　　　　　回程

SELTYO　Y RT（EH）419. 76

SELIST　~~Y RT（TS）2474. 56~~　SELIST Y RT（EH）2115. 14

SELBJS Y RT（EH）428. 38

4）通过改变运价计算点获得环程最低运价

由于 MPM 最大的点往往也是运价最大的点，从而导致运价计算的结果有可能偏高，为了得到环程的最低运价，可以选择其他运价相对较低的点作为运价计算点，对不同的分组方式分别计算后，取运价最低的方案作为最终方案。

例 31　航程为 BKK—HKG—LON—PAR—BKK，全程经济舱普通运价，相关数据如下，相关运价满足特定运价规则条件。计算运价。

TPMs:

	BKK	
1049	HKG	TG
5970	LON	CX
220	PAR	BA
5860	BKK	AF

Fares:	TYPE	RT NUC	CARR CODE	RULE	GI MPM
BKKLON	Y	2186.57		Y146	EH 7700
BKKHKG	Y	396.73		Y275	EH 1258
BKKPAR	Y	2061.01		Y146	EH 7470
HKGLON	Y	3521.84		Y146	EH
HKGPAR	Y	3291.06		Y146	EH
PARLON	Y	512.92		Z001	EH

分析：航程的路线示意如下：

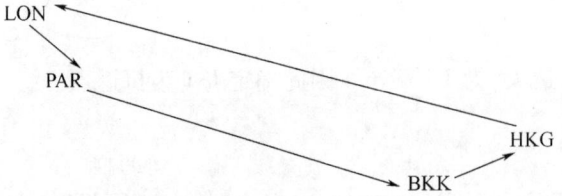

方案一：以 MPM 最大的点作为运价计算点

不难发现 BKKLON 的 MPM 最大为 EH7700，同时 BKKLON 也是始发点出发的运价最大的城市对。因此确定 LON 为折返点，分两个运价计算组计算。

运价构成：

去程　　　　　　　　　　　　　　回程

FCP　BKKLON(CX ~ YY)　　FCP　BKKLON(AF ~ YY)

NUC　Y 1/2RT(EH)1093. 28　　NUC　Y2 1/2RT(EH)1093. 28

RULE　Y146　　　　　　　　RULE　Y146

MPM　EH 7700　　　　　　　MPM　EH 7700

180

TPM	7019		TPM	6080
EMA	NIL		EMA	NIL
EMS	M		EMS	M
HIP	Y 1/2 RT 1760.92 HKGLON		HIP	NIL
RULE	Y146		RULE	NIL
AF	NUC1760.92		AF	NUC1093.28

CT SUBTOTAL NUC2854.20

CHECK	CTM BKKLON EH RT Y 2186.57 <
TOTAL	NUC2854.20
IROE	43.643504
LCF	(H5,0) THB124570

说明:去程 HIP 检查范围为:BKKHKG、HKGLON(较高点)。回程 HIP 检查范围为:BKKPAR、PARLON,不存在 HIP,注意检查时使用 1/2RT 运价。由于两个运价计算组的最终运价不相等,因此航程是一个环程,需要进行 CTM 检查。

CTM 检查在全航程单元起点至中途分程点(含折返点)进行,去程和回程都是 EH 方向相同的运价,包括:

去程	回程
BKKLON EH RT Y 2186.57	BKKLON EH RT Y 2186.57
BKKHKG EH RT Y 396.73	BKKHKG EH RT Y 396.73
BKKPAR EH RT Y 2061.01	BKKPAR EH RT Y 2061.01

上述均小于 CT SUBTOTAL NUC2854.20,因此依然采用 AF 运价。

方案二:以较低的运价点 PAR 为运价计算点

```
TPMs:
        BKK
  1049 HKG | TG
  5970 LON | CX
   220 PAR | BA
  5860 BKK | AF
```

运价构成:

	去程			回程
FCP	BKKPAR(CX ~ YY)		FCP	BKKPAR(AF ~ YY)
NUC	Y 1/2RT(EH)1030.50		NUC	Y2 1/2RT(EH)1030.50
RULE	Y146		RULE	Y146
MPM	EH 7470		MPM	POINT
TPM	7239		TPM	
EMA	NIL		EMA	TO
EMS	M		EMS	
HIP	Y 1/2 RT 1760.92 HKGLON		HIP	
RULE	Y146		RULE	POINT

AF	NUC1760. 92	AF	NUC1030. 50

CT SUBTOTAL NUC2791. 42

CHECK   CTM BKKLON EH RT Y 2186. 57 <

TOTAL   NUC2791. 42

IROE   43. 643504

LCF   (H5,0)   THB121830

说明：去程 HIP 检查范围为：BKKHKG、BKKLON、HKGLON、HKGPAR、LONPAR，其中 HKGLON 为运价最大的较高点。回程为点到点运输。由于两个运价计算组的最终运价不相等，因此航程是一个环程，需要进行 CTM 检查。与方案一相同，CT SUBTOTAL NUC2791. 42 大于所有始发点至分程点的 RT 运价，因此忽略 CTM 检查结果，仍旧使用 NUC2791. 42。

方案二的计算结果低于方案一，因此最终运价应采取方案二的结果。

6.4.3 环球程与环球最低限额检查(RWM)

1. 环球程的界定

1）定义

环球程(Round the World Trip，RW)是指旅行从始发点出发，经一次太平洋又经一次大西洋，然后回到原始发点的航程。环球程可以看成是环程的一种特殊情况。

2）环球程运价计算的一般规则

环球程运价的计算规则和环程非常相似，可以看做去程和回程有着不同方向代码的环程，而环程最低限额检查在环球程中被称为环球最低限额检查。

（1）环球程由两个或两个以上运价计算组组成，每个运价计算组均采用 1/2RT 运价，环球程运价是上述 1/2RT 运价的最低组合。

（2）在非直达或指定航路的情况下，每个运价计算组均按照基本的步骤进行运价计算，比如里程制和 HIP 检查等。

（3）环球程运输始发国与终点为同一国，运价计算采用实际旅行方向的运价，但是回到单元始发国的运价计算组要采用与实际旅行方向相反的运价。

（4）环球程需要进行环球最低限额检查(RWM)。

2. 环球最低限额检查(RWM 检查)

环球最低限额检查(Round the World Minimum Check，RWM)是指环球程的运价(不包括任何旁岔程)不得低于该环球程计价单元始发点至任意一个中途分程点的同等级最高往返直达票价。

环球程最低限额检查的基本步骤也和环程最低限额检查类似：

（1）打破计算组的限制，在全航程中列出所有单元起点至中途分程点(包括折返点)的往返运价。

（2）找出单元起点到全程任意中途分程点的最高往返运价，此为环球最低限额。

（3）用该最低限额与全程总额比较，决定是否提升运价，环球程运价不能低于环球最低限额。

之前环程中提到的几点说明，同样适用于环球程：

● 如同一承运人同一服务等级有多个普通运价,在满足季节性、一周中不同日的条件下,可以采用最低(较低)的运价用于 RWM 检查,无需考虑中途分程和转机的限制。

● 如果去程和回程有不同的承运人运价,可以选择较低的运价用于 RWM 检查。

● 对于可以免除 HIP 检查的点,RWM 检查同样可以免除。

● 对于环球程,其去程和回程方向代码通常不同,可以选择较低的运价用于 RWM 检查。

此外,环球程有一个例外:澳大利亚和新西兰出发的环球程不需要进行 RWM 检查。

3. 环球程运价计算示例

例 32 航程为 SAO—JNB—BKK—MNL—BJS—X/LAX—SAO,全程经济舱普通运价,相关数据如下,相关运价满足特定运价规则条件。计算运价。

TPMs:			Fares:	TYPE	RT NUC	CARR CODE	RULE	GI MPM
	SAO		SAOMNL	Y	4750.00		X0789	SA 13767
4642	JNB	SA		Y2	4216.00		X1102	PA 15008
5591	BKK	SA	SAOBKK	Y	4618.00		X0789	SA 12278
1364	MNL	TG		Y2	4720.00		X1102	PA 14917
1797	BJS	CA	SAOBJS	Y	4786.00		X0789	SA 13680
6228	X/LAX	CA		Y2	4352.00		X1102	PA 14164
6153	SAO	RG	SAOJNB	Y	2650.00		X0960	AT 5570

分析:航程的路线示意如下:

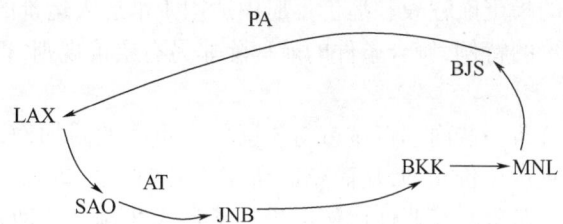

运价构成:

	去程		回程
FCP	SAOMNL(SA ~ YY)	FCP	SAOMNL(CA ~ YY)
NUC	Y 1/2RT(SA)2375.00	NUC	Y2 1/2RT(PA)2108.00
RULE	X0978	RULE	X1102(+1S)
MPM	SA13767	MPM	PA15008
TPM	11597	TPM	14179
EMA	NIL	EMA	NIL
EMS	M	EMS	M
HIP	NIL	HIP	Y2 1/2TR 2176.00 SAOBJS
RULE	NIL	RULE	X1102
AF	NUC2375.00	AF	NUC2176.00

```
                 RW NUC4551.00
CHECK    RWM        P      67.00
                 SAOBKK RT NUC  4618.00
1S       USD75.00 = NUC75.00
TOTAL    NUC4693.00
IROE     1.00
LCF      (N1,2)USD4693.00
```

说明：

本题经一次太平洋又经一次大西洋然后回到原始发点,因此是一个环球程。折返点选择在 MNL。去程为 SA 方向运价2375.00；回程为 PA 方向2108.00,Y2 运价规则 X1102要求加收一次中途分程费75.00USD,回程有较高点 SAOBJS 2176.00。

本题需要进行 RWM 检查：

	去程	回程
SAOMNL	~~Y RT（SA）4750.00~~	Y2 RT（PA）4216.00
SAOBKK	Y RT（SA）4618.00√	~~Y2 RT（PA）4720.00~~
SAOBJS	~~Y RT（SA）4786.00~~	Y2 RT（PA）4352.00
SAOJNB	YRT（SA）2650.00	

本章小结

本章首先介绍了指定航程及其使用规则,指定航程以两种形式表示,即一般规则手册中适用于行业性运价的指定航程表和运价手册中适用于承运人运价的指定航程。指定航程实际上是里程制运价的特例,符合条件的航程除非另有票价规则,否则不需要进行超里程附加和 HIP 等检查。

比例运价是采用公布一些内部点城市与该国门户点间的附加额,并将此数额与门户点至国外某点的公布直达运价相加,从而获取所需要的两点之间的运价。该运价被视同为公布直达运价。比例运价有行业性比例运价和承运人比例运价两种,本章主要介绍行业性比例运价。要能熟练使用比例运价表,学会起点比例运价、终点比例运价以及起点终点两端比例运价3种情况下运价使用和计算的方法。

不同的航程类型,运价计算程序和要求的检查不同。本章按航程类型分别介绍各种类型航程的运价计算原理、步骤。单程运价主要掌握 HIP 检查、BHC 检查；来回程运价计算主要掌握基本步骤；要能区别环程和来回程,环程主要掌握 CTM 检查；环球程主要掌握RWM 检查。

复习与思考

1. 计算下列航程的票价。

航程：KHI—BKK—MNL—TYO

FARE TYPE：Y

184

FARES：KHI – TYO　Y　OW　NUC1112.00　　Y227

指定航程表信息如下：

Between	And	Via
Tokyo	Faisalabad/Karachi/Islamabad /Lahore/Multan/Peshawar	Manila – Bangkok

2. 旅客航程为：XMN—HKG—PAR，全航程使用 C 舱票价，在厦门付款并出票，计算运价。人民币 ROE = 6.471250，运价资料如下：

TPMs：			运价：	C　OW　NUC	CARR CODE	RULE	GI MPM
	XMN		XMN – HKG	256.00			
306EH	HKG	CZ	HKG – PAR	2857.85		Y146	EH8200
5968EH	PAR	CX	CAN – PAR	2539.59		Y146	EH7988
			XMN – PAR				EH8157

比例运价表：

Add – ON CITY AREA	GI	ADD TO	FARE TYPE	RULE	NUC NORMAL / SPECIAL OW	SPECIAL RT	LCF NORMAL / SPECIAL OW	SPECIAL RT	MILEAGE ADD TO
XIAMEN(**XMN**)**CN**							**CNY**		
AREA3 (EXC. HONGKONG SAR.)	EH	SHA	C		155.36		1250		
AFRICA	EH	SHA	C		95.70		760		
EUROPE	EH/FE	CAN	C		96.70		770		

3. 航程：AMM—RJ—X/MAD—CU—HAV—MX—MEX

　　TPM：　　　2270　　　　　4636　　　　　1118

运价等级：Y，该旅行相关票价满足相应的票价规则要求。完成全程运价计算。

提示：AMM（阿曼，约旦，当地货币代码 JOD，ROE = 0.784400，进位规则 H0.1,3 位小数）

运价表	Y　　OW　NUC	CARR CODE	RULE	GI MPM
AMM – MEX	2920.23		X0842	AT 9421
AMM – HAV	3360.00		X0842	AT
HAV – MEX	1239.67			
其余运价略				

4. 旅客航程：BJS—CA—MEL—MH—KUL—CA—BJS

　　　　TPM：5724　　　　　3942　　　　　2733

全程使用 C 舱运价，北京付款出票，ROE = 8.2769，计算运价。

运价表	C　RT NUC	CARR CODE	RULE	GI MPM
BJS – MEL	3351.48		Y277	EH 7018
BJS – KUL	1471.56			EH 2012
KUL – MEL	2129.47			

5. 旅客航程：YVR—AC—X/SFO—DL—SEL—CA—SHA—CA—SEL—KE—YVR

    TPM：   800   5639   522   522   5092

运价表	F RT NUC	CARR CODE	RULE	GI MPM
YVR – SHA	3197.80	DL	P5000	PA 6733
YVR – SHA	4057.98	KE	P0100	PA 6733
YVR – SEL	3983.12	DL		PA 6110
YVR – SEL	4199.82	KE		PA6110

全程使用 F 舱运价，YVR 付款出票，ROE = 1.52292，计算运价。

阅读

航空公司价格竞争的合法性问题

——美国司法部诉美国航空公司掠夺性定价案例研究

资料来源：李琦,中国民用航空,2008(12)：68

本案源于美国航空公司与几个小型低成本承运人在 1995—1997 年期间,在以达拉斯沃思堡机场为中心的不同航线上的竞争。期间,这些低成本承运人带来了新的市场活力,对某些航线收取较低的价格。在特定时期内(每个市场中的时间长度不同),这些航线的航空旅行消费者享受到了较低的价格,旅客的数量也大幅增加。美国航空公司为了应对低成本承运人,降低了自己的运价,增加了这些航线上的航班数量。在每种情况下,低成本承运人均没有实现在市场中持久的存在,最终或者将其运营转移走,或者停止了其独立的存在。在低成本承运人停止运营之后,美国航空公司又恢复了其以前的销售政策,在一些市场中减少了航班数量,并将其运价提高到与低成本航班竞争前的水平。

本案中,原告美国司法部主张,被告美国航空公司参与了对低成本承运人的掠夺性定价,违反了谢尔曼法第 2 条。被告在下列 7 个市场中,通过掠夺性定价和掠夺性定价的声誉来实施垄断或企图垄断：达拉斯至堪萨斯、威奇塔、科罗拉多斯普林斯、长滩、凤凰城、坦帕、奥克兰。

另外,美国司法部主张,美国航空公司通过在其他航线上的掠夺定价的声誉在下列市场上实施垄断或试图垄断：达拉斯至哈特福德、伯明翰、纳什维尔、波士顿、巴尔的摩、克里夫兰、哥伦布、里根、罗德岱堡等航线。

司法部声称,下列 5 个市场虽然被告没有垄断或者企图垄断,但是却受到了被告行为的影响：达拉斯至夏洛特、底特律、奥兰多、孟菲斯、匹兹堡航线。原告声称,在下列市场中,被告虽然没有垄断或者试图垄断,但是却从事了掠夺性的行为：达拉斯至亚特兰大、辛辛那提、丹佛、纽瓦克、芝加哥航线。最后,除了上述市场之外,原告还主张,被告通过掠夺定价的声誉垄断或试图垄断达拉斯和十个城市地区的航空服务市场：芝加哥、哥伦比亚、巴尔的摩、洛杉矶、纽约、新泽西、迈阿密、坦帕、旧金山和湾区。

司法部认为,被告的航线定价和运力决策导致了其产品价格低于成本,随后试图通过垄断或者企图垄断这些航线获得超额利润,来弥补成本。它认为,除了以上航线,被告还在很多其他的航线上违反了第2条的规定,被告通过在核心市场上与低成本承运人的成功竞争所获得的"掠夺声誉"来实施或企图实施垄断。

美国航空公司认为它对低成本承运人的竞争是以市场价值为基础的竞争,并不违反《谢尔曼法》的规定。法院在审查了当事人的主张和提交的证据后,支持了美国航空公司的抗辩,驳回了司法部的起诉。

思考题

1. 该案争议的焦点有哪些?
2. 谈谈你对美国和中国航空旅客运价的认识。

第三篇　民航旅客运输与责任

第7章　旅客运输

本章关键词

出港(departure)　　　　　　进港(arrival)
中转(transit)　　　　　　　办理乘机手续(check – in)
安全检查(security check)　　检验检疫检查(inspection & quarantine)
海关检查(customs inspection)　边防检查(immigration inspection)
误机(no show)　　　　　　特殊旅客(special passenger)

互联网资料

http://www.shairport.com
http://www.baiyunairport.com
http://www.bcia.com.cn
http://www.airchina.com.cn

> 旅客在完成订座和购票之后,需要按照机票上约定的时间前往机场乘机,为确保旅客运输工作的顺利进行,航空公司、机场、海关、边防、检疫等部门需要协同工作。当旅客运输出现延误、航班取消、合并、加降、备降和飞越等,或者旅客自己出现误机、漏乘、错乘等不正常情况时,需要按照既有的规定和程序确保旅客运输工作顺利进行。当遇到重要旅客、病残旅客等特殊旅客时,同样需要按照既定的程序和特定要求组织旅客运输工作。

7.1　旅客运输流程

　　民航旅客运输需要遵循一定的流程,这些流程大致可以分为3类,即:出港流程、进港流程和中转流程。这三类流程中的某些环节是相同的,还有一些会因航班进港、出港以及国际、国内属性而不同。

188

7.1.1 航班出港流程

1. 国内出发流程（Domestic Departure）

1）办理乘机手续

到达机场后,旅客到出发大厅指定的服务台凭本人有效身份证件按时办理乘机和行李交运手续,领取登机牌。国内航班一般在航班起飞前一个半小时开始办票,如乘坐代码共享航班,需提前与航空公司确认搭乘航班的航站楼及出发航班时间。通常飞机离站前30分钟停止办理乘机手续,目前部分机场由于安全检查要求提升,旅客安检时间较以前增长,为确保旅客的准点出行率,值机关闭时间延长为航班起飞前45分钟。

2）安全检查

通过安全检查时,旅客应首先向工作人员出示登机牌和有效证件。为了飞行安全,旅客及随身携带行李物品必须接受安全检查。行李物品要做X光机检查,旅客要走金属探测器门。

3）候机及登机

旅客可以根据登机牌上的登机口号到相应候机区休息候机。通常情况下,将在航班起飞前约30分钟开始登机,留意广播提示和航班信息显示。在登机口查验登机牌后,可直接通过廊桥登机,如果飞机停靠机坪,则需要乘坐摆渡车进入机舱,如图7.1所示。

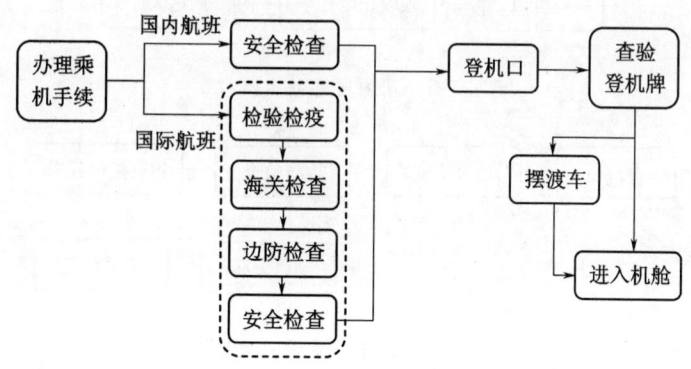

图7.1　国内、国际出港航班流程

2. 国际出发流程（International Departure）

与国内出发流程相比,国际出发流程主要是增加了海关检查、卫生检疫和边防检查3个环节(图7.1)。

1）办理乘机手续

基本要求同国内航班,但国际航班一般在航班起飞前两个半小时开始办票。

2）检验检疫检查

接受体温检测,如有发热、咳嗽、呼吸困难、呕吐、腹泻、急性皮疹、黄疸、淋巴腺肿等症状,或携带动植物及其产品、微生物、人体组织、生物制品、血液及血液制品等,需主动向检验检疫部门申报及办理相关手续。

3）海关申报与海关检查

没有携带应向海关申报物品的,无需填写海关《申报单》,选择"无申报通道"（又称

"绿色通道")通关,如携带有应向海关申报物品的,需填写海关《申报单》,选择"申报通道"(又称"红色通道")通关,并主动向海关申报及办理相关手续。按照规定享有免验和海关免于监管的人员以及随同成人旅行的 16 周岁以下旅客除外。

4)边防检查

填写《出入境登记卡》,选择相应通道,并出示护照、登机牌、《出入境登记卡》接受边防检查。

有关海关检查、卫生检疫和边防检查的更为详细内容可参见本书第 3 章。

5)安全检查

基本要求同国内航班。

6)进入候机区域

基本要求同国内航班。

7.1.2 航班进港流程

国内、国际进港航班流程(Arrival)的主要差别还是国际航班涉及到海关、检验检疫、边防等部门的联合检查。与出港航班相比,除了免去安全检查环节外其他环节类似,但先后次序不同。具体内容这里不再展开。其流程如图 7.2 和图 7.3 所示。

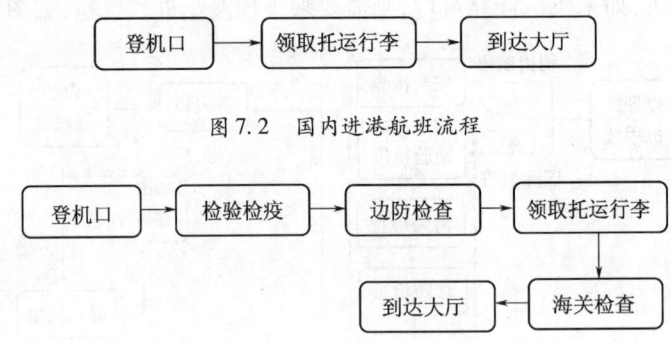

图 7.2 国内进港航班流程

图 7.3 国际进港航班流程

7.1.3 中转航班的流程

中转航班流程(Transit)包括 4 种,即国内转国内、国内转国际、国际转国内和国际转国际。一些机场之间的具体中转流程并不完全相同,但是基本内容是类似的,一般涉及国际航班的大都需要经过联检,而国内转国内则不需要联检,有时甚至不需要再次安检(始发地出发时已经安检)。有联程登机牌的旅客一般可以在候机楼内中转旅客的引导标识指引下自主完成中转流程,无联程登机牌的旅客需要先办理中转乘机手续。4 种中转方式各自的流程可参见图 7.4 ~ 图 7.7。

图 7.4 国内转国内流程

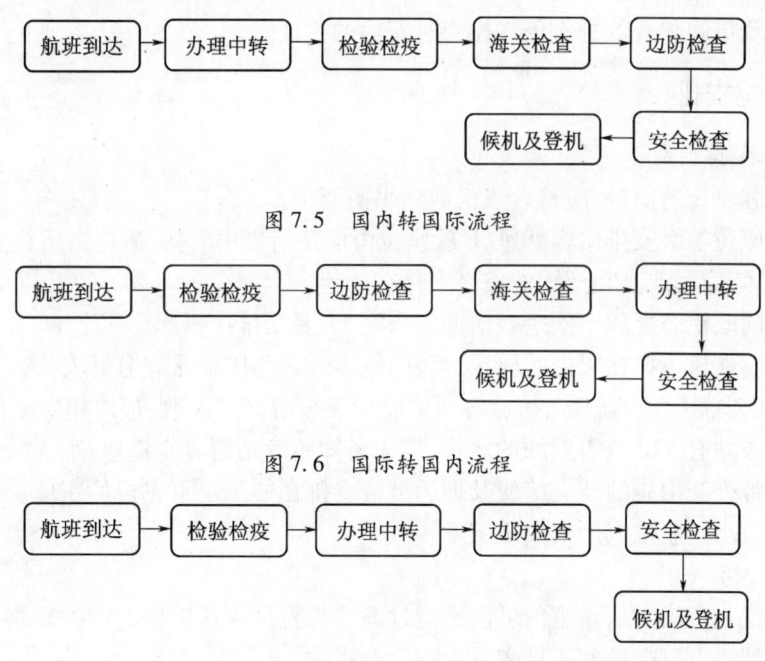

图 7.5　国内转国际流程

图 7.6　国际转国内流程

图 7.7　国际转国际流程

7.2　旅客乘机手续

办理旅客乘机手续(Check-In)是航空公司值机工作的一项主要内容,对于提高服务质量和保证飞行正常至关重要。航空公司相关部门必须加强这项工作的计划性和预见性,掌握不同的航班情况和不同旅客的需要,周到细致地进行准备,加强岗位责任制,规范操作手续,提高工作效率,尽量缩短旅客办理乘机手续和等候的时间,保证旅客能够顺利、准时、安全地到达目的地。

7.2.1　乘机手续的一般内容

值机人员可通过有效证件号码、电子客票票号或记录编号 PNR 等方式提取旅客的电子客票信息,并查看电子客票状态。核对旅客所持有效证件与电子客票信息是否一致,如果不符则不予办理乘机手续;如果旅客信息核对正确,则按正常操作程序办理乘机手续。

询问旅客是否有交运行李,对旅客需要托运的行李,值机人员应查验包装是否符合航空公司运输规定,不符合的应请旅客重新整理、加固。托运行李必须上锁,外包装要完好、牢固,托运行李必须经过安全检查。提醒旅客托运行李内不得夹带现金及贵重物品。

对符合交运要求的行李,请旅客把行李放在传动秤上,拴挂行李牌,记录行李的件数、重量,安排旅客座位并打印登机牌,在行李通过安全检查后将登机牌递给旅客。

对行李超重和不能作为行李交运的货物,在其所乘飞机载量允许情况下,并征得旅客同意后,在逾重行李付款单上写清行李超重重量、货物重量,请旅客按逾重行李费率到候补票台付费,凭逾重行李费的承运人联将旅客登机牌交还旅客。值机柜台原则上不接收不能作为行李交运的货物。

旅客凭登机牌和有效身份证件作为过安检的凭证。

7.2.2 座位安排

1. 座位安排原则

（1）旅客座位的安排，应符合飞机载重平衡要求。

（2）按座位等级安排旅客就座，F 舱座位由前往后集中安排，Y 舱由后往前。

（3）团体、家庭或互相照顾的旅客安排在一起。

（4）不同政治态度和不同宗教信仰的旅客，不要安排在一起。

（5）国际航班飞机在国内航段载运国内旅客时应与国际旅客分开安排。

（6）VIP 或需照顾的旅客，按旅客所定舱位等级情况及人数，预留相应座位。

（7）经停站有 VIP 或需照顾的旅客，事先通知始发站留妥合适座位。

（8）携带外交信袋的外交信使及押运员应安排在便于上下飞机的座位。

（9）应急出口座位应严格按规定发放。

2. 出口座位安排

出口座位是指旅客从该座位可以不绕过障碍物直接到达出口的座位和旅客从离出口最近的过道到达出口必经的成排座位中的每个座位。

通常不同的机型上应急出口的位置不同，相同机型不同机号的飞机其应急出口位置也有可能不同。航空公司对于出口座位旅客应该具备的能力和不适宜安排在出口座位的情况有明确规定。

1）出口座位旅客应完成的职责（所具备的能力）

确定应急出口的位置；认出应急出口开启机构；理解操作应急出口的指示；操作应急出口；评估打开应急出口是否会增加由于暴露旅客而带来的伤害；遵循机组成员给予的口头指示或手势；收藏或固定应急出口，以便不妨碍使用该出口；评估滑梯的状况，操作滑梯，协助他人从滑梯离开；迅速地经应急出口通过；评估选择和沿着安全路线从应急出口离开。

2）不宜在出口座位就座的情况

不宜在出口座位就座的情况是指旅客可能由于下述原因不具备前述应当具备的一项或多项能力：

（1）该人的两臂、双手和双腿缺乏足够的运动功能、体力或灵活性导致能力缺陷，包括：向上、向旁边和向下达不到应急出口位置和应急滑梯操纵机构；不能握住并推、拉、转动或者不能操作应急出口操纵机构；不能推、撞、拉应急出口舱门操纵机构或者不能打开应急出口；不能把与机翼上方出口窗门的尺寸和重量相似的东西提起、握住、放在旁边的座椅上，或者把它越过椅背搬到下一排去；不能搬动在尺寸与重量上与机翼上方出口门相似的障碍物；不能迅速地到达应急出口；当移动障碍物时不能保持平衡；不能迅速走出出口；在滑梯展开后不能稳定该滑梯；不能帮助他人用滑梯离开。

（2）该人不足 15 岁，或者如没有陪伴的成年人、父母或其他亲属的协助，缺乏履行 1）中所列的一项或多项能力。

（3）该人缺乏阅读和理解本条要求的、由航空公司制定的出口座位旅客须知卡的能力，或者缺乏理解机组口头命令的能力。

（4）该人在没有隐形眼镜或普通眼镜以外的视觉器材帮助时,缺乏足够的视觉能力导致缺乏履行1）中所列的一项或多项能力。

（5）该人在没有助听器以外的帮助时,缺乏足够的听觉能力听取和理解乘务员的大声指示。

（6）该人缺乏足够的能力将信息口头传达给其他旅客。

（7）该人具有可能妨碍其履行1）中所列的一项或多项适用功能的情况或职责,例如要照料幼小的孩子,或者履行前述功能可能会导致其本人受到伤害。

3）更换出口座位

可以调换座位的情况是指在出口座位就坐的旅客,按出口座位旅客须知卡进行自我对照,有下列情况时,可提出调换座位:属于不宜在出口座位就坐的情况;不能确定自己是否具备应当具备的能力的;为了履行出口座位处的功能有可能伤害其身体的;不能履行出口座位处可能要求其履行的职责的;由于语言、理解等原因,不能理解出口座位旅客须知卡内容和机组成员讲解内容的。

客运人员根据本条规定,确认被安排在出口座位上的旅客很可能没有能力履行1）中所列的功能,或者旅客自己要求不坐在出口座位时,应立即将该旅客安排在非出口座位的位置。

在非出口座位已经满员的情况下,如果需要将一位旅客从出口座位调出,商务人员应将一位愿意并且能够完成应急撤离功能的旅客调到出口座位处。

7.2.3 值机关闭

通常,航班离站前30分钟,停止接收旅客,值机人员清点乘机联和行李牌;在航班剩余座位没有特殊要求预留的情况下,按规定妥善安排超售、未能按时中转及晚到的旅客,另有余位可及时报航班控制人员了解是否有特殊旅客需要优先候补,然后交候补柜台进行补票;对迟到的旅客,在客票背面注明迟到时间,让旅客办理改签或退票手续,如不影响航班正点,可经航班控制人员同意后办理乘机手续。

7.3 旅客运输不正常与特殊旅客运输

7.3.1 旅客运输不正常

1. 非旅客方面因素

1）承运人原因

承运人原因造成的旅客运输不正常包括航班提前起飞、延误、取消、合并、加降、备降和飞越等不正常情况。

由于机务维护、航班调配、商务、机组等承运人原因,造成航班在始发地延误或取消,承运人应当向旅客免费提供餐食和住宿符服务。航班延误2小时以上,原则上每8小时免费提供一次饮料。正值用餐时间应免费提供餐食。航班延误时间比较长或过夜,应免费安排住宿。

2）非承运人原因

由于天气、突发事件、空中交通管制、安检以及旅客等非承运人原因,造成航班在始发站延误或取消,承运人可协助旅客安排餐食和住宿,费用应由旅客自理。

航班在经停站延误或取消,无论何种原因,承运人应负责向经停旅客免费提供膳宿服务。航班延误或取消时,承运人应迅速及时将航班延误或取消等信息通知旅客,做好解释工作,提供良好服务。并按规定依照旅客的要求,做好后续航班座位安排和退票工作。

2. 旅客方面因素

1)旅客误机

误机是指旅客未按规定时间办妥乘机手续或因旅行证件不符合规定而未能乘机。

在旅客运输不正常现象中,旅客误机是最常见的。旅客误机后,如要求改变承运人,通常按自愿退票的有关规定办理。旅客误机后,如要求退票或变更,通常按自愿退票或自愿变更的有关规定办理。团队旅客误机,客票将作废,票款不退。

2)漏乘

漏乘指旅客在航班始发站办理乘机手续后或在经停站过站时,未搭乘上指定的航班。发生旅客漏乘应首先查明漏乘原因,根据不同的漏乘原因进行处理。

由于旅客原因造成漏乘,发生在航班始发站,按误机有关规定处理,即旅客可办理改乘后续航班,也可以办理退票;发生在中途站,不得改乘后续航班,按旅客自动终止旅行处理,该航班未使用的航段的票款不退。

由于承运人原因造成漏乘,承运人应尽早安排旅客乘坐后续航班,并按航班不正常的相关规定,承担漏乘旅客等候后续航班期间的膳宿费用。如果旅客要求退票,通常按非自愿退票的规定办理。

3)错乘

错乘指旅客乘坐了不是客票的适用乘机联上列明的运输地点的航班。

由于旅客原因错乘,在始发站发现错乘,承运人应安排错乘旅客搭乘飞往旅客客票乘机联上列明地点的最早航班,票款不补不退;在中途站发现旅客错乘,应中止其旅行,承运人应安排错乘旅客搭乘飞往旅客客票上列明的目的地的直达航班,票款不补不退。

由于承运人原因错乘,承运人应向旅客赔礼道歉,妥善安排旅客,并应承担错乘旅客在等候后续航班期间的膳宿费用。在始发站发现旅客错乘,承运人应安排错乘旅客搭乘最早飞往旅客客票上列明地点的最早航班。如旅客要求退票,按非自愿退票处理;在中途站发现旅客错乘,应中止其旅行,承运人应尽可能安排错乘旅客搭乘飞往旅客客票上列明的目的地的直达航班。如旅客要求退票,按非自愿退票处理,退还自错乘地点至旅客客票上列明的目的地的票款。但是,任何情况下退款都不得超过旅客实付票款。

7.3.2 特殊旅客运输

特殊旅客是指在接受旅客运输和旅客在运输过程中,承运人需给予特别礼遇,或需给予特别照顾,或需符合承运人规定的运输条件方可承运的旅客。特殊旅客包括重要旅客、无成人陪伴儿童、孕妇、婴儿、伤病旅客、残疾旅客、担架旅客、老年旅客、酒醉旅客、特殊餐食旅客、犯人、盲人等。特殊旅客必须在订座时提出申请,只有在符合航空公司规定的条件下,经航空公司预先同意并在必要时作出安排后方可接受乘机。

由于特殊旅客需要特殊的照顾和服务,可能会影响对同一航班其他旅客的服务,因此每一航班对接受的各类特殊旅客(除重要旅客外)应有数量限制,对特殊旅客接受人数的控制由航班的控制部门负责。

1. 重要旅客

1)重要旅客的范围

(1)最重要旅客(VVIP)。最重要旅客包括:中共中央总书记、中央政治局常委、委员、候补委员;国家主席、国家副主席;全国人大委员长、副委员长;国务院总理、副总理、国务委员;全国政协主席、副主席;中央军委主席、副主席;最高人民检察院检察长、最高人民法院院长;外国国家元首、政府首脑、议会议长及副议长、联合国秘书长。

(2)重要旅客(VIP)。重要旅客包括:省部级(含副职)党政负责人、在职军级少将(含)以上军队领导、国家武警、公安消防部队主要领导、港、澳特别行政区政府首席执行领导;外国政府部长(含副职)、国际组织(包括联合国、国际民航组织)的领导、外国大使和公使级外交使节;由省部级(含)以上单位或我国驻外使领馆提出要求按 VIP 接待的客人;著名科学家、中国科学院院士、社会活动家、社会上具有重要影响的人士。

(3)工商界重要旅客(CIP)。工商界重要旅客包括:工商业、经济和金融界等重要、有影响的人士;重要的旅游业领导人;国际空运企业组织、重要的空运企业负责人等。

2)重要旅客的订座和售票

首先应辨明重要旅客身份,详细问清职务、级别和所需提供的特殊服务,在有关订座记录中注明,并做好保密工作。重要旅客及随从人员在同一售票处办理。VIP 的职务、级别及随行人员的相关情况要在 OSI 项中注明。

除按规定打印客票外,在重要旅客的姓名后加注"VIP"字样(CIP 旅客名字后不加"CIP"字样),客票内所填项目应与订座记录逐一核对,并交值班主任检查,确保航班号、日期、起飞时间正确无误。

重要旅客的购票手续办理完毕后,在重要旅客的订座记录中用 OSI 项注明重要旅客身份,通常座位控制部门要在航班起飞前一天下午 4 时(各航空公司有各自的规定时间)前将重要旅客的姓名、职务、随行人数、乘机日期、航班、起飞时间、订座舱位、PNR 代码、目的地、特殊服务要求和需要的特殊设备等用传真或拍发电报的方式通知公司的航班生产调度、运行管理部门和始发站当地航班运行管理部门。

如旅客的身份要求保密或身份不明,则在职务项注明"旅客身份保密"或"身份不明"。发完通知后,应与收文单位电话联系;在确认对方已收到通知后,将对方的电话、受话人和收到的时间记录在传真或电报上。重要旅客取消旅行或变更航班、日期,办理变更的售票部门或重要旅客上机地点的运输业务部门应及时在计算机订座系统中取消或变更有关订座,或拍发变更电报通知有关航站的运输业务部门。航空公司的航班生产调度、运行管理部门在接到售票部门报告的重要旅客情况后,要逐项做好记录,并编制次日航班重要旅客乘机名单,报送管理局、航空公司、机场值班领导和有关部门。临时收到重要旅客信息应及时补充通知。

2. 病残旅客

由于身体或精神的缺陷或病态,在航空旅行中,不能自行照料自己的旅途生活,需由他人帮助照料的旅客为病残旅客。

病残旅客运输应填写《特殊旅客运输申请表》，并由旅客签字。如本人书写困难，可请其家属或监护人代签。同时还应提供适于乘机的《诊断证明书》，《诊断证明书》须由县、市级以上医疗单位填写，经医生签字及医疗单位盖章有效。《诊断证明书》通常在航班起飞前96小时内填开的方为有效；病情严重的旅客，通常在航班起飞前48小时内填开有效。《特殊旅客运输申请表》和《诊断证明书》均一式两份，一份交旅客办理值机手续；一份由售票处留存并传真至值机、运行控制部及现场留存。

1）伤病旅客

（1）传染病患者及精神病患者或健康情况可能危及自身或影响其他旅客安全的旅客，承运人不予承运。

（2）年迈的老人，虽然身体并未患病，在航空旅行中需要他人帮助时，应给予适当的照顾，并视为伤病旅客。

（3）带有先天残疾，已习惯于自己生活的人，如腿部残疾者、聋哑人等不应视为伤病旅客。

（4）伤病旅客乘机原则上需要由合适的人员陪同，最好是医生或护理人员。除精神病患者与传染病患者外，伤病旅客符合下列条件，经旅客申请并获同意，也可以单独旅行。具体包括以下几种情况：经医生证明病人适于单独旅行，并在旅行途中及上、下飞机时旅客能够照料自己的需要；病情不十分严重，不致出现危险；病人已适应于自己行动不便的状况，并在近期内不致恶化。

2）轮椅旅客

（1）轮椅旅客种类。轮椅旅客分为3种不同的情况，并用下列代号表示：

WCHR 指旅客能够自行上下飞机，并且在机舱内可以自己走到自己的座位上去。

WCHS 指旅客不能自行上下飞机，但在机舱内能够自己走到自己的座位上去。

WCHC 指旅客完全不能自己行动，需要别人扶着或抬着才能进到机舱内的座位上去。

（2）购票。售票员应详细询问旅客或其代理人有关旅客的伤残情况，以便确定旅客类型，并由旅客或其代理人签字确认。售票员需报相关部门，经相关部门同意后方可售票。

残疾旅客需多占座位时，应按实际占用座位数购票。但在飞行途中，临时因病需多占座位，如有空余座位可以提供，不需补票。

3）担架旅客

担架旅客运输应满足如下条件：同一航班上无其他担架旅客；担架旅客有适于乘机的医疗《诊断证明书》；有书面保证；有一名医生或护士陪同，如让其他人陪同，则必须经过医生的同意，陪同者是指在紧急情况下完全可以帮助担架旅客的人；担架旅客通常应在航班规定离站时间48小时前提出申请；担架旅客一般不办理联程航班业务。

担架旅客的票价由担架旅客的个人票价和担架附加票价两个部分组成。个人票价按一个人经济舱的公布正常票价计收，不得使用特殊票价或折扣票价（儿童折扣除外）。担架附加票价不论安放担架需占用的座位数多少，均按下列办法计收：对旅客使用担架的航段，加收5个成人单程经济舱公布正常票价；如旅客取消旅行，担架附加票价全退；每一陪伴人员,根据实际占用座位等级,按头等、商务或经济舱票价计收;担架旅客附近的空余座位,一般不再售票。

4)盲人旅客

盲人是指有双目失明缺陷的旅客,不是指眼睛有疾病的旅客;对眼睛有疾病的旅客,应按伤病旅客办理。

(1)有成人陪伴同行的盲人旅客按一般旅客接受运输。

(2)有导盲犬引路的盲人旅客携带导盲犬,应按下列规定办理:导盲犬是指盲人旅客在旅途中依靠其引路用的并经过特别训练的狗;盲人旅客携带的导盲犬,必须在申请订座时提出,并经过航空公司同意后,方可携带。如为联程运输,应取得有关承运人的同意后方可受理;符合航空公司运输条件的导盲犬可以由盲人旅客免费携带并带入客舱运输,或单独装进货舱运输;盲人旅客携带的导盲犬应具备必要的检疫注射证明和检疫证明书。盲人旅客在申请订座时,应出示此种证明。携带导盲犬的盲人旅客所提供的有关证件经查验符合要求后,经运行控制部门同意后,方能办理订座手续。

(3)无成人陪伴和无导盲犬的盲人旅客,应按下列规定办理:无成人陪伴和无导盲犬的盲人旅客必须自己能够走动,有照料自己的能力;在进食时,不需要其他人帮助;无成人陪伴的盲人旅客乘机,在始发站应由家属或其照料人陪送到上机地点;在到达站,应由盲人旅客的家属或其照料人往下机地点予以迎接;在联程运输时,应征得各有关承运人的同意;检查盲人旅客的情况,并注意该盲人旅客除双目失明外是否患有其他疾病。如果发现有其他疾病,应向其说明,按伤病旅客办理。无成人陪伴的盲人旅客,一般应避免安排在比较拥挤的航班上。

3. 婴儿

由于新生儿的抵抗力差,呼吸功能不完善,咽鼓管又较短,鼻咽部常有黏液阻塞,飞机升降时气压变化大,对身体刺激大,新生儿又不会做吞咽动作,难以保持鼓膜内外压力平衡。因此对婴儿乘坐飞机要有一定的限制条件。

出生不足 14 天的婴儿不予乘运;年满 18 周岁以上成人方可与婴儿随行;每一航班接受婴儿的最大数额应少于该航班机型的总排数,每相连的一排座位不能安排多于一个婴儿。

4. 无成人陪伴儿童

1)范围

年龄在 5 周岁以上,12 周岁以下,没有年满 18 周岁且有民事行为能力的成人陪伴,单独乘机的儿童为无成人陪伴儿童。不足 5 周岁的无成人陪伴的儿童,原则上不予承运。

2)运输条件

无成人陪伴儿童符合下列条件者,方能接受运输:

无成人陪伴儿童应由儿童的父母或监护人陪送到上机地点并在儿童的转机地点、下机地点安排人予以迎接和照料;无成人陪伴儿童的承运必须在运输始发站预先向航空公司的售票部门提出,如是联程运输,需得到转机航站的证实;运输的全航程包括两个或两个以上航班时,不论是由同一空运企业或由不同的空运企业承运,在航班衔接站,应由儿童的父母或监护人安排人予以接送和照料,并应提供接送人的姓名、电话和地址;儿童父母或监护人应向航空公司提供在航班到达站或衔接站安排的接送人的姓名、联系地址、电话,经核实后方可接受;无成人陪伴儿童应尽量安排在直达航班上运输;如需联程运输时,应尽量安排在衔接时间较短的联程航班上,并取得有关承运人的同意;无成人陪伴儿童需另派服务员随机陪伴时,应由座位控制部门预留座位;为了便于服务,航空公司在给无成人陪伴儿童出票时,同时应填妥"无成人陪伴儿童文件袋",并将"文件袋"和标志牌发给儿童。在儿童乘机时,标志牌应挂在儿童的胸前。文件袋给儿童存放各种运输凭证、无成人陪伴儿童运输申请书以及有关的身份证件等;由于承运人对无成人陪伴儿童负有责任并需提供特殊服务和照顾,同时对同一航班的其他旅客会有一定的影响,所以每一航班运送的无成人陪伴儿童数量有一定的限制。

3)票价

无成人陪伴儿童的票价按相应的儿童票价计收费用,可单独占一个座位;无成人陪伴儿童的父母或监护人,如要求航空公司另派服务员随机陪伴儿童旅行,应预先提出,经承运人同意后,方能接受;另派服务员随机陪伴的儿童,票价按相应儿童票价的两倍收取。超过12周岁的未成年旅客要求航空公司另派服务员随机陪伴时,除旅客按成人正常票价收费外,还应加收成人正常票价50%的服务费用;如无成人陪伴儿童在航班衔接地点雇佣当地服务人员照料时,所需的服务费用,按该服务部门的规定收取。

5. 孕妇

由于在高空飞行中,空气中氧气成分相对减少,气压降低,因此孕妇运输有一定的限制条件。

1)运输条件

(1)怀孕32周或不足32周的孕妇,除医生诊断不宜乘机者外,可按一般旅客运输。

(2)怀孕超过32周的孕妇乘机,应提供包括下列内容的医生诊断证明:旅客姓名、年龄;怀孕时期;旅行的航程和日期;是否适宜乘机;在机上是否需要提供其他特殊照料。上述诊断证明书,应于旅客乘机前72小时内填开,并经县级(含)以上医疗单位盖章和医生签字方可生效。

(3)怀孕超过36周,或预产期不确定,但已知为多胎分娩或预计有分娩并发症者不予接受运输。

2)相关手续

接受怀孕32周以上至36周以下的孕妇订座;旅客应填写《特殊旅客(孕妇)运输申请表》,并提供《诊断证明书》一式两份。一份交旅客办理值机手续;一份由售票处留存并传真至值机、运行控制部及现场留存;在PNR和订座电报中的SSR项目内应注明孕妇旅客的怀孕期或需要提供的特殊照料项目。

6. 老年旅客

老年旅客指年龄超过60岁的男性或年龄超过55岁的女性申请按老年接待的旅客。年满60周岁(含)的旅客,如果身体健康状况良好,可按普通旅客承运。年龄超过70岁的老年旅客乘机必须出具《健康证明书》(各航空公司的年龄限制不同)。老年旅客在始发站及目的站应有人接送。

7. 醉酒旅客

因受到酒精、麻醉品或其他毒品的侵害并处于麻醉状态而给其他旅客带来不愉快、造成不良影响的人,属于醉酒旅客。

对于醉酒旅客航空公司有权不予乘运。旅客是否属于醉酒旅客,航空公司有权根据旅客的外形、言谈、举止自行合理判断决定。在旅客上机地点,对于酒后闹事或可能影响其他旅客旅途生活的醉酒旅客,航空公司有权拒绝其乘机。在飞行途中,如果发现旅客处于醉态,不适于旅行或妨碍其他旅客的旅行时,机长有权令其在下一个经停点下机。上述醉酒旅客被拒绝乘机,需要退票时,按自愿退票有关规定处理。

8. 犯人

1) 承运条件

公安机关押解犯人,一般不准乘坐民航班机;押解重要犯人要从严控制,确有特殊情况,须经地、市(含地、市)以上公安机关领导批准,并向当地民航公安机关通报案犯的情况和准备采取的安全措施,经同意后持地、市以上公安机关购票证明和押解人员身份证办理手续;候机和飞行过程中,押解警力应2至3倍于犯人并对人犯负全部责任;运输犯人只限在运输始发地申请办理订座购票手续;犯人不得与重要旅客同机运输。每一航班仅接受一名犯罪嫌疑人运输申请。

2) 运输注意事项

航空公司要对押解工作积极配合,航班机组要落实机上安全措施;押解人员乘机时不得携带武器,内紧外松,早上机,晚下机;对犯罪嫌疑人,押解人员不得提供含酒精的饮料;押解人员和犯罪嫌疑人必须提前登机,并安排在客舱尾部的三人座,让被押解人员坐中间座位;他们的座位不能靠近或正对任何出口,不能在机翼上方的舷窗出口旁;到达目的地后最后下机。

本章小结

本章介绍了国际出发、国际到达、国内出发、国内到达4个基本旅客运输流程的内容及其程序,对国内转国内、国内转国际、国际转国内、国际转国际4种中转航班运输流程也做了初步介绍。学习过程中应重点关注国际运输的联检环节。

办理旅客乘机手续是航空公司值机工作的一项主要内容,对于提高服务质量和保证飞行正常至关重要。航空公司相关部门必须加强这项工作的计划性和预见性,掌握不同的航班情况和不同旅客的需要,保证旅客能够顺利、准时、安全地到达目的地。

航班不正常可能是由于承运人原因造成,或者是由于天气、突发事件、空中交通管制、安检非承运人原因造成,也可能是由于旅客原因造成,本章介绍了不同情况下的处理方法。

旅客运输过程中可能会遇到各种特殊旅客,本章介绍了重要旅客、伤病旅客、轮椅旅客、担架旅客、婴儿、无成人陪伴儿、童孕妇、老年旅客、醉酒旅客、犯人等各类特殊旅客的业务处理。

复习与思考

1. 国际出发流程与国内出发流程相比主要有哪些不同?

2. 简述国际航班进港流程。
3. 中转流程有哪几种,分别如何进行?
4. 航班座位安排需要遵循怎样的原则?
5. 出口座位的安排应注意什么?
6. 简述重要旅客的范围。

机场航空公司多方联动成功运送担架旅客

资料来源: http://news.carnoc.com/list/224/224795.html

6月8日,阿里昆莎机场成功保障 2012 年运送的第一名担架旅客顺利出港。阿里昆莎机场及时应对和温馨的服务赢得了旅客家属的肯定。

6月7日下午,一名中年旅客焦急地来到阿里昆莎机场售票处,找到了值班售票员尹首刚,表示希望申请次日阿里至拉萨航班的担架运输。据该名旅客介绍,要申请担架运输的赵某在6月6日早晨出现失语、右侧身体偏瘫等症状,遂进入阿里地区人民医院进行诊治,"……患者大脑左侧基底节区出血、右侧基底节脑梗塞,原发性高血压(级)……建议尽快转运至海拔低、条件好的医院……"。

按照航空公司规定,申请担架服务的旅客至少要在航班起飞前 72 小时提出,否则无法接收。但是病情紧急不容怠慢,在海拔 4500 米的高原上多呆一天,患者的生命就可能无法挽回。尹首刚紧急向机场值班领导汇报并与西藏航空有限公司(简称"西藏航空")进行联系。经过多方争取,终于在 17 点得到了西藏航空的允许承运通知。在填写了《特殊旅客乘机申请书》后,病人家属拿到了机票,长舒了一口气。

6月8日,阿里昆莎机场为这名担架旅客开通绿色通道,多部门联动协同保障。因为提前做好了准备,病人及陪同来到机场就迅速通过了安检,救护车开进停机坪。上午 11 点 30 分,已经在拉萨安装好担架的 TV9807 航班落地。10 分钟后,到港旅客全部下机完毕,后舱门开启,客梯车迅速对接。地面服务部谭涛经理与几名同事从救护车上将担架旅客抬上飞机。待大家小心翼翼地把担架旅客抬到机舱担架上并固定好后,已是气喘吁吁。在与机舱乘务长交接后,谭经理对病人陪同说:"放心,病人一定会恢复健康的。"病人陪同眼含热泪的连声道谢。

6月8日 12:14,飞机从阿里昆莎机场顺利起飞。经及时转运,为病人的病情控制争取了时间。

据阿里机场医生德庆旺姆介绍,由于阿里地区平均海拔 4500 米,在高原严寒缺氧的环境下长期生活,人体器官受损较大,高原血压病、心脏病成为常见病。阿里的风景美丽、奇特,每年都能吸引很多国内外游客来阿里旅游。夏季是旅游旺季但也是高原病多发期。在机场通航前,如果在当地得病,轻微病患者可以从陆路颠簸两三天转院到拉萨或者新疆,病重的那就只能在本地落后的医疗条件下将就治疗了。飞机的到来,使符合乘机条件的危重病人及时转运得以实现。阿里机场的通航,带动了当地经济发展,又为保障当地居民和旅游者的生命安全提供了便捷途径。

航空公司运送担架旅客通常应满足什么条件？

第 8 章　行李运输

本章关键词

交运行李（checked baggage）　　　非交运行李（unchecked baggage）
免费行李额（free baggage allowance）　计重制（weight concept）
计件制（piece concept）　　　　　逾重行李费（excess baggage charges）
声明价值（declared value）　　　　行李牌（baggage tag）
迟运行李（delayed baggage）　　　　少收行李（missing baggage）
行李破损（damage/pilferage）　　　多收行李（found and unclaimed baggage）

互联网资料

http：//www. airchina. com. cn
http：//www. csair. com/cn/index. shtml
http：//www. ceair. com
http：//www. carnoc. com

　　　旅客出行通常都需要携带行李。行李运输是旅客运输工作的组成部分，它是随着旅客运输的产生而产生的。行李运输在旅客运输中占据非常重要的地位，旅客旅行是否成功，往往还取决于旅客所携带的行李物品运输的完好性和准时性。这是因为，行李运输工作的好坏直接影响到旅客的生活、旅行需要、飞行安全、航班正常和服务质量。行李运输差错事故所引起的赔偿会给航空公司带来经济损失，也有损于航空公司的声誉。

8.1　行李运输的一般规定

　　旅客在旅行中为了穿着、使用、舒适或者便利而携带的必要或者适量的物品和其他个人财物称作行李。

　　随着客运量逐年上升，加强行李运输管理、预防行李运输差错事故的发生，已成为提高航空客运质量的重要环节。

8.1.1　行李的种类与范围

1. 行李的种类

根据运输责任,承运人承运的行李可分为以下几类:

(1) 交运/托运行李(Checked Baggage)。交运行李是指已经填开客票和行李票并由旅客交由承运人负责照管和运输的行李,此类行李将被计重并贴上行李牌放置于航空器的行李舱或货舱中,旅客无法接触到。

(2) 非交运行李(Unchecked Baggage, also Carry On/Cabin Baggage/Hand Baggage)。除了交运行李以外的行李都可以统称非交运行李。一般还可以把非交运行李分为自理行李和随身携带物品。

自理行李是指经承运人同意由旅客自行负责照管的行李。如易碎物品、贵重物品、外交信袋等特殊物品可以作为自理行李由旅客带入客舱内,并要求能放入行李架内或座位底下,不妨碍客舱服务和旅客活动。经承运人同意的自理行李应与交运行李合并计重后,交由旅客带入客舱自行照管,并在行李上拴挂自理行李牌。

随身携带物品是指经承运人同意由旅客自行携带进入客舱的小件物品。随身携带物品有别于自理行李,是旅客在旅途中所需要或使用而携带的个人物品,如:一定量食品、书报、照相机、大衣等。

非交运行李的重量、体积或件数都有限制,超过限制的物品应作为交运行李托运。

2. 行李的范围

(1) 旅客在旅行中为了穿着、使用、舒适或方便的需要而携带的物品和其他个人财物,可作为行李运输。

(2) 重要文件和资料、证券、货币、汇票、珠宝、贵重金属及其制品、银制品、贵重物品、古玩字画、易碎品和易损坏物品、易腐物品、样品、旅行证件等需要专人照管的物品,不得作为托运行李或夹带入行李内托运。

(3) 国家规定的禁运物品(枪支、军械、警械、管制刀具)、危险物品、有异味或容易污染飞机的其他物品,不能作为行李运输。

(4) 航空限运物品、管制刀具以外的利器、钝器应放入托运行李。

8.1.2　免费行李额

机票的价格中,不仅包括运输旅客的费用,还包括运输旅客所携带的行李的费用,也就是旅客可以在乘坐飞机的同时免费携带一定重量和件数的行李。旅客付的费用决定了旅客乘坐的座位等级和可免费携带的行李数量和重量。所付票价越高,可乘坐的座位越好,可享受的免费运输的行李越多。这种根据旅客所付票价、乘坐舱位等级和旅客乘坐的航线而享受的可免费运输的行李重量或件数就叫做免费行李额。国内和国际航空运输的免费行李额标准是不同的。行李重量超过免费行李额时,其逾重部分,应按规定收取逾重行李费。持免费客票旅客的免费行李额,按其身份享受所持客票的舱位而定。到达站相同的同行旅客,免费行李额可合并计算。构成国际运输的因内航段,每位旅客的免费行李额按适用的国际航线免费行李额计算。

1. 国内航空运输的免费行李额

凡持成人或儿童票的旅客,每人免费行李额为:头等舱为40千克,公务舱30千克,经济舱为20千克。持婴儿票的旅客无免费行李额,有些航空公司对持婴儿票的旅客,给予10千克的免费行李额。

2. 国际航空运输的免费行李额

国际航空运输的免费行李额免分为计重制和计件制两种收费标准。

1)计重制(Weight Concept)

所谓计重制,就是按照行李的重量规定免费行李额以及计算逾重行李费的一种行李制度。计重体系是适用范围最广的方法,除以下几种情况外,国际航空行李运输都适用计重制。

不适用计重制的情况包括:始发地或目的地是美国/加拿大、美属地区的;航程在一区和三区之间途经太平洋的(不包括俄罗斯的亚洲部分至加勒比海/中美/南美地区以及法属玻利尼西亚与南美地区之间的航程,这些情况下仍适用计重制。)

在计重体系中,免费行李额是以重量千克(kg)或磅(lb)来规定的。可享受的免费行李额的多少根据所付运价高低而不同,也即根据旅客的舱位等级决定。计重制免费行李额还存在一些例外情况,即在不同国家、不同承运人、不同运价、不同航线情况下的特殊规定。要了解某一承运人某一航线某一运价等级的确切免费行李额,可以与特定承运人联系。

(1)交运行李。

① 成人免费行李额。成人免费行李额的一般规定如表8.1所示。

表8.1　成人免费行李额的一般规定

票价等级	免费行李额
头等舱	40kg(88lb)
公务舱	30kg(66lb)
经济舱	20kg(44lb)

上述只是PAT一般规则有关计重制免费行李额的基本规定,此外还有不少例外情况。例如,东方航空公司的计重制免费行李额规则如表8.2所示。

表8.2　东航国际航线计重制免费行李额　　　　　　(单位:kg)

公司	航线	头等	公/商务	高端/超级经济	经济	备注
东航	中—澳线	50	40	40	30	单件重量≤32kg,上限45kg,超过不得作为行李托运
	中—日线	95	65	65	45	

② 儿童/婴儿的免费行李额。对于至少支付了50%成人票价儿童来,其免费行李额与成人一样;对于婴儿,不占座位的婴儿可以享受10kg(22lb)的免费行李额以及1件交运或随身携带的完全可折叠式婴儿推车或者婴儿摇篮或婴儿汽车座椅,可以根据客舱的空间情况决定是否带进客舱。

③ 残疾旅客免费行李额。可以免费承运一辆轮椅和/或其他辅助装置。

④ 超过32kg(70lb)的行李。出于操作原因,超过32kg(70lb)的行李不能作为行李,

除非事前与承运人商定并作出安排。

（2）非交运行李。

① 免费随身携带物品。在交运行李免费行李额以外，旅客可免费携带适合于放置在客舱行李架上或座位下面的手提行李，但是这些物品的最大尺寸必须符合承运人的规定。尺寸限制是：最长 56cm（22 英寸），最宽 45cm（18 英寸），最高 25cm（10 英寸），三边的尺寸不得超过 115cm（45 英寸）。这些尺寸包括了轮子、把手、侧袋。

② 收费的随身携带物品。除了免费随身携带的物品，任何非交运行李均被视为客舱行李。它们将被计重或计件，并纳入免费行李额中。出于遵守安全规定和/或联运限制的考虑，承运人应该限制接受客舱运输的其他此类行李。

2）计件制（Piece Concept）

所谓计件制，就是按照行李的件数规定免费行李额以及计算逾重行李费的一种行李制度。计重制适用区域以外的其他区域均适用计件制。

（1）交运行李。

① 成人免费行李额。无论是交运行李还是非交运行李，其免费行李额都要依据旅客所付的运价等级，而不是依据实际旅行等级：

头等舱、公务舱：2 件，三边尺寸不超过 158cm（62 英寸），每件行李不超过 32kg（70lb）。

经济舱：2 件，三边尺寸不超过 158cm（62 英寸），且两件行李尺寸之和不超过 273cm（107 英寸），每件行李不超过 32kg（70lb）。

下面所列物品无论它们的实际尺寸如何，都按照每件行李不超过 158cm（62 英寸）计算：一套睡袋或一副铺盖卷；一个旅行用帆布背包/军用背包/背包；一双滑雪鞋和滑雪靴/滑雪板和滑雪靴；一个高尔夫包（内含球棒和鞋）；一副宿营包；可折叠自行车（单座或者赛车，无动力，脚踏板被拆除）；可折叠钓具；运动武器；便携式音响设备。

计件制下同样存在许多承运人例外情况。表 8.3 和表 8.4 列出了国内三大航的计件制免费行李额。其中国航和南航在国际航线上已经全面实行计件制免费行李额。

表 8.3　东航、南航国际航线计件制免费行李额　（重量单位：kg）

公司	航线		头等	公/商务	高端/超级经济	经济
南航	涉日本、美洲、澳新莫斯科的航程	件数	3	2	2	2
		重量/件	32	32	23	23
	其他航线	件数	3	3	2	1
		重量/件	32	23	23	23
		三边和	每件≤158cm			
东航	中—欧线	件数	3	2	2	2
		重量/件	32	32	32	32
		三边和	每件≤158cm			
注：表中东航"中—欧线"包括俄罗斯						

表8.4 国航国际航线计件制免费行李额 （重量单位：kg）

航线		头等 成人、儿童	公务 成人、儿童	经济 成人、儿童	所有舱位 婴儿
中一日线及自至美洲线	件数	2	2	2	1
	重量/件	32	32	23	23
	每件三边和	≤158cm			≤115cm
其他	件数	2	2	1	1
	重量/件	32	32	23	23
	每件三边和	≤158cm			≤115cm

② 儿童/婴儿的免费行李额。儿童的免费行李额同成人。对于不占座位的婴儿，可享受 1 件免费交运行李，三边尺寸不超过 115cm（45 英寸），外加 1 件交运或随身携带的完全可折叠式婴儿推车或者婴儿摇篮或婴儿汽车座椅，可以根据客舱的空间情况决定是否带进客舱。

（2）非交运行李。

① 免费随身携带物品。在交运行李免费行李额以外，旅客可免费携带适合于放置在客舱行李架上或座位下面的手提行李，但是这些物品的最大尺寸必须符合特定承运人的规定。比如这个尺寸限制可能是：最长 56cm（22 英寸），最宽 45cm（18 英寸），最高 25cm（10 英寸），三边的尺寸不得超过 115cm（45 英寸）。这些尺寸包括了轮子、把手、侧袋。

② 收费的随身携带物品。除了免费随身携带的物品，任何非交运行李均被视为客舱行李。它们将被计重或计件，并纳入免费行李额中。出于遵守安全规定和/或联运限制的考虑，承运人应该限制接受客舱运输的其他此类行李。

③ 行李占座。易碎或贵重的行李可以通过占用一个额外座位的方式放在客舱运输，但应事先安排；对于占用座位的收费，在旅客订座时就已经收取，该座位不能使用各种折扣票价；这样的行李最大重量每个座位不超过 75kg；此类行李不计入旅客的交运行李额中。

8.1.3 逾重行李费

旅客所携带的交运行李和自理行李超过其票价所享受的免费行李额的行李叫做逾重行李。逾重行李将按照有关规定计费并向旅客收取。这种费用叫做逾重行李费，并且需要填开逾重行李票。

1. 国内航空运输的逾重行李费

在国内运输中，逾重行李重量以千克为单位，不足 1kg 时尾数四舍五入；逾重行李费费率按填开逾重行李票之日所适用的公布直达单程成人正常经济舱票价的 1.5% 计算，保留两位小数；运费以元为单位，元以下四舍五入；每张逾重行李收据最低限额为人民币 1 元。

例 1 某旅客张冰乘坐 MU5305 航班从上海至广州，该旅客持 F 舱客票，托运行李 61kg。上海至广州的 Y 舱票价为 1100.00 元人民币。计算逾重行李费。

解：逾重行李费率 = Y 舱票价 ×1.5% = 1100.00 × 1.5% = 16.50(元)

该旅客所持 F 舱客票免费行李额为 40kg

逾重行李重量 = 61 − 40 = 21kg

逾重行李费 = 21 × 16.50 = 346.50 元 = 347.00(元)

2. 国际航空运输的逾重行李费

1）计重制下的逾重行李费

当航程性质为国际运输时,逾重行李重量以 0.5kg 为单位,不足 0.5kg,按 0.5kg 计算,超过 0.5kg,但不足 1kg,按 1kg 计算。

对于国际航班,逾重行李的费率按填开逾重行李票之日所适用的以当地货币公布的直达单程成人正常经济舱票价的 1.5% 计算,保留两位小数,两位小数之后的部分全部舍去,不进位,即不四舍五入。

逾重行李费率的规定,不同的国家、不同的承运人以及不同的航线也有不同的规定。如:澳大利亚/新西兰出发的航程按 1% 费率收取(除了从澳大利亚/新西兰至西南太平洋按 1.5%);中东至澳大利亚/新西兰的航程按 1% 费率收取(除了从以色列出发的按 1.5%)。

逾重行李费 = 逾重行李的重量(超过免费行李额的千克数) × 逾重行李费率(每千克的费率)

对于以人民币收取的逾重行李费,金额以元为单位,但是小数点以后的数字均进至个位,不能四舍五入。对于其他货币形式收取的逾重行李费,其进位规则可参考 PAT 的货币规则部分。

2）计件制下的逾重行李费

当旅客携带的行李件数(和/或重量)超过其所付票价享受的免费行李额时,承运人将向旅客收取逾重行李费。其计算方法和规定与计重体系有很大区别,因此需要特别注意。

计件逾重行李费费率的确定以超过件数或重量或体积的数量计算。如果旅客全航程乘坐的国际航线存在计重和计件免费行李额两种时,须根据中途转机的停留时间来决定其是适用计重免费行李额,还是适用计件免费行李额。旅客旅行往返美国或加拿大,如果在三区某一地点非自愿过夜或在三区某一地点转机,换乘下一个最早的航班,停留时间在 46 小时内,则适用计件免费行李额。

逾重行李费率是采取固定费率收取,分行业层面承运人层面两种方式以表格的形式公布。若实际承运人有关于该航程的费率表,则以承运人公布的为准。

行业性逾重行李费率表按 IATA 区域划分,如表 8.5 所示。

表 8.5　TC3 至 TC1(PA 方向)的行业性逾重行李费率表(部分)

From China(excluding HKG and MFM) to	
Hawaii	CNY700
LAX/PDX/SFO/SEA	CNY900
Puerto Rico/US Virgin Islands	CNY1200
Other US Points	CNY1080

承运人逾重行李费率表除了按不同承运人给出,同时也区别不同的区域,如表 8.6 所示。

表 8.6　北大西洋方向:美国－2 区乘坐土耳其航空公司(TK)费率表

BETWEEN	AND	USD
New York	Turkey	74
New York	Belgium	70

计件体系在计算逾重行李费时要考虑 3 个要素:件数、尺寸和重量。根据 3 个要素的具体情况分别适用不同的费率:

(1) 超过规定的件数(尺寸符合规定)。在旅客携带的行李数量只是超过免费行李件数时,即超过两件时,但每件行李均符合其他诸如尺寸、重量的规定,则每超过一件适用于相应费率表中的费率收取逾重行李费。一般的规定是每超一件按 1 倍费率表中的费率计算。

(2) 超过规定的尺寸(件数符合规定)。当旅客携带的行李符合免费行李件数的规定,但每一件行李的三边尺寸超过了规定的 158cm(62 英寸),但是没有超过 203cm(80 英寸),则每件这样的行李将按费率表中适用的费率收取逾重行李费。一般规定是按 1 倍费率表中的费率计算。

(3) 超过规定件数且同时超过规定的尺寸。当旅客携带的行李超过免费行李件数的规定,同时每件行李的三边尺寸又超过了规定的 158cm(62 英寸),但又不足 203cm(80 英寸)时,则每件超过件数规定的行李将按费率表中适用的费率的 2 倍收取逾重行李费。

(4) 任何一件行李的三边尺寸超过 203cm(80 英寸),或者任何一件行李的重量超过了 32kg。当旅客携带的任何一件行李,其三边尺寸超过了 203cm(80 英寸),或任何一件行李的重量超过了 32kg(70lb)时,需得到承运人的事先安排,并且要被计重,按重量分段收取逾重行李费,45kg 以内的部分按照费率表中适用的费率的 3 倍收取逾重行李费,45kg 以上每 10kg 将增加 1 倍按照费率表中适用费率收取。

8.1.4　行李的声明价值

根据航空公司运输规定,旅客的托运行李在运输过程中发生损坏、丢失时,承运人按照每千克最高赔偿限额赔偿。当旅客的托运行李的每千克实际价值超过承运人规定的每千克最高赔偿限额时,旅客有权要求更高的赔偿,但必须在托运行李时办理行李声明价值,并付清声明价值附加费。办理过声明价值的行李,如在运输过程中由于承运人的原因造成损失,承运人应按照旅客的声明价值赔偿。声明价值行李不计入免费行李额内。

当旅客的托运行李的每千克实际价值超过承运人规定的每千克最高赔偿限额时,可办理行李的声明价值。国内运输每千克最高赔偿限额通常为 100 元,国际运输每千克最高赔偿限额通常为 20~30 美元。承运人一般按旅客声明价值中超过最高赔偿限额部分价值的 5‰收取声明附加费。计算公式如下:

声明价值附加费 =[旅客的声明价值 -(规定的每公斤最高赔偿限额×办理声明价

值行李的重量)〕×5‰

国内承运人收取的声明价值附加费以元为单位,不足元者应进整为元。声明价值行李的计费重量为千克,不足千克者应进整,但实际重量应保留至小数点后一位。

当旅客申报价值为外币时,应按当日银行公布的买人价折算成人民币;每一位旅客的行李声明价值最高限额为人民币 8000 元,托运行李的声明价值不能超过行李本身的实际价值。如承运人对旅客的声明价值有异议,而旅客拒绝接受检查,有权拒绝收运。

办理声明价值的行李重量不计入免费行李额,应另外收费,即办理声明价值的行李应按照逾重行李收取逾重行李费。自理行李、随身携带物品不办理声明价值。

例 2 旅客自上海至北京旅行,申报一件行李,价值为 6000 元人民币,重量为 10kg。上海—北京经济舱客票票价为 1000 元,假定规定的每千克最高赔偿限额为 100 元,计算逾重行李费和声明价值附加费。

解:声明价值附加费 = $(6000 - 100 \times 10) \times 5‰ = 25.00$(元)

逾重行李费 = $10 \times 1000 \times 1.5\% = 150.00$(元)

共计收费 = $25.00 + 150.00 = 175.00$(元)

8.2 行李的收运、保管与交付

8.2.1 行李的收运

1. 行李收运的要求

承运人一般应在航班离站当日办理乘机手续时收运行李,如团体旅客的行李过多,或因其他原因需要提前托运时,可与旅客约定时间、地点收运。

旅客必须凭有效客票托运行李,托运行李的目的地应该与客票所列明的经停地或目的地相同。

清除托运行李上的旧行李牌。

检查行李的包装、体积和重量是否符合要求。如不符合要求,应请旅客改善包装;如因时间或条件限制无法改善包装,旅客坚持要求运输,可视具体情况决定可否收运。收运时应拴挂免除责任行李牌,免除相应的运输责任。

超过免费行李额的行李,应收取逾重行李运费,并填开逾重行李票。

行李过磅应准确,以免影响飞机的载重平衡。随身携带物品不能计入旅客的免费行李额之内。

托运行李的件数、重量,应准确地填入旅客客票的相应栏中,以明确责任。

每件托运行李都必须拴挂行李牌,并将其中的识别联交给旅客。

经承运人同意的自理行李应与托运行李合并计重后,交由旅客带入客舱自行照管,并在行李上拴挂自理行李牌。

2. 行李收运的注意事项

了解行李的内容是否属于行李的范围,行李内有无夹带禁运、限制携带物品或危险物品。

了解行李是否属于声明价值行李,是否应请旅客办理声明价值行李运输手续。

托运行李必须经过行李安全检查后方可收运。

乘坐国际航班的旅客，其托运行李必须事先办妥海关手续方可收运。

旅客的托运行李一般应随旅客同机运出，如果逾重行李过多，受载量条件的限制无法做到同机运出，应向旅客说明，在后续班机上运出，并将行李重量、件数、行李牌号发电报通知到达站。

不属于行李范围内的物品，应按货物托运，不能作为托运行李。

3. 行李牌及行李标贴

1）行李牌（Baggage Tag）

行李牌是承运人运输行李的凭证，也是旅客领取行李的凭证之一。行李牌从它的用途可分为直达运输行李牌和联程运输行李牌两种。从它的式样又分为粘贴式和拴挂式。粘贴式的行李牌是目前承运人使用最多的一种，它具有防止行李牌脱落的功能。

2）行李标贴

为便于在运输过程中行李牌脱落后能迅速查找，在收运行李时，凡无名牌者，要求旅客填写名牌，贴挂在行李上，免费提供给旅客使用。

为保证行李的顺利运输，对使用木箱、纸箱包装的行李或其他类似货物包装的行李，应加贴有"行李"字样的标贴，以防装卸时与货物混淆而发生差错。

重要旅客及其随行人员的交运行李，除拴挂行李牌外，还要拴挂"重要旅客"标志牌。如同一班机上有两个以上不同单位的重要旅客时，应拴挂不同颜色的"重要旅客"标志牌以示区别。对挂有"重要旅客"标志牌的行李，要严加保管，后装先卸，保证运输质量。

为了保证团体旅客行李运输的安全迅速，对团体旅客交运的行李，除拴挂行李牌外，另外加挂（贴）"团体旅客"标志牌，如同一班机上有两个以上团体旅客时，应挂不同颜色的"团体旅客"标志牌。

头等舱旅客或重要旅客不愿显露其身份的，以及立即换乘其他航班联程旅客交运的行李，除拴挂行李牌外，还应拴挂"装舱门"行李牌，对挂有此行李牌的行李，应装在舱门口，后装先卸，保证运输质量。

8.2.2 行李的保管

1. 基本规定

客运工作人员与行李保管人员、装卸工，要建立交接制度。行李收运后，如数量不符或行李损坏，要查清和作出记录。发现无行李牌的行李，客运工作人员要会同行李保管员查清后方能运出，并记录清楚。

由于班机取消，当日不能装机发运的行李，必须注意保管，防止丢失和损坏。如果装机后班机取消，一般应将行李卸下后妥善保管。

凡货运工作与行李保管装卸工作分开的航站，对行李保管要建立一套完整的工作制度。要有行李保管员和仓库，不得将行李随意放在候机室、办公室等没有保管条件的地方。

在行李保管期间需要检查行李的内容时，应请示值班领导，会同公安部门进行检查。

行李收运后，如发现有松散、捆绑不牢等情况，应及时整修。必要时，可找旅客共同整修。

210

2. 行李免费保管期限与保管费

与旅客同机到达的行李,旅客应在当日提取。行李到达的当日不收取保管费,如旅客未提取,应自行李到达的次日起核收行李保管费。

未与旅客同机到达的行李,自承运人发出到达通知的次日起,免费保管 3 天,逾期核收行李保管费。

由于承运人原因造成行李延误到达,在行李到达后,承运人及其代理人免费保管。

无法交付的行李自到达的次日起,超过 90 天仍无人领取时,承运人可作如下处理:做好行李内容的清点工作;编制"无人领取行李/物品登记表",上报有关部门批准;会同海关分别按无价移交物品和有价移交物品处理给有关部门。

8.2.3 行李的交付

旅客的行李在到达目的地机场后,旅客须凭借行李牌领取自己的行李,在领取的时候,须注意以下几方面:

(1)正确核对,防止错发。交付行李时,必须收回行李牌识别联与行李上拴挂的行李牌核对号码,必要时查验客票。若旅客未离机领取行李,承运人及其代理人可按规定从行李到达的次日起向旅客收取行李保管费。对于旅客行李中的易腐品,有权在行李到达 24 小时后进行处理。凭行李牌的识别联交付行李,对于领取行李的人是否确系旅客本人,以及由此造成的损失及费用,不承担责任。

(2)旅客行李延误到达,立即通知旅客领取,也可直接送达旅客。

(3)交付行李时,应请旅客查看行李是否完好无损;如发现有损缺,应立即会同旅客检查,并填制事故记录,凭事故记录予以处理,如没有提出异议,即为托运行李已完好交付。如旅客遗失行李牌的识别联,应立即挂失。旅客要求提取行李,应提供足够的证明,经认可,并在领取行李时出具收据后,将行李交付旅客。如在旅客声明挂失前已被冒领,承运人不承担责任。

8.3 行李运输不正常

行李运输不正常是指在行李的运输过程中,由于承运人工作失误造成的行李运输差错或行李运输事故,如行李迟运、错运(少收、多收)、漏卸、错发、损坏、遗失等。行李运输发生不正常情况时,应及时、迅速、认真、妥善地处理,尽量避免或减少因行李不正常运输造成的损失,挽回影响,并应填写行李不正常运输登记表。

各个航空公司都有专门的处理行李不正常运输工作的部门,同时航空公司还设立专门的行李查询中心,以协助各地查询及处理本航空公司行李查询工作和行李赔偿工作。

8.3.1 迟运行李

1. 迟运行李的定义

迟运行李(Delayed Baggage)指本次航班在始发站应予载运而未能运出的行李。一般指行李漏装或行李牌脱落不能辨认行李的目的地或由于飞机载量不足,而造成行李无法随旅客同机运出的情况。迟运行李不包括旅客的逾重行李由于飞机载量原因而被安排在后续航班运出的托运行李。

2. 迟运行李的处理

（1）收到迟运行李的处理程序：

① 在"迟运行李登记表"上编号、登记。

② 安排后续航班和日期，并拍发行李运送电报给行李目的站或有关转运站，以使能在航班到达时及时通知旅客，避免不必要的查询。

③ 若由于行李牌脱落无法确定行李的目的站而造成迟运，应向当日从本站起飞的所有航班和航班的中途站、目的站按多收行李（OHD）电报格式发报查询，在得到有关站的电报确认后，再将行李运出，运出前拍发行李运送电报。

④ 迟运行李运出前，应填写和拴挂速运行李牌（Expedited），按运送电报的航班日期将迟运行李运往行李的到达站。

⑤ 代理其他承运人代理迟运行李时，应通知该航空公司驻本站代表。

（2）收到迟运行李后的处理：目的站收到速运行李后，应立即通知旅客提取，并电告行李发运站速运行李已收到或已交付。如旅客要求，可将行李运送到其驻地，地面交通费由责任站承担。

（3）行李转运站的处理：如速运行李中途须转运，转运站收到行李后，应立即按运送电报或速运行李牌上所到期的航班号、日期转运。

（4）到达站对迟运行李的处理：收到迟运行李后，立即通知旅客提取。迟运行李提取后，将收到日期和交付日期用电报通知迟运行李的始发站和中转站。

8.3.2 少收行李

1. 少收行李的定义

少收行李（Missing Baggage）指由于运输差错，使得航班到达后，目的地航站无法按规定的时间和行李数目向旅客交付应该同机运达，或下落不明尚待查找的行李。

行李少收的原因可能有：①由始发站行李漏装、行李错装或行李牌脱落、无法辨认行李的目的而没有装上飞机；②中途站错卸行李；③到达站漏卸行李或行李与货物混淆被卸到仓库或其他地方等。

2. 少收行李的处理

（1）查验旅客的客票、登机牌、逾重行李票和行李牌领取联。通过查验客票了解旅客的姓名，旅客的航班行程路线、舱位，相关航程托运行李件数、重量，机票票号，同时，如果涉及到日后的赔偿问题，还应该复印旅客的客票留存；通过查验旅客的登机牌了解旅客实际搭乘航班，如果有任何变更，则应该留存该登机牌；通过查验逾重行李票了解旅客为这次行程支付逾重行李的重量和声明价值费，在哪段航程中支付了逾重行李费，以及要掌握逾重行李票票号，同时，如果涉及到日后的赔偿问题，也应该复印逾重行李票留存；通过查验旅客的行李牌了解旅客的姓名是否与行李牌姓名相符，以及了解旅客的运输路线，包括航班、航程、日期、目的地，也可以了解行李的件数和重量。

（2）了解少收行李的形状和制作材料特征。如是联程行李，还应向旅客询问行李的转运情况，最后看见行李的地点，是否已向联程站提出查询。

（3）查看多收行李记录，外站发来的多收行李和运送行李电报。

（4）按照行李查找地点查找行李。查看行李到达大厅与行李传送带周围有无遗留行李；通知行李装卸队检查货舱、集装箱内(必要时还可检查客舱)是否有漏卸行李，并检查行李仓库；向货运仓库询问是否误将行李卸到货物仓库内，必要时向海关查询；沿到达行李的运输路线查找。

（5）填写"行李不正常运输事故记录PIR"及"少收行李处理登记表"。

8.3.3 多收行李

1. 多收行李及其分类

多收行李(Found and Unclaimed Baggage)指在本次航班到达24小时后，行李交付工作结束后，无人认领的行李。出现多收行李有以下原因：其他站错运至本站；中途站漏卸；行李牌在运输中脱落；行李牌挂错等。

多收行李分为以下几类：挂有非本站行李牌，错运到本站的行李；挂有本站行李牌，行李交付工作结束后，仍无人认领的行李；没有挂任何行李牌的行李，分为知道到达站航班号的无牌行李和不知道到达站航班号的无牌行李。

2. 多收行李的处理

（1）多收挂有非本站行李牌的行李的处理程序如下：

① 在多收行李报告表上编号、登记。登记时仔细查看行李外包装是否完整无损，有无上锁；行李上有旅客姓名、地址、电话号码，应尽量详细做好记录。同时，对破损和无锁的行李进行包扎或上铅封后过磅称重，并做好记录。将多收行李登记表与少收行李登记表上记录的情况进行对照分析，从中找出少收行李。

② 填写并拴挂速运行李牌，保留原行李牌。

③ 飞机到达后两小时内发出多收行李电报OHD，电报按"行李运输事故记录"有色部分的顺序拍发。

④ 选择合理的路线，以最快的航班把行李运送至原行李牌上的目的站。

⑤ 向行李目的站、始发站、有关中转站发运送行李电报。

⑥ 如本站没有至行李目的站的航班，也无法通知其他航班中转，应将行李退回原发运站。

（2）多收无人认领和无行李牌行李的处理。如果在本站出现了无人认领的行李或者没有行李牌的行李，则处理的程序如下：

① 在多收行李报告表上登记、编号。

② 查看行李上的旅客姓名、地址标贴/牌或其他能识别旅客姓名、地址的标志和行李的颜色、类型等。必要时，经领导同意后，可以开启包装查看行李内物(必须两人以上在场)，以便从中得到有关线索，设法与旅客本人或单位有关人员联系。

③ 核对其他站发来的少收行李电报。

④ 如暂时无法找到失主，应填写"多收行李报告表"和"行李运输事故记录PIR"中的登记运达航班号、日期、行李颜色、形状、行李的内容等，并拴挂多收行李记录卡、过磅入库。

⑤ 在航班到达后4小时发多收行李电报，最晚不能超过飞机到达后第二天中午

12：00前,电报发给运达航班的始发站,中途站或终点站。若行李在72小时后无人认领,则向有关航站和行李查询中心拍发SHL(Still Hold)电报,电报格式和内容与OHD电报相同。

⑥ 如果从行李外表和行李内容上查到失主的姓名和地址,应去函与失主联系,并请旅客提供以下情况:乘坐航空公司、航班号、日期;行李颜色、类型和行李物品;是否属于托运行李;是否已向承运人报失,在哪里报失的,如经联系多收行李实属该旅客所有,请旅客认领。

⑦ 将多收的行李存放在行李库房内,妥善保管。从开始保管之日起,超过90天,可按无法交付行李处理。

⑧ 找到失主,应立即通知失主前来领取。若查明失主在外站,按速运行李的运送方法运出。

⑨ 其他承运人航班运来的无主行李,可以移交给该承运人处理。

8.3.4 破损行李、内物短少行李

1. 定义

旅客托运的行李在储存、运输过程中,因行李的外部受到损伤或改变行李的形状,而使行李的外包装/内装物品的价值受到损伤,称为行李破损(Damage/Pilferage,DPR)。

行李内物短少是指旅客的托运行李由于破损或其他因素而造成行李内物部分物品的遗失。

行李破损分为明显破损和不明显破损。明显破损是指行李外包装有明显的破损痕迹或外包装变形。不明显破损是指行李外包装完好或看不出有破损的迹象,但内物受到损伤。

发生行李破损,应立即查明行李破损的原因,明确责任。如果属于在运输过程中的正常现象,应向旅客解释,因为在正常的行李运输过程中,行李箱包也会受到一定损耗,例如轻微的摩擦、凹陷或表面沾染少量的污垢等。这些轻微擦碰,承运人不负运输责任。

2. 行李破损的处理

(1)装卸时行李破损的处理:在装卸或传送行李时发生或发现行李破损,应会同行李装卸人员,按照规定填制行李装卸事故签证,并采取必要的补救措施。如果出港行李发生或发现破损,一般要求将破损行李修整,符合运输条件后方能运出。如果一时无法运输,在运出时,应拍发行李破损(DMG)电报,通知行李目的站或/和有关中转站。

(2)提取时行李破损的处理:

① 旅客提取行李时提出其行李损坏,应立即会同旅客检查行李的外包装和内包装的损坏情况,并尽可能明确是承运人的责任,还是旅客的责任,检查内容包括:有无人为开、撬现象,破损痕迹的新旧;行李本身包装是否符合运输规定;整件行李的重量是否超过其包装所用承受的负荷;有无拴挂"免除责任行李牌",是否已免除相应的责任;必要时可将破损行李过秤,核对旅客客票上填列的托运行李重量与实际重量是否相符,以确定行李的内容是否缺短。

214

② 行李破损属承运人的责任时,应会同旅客填制"破损行李记录表"(PIR),一式3份,一份交旅客收执,作为赔偿的依据;一份留受理部门存查;一份随行李索赔单交财务部门。

③ 如行李外包装完好无缺,除旅客提出证明系承运人过失造成的外,对旅客向承运人提出的行李内装物品因破损而遭受损失的声明,可不予受理。

④ 挂有"免除责任行李牌"的行李发生破损时,应查看免除责任行李牌上打"×"的项目,如属免除承运人的责任的项目,可不负破损责任。

⑤ 如果代理其他承运人处理行李破损时,应请该承运人驻本场代表在"破损行李记录表"上签字,将"破损行李记录表"交该承运人代表直接处理。

8.3.5 无人认领行李

1. 无人认领行李的定义

无人认领行李是指多收行李、旅客遗失的自理行李/手提行李/安全限制物品,经多方查询仍无法找到失主,保管期超过规定时限的行李物品。

无主行李物品从开始保管之日超过90天,可作为逾期无人认领行李。

2. 无人认领行李的处理

处理逾期无人认领行李/物品工作,由当地行李查询部门负责,在处理前应做好清点,编制"无人认领行李/物品登记表",上级有关部门批准后,按以下规定进行处理。

(1)无价移交物品:军用品向当地军属部门移交;违禁品向当地公安部门移交;历史文物、珍贵图书向当地文化部门移交;海关监管物品向海关移交;金银珠宝向中国人民银行移交。

(2)有价移交物品:生产资料交当地有关物资部门处理;生活资料交当地商业部门付款收购;粮食、植物油料交当地粮食部门付款收购。

(3)鲜活、易腐或其他保管有困难的物品,报经上级批准处理。

(4)处理所得款项,应先扣除行李保管费,处理费用,付关税,余款交财务部门保管。如旅客在处理之日起30天内,前来认领行李,在提供适当证明并经承运人确认后,可将余款交还失主,否则余款上交国库。

(5)属于运输事故,并已由承运人赔偿的行李,其变卖款全部归承运人所有。

本章小结

本章介绍了行李的种类与范围、免费行李额的相关规定、逾重行李费的收取方法及其行李的声明价值的办理。其中国内、国际免费行李额及其逾重行李费的收取是本章的重点,特别是国际行李运输中计件制和计重制的规定,近年来不少航空公司对此都做了调整,学习时除了掌握一般规则,也应注意主要航空公司的行李规则变化。

行李的收运、保管与交付需要按照一定的程序进行。本章也介绍了迟运行李、少收行李、多收行李、破损行李、内物短少行李、无人认领行李等行李运输不正常情况的业务处理。

1. 根据运输责任,承运人承运的行李可分为几类?

2. 国际航空运输中计重制免费行李额适用于什么情况? 成人免费行李额的额度如何?

3. 国际航空运输中计件制免费行李额适用于什么情况? 成人免费行李额的额度如何?

4. 国内三大航空公司国际运输免费行李额如何规定?

5. 计件制国际行李运输逾重行李费计算在不同情况下分别适用怎样的费率?

6. 行李收运有哪些要求?

7. 什么是少收行李? 少收行李应如何处理?

8. 什么是迟运行李? 迟运行李应如何处理?

阅读

南航国际行李采用计件制 超件数收逾重行李费

资料来源:http://news.carnoc.com/list/240/240123.html

2013 年 1 月 1 日起,中国南方航空股份有限公司(China Southern Airlines Company Limited,简称"南航")出售的所有国际及地区航线客票,将采用计件制运输行李。采用计件制行李额后,超件数或超体积行李根据规定需要收取逾重行李费。

据悉,南航所执行的国际航线,目前普遍采用记重制运输行李。其中免费行李额,公务舱 40 千克,高端经济舱 35 千克,经济舱 30 千克。在新的一年,南航与天合联盟行李制度接轨,将实行计件制。其中各国际航线免费行李额具体如下:

涉及日本、美洲、澳新、莫斯科的航程免费行李额标准为:持成人、儿童、占座婴儿客票的旅客,豪华头等舱、头等舱免费行李额为三件,每件行李的重量限额为 32 千克;公务舱免费行李额为两件,每件行李的重量限额为 32 千克;高端经济舱、经济舱免费行李额为两件,每件行李的重量限额为 23 千克。

除日本、美洲、澳新、莫斯科以外的国际/地区航程免费行李额标准为:持成人、儿童、占座婴儿客票的旅客,豪华头等舱、头等舱免费行李额为三件,每件行李的重量限额为 32 千克;公务舱免费行李额为三件,每件行李的重量限额为 23 千克;高端经济舱免费行李额为两件,每件行李的重量限额为 23 千克;经济舱免费行李额为一件,每件行李的重量限额为 23 千克。

另外,对特殊旅客包括留学生、劳务、海员、移民及探亲旅客托运行李的免费行李额,为上述成人标准的件数额外增加 1 件。但旅客出票时须按规定持有旅客身份证明(海员证、留学证明、劳务证等)、护照和签证的复印件。且在起飞当天,旅客还须于办理登机手续柜台,出示相关证明。

特别要强调的是,所有国际及地区航线,持 R、X 舱优惠客票的旅客,免费行李额仅为一件,每件行李的重量限额为 23 千克,适用于所有航线的全部旅客类型,不再享有南航特殊旅客类型的行李优惠。

南航特别提醒旅客,托运行李中每件行李的三边之和不得超过 158 厘米。购买不占座婴儿客票的婴儿可免费托运 1 件,托运行李重量为 10 千克,行李的三边之和不超过 115 厘米,并可免费托运 1 辆全折叠的轻便婴儿车或婴儿手推车。

思考题

1. 国际行李运输有哪两种基本制度?

2. 南航实施何种新的国际运输免费行李额标准?为什么南航要调整自己的免费行李额标准?

第9章 责任与赔偿

本章关键词

蒙特利尔公约(montreal convention)   航班延误(flight delay)

华沙公约(warsaw convention)   人身损害(personal injury)

行李赔偿(baggage compensation)   特别提款权(special drawing rights)

超售(overbooking)   临时生活日用品(daily necessities)

互联网资料

http：//www.caac.gov.cn

http：//www.carnoc.com

http：//www.cca.org.cn

http：//www.cata.org.cn

> 航空公司与旅客之间以客票为运输合同,相互约定由航空公司向旅客提供安全、准时、舒适的空中运输服务。旅客为此支付较其他运输方式更为昂贵的代价,航空公司则承担相应的运输责任与赔偿义务。本章将从行李运输、旅客人身伤害、航班延误、机票超售等角度探讨承运人的责任与赔偿义务。

9.1 行李运输的责任与赔偿

行李的运输是旅客运输不可缺少的部分,每名旅客在旅行中都会携带或多或少的行李。由于行李本身所具有多、杂、碎等特点,以及处理环节较多,在运输过程中发生破损、遗失、被盗以及延误几乎是不可避免的,这就必然涉及到行李的赔偿问题。

9.1.1 行李赔偿责任划分

1. 承运人责任

(1)旅客交运的行李在运输过程中发生丢失、破损、短少或延误等差错事故,承运人应负赔偿责任。

(2)如行李丢失只是全部交运行李的一部分,不管其丢失的价值如何,只能按该部分丢失的重量在全部行李重量中的比例承担责任。如果行李部分破损,应赔偿破损部分的价值或付修理费。

（3）承运人交付行李时，如果旅客没有对行李的完好提出异议，并未填写"行李运输事故记录"或"破损行李记录"，民航不负赔偿责任。

（4）对于逾重行李的逾重部分，如未付逾重行李费，承运人对该部分不负赔偿责任。私自带上飞机的捎带物品，无论发生丢失或破损，承运人一律不负任何责任。

2. 除外责任

由下列情况造成行李的损失，除能证明是民航的过失外，民航不负赔偿责任：

（1）因自然灾害或其他无法控制的原因。

（2）包装方法或容器质量不良，但从外部无法观察发现。

（3）行李本身的缺陷或内部物品所造成的变质、减量、破损、毁灭等。

（4）包装完整，封志无异而内件短少、破损。

（5）旅客的自理行李和随身携带行李。

3. 旅客的责任

（1）旅客未遵守国家的法律、政府规章、命令及民航运输的有关规定。

（2）行李内装有按规定不能夹入行李的运输物品。

（3）由于旅客原因，造成民航或其他旅客的损失，应由造成损失的旅客负责。

9.1.2　赔偿限额

1. 行李赔偿的一般规定

（1）属国内运输的托运行李发生遗失，赔偿金额每千克不超过人民币 100 元。如行李价值每千克低于 100 元时，按实际价值赔偿。已收逾重行李费退还。由于发生在上、下航空器期间或航空器上的事件造成旅客的自理行李和随身携带物品丢失，承运人承担的最高赔偿金额每位旅客不超过人民币 3000 元。

（2）属于国际运输（包括构成国际运输的国内航段）符合《华沙公约》缔约国条件的运输，每千克 17 特别提款权，非托运行李最高限额 332 特别提款权；符合《蒙特利尔公约》缔约国条件的运输，每千克 30 美元，托运行李和非托运行李最高限额为 1000 特别提款权。特别提款权指由国际货币基金组织规定的特别提款权，1 个特别提款权价值约等于 1.37 美元，它的比价是浮动的。

（3）丢失行李是全部行李的一部分，按丢失的实际重量，承担赔偿责任。若无法确定丢失行李的重量时，每一旅客的丢失行李最多只能按该旅客享受的免费行李额赔偿。（注：重要文件和资料、外交信袋、证券货币、汇票、贵重物品、易碎易腐物品，以及其他需专人照管的物品夹入行李内托运，若一旦遗失或损坏承运人按一般托运行李承担赔偿责任）。

（4）旅客的丢失行李如已办理行李声明价值，应按声明价值赔偿，声明价值附加费不退，行李的声明价值高于实际价值时，应按实际价值赔偿。

（5）行李部分破损时，按行李折旧后的价值赔偿或负担修理费用。

（6）构成国际运输的国内航段，行李赔偿按适用的国际运输行李赔偿规定办理。

（7）已赔偿的旅客丢失行李找到后，承运人应迅速通知旅客领取，旅客应将自己的行李取回，退回全部赔款，临时生活用品补偿费不退，发现旅客有明显的欺诈行为，承运人应追回全部赔款。

（8）行李赔偿时，对赔偿行李收取的逾重行李费应退还旅客，声明价值附加费不退。

2. 临时生活日用品补偿费

（1）旅客乘坐本公司航班，其托运行李未能与旅客同机到达，造成旅客旅途生活不便，应给予旅客临时生活日用品补偿费。

（2）下列情况，航空公司不提供日用品补偿费：旅客乘坐航空公司航班到达本站，但行李在外站已遗失且在本站申报遗失前，行李并非该航空公司承运；行李用当天的后续航班运达；行李贴挂有免除责任行李牌，其免责项目为"旅客晚交运行李"；行李系逾重行李，因载量不足而被撤下；旅客的永久或长期地址为托运行李的目的地。

（3）适当的临时生活用品补偿费一次性发给旅客，关于补偿标准，目前各航空公司并不统一，一些国内航空公司并未对外明文规定具体数额，但在实际运作中各公司的补偿标准基本接近。比如，国航曾规定国际航班行李延误的一次性赔偿金额为经济舱300元人民币（或等值外币），公务舱400元（或等值外币），头等舱500元（或等值外币）。

（4）"临时生活日用品付款单"一式三联，一联为会计联，送交财务；二联为存根联，附在"行李运输差错记录"上，以便赔偿时参考；三联为旅客联，由旅客收执。

（5）支付临时生活日用品补偿费后，如旅客行李未能找到而需进行赔偿，该补偿费将作为本公司对行李赔偿的一部分，从赔偿金额中扣除。如行李找到，旅客无需退回补偿费。

9.2　旅客人身伤害的责任与赔偿

9.2.1　人身损害赔偿的责任期间与归责原则

我国《民用航空法》第一百二十四条规定：因发生在民用航空器上或者在旅客上、下民用航空器过程中的事件，造成旅客人身伤亡的，承运人应当承担责任；但是，旅客的人身伤亡完全是由于旅客本人的健康状况造成的，承运人不承担责任。从用语上看本条是参照《华沙公约》、《蒙特利尔公约》的规定制定的。

1. "上航空器的过程中"的界定

旅客在民用航空器上的全部期间为承运人责任期间的主要构成部分。承运人责任期间是以是否存在航空风险为标准来确定的。旅客自登机后直至其下飞机，一般来说，只要该航空器处于飞行中，旅客就面临着各种各样的与航空活动（或者称为飞行活动）有关的风险，如航空器与航空器相撞、航空器与地面障碍物相撞、航空器出现机械故障而导致坠毁以及航空器在空中发生剧烈颠簸等，即比较容易受伤或者死亡。因此，旅客在民用航空器上的全部期间为承运人的责任期间。旅客的登机过程是承运人责任期间的一个组成部分。登机过程，即旅客"上民用航空器的过程"，是指旅客办理登机手续后至进入民用航空器之前因登机活动而处于承运人照管之下的期间。登机过程有4个要件：

（1）从时间上看，登机过程是旅客已经办理登机手续但尚未进入民用航空器的一段时间。

（2）从旅客所从事的活动看，旅客正在进行登机活动。

220

（3）从旅客与承运人的关系看,旅客正处于承运人的照管之下。

（4）从旅客所处的地点看,旅客正处于登机区域,即从候机地点到民用航空器的地段,一般包括运输区域(飞机运行区域)、停机坪和飞机的停放地点。

判断旅客是否在"上民用航空器的过程中",应同时考虑上述4个因素。旅客办理登机手续后坐在候机楼候机的期间不是登机的过程,因为旅客并未开始登机活动,也未处于承运人照管之下,其所处的地点也不是登机途中。相反,旅客走上旋梯至进入民用航空器的过程则是登机过程。因为,无论是从时间、地点看,还是从旅客所从事的活动以及旅客与承运人的关系看,这个过程都符合登机过程的要件。

2. "下航空器的过程中"的界定

旅客的下机过程,即"下民用航空器的过程",也是承运人责任期间的组成部分。下机过程,是指旅客走出民用航空器后到达民用机场的建筑的安全地带前,因下机活动而处于承运人照管之下的期间。下机过程也具有四大要件:

（1）从时间上看,下机过程是指旅客从飞机上下来走进机场建筑安全地带的一段时间。

（2）从旅客所从事的活动看,旅客正在进行下机活动。

（3）从旅客与承运人的关系看,旅客正处于承运人的照管之下。

（4）从旅客所处的地点看,旅客处于下机区域,即从候机地点到民用航空器的地段,一般来讲,下机区域也是指飞机的运行区域、停机坪或飞机的停放地点。

同样地,判断旅客是否在"下民用航空器的过程中",也必须同时考虑上述4个因素。

3. 归责原则

我国《民用航空法》第一百二十四条:因发生在民用航空器上或者在旅客上、下民用航空器过程中的事件,造成旅客人身伤亡的,承运人应当承担责任;但是,旅客的人身伤亡完全是由于旅客本人的健康状况造成的,承运人不承担责任。

第一百二十七条第一款是关于航空承运人免责的规定:在旅客、行李运输中,经承运人证明,损失是由索赔人的过错造成或者促成的,应当根据造成或者促成此种损失的过错的程度,相应免除或者减轻承运人的责任。旅客以外的其他人就旅客死亡或者受伤提出赔偿请求时,经承运人证明,死亡或者受伤是旅客本人的过错造成或者促成的,同样应当根据造成或者促成此种损失的过错的程度,相应免除或者减轻承运人的责任。

将这两款规定结合起来,可以认为,在航空运输中造成旅客的人身伤害或死亡,我国《民用航空法》采用的归责原则是无过错原则,虽然第一百二十七条第一款中承运人得以证明旅客有过错而免责或部分免责,但承运人无法通过证明自己主观没有过错免责,所以承运人在旅客人身赔偿中承担的依然是无过错责任而不是过错推定责任。

9.2.2 赔偿责任限额

1. 国内航空运输承运人的赔偿责任限额

我国《民用航空法》第一百二十八条规定国内航空运输承运人的赔偿责任限额由国务院民用航空主管部门制定,报国务院批准后公布执行。自2006年3月28日起,《国内航空运输承运人赔偿责任限额规定》开始实施,就是说在此之后的国内航空运输中发生的人身损害赔偿的限额将适用该规定,即赔偿的最高额为每人40万人民币。

在《民用航空法》实施后的近 10 年内,作为国务院民用航空主管部门的民用航空总局,迟迟未依法制订相应的规定。2000 年武汉空难、2002 年大连空难和 2004 年包头空难对遇难旅客的赔偿额度都不一样,如武汉空难对遇难旅客的人身赔偿费用主要由三部分构成:一是身体损害赔偿费 7 万元;二是充分考虑到 1993 年以来物价指数实际情况,每名遇难者赔偿额再增加 4.45 万元;三是参照劳动部 1996 年颁布的丧葬费标准和武汉市职工 1999 年平均工资标准,按 6 个月平均工资计算,给每名遇难者 3600 元丧葬费。另外,为感谢遇难者家属对事故调查处理工作的支持和理解,在遇难者家属签署赔付协议并同意火化遗体的基础上,另适当增加补偿费,最高为 3000 元。又如包头空难,2004 年 11 月 21 日,东航由包头飞往上海 MU5210 航班起飞不到 1 分钟就在机场附近南海公园坠落,机上旅客共 48 人全部罹难。理赔过程中,东航参照 1993 年国务院颁布的第 132 号令,"民用航空运输旅客伤亡赔偿的最高限额为 7 万元整"的规定,并称"考虑到消费价格总指数的变化,在上述法定赔偿限额的基础上再增加 7 万元,共计 14 万元"进行赔偿。结果遭到很多家属反对,形成僵局,官司从国内打到美国,又从美国打回国内,时至 2012 年 6 月,仍未有结果。从以上案例不难看出,正是因为国务院第 132 号令与社会经济发展不相适应,因此,在处理空难赔偿上,带来了许多问题。2006 年 3 月 28 日开始生效实施的《国内航空运输承运人赔偿责任限额规定》将赔偿限额提高到了 40 万元人民币,一定程度上缓解了这一矛盾。

2010 年 8 月 24 日发生的伊春空难,依据 2006 年《国内航空运输承运人赔偿责任限额规定》,国内民用航空运输旅客伤亡赔偿最高限额为 40 万元人民币,每名旅客随身携带物品的最高赔偿限额为 3000 元人民币,旅客托运的行李的最高赔偿限额为 2000 元人民币,共计 40.5 万元人民币。同时,考虑到 2006 年以来全国城镇居民人均可支配收入的累计增长幅度,赔偿限额调增至 59.23 万元;再加上为遇难旅客亲属作出的生活费补贴和抚慰金等赔偿,航空公司对事故每位遇难旅客的赔偿标准总共为 96.2 万元人民币不含保险赔偿,突破了 40 万的最高限额。显然,40 万的国内航空运输旅客伤亡最高限额随着社会经济的发展重新面临不适应的境地,这一标准有进一步向上调整的可能。

2. 国际航空运输承运人的赔偿责任限额

1999 年蒙特利尔公约针对航空客运中旅客死亡或伤害的赔偿问题,采用双梯度责任制度,在第一梯度下,承运人对旅客伤亡的赔偿承担严格责任,不以过错为条件,规定不超过 10 万特别提款权 SDR 的旅客伤亡损害赔偿限额,是航空承运人必须支付的,重点在于合理补偿受害人的损失;在第二梯度下,超过 10 万特别提款权的部分,作为无限额赔偿的对价,公约规定承运人承担推定过失责任,允许承运人通过证明自己无过错或损害完全由第三人造成来抗辩而免除责任。

9.3 航班延误的责任与赔偿

随着我国经济的发展,以飞机作为交通工具的人越来越多,从而因航班延误(Delay)而发生的纠纷也越来越多。其实,航班延误不仅是国内民航界面临的难题,在全球民航业内也普遍存在。根据美国运输部的统计数据,2006 年美国机场的 710 万次商业航班中有5.6%,或近 40 万次航班的起飞误点时间在 30 分钟到 1 小时之间;有近 6 万次航班在滑行道上滞留长达2小时。有超过1000架飞机发生的延误时间至少在3小时以上,而有36架飞机的滞留时间在5小时以上。中国民航总局公布的统计数据表明,2011年,全民航航班正常率仅为77.2%,其中主要航空公司航班正常率为77.9%,中小航空公司航班正常率为72.7%。

9.3.1 航班延误的原因

导致航班延误的原因是多方面的,主要有以下几个方面:

(1)天气原因。因天气原因造成航班延误是人力不可抗拒的因素,也较易得到旅客的理解。

(2)空中管制原因。因空中管制造成的飞机延误十分常见。近年来空中交通流量增速较大,飞行管理难以适应。据资料显示,近十年来,北京、上海、广州三大机场飞行流量每年递增10%以上,航路一度相对拥挤,由此造成的航班延误曾占全部延误的20%。与此同时,机场上空环境出现干扰因素也是造成航班延误的重要原因。如由于无线电通信干扰飞机正常运行,广告气球非法升空,机场周边居民放风筝、鸽子等造成航班延误的情况也呈上升趋势。

(3)旅客原因。旅客方面,由个别旅客的不配合行为也会造成航班延误。如晚到、换了登机牌后不按时登机、不按要求接受安检、行李超重不托运等,都会导致航班延误。

(4)航空公司自身的原因。在众多延误原因中,最易招致旅客不满的是航空公司因运力调配、机械故障等原因造成的航班延误。通常节假日飞机使用频率明显增多,发生故障的几率也随之增多,但航空公司因为运力有限,不能及时调配别的飞机执行飞行任务,往往会造成航班延误。

9.3.2 航班延误时航空公司的义务

根据现行法律,在发生延误后,航空公司的义务主要有以下3个方面:

1. 告知义务

航空公司应当向旅客及时告知有关不能正常运输的重要事由和安全运输应当注意的事项。航班延误或取消时,承运人应迅速及时将航班延误或取消等信息通知旅客,做好解释工作。

2. 补救义务

航空公司应当按照客票载明的时间和班次运输旅客。承运人迟延运输的,应当根据旅客的要求安排改乘其他班次或者退票。

3. 对旅客的损害赔偿义务

对旅客因延误造成的损失予以赔偿。

9.3.3 责任认定和损失赔偿范围

1. 责任认定

一旦发生延误,航空公司是否必须承担责任呢? 这要根据造成延误的原因而定,不能一概而论。

1）航空公司自身的原因造成的延误

应该说，由于航空公司自己的原因导致的航班延误，毫无疑问，航空公司应承担责任。但是，哪些行为可以归属于航空公司自己的原因呢？通常的判断标准就是，这些行为航空公司自己完全可以控制。根据现行法律，将机务维护、航班调配、商务、机组等原因引起的航班延误，认定为由航空公司自己所造成。对此，航空公司应承担责任。现行法上的依据是《中国民用航空旅客、行李国内运输规则》（以下简称《客规》）和《民用航空法》，《客规》规定在由于上述原因造成延误的情况下，航空公司应当向旅客提供餐食或住宿等服务；《民用航空法》规定，旅客、行李或者货物在航空运输中因延误造成的损失，航空公司应当承担责任。在责任的承担上，首先需要明确的一点是，航空公司承担的是违约责任。具体如何承担责任，我国《民用航空法》仅做了原则规定，这样，只能根据《合同法》，参照《客规》的规定。《合同法》规定的承担方式，有以下几种：

（1）继续履行。在发生延误后，如旅客愿意，航空公司应当继续履行运输义务。这在《客规》中有明确体现，即航班取消、提前、延误、航程改变或不能提供原定座位时，承运人（即航空公司）应优先安排旅客乘坐后续航班或签转其他承运人的航班。

（2）采取补救措施。航班延误或取消时，航空公司应根据旅客的要求，安排后续航班或给旅客退票。

（3）赔偿损失。如旅客证明自己确实因航班延误遭受了财产损失，则航空公司应予以赔偿。

2）非航空公司的原因造成的延误

非航空公司的原因造成的延误，航空公司不承担责任。这些原因包括天气、突发事件、空中交通管制、安全检查等。这些原因是航空公司无法控制的。因此，《客规》规定，在由于上述原因造成延误时，航空公司应协助旅客安排餐食和住宿，费用可由旅客自理。《民用航空法》规定，航空公司如能证明航空公司自己或它的代理人为了避免损失的发生，已经采取一切必要措施或者不可能采取此种措施的，不承担责任。但是，航空公司违约责任的免除，并不当然免除法律规定的航空公司应尽的义务。即便是在这种情况下，航空公司仍然负有告知义务和补救义务。

2. 损失赔偿

1）赔偿损失的前提

航班延误并非一定引发赔偿问题，只有在因航班延误而给旅客造成"实际的财产损失"时，航空公司才承担赔偿责任。

2）航班延误补偿标准

损失赔偿范围事先可以由旅客与航空公司商定，也可以由法律规定。实践中，很少有旅客与航空公司事先商定损失赔偿范围的。而我国的《民用航空法》也没有具体的规定，为此，2004年7月1日，民航总局出台《航班延误经济补偿指导意见》，主要内容包括：航空公司因自身原因造成航班延误标准分为两个，一个是延误4小时以上、8小时以内；另一个是延误超过8小时以上。这两种情况，航空公司要对旅客进行经济补偿；补偿方式可以通过现金、购票折扣和返还里程等方式予以兑现；在航班延误的情况下，为了不再造成新的延误，经济补偿一般不在机场现场进行，航空公司可以采用登记、信函等方式进行；机场应该制止旅客在航班延误后，采取"罢乘"、"占机"等方式影响航班的正常飞行。

目前我国航空公司通常的做法是,承担旅客因航班延误造成的食宿费用、转机增加的费用、退票费用等。对于符合承运人延误补偿标准的旅客各航空公司通常给予一定的补偿,但是多数航空公司并未对外明确公布补偿标准,补偿金额和形式也不完全相同。

国际航空运输中,按照1999年蒙特利尔公约针对航班延误造成损失的,承运人对每名旅客的责任以4150特别提款权为限,承担推定过失责任。

9.4 航班超售拒载的赔偿

超售(Overbooking)是通过超过航班座位数接受订座,来减少空座损失,增加航空公司收益,是销售优化控制的主要手段之一。在享受超售带来的额外利益之时,不可忽视超售同时带来的问题:假如最终前来机场登机的旅客人数大于航班容量,那么就会造成部分旅客登机被拒绝,从而引起旅客的对于航空公司的不满。航空公司通常需要以一定现金来补偿旅客,此外航空公司在旅客心中形象方面的损失,难以轻易的用经济的方法来挽回,这种情况下超售成本将迅速上升。本节主要介绍航空公司超售补偿责任。

1. 国外航空公司超售补偿措施

1) 国际上有关超售的法律规定

有关航班超售问题,美国和欧盟都有着明确的法律规定,并以此规范航空公司的行为,从而保障旅客的利益。

欧盟在2004年2月出台了保护旅客权利的规定,即"关于航班拒载、取消或延误时对旅客补偿和帮助的一般规定"(简称第261/2004号条例),该条例从2005年2月开始生效,以此来替代之前1991年所制定的"欧盟关于定期航空运输拒载补偿制度的一般规定"(简称第295/91号条例)。

在欧盟境内的机场,每年大概有25万名旅客在办理值机手续时会遭遇到拒载的情况,但实际上是他们都已购票并已经预订了座位。所以超售产生的拒载问题会带给旅客很大的不便和时间上的损失。实际上,欧盟在1991年建立了有关于定期航空运输中拒载赔偿制度的规定,初步形成了对旅客基本的权利保护条例。但是,该条例并没有能够有效地阻止航空公司拒载或因商业原因取消航班和长时间的延误。违背旅客意愿,被强行拒载的旅客数量依然是居高不下,并且条例也不适用于不定期航班以及由旅行社经营的包机航班。因此,欧盟决定提高第295/91号条例规定的对于旅客保护的标准,这样既能够强化旅客的权利,又能确保承运人在一种和谐的环境下运营。

如果说第295/91号条例的使用范围仅限于拒载这一种情况的话,那么,新制定的条例适用范围大大拓宽。简而言之,适用对象为:从位于欧盟成员国境内的机场出发的旅客,不管旅客的国籍,也不论承运人是谁;由欧共体承运人运送的从第三国的机场出发前往成员国境内的机场的旅客,只要该旅客因航班拒载,取消或延误而影响了其旅行。

2) 国际补偿金额及标准

虽然航空公司所采取的超售经营的方式有利于其收益管理;但是对于旅客来说,因超售而被拒载,被迫打乱了出行的计划,承受到原本不应有的损失,往往会因此而感到愤怒。正因如此,为了调整在出现"超售"拒载情况下,航空公司与旅客之间的权利义务关系,美国和欧盟先后出台了相关补偿规定：

在美国，出台的"超售"拒载的补偿标准一般是：假如旅客在航空公司的重新安排下，比原航班到达时间晚1小时之内到达目的地，那么航空公司就不必赔偿；假如晚1~2小时之间，航空公司须赔偿相当于单程机票票价的金额，最高不超过200美元；如果晚于2小时(国际航班晚于4小时)，或者航空公司无法安排替代交通的，赔偿翻番即票价的200%，最高不超过400美元。

2011年4月，美国运输部又制定了新的规定，针对部分情况的旅客：若比原航班到达时间晚2小时以内才到达目的地的话，旅客可获得650美元的赔偿；而如果晚2小时以上到达，则可获1300美元的赔偿。

欧盟在1991年出台的"超售"的规定如下：3500千米及以下航程的飞行赔偿150欧元，3500千米以上航程为300欧元。如果旅客被提供了替代运输，延误不超过两小时，或者超过3500千米航程的飞行延误不超过4小时的情况下，上述金额减半支付。

欧盟在2004年2月通过了修改上述规定的新标准，并且在2005年2月起生效，赔偿标准如下：航程在1500千米以内的短途飞行赔偿250欧元；航程在1500千米至3500千米之间的为400欧元；3500千米及以上为600欧元。

2. 国内航空公司超售补偿

近年来，由于超售导致的旅客和承运人之间纠纷不断，社会舆论对航空公司超售问题给与了相当的关注。由于民航总局并未对航班超售补偿标准做出统一的规定，在这种背景下，2011年开始，不少国内航空公司相继出台了各自的航班超售补偿标准。旅客非自愿被拒绝登机的情况下，尽管各航空公司补偿标准不完全相同，但实质上大同小异。其共性的方面可以概括如下：

(1) 如果旅客选择退票，按照非自愿退票处理，免收退票费，同时提供200~300元的现金补偿。

(2) 如果旅客选择改至后续航班，可免费改至后续最早有空余座位的航班，同时提供现金补偿，补偿标准根据后续的航班时刻和原定航班时刻差距，按机票票面价不同的百分比决定，最低200~300元。比如海南航空：后续的航班时刻和原定航班时刻差距4个小时(含)以内，补偿旅客所持票面价格的30%，如果补偿金额低于200元人民币，则按照200元人民币补偿；后续的航班时刻和原定航班时刻差距在4~8个小时(含)，补偿旅客所持票面价格的60%；后续的航班时刻和原定航班时刻差距在8个小时以上，补偿旅客所持票面价格的100%。

(3) 在提供上述免费改签和经济补偿的基础上，航空公司按照航班不正常情况的旅客服务标准提供相应食宿服务。

通常，在发生超售而导致旅客无法登机时，航空公司首先会征求自愿放弃座位的航空志愿者，并为该志愿者提供经济补偿和后续服务。在没有足够的航空志愿者的情况下，会按照既定的优先保障登机顺序来安排旅客登机，比如，山东航空优先保障登机顺序是：无成人陪伴儿童以及老、弱、病、残、孕等已安排妥当并需要特殊照料的旅客；VIP及其随行人员；持联程客票的旅客尤其是国际联程旅客；证明有特殊困难急于成行的旅客；前航班发生实际超售签转到本航班的旅客。

旅客交运的行李在运输过程中发生丢失、破损、短少或延误等差错事故,承运人应负赔偿责任。属国内运输的托运行李发生遗失,赔偿金额每千克不超过人民币100元。自理行李和随身携带物品丢失,最高赔偿金额不超过人民币3000元。属于国际运输符合《华沙公约》条件的,每千克17特别提款权,非托运行李最高限额332SDR;符合《蒙特利尔公约》件的,每千克30美元,托运行李和非托运行李最高限额为1000SDR。

2006年《国内航空运输承运人赔偿责任限额规定》把对每名旅客的人身损害赔偿责任限额提高到人民币40万元。1999年蒙特利尔公约针对航空客运中旅客死亡或伤害的赔偿问题,采用双梯度责任制,在第一梯度下承担严格责任,规定不超过10万SDR的赔偿限额,在第二梯度下超过10万SDR的部分,作为无限额赔偿的对价,规定承运人承担推定过失责任。

航班延误后承运人应承担告知义务、补救义务和损害赔偿义务,民航总局曾出台《航班延误经济补偿指导意见》。对于符合承运人延误补偿标准的旅客,国内航空公司通常给与一定的补偿,但是补偿金额和形式不完全相同。1999年蒙特利尔公约针对国际航班延误造成损失,承运人对每名旅客的责任以4150SDR为限,承担推定过失责任。

超售是一把双刃剑,航空公司需要在超售的收益和风险之间作平衡。民航总局并未对国内航班超售补偿标准做出统一的规定,目前国内航空公司均有各自的航班超售补偿标准。

1. 国际、国内行李运输损失如何赔偿?
2. 简述国内航空旅客人身损害赔偿法律制度沿革。
3. 1999年蒙特利尔公约针对航空客运中旅客死亡或伤害的赔偿作何规定?
4. 航班延误时航空公司的义务有哪些?
5. 民航总局《航班延误经济补偿指导意见》的主要内容是什么?
6. 国内航空公司航班延误后如何进行补偿? 请至少列举2家航空公司的作法。
7. 美国和欧盟对航班超售补偿作何规定?
8. 国内航空公司通常如何处理航班超售补偿问题?

航空服务领域十大典型案例公布 航班延误问题突出

资料来源:http://news.china.com.cn/txt/2011-12/28/content_24273315.htm

由中国消费者协会和中国民航局运输局共同主办的"2011年航空服务座谈会"在北京举行。本次座谈会主要就消费者对航空服务的基本评价、权益维护状况、对改进航空服务的建议等方面进行了点评和讨论。同时,中消协在座谈会上还向社会公布了航空服务方面的十大典型案例和评析。在这十大案例中,航班延误成为重灾区,占了十大案例中的一半。

一、明知延误不通知,消费者行程无法更改索赔遭拒绝

王先生购买了某航空公司无锡到北京的机票,到达登机口后才被告知因天气原因导致航班延误,当时飞机还没有从北京起飞,何时起飞无法确定,不愿意等的可以退票。王先生随即取出行李,立即打出租车到无锡火车站,无奈当日去北京的动车车票已经售完,只能改为第二天行程。王先生投诉认为机场明知飞机不能按时起飞,仍然照常办理安检等手续,让消费者蒙在鼓里,失去了第一时间更换交通工具的时机,侵害了消费者的知情权。

二、航班长时间延误无服务,引发群体投诉

2010年7月18日,因航班延误大量旅客滞留咸阳机场,长时间得不到妥善安排,旅客纷纷打电话投诉。经调查,该航班晚点近8个小时,航空公司对此未及时与消费者沟通,也没有及时安排消费者入住酒店休息,引起旅客不满和情绪激动。经调解,由航空公司赔偿每位消费者人民币200元,并及时安排其他航班将消费者送达目的地。

三、航班延误服务无衔接,致后续航班再延误

姚先生购买了一张2月20日13:40从兰州起飞18:10到达深圳的机票,以及一张21:40从深圳飞往吉隆坡的特价机票。2月20日姚先生通过机场安检后准备登机,此时工作人员通知飞机晚点,大约16:10左右起飞。姚先生第一时间找到机场值班工作人员,讲明了自己要搭乘21:40从深圳飞往吉隆坡的航班,害怕因前一航班晚点而影响后面无法登机。工作人员答应帮助协调开通绿色通道,让其放心并开具了机场晚点证明,并承诺有专人接送安排登机。飞机于20:20降落在深圳机场后,没有专人接送也没有开通绿色通道,导致姚先生后段航班未能成行。由于特价机票不能改签,姚先生只得重新买了一张机票。事后,旅客对工作人员玩忽职守、服务承诺不落实、管理混乱等行为进行投诉。

四、航班延误超过四小时,只提供餐食拒绝补偿

魏女士于2009年3月10日乘坐某航空公司航班从上海飞往潍坊,由于该公司飞机出现机械故障,延误长达4个多小时。旅客要求按照《民航总局对国内航空公司因自身原因造成航班延误给予旅客经济补偿的指导意见》给予适当补偿,但被该公司拒绝。理由是:民航局的指导意见没有强制约束力,航空公司可以酌情处理,并且当日公司也为该航班延误采取了补救措施,为魏女士积极提供了食宿服务等为由,故拒绝补偿。

五、外航航班延误无后续服务,拒绝受理中文投诉

消费者乘坐国外某航空公司2月13日斯里兰卡至上海的航班,再转机回福州,因延误无人安排转机服务,事后投诉,该航空公司办事处却不接受中文材料投诉。

思考题

你认为是什么原因导致航班延误在近十年中始终成为困扰旅客的一大问题?

第四篇　民航客运销售管理

第 10 章　民航客运渠道管理

本章关键词

直销（direct marketing）　　　分销（distribution）
联销（joint sales）　　　　　　销售代理（sales agent）
呼叫中心（call center）　　　　常旅客计划（frequent flyer program）
飞行里程（fly mileage）　　　　里程积分（mileage points）

互联网资料

http：//www.china-sss.com
http：// www.ctrip.com
http：//skypearl.csair.com/cn
http：//www.easternmiles.com

> 民航客运为社会提供的不是实物形态产品，而是一种劳务产品，即旅客的空间位移。劳务产品的不可储存性使得民航客运市场竞争非常激烈。销售渠道的管理关系到民航客运企业能否将自己的产品和服务顺利地销售出去，是决定民航客运企业生存和发展的重要因素之一。

10.1　民航客运销售渠道

美国市场营销学权威菲利普·科特勒说："销售渠道是指某种货物或劳务从生产者向消费者移动时，取得这种货物或劳务所有权或帮助转移其所有权的所有企业或个人。"因此，民航客运销售渠道就是民航客运产品从生产者向消费者转移过程的具体通道或路径。

10.1.1　民航客运销售渠道类型

目前,民航客运销售渠道,大致可区分为三类:航空公司直销、代理人/旅行社分销、联盟/合作伙伴联销,如图 10.1 所示。

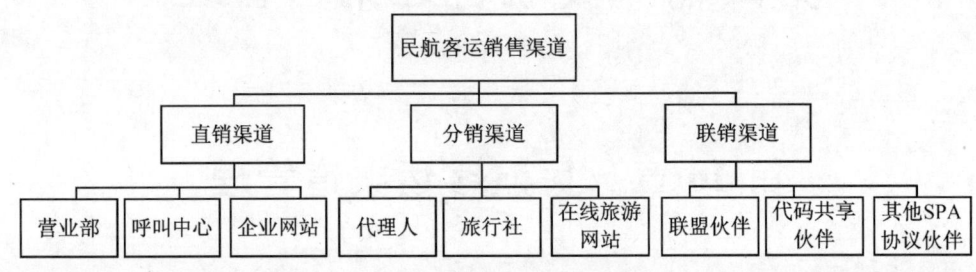

图 10.1　民航客运销售渠道分类

航空公司直销渠道包括航空公司的呼叫中心、直销网站、各地营业部,作为航空公司与旅客直接接触点的销售环节,直销渠道对航空公司的作用不言而喻,通过直销渠道,航空公司可以直接接触市场和旅客群体,能够及时了解市场动态并调整销售策略,并可以稳定票价,提升公司形象。

代理人/旅行社分销包括在线旅游网站分销,是航空公司的重要销售渠道,代理商为民航销售客票并收取一定比例的佣金,他们处于航空公司与最终旅客之间,是航空公司的推销员、旅客的旅行顾问/信息经纪人。

联销渠道包括航空公司所加入的联盟成员伙伴、代码共享合作伙伴以及有 SPA 协议的航空公司等,是借助合作伙伴的产品和销售网络实现航空公司产品的联合销售,对于国际航线,其作用更加明显。

此外,最近几年兴起的旅游搜索引擎,其并不直接销售航空产品,提供的是不同销售渠道所能销售产品的价格查询与比较服务,属于为销售渠道提供客源的渠道,因此这里没有将其直接列入航空公司的渠道范围之内,但并不否认其对航空公司的渠道管理会产生冲击。

10.1.2　民航客运销售渠道比较

直销渠道和分销渠道各有其优势。分销渠道通常拥有更广泛的旅游产品,如观光旅游、酒店订房、租车等产品,同时对于航空产品通常也具有更多航空公司的销售资质,并且拥有庞大的客源;而直销渠道的优势在于对自身航空产品的绝对拥有,以及对整个旅行过程中的服务控制。从航空产品的分销费用考虑,直销渠道除建立、推广等成本外,没有直接的分销代理费用;分销渠道则根据航空公司与他们的关系密切程度,存在不同比例的代理费和销售返点;联销渠道则按照行业普遍规则收取销售金额一定比例的代理费。

目前,代理人/旅行社的分销渠道仍然占据主导地位;航空公司的直销渠道也已形成规模;而联盟/合作伙伴的联销渠道则占有很小的比例,不过在国际航线的销售上,成为一股不容忽视的力量,且随着与联盟成员或伙伴航空公司之间合作的扩展与深入,联销渠道的比例将会增加。

10.1.3 民航客运分销系统

民航客运销售渠道最终都是通过使用各种分销系统来实现航空公司产品的销售。具体的各种民航客运分销系统如下：

1. ICS

ICS 全称是 Inventory Control System，即航空公司人员使用的航空公司订座系统。ICS 是一个集中式的系统。航空公司通过该系统能享有自己独立的数据库、独立的用户群、独立的控制和管理方式，各种操作均可以加以个性化，包括班期、运价、可利用情况、销售控制参数等信息和一整套完备的订座功能引擎。

航空公司发展初期，客运销售部门需要花费大量的时间手工处理和保存座位预订信息，工作效率低下。20 世纪 50 年代后期，随着旅客预订量增大，提高预订效率迫在眉睫，由此美利坚航空公司和 IBM 共同创建了实时控制的计算机系统，供美利坚航空公司内部使用，这就是世界上第一家航空公司 ICS 系统——Sabre，也是 GDS 系统的远祖。

Sabre 于 1964 年正式启用，实现了预订流程的自动化，起到了增收节支作用。随后，美国大陆航、美联航、达美航和环球航也相继建立了各自的 ICS 系统——Systemone、Apollo、Datas II 和 Pars。

2. CRS

CRS 全称是 Computer Reservation System，即代理人机票售票系统。CRS 主要功能是为代理人提供航班可利用情况查询、航段销售、订座记录、机上座位预订等服务。

20 世纪 70 年代早期，民航客运业意识到代理人能够通过自动化预订提高生产率，进而拓展航空公司的销售范围，增强航空公司的销售能力，因此，Sabre 和 Apollo 首先将其内部订座系统外部化用于代理人。自此，ICS 转变为 CRS，这也是 GDS 发展的第二个重要阶段。

在此阶段，各航空公司内部订座系统互相结盟，将资源集聚于 CRS 共同利用，建立多用户系统，与具有订座系统的航空公司连接，并为没有订座系统的航空公司提供计算机系统服务，从而避免了 ICS 给代理人销售多家航空公司机票带来的不便和浪费，预订效率和销售能力再度提高，旅客也因此得到更加便捷的服务。

3. GDS

GDS 全称是 Global Distribution System，即全球分销系统，是基于计算机技术支持下的大规模销售网络。

20 世纪 90 年代初期，随着经济全球一体化进程，CRS 不断发展壮大，多家 CRS 形成联盟关系，逐渐产生了以运输、旅游相关服务一体化、全球化的 GDS 系统。GDS 系统实质上是 CRS 系统在分销广度、分销深度、信息质量及分销形式等方面的一次飞跃。

目前，世界 GDS 四巨头 Sabre、Worldspan、Amadeus 和 Cendant-Galileo 都集中于北美和欧洲，他们连接着约 16 万家旅行代理和旅行服务供应商，占据了 90% 以上的预订市场份额。而占有全球运输量四分之一份额的亚洲航空公司虽然也预见到美国、欧洲系统对他们的威胁，并试图建立以亚洲为基地的 GDS，但是由于地域分散、文化差异、发展水平悬殊及政治不睦等原因，却没有形成合力，仅仅建立了国家或地区性的代理人分销系统。例如东南亚的 Abacus，日本的 Axess、Infini，韩国的 Topas 以及中国中航信的 TravelSky。

运输市场含量有限,系统在规模上、市场上,尤其是技术上始终无法与 GDS 四巨头相匹敌。另外,印度两家骨干航空公司较早便拥有功能先进的订座系统,但未适时建立国家级的 GDS,在政府于 1995 年开放订座市场后的一年时间内,国内代理人被 Sabre、Amadeus 瓜分殆尽,从而严重弱化了印度国内航空公司的竞争力,加大了分销成本,制约了民航业发展。大洋洲、拉美、非洲也经历了与印度类似的过程。

4. 中航信 TravelSky 系统

目前,中航信的 TravelSky 系统是唯一为国内全部航空公司、机场和国内外多家代理人提供服务的分销系统。其最大特点是既提供 CRS 服务又提供 ICS 服务,在国内有完善的技术支持体系和分销网络,完全有能力满足国内航段的分销需求,而其薄弱环节在于 ICS 功能不完善。

中航信具有高增长率、系统整合、开放及跨行业行为等特点。其功能包括:第一,使任意一个经过授权的代理商均可通过系统实时预订、销售国内外超过 400 家航空公司的机票、航空意外保险、部分酒店产品等。第二,其自动清票功能增加了防火墙,使代理人不能随时更改时限,更有效地减小了代理人虚订座位对航空公司造成的不利影响。第三,提供电子客票的结算等功能。但中航信在海外的市场份额几乎为零。

10.1.4 民航客运销售结算系统

民航客运销售结算系统——BSP,全称 Billing and Settlement Plan,又叫做开账及结算计划。它是国际航协根据运输代理业的发展和需要而建立,供航空公司和代理人之间使用的销售结算系统。

过去,各家航空公司分别印制自己公司的航空客票,并委托旅行社等票务代理代售其客票。由于一家旅行社往往充当数家航空公司的票务代理,所以需要分别从不同的航空公司领取各种航空客票,并分别与不同的航空公司结算。这种代售和结算方式给旅行社的票务中心增加了大量的机票分类、保管、结算和编写销售报表等工作,并增加了代售过程中出现差错的风险。为了治理整顿在票务代理代销过程中存在的混乱状态,促进航空客票销售的标准化和程序化,国际航协发展建立了 BSP 系统。

世界上第一个 BSP 系统于 1971 年在日本建立,随后,BSP 得到了迅猛的发展。目前,BSP 系统已经比较先进和成熟,并已获得广泛的使用,全球已有 140 多个国家或地区建立了这一系统,有 400 多家航空公司和 6.4 万家销售代理人加入了该系统。目前我国航空公司已全部加入 BSP 系统。

BSP 系统是一个经过良好测试的精确系统,由完全中立的管理机构进行监督管理,航空公司、代理人、处理中心、清算银行等通过多边协议来实现整个系统的运作。随着 BSP 系统的引进,民航客运代理商代售航空客票的程序出现了明显的简化,提高了代售工作的效率并降低了票务中心的经营成本。

10.2 民航客运销售代理业

10.2.1 民航客运销售代理业属性

中国民用航空总局在《民用航空运输销售代理业管理规定》中指出:民用航空运输销

售代理业是指受民用航空运输企业委托,在约定的授权范围内,以委托人名义代为处理航空客货运输销售及其相关业务的营利性行业。

民用航空运输销售代理人(简称销售代理人),是指从事空运销售代理业的企业。

民用航空运输销售代理企业根据其所代理的产品不同,分为航空旅客运输销售代理(简称客运销售代理)和航空货物运输销售代理(简称货运销售代理)。

10.2.2 民航客运销售代理商类型

1. 按代理业务范围分

(1)一类空运销售代理,经营国际航线或者香港、澳门、台湾地区航线的民用航空运输销售代理业务。一类空运销售代理商的注册资本不得少于人民币一百五十万元。

(2)二类空运销售代理,经营国内航线除香港、澳门、台湾地区航线外的民用航空运输销售代理业务。二类空运销售代理商的注册资本不得少于人民币五十万元。

2. 按代理企业经营规模分

(1)大型代理人,年机票销售额达亿元人民币以上,一般企业组织机构较为健全,从业人员几十名以上。

(2)中型代理人,年机票销售额达千万元人民币以上,一般从业人员十名以上。

(3)小型代理人,年机票销售额一千万人民币以下,从业人员仅数名。

3. 按代理企业性质分

1)专营销售代理人

在我国民航客运销售代理市场中,有大量的专营销售代理人,其业务单纯,仅经营民航客运销售代理,营业收入仅来自于航空公司所给的佣金和奖励。大量专营销售代理人的产生是由于我国航空客运发展较快,市场较早放开,社会上各路资本纷纷介入民航客运销售代理业的结果。目前,专营销售代理人仍是市场的主力和最大群体,但这类代理人的局限性是显而易见的,服务单一,收入有限,一般规模较小。随着航空公司直销的发展,新型销售代理人的产生,代理人熟练度增多,市场竞争十分激烈,专营销售代理人正承受着越来越大的经营压力。

2)旅行社

旅行社是民航客运销售代理市场的另一主力军。旅行社有自己的客源,安排客人吃、住、行、娱等,为客人提供综合服务。旅行社下设售票处,代理机票业务,既可方便自己的业务开展,肥水不流外人田,同时,对外开展业务又增加了收入。但售票业务作为旅行社的一个经营项目,往往并不是旅行社经营的核心,而是处于从属的地位,在业务扩展上投入不够,在市场上表现也不如专营销售代理人活跃。

3)在线分销商

在民航客运销售代理市场上,以携程、e龙为代表的在线旅行服务商开始扮演越来越重要的角色。2002年4月,携程收购华北地区五大客运销售代理人之一的北京海岸机票代理公司,随后其全国机票中央预订系统正式上马,目前,携程的机票预订已覆盖国内和国际各大航空公司的航线和航班,实现国内54个城市市内免费送票。携程在机票分销方面获得巨大利润,2010年机票预订营业收入为12亿元人民币。在线分销网站的成功,指明了未来市场发展的方向,传统销售代理人也纷纷介入在线销售市场。

4）商旅管理公司

商务旅行是企业经营发展过程中一项必不可少的活动,包括差旅管理、会议展览、商务考察、奖励旅游、各类培训研修等内容。商旅管理公司面向政府机构、企事业单位等有组织的客户,既有提供一站式服务,帮助客户完成全部商务旅行活动的安排,也有专业化的服务,专注于一个细分市场,如专业的差旅管理、会展服务、会奖服务等。

目前,国内商旅管理公司仍处于起步发展阶段。国外商旅管理巨头看好中国市场,纷纷通过合资方式进入国内市场。2002年,世界第一大商旅管理公司美国运通公司和中国国际旅行社合资成立了国旅运通(北京)旅行社有限公司、国旅运通(上海)航空服务有限公司、国旅运通(广州)华南航空服务有限公司。主营业务为全球大型机构和企业提供24小时国际、国内航空客运代理,商务旅行等服务,致力于为世界500强在华公司及中国企业提供全方位的旅行管理服务,成为中国商务旅行市场的领先者。

5）"黑代理"

"黑代理"不用支付行业进入费用,成本非常低,主要靠散发传单、名片,以低价机票吸引顾客。黑代理的利润来源于合法代理人的返佣。航空公司给代理人的国内机票代理费按规定为3%,但事实上根据代理人的销售业绩,航空公司还会给予一定的回扣,销售代理人为做大票量,争取航空公司的更高回扣,便发展二级、三级代理,层层让利,最终形成"黑代理"的生存空间。黑代理本身已进入机票代理行业,但不具有合法的身份。黑代理服务不规范,有的甚至欺蒙、诈骗旅客,扰乱了市场,造成很多投诉,是民航客运销售代理市场的一大顽疾。

10.2.3 民航客运销售代理业作用

民航客运销售代理业的出现,有力地促进了航空运输业的发展。其具体作用如下:

(1)拓展了航空运输销售市场的宽度和深度。目前,国内航空公司其自身的销售力量是有限的,而全国民航客运销售代理企业约5000家,经营触角遍及全国各地,服务手段灵活多样,有力地拓展了航空运输销售市场。

(2)减少航空公司的销售投入。全国5000家代理企业的注册资本投入达数十亿元人民币,使航空公司不必投入巨资营建销售网络,节约了航空公司资金、人员的投入,可以集中精力搞好航空运输服务。

(3)产生了良好的社会效益。销售代理普遍采取送票上门、夜间服务、电话订票等服务方式,极大地方便了旅客,提高了服务质量。目前全国民航客运销售代理行业合格上岗从业人员达5万人以上,它给社会提供了大量的就业机会,社会效益明显。

10.3 民航呼叫中心

10.3.1 呼叫中心定义与分类

1. 呼叫中心的定义

呼叫中心也称为客户服务中心、客户关照中心、客户联系中心等。传统的呼叫中心是指几个人工坐席代表集中处理呼叫业务的场所。随着分布式技术的引入、自动语音应答设备的出现以及 Internet 的迅速发展,呼叫中心的定义有了新的内涵。现代呼叫中心是一种基于 CTI 技术、人工或自动处理大量电话呼入呼出业务和服务的运营场所。它通过网络进行通信,共享网络资源,为客户提供一系列服务和支持,并进行市场推广和销售活动。

就技术而言,现代呼叫中心一般包括 5 个部分,如图 10.2 所示。

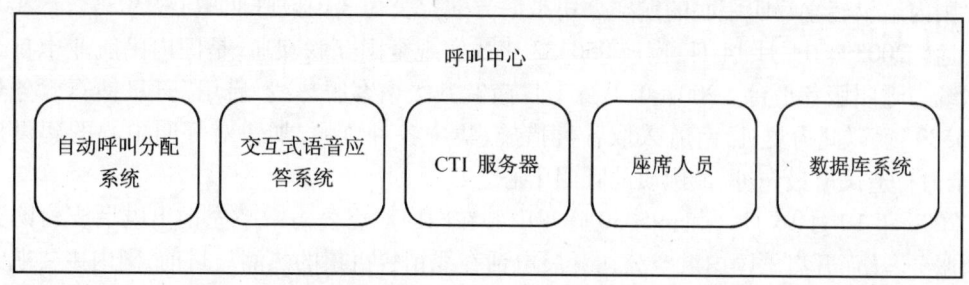

图 10.2　呼叫中心技术构成

2. 呼叫中心的分类

呼叫中心可以按照不同的参照标准分成多种类型:

(1)按采用的不同接入技术分,可以分成基于交换机的 ACD 呼叫中心和基于计算机的板卡式呼叫中心。

这两种方案的区别主要在于前台接入技术(即用户的拨入呼叫,具体怎样接入到呼叫中心的服务系统中):基于交换机的方式由交换机将用户呼叫接入到后台座席人员;基于计算机语音板卡的方式则由计算机通过语音板卡完成对用户拨入呼叫的控制。

(2)按呼叫类型分,可以分成呼入型呼叫中心、呼出型呼叫中心和呼入/呼出混合型呼叫中心。

呼入型呼叫中心不主动发起呼叫,其主要功能是应答客户发起的呼叫,其应用的主要方面是技术支持、产品咨询等;

呼出型呼叫中心是呼叫的主动发起方,其主要应用是市场营销、市场调查、客户满意度调查等;

单纯的呼入型和单纯的呼出型呼叫中心都比较少,大量的呼叫中心既处理客户发出的呼叫,也主动发出呼叫。

(3)按规模分,可以分成大型呼叫中心、中型呼叫中心和小型呼叫中心 3 种。

呼叫中心的规模,一般可以用能提供多少人工座席数量或接入多少中继线路来衡量。一般认为超过 100 个人工座席的呼叫中心为大型呼叫中心,人工座席在 50～100 之间的为中型呼叫中心,座席数目在 50 以下的则为小型呼叫中心。

(4)按功能分,有传统的电话呼叫中心、Web 呼叫中心、IP 呼叫中心、多媒体呼叫中心、视频呼叫中心、统一消息处理中心等。

(5)按使用性质分,可分成自建自用型呼叫中心(In-house Call Center)、外包服务型呼叫中心(Outsourcing Call Center)和应用服务提供商型呼叫中心(Application Service Provider,ASP)。

（6）按分布地点分，可分成单址呼叫中心和多址呼叫中心。

多址呼叫中心是指工作场所分布于不同地点，甚至于不同城市的同一个呼叫中心。单址呼叫中心仅有一个工作地点。

10.3.2 民航呼叫中心应用状况

国内最早建立呼叫中心的航空公司是南方航空公司。南航呼叫中心950333于2002年开通。2005年11月14日，南航950333正式实现全国互联互通，是国内民航业中首个全国统一呼叫服务平台。2007年1月1日南航升级该客服热线，启用"五星钻石服务热线95539"。以此为契机，南航采取各种措施、集中各种资源，加快对呼叫中心的建设进程，全力打造民航最先进、最优质的呼叫中心。

2006年10月16日，深航95080呼叫中心在国内航空公司中率先推出电话支付购买机票服务，从而开启了国内航空公司开展电话在线销售机票的热潮。目前，国内主要航空公司均已建立了自己的呼叫中心，他们的呼叫中心服务电话如表10.1所示。

表10.1 国内主要航空公司呼叫中心服务电话

中国国际航空公司	95583	中国东方航空公司	95530
中国南方航空公司	95539	海南航空公司	950718
深圳航空公司	95080	山东航空公司	400 - 60 - 96777
厦门航空公司	95557	春秋航空公司	400 - 820 - 6222
吉祥航空公司	400 - 700 - 6000	奥凯航空公司	4000 - 668 - 866

10.3.3 民航呼叫中心基本功能

目前，航空公司呼叫中心主要能够实现以下四项业务功能，其服务界面和功能图如图10.3所示。

1. 常旅客管理

该功能涉及查询会员乘机信息、消费信息、基本资料；查询会员总积分、修改会员地址等基本资料；输入会员投诉、回复投诉；会员里程补登；查询合作伙伴活动内容；查询金、银卡特殊服务；电话办理会员登机手续；处理候补；会员航班或酒店的预定、修改及取消。

2. 旅客投诉

该功能涉及空中服务投诉、地面服务投诉、当天现场突发（不正常航班）的旅客投诉；票务服务投诉、常客服务投诉以其其他方面投诉。

3. 旅客订座

该功能涉及旅客订座、座位再证实；航段、时间及舱位变更；取消座位；退票、送票服务；VIP旅客服务；特殊要求服务；常旅客金、银卡会员保证订座；航班取消后的旅客通知；航班超售后的旅客联系等。

4. 信息查询

该功能涉及航班、酒店、票价等信息咨询；行李查询、行李遗失查询；航班延误及取消

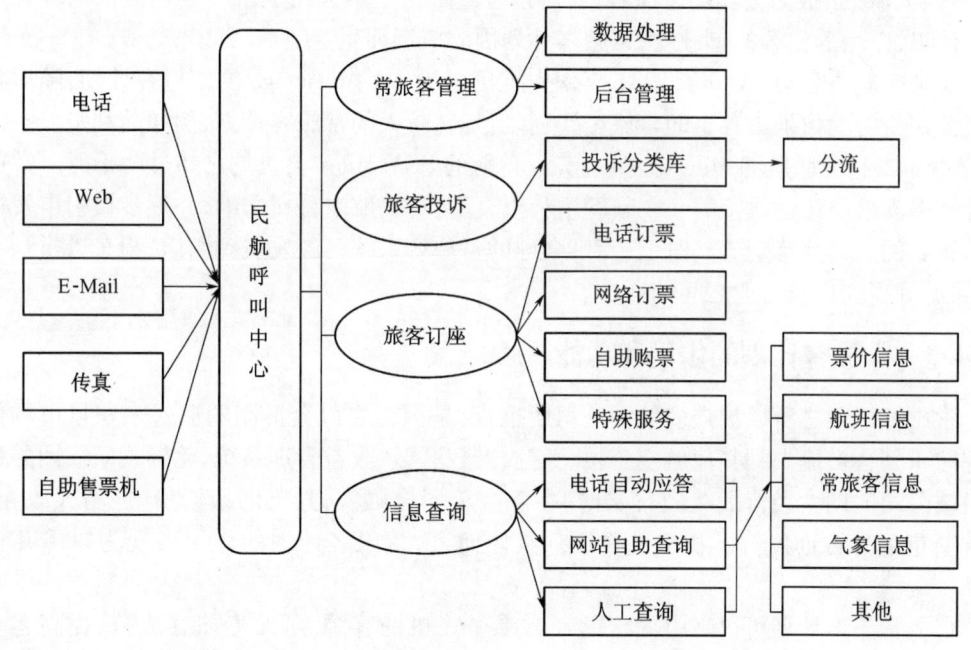

图 10.3　民航呼叫中心服务界面与功能

查询;航班到达查询;航空业务查询;根据用户业务查询相应的公司内部职能部门;国际及地区运价查询;代理及合作伙伴对航空公司业务部门相关工作的查询;至机场的车辆线路及交通查询等。

10.4　民航常旅客计划

10.4.1　常旅客计划的定义

常旅客计划(Frequent Flyer Program)是航空公司对经常乘坐本公司航班的旅客实行的一种里程累计促销方式,旅客在获得一定里程点数后,可获取免费机票或升舱,从而吸引经常乘坐飞机的旅客,达到增加或保持公司的顾客,提升公司竞争力的目的。

常旅客计划的内涵为:①通过奖励、优惠的提供,吸引老顾客重复消费,以此留住老顾客,培育顾客的忠诚;②通过收集顾客资料,并通过对资料的分类、整理和分析,形成企业特有的顾客资料,通过交换或销售顾客资源来获得新的利润点。

10.4.2　常旅客计划的起源

20 世纪 70 年代末,在美国放松对民航运输业的管制后,为争夺客源,一些中小航空公司纷纷压低票价,引发了各航空公司之间的价格大战。原先属于大航空公司的客源纷纷流向低票价的航空公司,不灵活的价格策略使得大型航空企业陷入困境。航空公司通过对旅客的构成研究发现,一部分为数不多的公务、商务旅客经常乘坐航班,在航空公司的旅客运输收入中,占有很高的比例,这部分旅客被称为常旅客。航空公司为将这部分

"空中飞人"吸引成为公司的忠诚客户,对这些经常乘坐本公司航班的旅客提供某种程度上的优惠,以培养旅客的忠诚度,常旅客计划因此应运而生。

美利坚航空公司(AA)于1951年率先推出名为AA Advantage的常旅客计划,随后各航空公司纷纷效仿推出各自的常旅客计划。目前,较大的常旅客计划,例如美利坚航空的AA Advantage,美联航的Mileage Plus,美三角航的SKY Miles会员均已超过两千万。常旅客计划作为航空运输收入的一个新的增长点,已为许多航空公司采纳,并逐步被引申发展为一种新的经营战略理念。时至今日,全球的常旅客系统已经发展到酒店、租车、银行、零售、旅游等行业以及行业之间的联合。

10.4.3　常旅客计划的作用和功能

常旅客计划之所以被众多航空公司所推行,是因为它以会员制的形式来积累市场份额并防止其会员流失到其他航空公司。它与产权联盟、收益管理系统、轮辐式航线网并称为航空公司的四大经营战略,它们分别在航空公司增强实力、巩固市场份额、增大收益、开辟新市场等方面发挥了积极的作用。具体而言,常旅客计划的作用表现为以下几个方面:

(1) 常旅客计划可以吸引固定的经常乘坐飞机的客源,可改变旅客成分,提高客千米收入。

(2) 减少旅客对价格的需求弹性,提高航班的每座收益。

(3) 改变让利方式,将促销的先让利后得益变为先得益后让利。

(4) 航空公司提供给会员的奖励是有时间限制和流向限制的空余舱位,通过引导,可进一步提高航班收益。

(5) 可与其他行业合作,如酒店、银行、旅行社等,创造额外的收益。

(6) 可为公司树立良好的形象,增强其社会效益。

一般而言,常旅客计划具备的功能有:会员管理;会员乘机记录;里程积累和奖励;以及其他的辅助信息,以支持实现常旅客计划的基本目标。随着常旅客计划应用的发展和完善,常旅客计划还能分析常旅客的成分构成、流向流量等,并考察常旅客的收益状况,评估奖励政策,等等,以便采取相应的措施,控制航班的舱位构成,有针对性地开展促销活动,吸引更多旅客,创造更大的收益。

10.4.4　常旅客计划运行流程

航空公司常旅客计划的运行过程如图10.4所示,旅客向航空公司申请成为常旅客会员后,航空公司常旅客运行管理部门将建立相应旅客信息库,并向其发放常旅客会员卡;当该会员购票或办理值机手续时,航空公司售票处或机场值机部门将会把其常旅客会员卡号输入民航总局定座(RES)/离港(DSC)系统,会员成行之后,其乘机里程数据将被记录在常旅客系统内;当会员在系统中累积里程达两万千米以上时,常旅客系统将会向会员寄送里程通知信件,告知会员可消费的里程积分情况。

旅客在航空公司合作伙伴处(如合作银行、酒店、保险公司、租车公司等)进行消费,可按航空公司与合作伙伴的协议规定获得相应的里程累积,航空公司和合作伙伴之间将按照协议进行相应的结算。

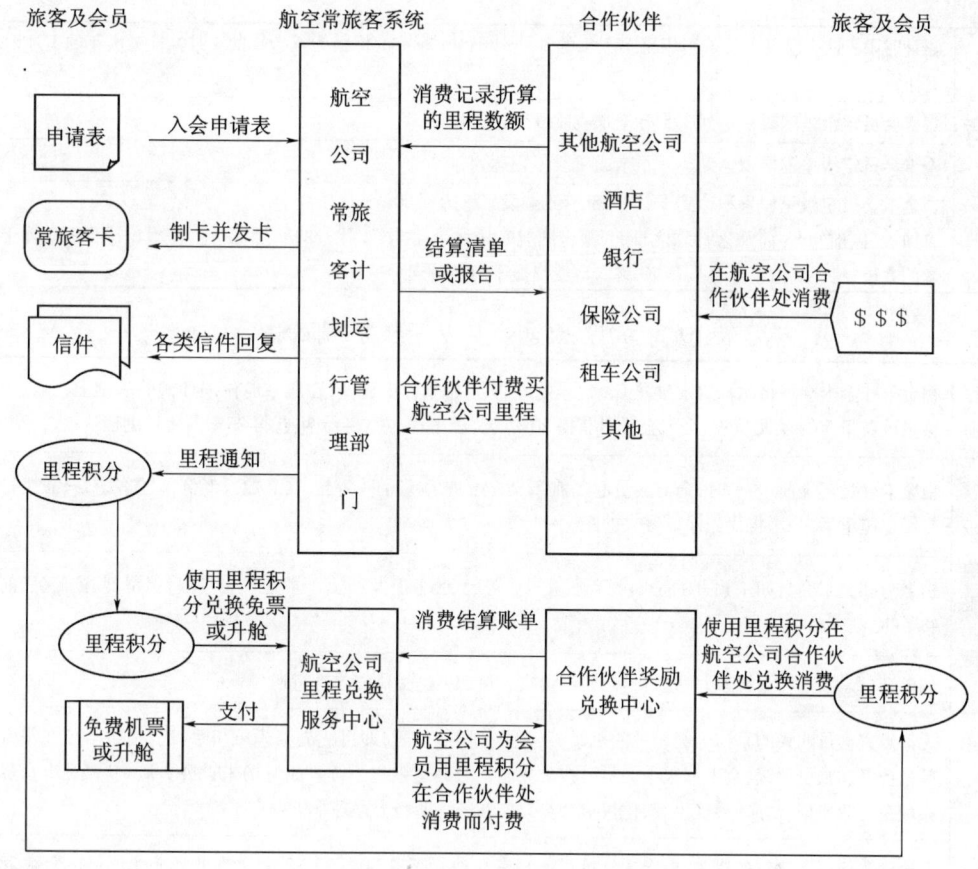

图 10.4　航空公司常旅客计划运行流程

10.4.5　国内常旅客计划的实施

　　1994年3月,中国国际航空公司率先借鉴世界航空公司的做法,推出了国内第一个常旅客计划——国航知音奖励计划(国航贵宾会员定级保级及部分专享服务见表10.2、表10.3)。随后南方航空公司推出了"明珠卡",东方航空公司推出了"金燕卡",厦门航空公司推出了"白鹭卡"等各自的常旅客奖励计划,其目标直指航空商务市场。常旅客计划作为一项行之效的保证公司高收益的非价格营销手段逐渐被国内各家航空公司所效仿,目前,国内航空公司已建立了数十个常旅客系统。2010年底,中国国航、东方航空和南方航空的常旅客计划会员数已分别达到1400万、1000万和950万。常旅客计划已逐步成为国内航空公司赢得竞争优势的重要方式之一。

表 10.2　国航贵宾会员的定级与保级标准

首次成为贵宾会员标准	累计时限:在连续12个月内
	定级里程达到4万千米或定级航段达到25个,升级为银卡会员
	定级里程达到8万千米或定级航段达到40个,升级为金卡会员
	定级里程达到16万千米或定级航段达到90个,升级为白金卡会员

239

保持贵宾会员资格标准	累计时限：首次保级为发卡当年至第三年的 3 月 31 日止/非首次保级为发卡年的 4 月 1 日至次年的 3 月 31 日止
	银卡会员定级里程累积达到 3.5 万千米或航段累积达到 23 个
	金卡会员定级里程累积达到 7 万千米或航段累积达到 36 个
	白金卡会员定级里程累积达到 14.5 万千米或航段累积达到 80 个
	自加入"国航知音"常旅客计划之日起，乘坐国航实际承运且挂 CA 代号的航班飞行里程累积达到 100 万千米的会员，将保留白金卡会员资格，终身享受白金卡会员待遇

表 10.3　国航贵宾会员专享服务（部分）

里程奖励	白金卡和金卡会员每次只要乘坐挂 CA 代号航班，除正常累计里程外，在所乘舱位累计额的基础上，白金卡会员可获得 50% 奖励里程，金卡会员可获得 30% 的奖励里程，银卡会员可获得 25% 的奖励里程
订座及购票服务	白金卡会员起飞前 48 小时，金卡会员起飞前 72 小时购买航班的头等舱、公务舱及经济 Y 舱客票，只需拨打专线定座电话，公司将优先保证客人的座位
	白金卡和金卡会员如果预订的是国航实际承运头等舱、公务舱及经济 Y 舱座位，订座将保留到航班起飞前 48 小时
	如果会员未预先购买机票并遇航班客满，则贵宾会员您可享受优先候补待遇
机场服务	无论贵宾会员购买的是何等级舱位的机票，只要乘坐国航航班，即可优先办理乘机手续。白金卡可在头等舱柜台办理乘机手续；金卡和银卡会员可在公务舱柜台办理乘机手续。如机场未设公务舱柜台，金卡会员亦可在头等舱柜台办理乘机手续，但银卡会员只能在经济舱柜台办理乘机登记手续
	无论购买何等级舱位的机票，白金卡会员可多享受免费行李额 30 千克；金卡会员可多享受免费行李额 20 千克；银卡会员可多享受免费行李额 10 千克；如果乘坐中美/加线航班，贵宾会员均可多交运一件共三件行李；贵宾会员的行李将按后装先卸原则交运，以便贵宾会员在最短的时间内提取行李
	白金卡和金卡会员可免费进入贵宾休息室候机和享受休息室提供的服务（均可携一名当日国航航班随员进入休息室休息）。白金卡会员可进入头等舱休息室候机；金卡会员可进入公务舱休息室候机。在未设公务舱休息室的机场，金卡会员可在头等舱休息室候机
	遇航班不正常时，在餐食、住宿和休息方面，白金卡会员享受的标准与头等舱旅客的标准相同，金卡会员享受的标准与公务舱旅客的标准相同

本章小结

　　民航客运销售渠道的选择、建立与管理是民航企业的最重要的决策之一。民航客运销售代理的存在，有力地促进了航空运输业的发展。呼叫中心可以使航空公司降低成本、增加收入以及提高客户满意度，是民航客户关系管理的统一对外信息平台。常旅客计划以会员制的形式来获得和扩大市场份额，防止客户流失，是航空公司竞争中极具创造性的手段方式，是航空公司取得成功的重要的战略手段之一。

1. 民航客运分销渠道和联销渠道区别是什么？
2. ICS、CRS、GDS 之间有何联系？
3. 民航客运销售代理对民航业发展有何作用？
4. 呼叫中心对民航市场营销的开展有何影响？
5. 常旅客计划给予旅客什么优惠？

阅读

航空业直销冲动引发机票分销"零代理"危机

资料来源：http：//tech. qq. com/a/20100720/000369. htm

近期，一场由航空公司主导的代理变革正在悄然进行。从 7 月 1 日开始，日本全日空航空、德国汉莎航空、瑞士航空将陆续下调国内机票代理人的代理手续费率。与此同时，南航、国航等也传出将会调整或者取消代理人的代理费的消息。

很显然，几大航空公司如此一致的举措已经表明了他们的态度，并指明了未来的发展方向——直销。根据国际航空电讯集团（SITA）对 129 家航空公司的调查，全球航空公司都在加大直接销售机票的能力。

在电子商务化趋势中，航空公司必须缩短链条，这既出于成本考虑也是为了提高反应速度。业内人士曾做过统计，2009 年国内航空公司的出票总额为 2000 亿元，按照平均90% 的代理份额，以及一张机票 3% 的佣金计算，一年下来，光是付给分销商的代理费，总额就高达 50 多亿元。2008 年，东航巨亏，但是代理商仍拿走了 10 亿元的佣金。因此，提高机票直销的比例，这对于正处在扭亏为盈与快步发展中的国内航空公司来说，将会是一笔不小的收入。

航空业的直销业务正在有条不紊地进行中。2007 年年底，南航成立了信息中心，并提出 2010 年机票直销比例占 40% 的目标；同年，国航斥资 2000 多万元建设全球电话销售服务中心，随后又与网站"去哪儿"合作进行直销；2008 年，海航在淘宝开设旗舰店销售机票；2009 年，春秋航空与支付宝的合作正式上线；同年，东航在淘宝网的官方旗舰店也正式开业。数据证明，航空的直销业务初具成效。2006 年，国航的机票直销额是 1.1 亿元，仅占全部收入的 0.4%，到 2008 年，直销额直线上升为 24 亿元，占比达到了 8.7%，其2012 年的目标是 14.9%。

而从长远来讲，摆脱代理商管道与层层暴利，航空公司才能更好地培养消费者忠诚度，真正地在第一时间了解旅客的需求，从而真正满足对消费者的服务质量标准化、服务产品个性化的需求。不过，在航空企业争抢机票蛋糕的同时，有代理人提出质疑，航空公司投入大量人力、物力做直销，其成本实际上已经接近甚至超过机票销售额的 10%，即使是中长期目标的直销成本也在 6% ~8%，而目前航空公司支付给机票代理的成本仅在3% ~5%，明显低于直销成本。但航空人士认为，直销的成本则相比代理模式要低得多，一旦直销网络和呼叫中心建立起来,后期的边际效应非常可观。在美国,航空公司机票直销的比例达61%,代理商只占39%。而从全球来看,英航、汉莎、法航等知名外航的直销份额也达到了50%,基本能与代理商分庭抗争。这意味着,一旦国内航空公司大幅度提升机票直销比例,从中省下的代理佣金费用,将帮助公司实现净利润"井喷"。

"今后,机票代售点的生意越来越难做了。我干这行已经10多年了,最开始佣金是12%,后来一降再降,从9%到7%,再到5%,到今年7月1日开始执行的3%。这样代售航空客票基本上就是维持生计,现在又下调了国际航线和部分国内航线的'票代'佣金,大代理商还能维持,小代理商现在面临的只能是转型。"面对一步步被压缩的生存空间,某航空机票代售点的工作人员不禁对未来表示担忧。

自国内机票销售体系1987年开放之后,机票代理商迅速将市场铺向全国,掌握了航空市场的主流分销渠道,高居80%左右的市场份额。显然,现在的航空公司对于代理与直销已经有了新的思考。而代理费和奖励制的下调和取消,意味着机票代理这个行业将逐渐面临生存危机。

有专家预计,代理费清零将成为未来的发展方向,这种趋势对于机票代理机构带来的威胁已经十分迫切,机票代理行业必须寻求转型之路。

思考题

1. 航空公司客运直销开展面临什么阻力?
2. 民航客运销售渠道未来发展趋势是什么?

第11章　民航客运收益管理

本章关键词

收益管理(revenue management)　　　　差别定价(differential pricing)

折扣票价(discount tickets)　　　　　座位存量控制(seat inventory control)

订座限额(booking limit)　　　　　　保护座位(protected seat)

空位损失(spoiling)　　　　　　　　起售(overbooking)

需求预测(demand forecast)

互联网资料

http：//www. huanqiu. com

http：//skypearl. csair. com/cn

http：//www. hangkonglaw. com

http：//www. cannews. com. cn

> 收益管理是通过使产品最佳分配和按市场需求定价来使公司提高收益的方法。航空收益管理是近 20 年来兴起的航空公司科学管理方法和研究的热点,是航空公司制胜的法宝和生存的重要支柱。

11.1　收益管理概述

11.1.1　收益管理的概念

1. 收益

所谓收益是指平均每客千米(英里)的收入,而每客千米(英里)的收入 = 运输收入/收入客公里(或英里)数,即:

$$\text{Yield} = \text{Revenue} / \text{RPKs} \text{ 或 Yield} = \text{Revenue} / \text{RPMs}$$

以某航班收入为例:

$$\text{Revenue} = f_1 \times p_1 + f_2 \times p_2 + \cdots + f_n \times p_n$$

式中: p_i 代表不同舱位 i 的票价水平; f_i 代表不同舱位下实际承载的旅客数。

则该航班的收益水平 Yield 可表示为

$$\text{Yield} = \sum_{i=1}^{n} (f_i \times p_i) \Big/ \text{RPMs} = \sum_{i=1}^{n} (f_i \times y_i) \Big/ \sum_{i=1}^{n} f_i$$

式中：y_i 代表不同舱位 i 的收益水平；$\sum_{i=1}^{n} f_i$ 代表航班实际承运旅客总数。

从上式可以看出，航班收益的高低取决于各级票价水平 p_i 的高低和与之对应的旅客人数 $\sum_{i=1}^{n} f_i$ 的多少。

一般而言，航班总收入是载运率与收益水平共同作用的结果，而较高的载运率不一定意味着高的航班收入，当低价位旅客比例过大时，航班收益水平被侵蚀，航班总收入降低；相反，提高票价水平或减少低价位旅客数量可以提升收益水平指标，但同样未必实现高收入，因为航班载运率可能因此降得过低，此时高收益的获得是以较低的载运率为代价的。因此寻求载运率和收益的平衡点正是航空公司收益管理的真谛，该平衡点实质上是载运率和收益二者之间的最优组合。

2. 收益管理

所谓收益管理亦称收入管理（Yield Management 或 Revenue Management），收益管理是指航空公司通过运用预测和优化等科学手段，对价格和座位进行适时有效管理，使自己经营的每一航段的每个座位以最好的价格出售，从而实现企业整体收益最大化的管理方法。而按收益管理的鼻祖——美利坚航空公司的表达方式，收益管理是一套在正确的时间、正确的地点，把正确的产品销售给正确的旅客的方法，是为实现收入最大化而进行的有选择地接受和拒绝订座的过程。

11.1.2 收益管理的产生

收益管理并不是一开始就有的，而是随着航空业发展和竞争的加剧而产生的。总的说来，民航机票的管理经历了手工订座、电脑订票、折扣票价、航空放松管制 4 个阶段后才走到今天的收益管理阶段。

手工订座，出现在航空运输早期，当时乘坐飞机与今天的公共汽车一样，先到先上，到时间起飞，预订座位则是通过打卡的方式记录下来。

20 世纪 60 年代中期，IBM 分别与美利坚航空公司（AA）和三角航空公司（Delta）合作。开发了世界上第一台电脑订票系统，并在很短时间内淘汰了手工订座。后来由于出现了有些订了座位的旅客不来登机，给航空公司造成了不少浪费，航空公司开始实行超售（Overbooking）。

随着航空业的发展，航空公司越来越多，航线和航班也越来越多。为了吸引旅客，1975 年美国航空公司开始实行折扣票用来吸引旅客，增加旅客人数。当时美国航空公司称之为"超级省钱票"（super-saver fares）。与此同时，波音公司提出了"多余座位管理法"，鼓励航空公司采用折扣票。但很快，航空公司就发现，并不是人数越多，座位数越满，收益就越大，如果让折扣票旅客坐满了飞机，那么即使是满载也可能会亏本。面对这一问题，美利坚航空公司提出了一种有使用限制的折扣运价。通过制定一系列限制条件，使得那些能够出高价的旅客无法向低价旅客转移，同时又能从其他交通工具上吸引大量的旅客，将那些本来要虚耗的座位售出，提高航班的座位利用率。美利坚航空公司的新运价政策在市场上取得了巨大的成功,随后很多航空公司也采取了同样或类似的运价政策,民航机票开始了折扣票价时期。

1978 年 10 月 24 日,美国签署了航空放松管制法(the Airline Deregulation Act),废除了对航线和票价的所有管制。20 世纪 80 年代中期,欧洲开始效法,进入了航空放松管制阶段。由于解除了约束,航空公司之间的竞争变得异常激烈了。在 1992 年最终爆发了民航史上著名的"92 航空血战",1992 年 4 月美利坚航空公司凭借其雄厚的实力,首先挑起票价战,试图靠降低票价争取客人,美西北航空和其他的航空公司也纷纷效仿。参战的各航空公司共卖了 4.7 亿张折扣票,损失 20 亿美元。然而这场票价站的最大获利者却是没有参与"血战"的大陆航空公司,大陆航空公司之所以能够在这场恶性竞争中如此从容,一定程度上是依靠其在一年前安装使用的一套客运收益优化系统(Passenger Revenue Optimization System)。这套系统是根据数学模型、古典微观经济学概念、统计理论以及运筹学理论而开发。它将预测、优化、数据库管理有机融为一体,并配有决策辅助中心,有效地做到了座位控制。这也正是航空收益管理的雏形。许多航空公司也由此认识到了收益管理的重要性。航空收益管理的真正兴起也就是从这个时候。

航空收益管理的作用是明显的。各大航空公司在自身条件不同的情况下,运用收益管理年收入增长达到了 3% ~5%;美利坚航空公司使用全航程收益管理,每年带来了上亿美元的额外收入;美国的 Delta Air Lines 采用收益管理后,第一年就增加了 3 亿美元的收入。

11.1.3 收益管理的发展

从收益管理的萌芽算起至今已经历了 40 多年,不同时期有不同的热点,收益管理研究对象与相应时期的航空运输业务问题见表 11.1。早期萌芽(20 世纪 60 年代)的研究主要集中在超售以及与其相关的预测上,20 世纪 70 年代随着折扣票价的出现,研究重点转移到座位分配(折扣分配)上,20 世纪 80 年代出现的中心辐射式航空运输网络使得研究人员转向网络收益管理——起始点(Origin-Destination,O&D)控制,20 世纪 90 年代研究开始将定价和航班计划等其他运输计划功能与座位控制结合起来,拓展传统的收益管理(座位超售和座位分配)概念。美利坚航空公司(AA)作为成功应用收益管理研究的先驱代表,从 1963 年开始应用各种收益管理技术,经过 25 年的发展,于 1988 年实现第一个完整的收益管理系统——DINAMO(Dynamic Inventory and Maintenance Optimizer)系统,一直使用到现在。第一个实时的起始点收益管理系统是 SAS 航空公司的 TrueO&D 系统,于 1993 年投产。20 世纪 90 年代末,我国学者开始接触并研究收益管理,2001 年 4 月中国南方航空公司与美国 PROS 公司合作,引进 PROS 收益管理系统成为中国第一家应用收益管理系统的企业。

表 11.1 收益管理研究对象与相应时期的航空运输业务问题

时间	航空运输业务现象	收益管理的研究对象
20 世纪 60 年代	旅客订座取消、No-show	超售(包括需求预测)
20 世纪 70 年代	折扣票价	座位分配
20 世纪 80 年代	中心—辐射式网络	网络收益管理(虚拟嵌套、投标价控制)
20 世纪 90 年代	航空联盟、代码共享 Internet 订座	联盟收益管理、座位拍卖

收益管理不仅在航空业得以实施,目前,收益管理技术已经被广泛地用于酒店、汽车出租、电视广告、公路运输、电信和能源供应、旅游等服务行业,并向金融服务、零售业、制造业和互联网服务等领域发展。

11.1.4　收益管理系统

收益管理系统是计算机辅助支持系统,融合了数据采集、数据整理、需求预测、超售、座位优化控制和报表评估等功能,如图 11.1 所示。

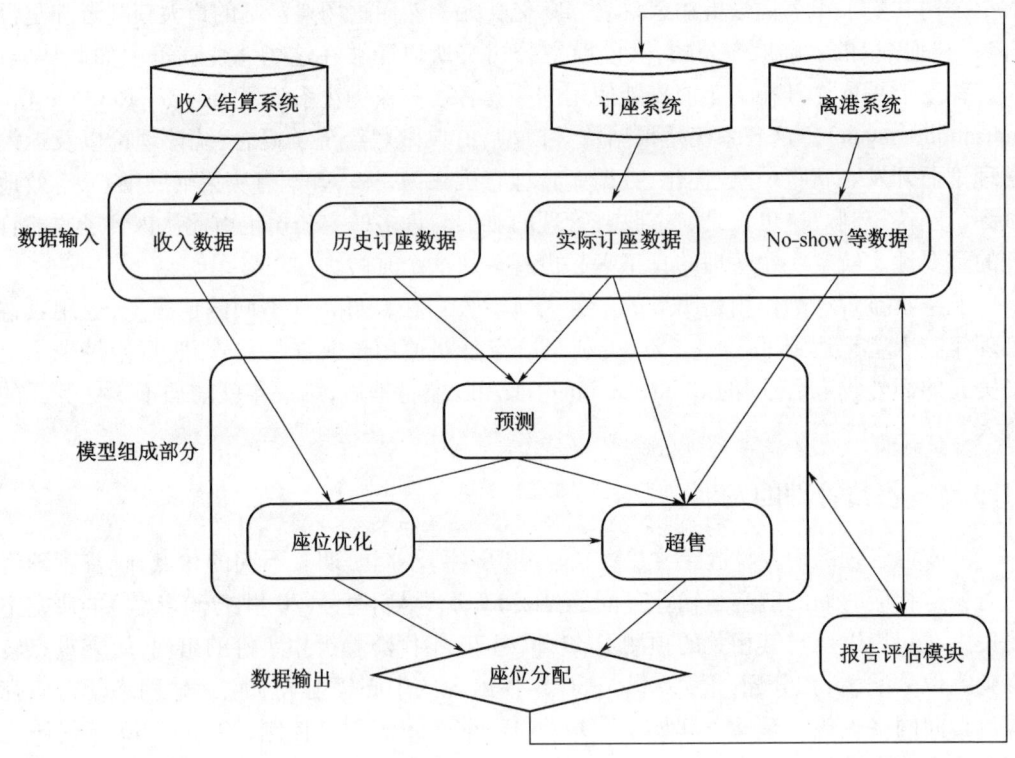

图 11.1　收益管理系统

收益管理系统根据已经起飞航班的订座曲线规律和未来航班的现有订座水平,预测现有航班安排下各舱位的旅客需求量。依据不同舱位的价格水平,做出座位存量优化控制方案。在确定座位存量优化控制方案时,要考虑到不同舱位的 No-show 水平和超订水平,从而获得综合优化座位分配安排,并将此结果加载到订座系统之中。

11.1.5　适合实施收益管理的行业特征

航空公司之所以能率先实行收益管理,是由其行业特征所决定的。西方学者对近 40 年来收益管理的发展进行分析,归纳出行业使用收益管理需要具备如下特征:

(1) 产品具有时效性。产品或服务过时后没有任何价值,它们不能通过存储来满足顾客在未来的需要,如果产品或者服务在一定时间内销售不出去,企业将永久性地损失了这笔潜在的收入。例如,航班起飞后,航空公司就不能再出售该航班的机票,该航班空闲的座位就失去了其潜在的价值。

（2）提供产品的能力相对有限。提供产品或服务的能力有限，追加新的产品或服务能力需要较长的时间或大量投资。例如，航空公司的服务能力（拥有的飞机数量）是有限的，要想增加能力（增加飞机数量）需要投入大量资金和经历较长的购买周期。这一特征适于采用收益管理的原因是显而易见的，能力有限才会引出提高能力利用率的问题。

（3）客户的需求可清楚地分类。客户可以按职业、收入水平、消费特点、对价格的敏感程度等因素划分为不同类型，即进行市场的细分。也就是说，不同类型的客户可以以不同的价格接受无差异或差异很小的产品或服务。当然，这种市场的划分和价格差异应该是客户所能理解和接受的，通常情况下可以利用客户购买产品和服务时间的不同来划分市场，根据距离产品出售的最后期限以及具体的需求状况，通过提供不同的折扣价格来吸引不同市场中的客户，让不同的客户用不同的价格买到无差异或略有差异的产品或服务。

（4）产品可提前预售。如果所有的产品或服务是在统一的时间内一次性出售，就很难对客户的行为特征进行分析，也不能完成市场的合理划分。例如在航空市场，机票的价格是随时间和需求的变化而不断调整的。在每个订票请求到达时，收益管理系统可以权衡是提前将机票以低价售出，还是将机票预留给后到的愿意出高价购买的旅客。

（5）产品固定成本高、变动成本低。提供产品或服务的变动成本很低，一般应大大低于分摊的固定成本。产品定价的范围较大（只要高于变动成本即可）。例如，航空业就是这样一个典型的行业，飞机座位的固定成本十分高昂，而变动成本却较低，只是机上餐饮和一些服务。因此一旦飞机座位的销售收入超过了由固定成本决定的盈亏平衡点之后，销售出的每个座位，其售价与变动成本之间的差异就是航空公司的利润。

（6）产品需求波动性较大。收益管理可以起到平衡需求的作用，在需求高峰期，企业可以通过提高产品或服务的售价来增加总收入，而在需求低弥时，通过适当降低产品价格又可以刺激需求以提高产品的利用率。通常产品需求呈周期性连续变化，因此管理者可以根据历史数据预测需求高峰和低谷的出现。

11.2 差别定价策略

11.2.1 差别定价定义

1977 年，美利坚航空公司利用"剩余座位"理论向市场推出"超级节省"两级运价结构，在向商务旅客售出正常运价的同时，向休闲旅客推出价格较低的折扣票，开始了航空公司细分市场的尝试。在随后的竞争中，航空运输市场细分的有关理论逐步完善，在空间位移需求的共性下，按照旅客对价格/时间的敏感程度，对机型、起飞时间、转机等不同的需求，对旅客进行进一步划分，根据不同旅客类型的需求弹性，对不同的旅客提供带有不同使用条件的运价，以达到既满足不同价位上旅客的需求，又防止高收益旅客滑落到低运价区间上，从而使航班收益最大化的目的。这种基于旅客的需求而对市场进行细分的定价方法称为"差别定价"，这是有别于在航空管制时期航空公司用航线平均成本加上社会平均利润率的定价方法。

11.2.2 差别定价原理

差别定价设计以市场划分、旅客构成和价格敏感程度为基础，引进量化分析。为此，航空公司首先需要分析旅客的构成。航空旅客虽然是多种多样的，但归结起来无外乎两大类：商务客和休闲客。不同类型的旅客当然就会有不同层次的需求。商务客一般不介意票价高低，因为商务旅行一般都事关紧要，但商务客却非常重视以下几点：①能否随时取得机位，以应付突发性的出差任务；②航班班次密度，商务旅客希望能随时来回，不必因为等候班机而贻误时机或浪费时间，因而，航班密度频繁的航空公司最受欢迎；③能否随时取消或更改订座；④机舱服务水准；⑤商务旅客时间宝贵，希望能够快速办理登机手续和到达后及时提取行李。而休闲度假旅客与商务旅客正好相反，最关心票价是否经济实惠，其他各项反倒不太重要。机票太贵，旅客可能选择其他运输方式或选择其他机票比较便宜的旅游度假点，甚至待在家里不出去旅游了。

既然旅客有不同的价格承受能力，那么最理想的销售方式当然是差别定价。如果实行统一定价，那些可以承受更高价格的旅客就白占了便宜，航空公司损失不小；同时也把一部分价格承受能力较低的旅客拒之门外。因此，针对不同的消费市场，航空公司应当区别对待。

当市场上仅提供一种运价时航空公司所得的收入等于图 11.2(a) 的面积，在降低运价刺激需求时，运价降低到一定程度后，需求的增长就不能再弥补运价降低带来的损失，由于航空公司固定成本占了营运成本很大比例，边际成本很低，使得在市场竞争的激烈环境下，极易爆发价格战，在运价单一的情况下，航空公司的亏损不可避免；而图 11.2(b) 表示在市场上同时提供多种运价，这时航空公司的收入等于多个矩形面积的和，显然图 11.2(b) 的面积大于图 11.2(a) 的面积，这就是差别定价的理论基础，从理论上说矩形细分得越多，面积就越大。当然航空公司也必须考虑细分的可实施性以及细分所付出的成本。

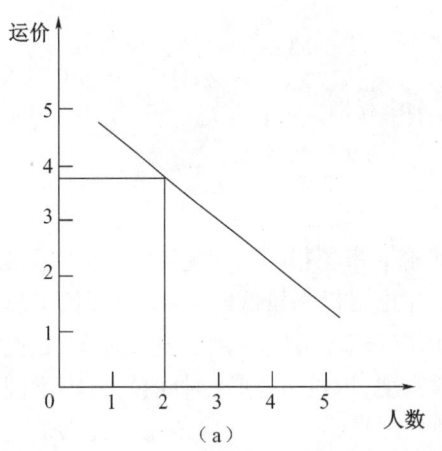 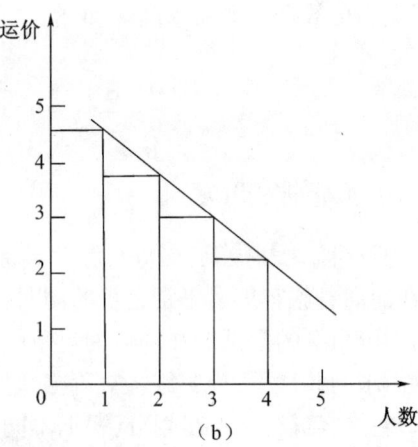

图 11.2　差别定价的理论基础

11.2.3 差别定价的限制条件

航班的收入变化主要来自两方面：一方面是因价格变化而增加的收入；另一方面是因旅客流动而损失的收入。只有当因流动而损失的收入小于因价格变化而增加的收入时，航班收入才能增加。在完全相同的产品出现高低两种价格以后，只有限制条件才能阻止承受能力较高、理应购买高票价的旅客不去购买便宜票，减少因流动而带来的损失。

头等舱和公务舱的旅客一般不介意票价的高低，却十分介意其他条件，如能否随时取得机位；航班班次密度；能否随时取消或更改订座；服务水平；能够快速办理登机手续和到达后及时提取行李等。针对不同类型的旅客特点，航空公司可以制定一些限制条件把他们尽量区分开来，让他们各就各位，不得擅自从高往低"流窜"等。常用的限制条件有：

（1）提前购票限制。商务旅客往往临时决定出差旅行，提前较长时间购票的可能性不大，而游客通常会较早安排休闲度假计划。因此大多数折扣机票都会有提前购票的限制，航空公司会根据不同折扣幅度要求旅客必须提前一星期、两星期、一个月、两个月或更长时间购买机票。

（2）在外停留时间限制。商务旅客通常来去匆匆，很少能在外地停留一星期以上的时间，同时也不太愿意在外地度过周末。而休闲度假旅客大都愿意利用周末假期出游，且多数游客度假时间长达一星期甚至更长时间。因此，很多折扣机票对旅客在外地的停留时间有限制，有的要求必须在外地度过周末，有的要求最短停留时间为一星期。与最短停留时间相对应的是最长停留时间限制。没有限制条件的正常机票有效期为 1 年，对于不同折扣机票，客票有效期通常会缩短至 30 天、45 天、90 天或半年。

（3）退票、签转和更改航班限制。商务旅客行程常有变化，退票、签转和更改航班的事情常有发生。因此航空公司一般不会限制全价票的退票、签转或更改航班，而对持折扣机票，通常会做出限制。例如：不得签转和更改航班、提高退票手续费直至不可退票。

（4）出发时间限制。通常在淡季、平季和旺季的机票价格是不同的。淡季价格只能适用于淡季，如果要更改至其他季节使用，则需补交差价。甚至同一天中不同时段的航班也有淡、旺之别，持折扣票旅客只能乘坐某个时段航班，如需变更到价格较高航班，则需补交差价。

（5）旅客身份限制。航空公司折扣机票有时是针对特定旅客身份的，例如按职业区分，有学生、教师、退休人员和军人优惠；最常见的旅客身份优惠是团体旅客优惠。

（6）与提前购票相对应的是候补登机的限制。航班起飞的前一两天，如果空位较多，航空公司可以以优惠价格出售给明显不属于商务旅客范畴的旅客，如青年学生、合家旅游等。持带有候补登机限制的折扣票旅客可以提前购票，但不能提前订好座位，只能在机场候补，只有当航班出现旅客 No-show 情况时，旅客才可以登机。这种类型的折扣票通常只限于旺季航班很满的情况，旅客会有一些风险，他们可能会连续几天不能登机，而商务旅客是绝对不会冒这个风险的。

设置限制条件是为了将航空客运市场分割成互相隔离的子市场，在不同子市场上制定不同价格,同时限制低价子市场的座位转卖到高价子市场,这样可以实现各子市场收益最大化,从而总收益也达到最大化。

11.2.4　票价折扣

初期的差别票价只有一两个类型,票价的折扣幅度也是航空公司凭经验而制定的。例如20世纪70年代末,美利坚航空公司推出了世界上第一个差别运价方案,其主要内容是:如果往返程旅客在出发前一个月以上购买飞机票,并且在到达地至少停留14天以上,美利坚航空公司就会为旅客提供高达45%的折扣。到了90年代末期,美利坚航空公司的折扣票价体系已经变得很复杂了。表11.2示出了当时美利坚航空公司纽约—洛杉矶航线的运价等级(其中运价水平在40%以下的飞机票还不允许退票)。

在设计折扣票价的幅度时,航空公司除了考虑竞争对手的因素外,主要需要考虑的因素,一是需求的价格弹性,二是旅客流动比率。

需求的价格弹性用于测量座位的需求数量对于价格因素变化的反应程度。由于需求的价格弹性不同,当票价下降的幅度变化时,旅客的增长幅度不同。如果票价折扣幅度较大,而旅客的增长幅度却较小,这将导致航班的收益不但不增加反而会减少,这时就应该减少机票的折扣幅度。换言之,对于富有价格弹性的子市场,航空公司应该考虑加大飞机票的折扣幅度以使总收益增加;反之,对于缺乏价格弹性的子市场,航空公司应该考虑减少飞机票的折扣幅度以使总收益增加。

表11.2　20世纪90年代末期美利坚航空公司纽约—洛杉矶航线运价等级

运价基础	来回程票价	运价水平	提前购票天数	最短停留期限	最长停留天数	航班时刻限制
P	3475	206%	—			—
C	2688	160%	—			—
760Y697	1684	100%	—			—
HA3FSN	1192	71%	3			有航班限制
HE7NR	1080	64%	7	—		—
WA7FSN	1009	60%	7			有航班限制
HE21NR	918	55%	21	需在外地过周末	30	—
Q14ENR	760	45%	14	需在外地过周末	30	—
QE14SNR	697	42%	14	需在外地过周末	30	有航班限制
V21ENR	565	33%	21	需在外地过周末	30	—
VE21SNR	515	31%	21	需在外地过周末	30	有航班限制
KE14FSN	382	23%	14	需在外地过周末	30	航班限制更严
ME21FSN	318	19%	21	需在外地过周末	30	航班限制更严

旅客流动比率指高票价旅客群体向低票价旅客群体流动的比率,即使严格规定折扣票价的使用限制条件,也不可能完全保证能够阻止高票价旅客群体流向低票价旅客群体。限制条件不同,旅客流动比率不同。如果旅客流动比率较大,说明子市场分隔不成功,将导致航班的收益不但不增加,反而会减少,这时就应该修改限制条件,严格划分子市场。

例1 票价折扣设计。

某公司决定为 A—B 航线设计差别定价。该航线的全票价为 1000 元,平均每个航班的需求量为 100 个旅客。A 和 B 两个城市都是大型的政治、经济中心城市,以商务和公务旅客为主。市场调查当 A—B 航线票价发生变化时,航线旅客量的变化见表 11.3。

表 11.3　票价变化时航线旅客量变化

票价折扣幅度/%	A—B 航线旅客量增长幅度/%
10	1
20	3
30	6
40	10

市场研究还发现,在不同的购票限制条件下,A—B 航线旅客的流动比率不同,具体数据见表 11.4,请为 A—B 航线选择最佳的票价折扣幅度和对应的限制条件。

表 11.4　在不同的购票限制条件下 A—B 航线的旅客流动比率

序号	限制条件	旅客流动比率/%
1	无限制	46
2	提前 14 天购票	30
3	提前 28 天购票	28
4	提前 14 天购票 + 中午旅行	20
5	提前 28 天购票 + 中午旅行	18
6	提前 14 天购票 + 停留 7 天	17
7	提前 28 天购票 + 停留 7 天	16
8	提前 14 天购票 + 中午旅行 + 停留 7 天	14
9	提前 28 天购票 + 中午旅行 + 停留 7 天	12

解:很显然,有两个方面的因素影响着航班的收益变化,一方面是因刺激需求而使旅客量增加而增加的收入;另一方面是因高票价旅客群体流向低票价旅客群体损失的收入。只有当因旅客流动而损失的收入小于因刺激需求而增加的收入时,航班收益才能提高。

因此,如果用 D 代表流动旅客人数,S 代表增长旅客人数,Y 代表全额票价,Y_d 代表折扣票价。则只有在 $S \times Y_d > D(Y - Y_d)$,即 $D < (S \times Y_d)/(Y - Y_d)$ 时,折扣票价才能达到增收的目的。

因此,可以计算出 A—B 航线在不同票价折扣幅度下,流动旅客人数的限制,见表 11.5。

表 11.5　A—B 航线流动旅客人数限制

票价折扣幅度/%	旅客流动人数必须少于
10	9
20	12
30	14
40	15

根据表11.4的市场调查数据,可以得出 A—B 航线在不同票价折扣幅度下,适合的限制条件,见表11.6。

表11.6　A—B 航线不同票价折扣幅度下适合的限制条件

票价折扣幅度/%	适合的限制条件编号
10	无
20	无
30	9
40	8、9

由表11.6可知,在 A—B 航线上只有两个折扣幅度可供选择。

选择折扣幅度为30%时,只能选择限制条件9,此时收益增加为: $6 \times 700 - 12 \times (1000 - 700) = 600$ 元。

选择折扣幅度为40%,限制条件8时,收益增加为: $10 \times 600 - 14 \times (1000 - 600) = 400$ 元。

选择折扣幅度为40%,限制条件9时,收益增加为: $10 \times 600 - 12 \times (1000 - 600) = 1200$ 元。

所以,A—B 航线最佳的票价折扣幅度和对应的限制条件是:票价折扣幅度为40%且提前28天购票 + 中午旅行 + 停留7天。

11.3　航班座位优化控制

设计折扣票价及其使用限制条件,目的是为了扩大市场需求,限制高价顾客群体流向低价顾客群体,以增加航班收益。但是如果不限制折扣机票的销售数量,即使是严格执行了票价限制条件,却也可能出现因为低价旅客群体占用过多座位致使愿意支付高价的旅客买不到座位的情况,从而导致航空公司的收益降低。由于旅客需求的价格敏感性和最低票价必须提前购买的限制,航空公司往往先出售折扣票,然后出售高价票。因此,航空公司决策者需决策多少座位以折扣价格出售,而多少座位应保留给购票时间较晚的高价旅客。

11.3.1　相关概念

1. 座位优化控制

航班座位优化控制是指基于旅客的需求预测,利用数学规划模型为不同的航段和票价组合计算座位销售上限,从而达到收益最大化的一种航空售票方式。

2. 订座限额

订座限额(Booking Limit,BL)指某个舱位等级最多能够销售的座位数量。

3. 保护座位

保护座位(Protected Seat,PS)是针对某个或几个等级指定可用座位数,这些座位不允许销售给较低等级的旅客。在线性嵌套式销售策略中,某个等级的保护座位数只允许销售给该等级或者高于该等级的旅客。

252

11.3.2 座位资源配置方法

座位资源配置,就是考虑在不同等级不同票价的舱位上分配座位数量。一般来讲,有三种考虑方法:收入优先、客座率优先和收益优先。

1. 收入优先

该方法强调多卖高价票,以这种方式售票,客座率往往比较低,因此尽管每张票的均价比较高,但是收益不一定高。

2. 客座率优先

该方法强调多卖票,由于不同票价之间的可售数量没有限制,因此售出的低价票数量一般情况下会比高价票多。以这种方式售票,尽管客座率较高,但是由于每张票的均价较低,因此收益也不一定高。

3. 收益优先

与上述两种单纯强调价格或者数量的配置方法不同,该方法强调的是两者的组合,在不同价位上出售不同数量的票,原则是尽可能在尽量高的价位上出售尽量多的票,以保证收益的最大化。航班座位优化控制属于收益优先的配置方法。

11.3.3 座位嵌套销售策略

航空公司座位的物理结构是按照出厂的座位布局进行设置的。物理分舱上,航空公司一般分为3个基本舱位:头等舱(F)、公务舱(C)和经济舱(Y)。为了提高收益水平,航空公司通常又按照不同的票价折扣将相同的基本舱位再分成不同的子舱,比如国内常见的经济舱被分为9折、8折、7折等不同子舱位,分别赋予不同的舱位等级代号B、K、M。不同子舱可售座位的销售策略有3种:线性嵌套、平行嵌套和混合嵌套。

1. 线性嵌套

线性嵌套销售策略优先保障高级别舱位的旅客有高的订座优先权。在线性嵌套销售策略中,只要低级别舱位有剩余座位,高级别座位订座申请即不会被拒绝,高等级舱位有优先权,可以占用低等级舱位座位。各舱位订座限额可以从较低级别舱位的保护水平的累积中得到。在销售时,全价舱位一直开放到航班关闭时才关闭,而较低舱位在较高舱位关闭后不能再销售;相反,只要有需求,较高舱位可以从较低舱位获得座位来销售。

例如:假设某航班经济舱共有100个座位,由高到低共有4个舱位等级Y、M、Q、V,则线性嵌套策略下各舱位订座限额如表11.7所示。由此可以看出航班座位分配能够优先满足高等级座位需求。

表11.7 线性嵌套策略下各舱位订座限额

子舱	保护座位数	订座限额
Y	25	100
M	25	75
Q	25	50
V	—	25

2. 平行嵌套

平行嵌套和线性嵌套不同,平行嵌套销售策略下每个子舱位都是一个独立的产品,与航班的其他子舱位产品分开销售,互不影响。各个子舱位之间的座位不能交互使用,即较低等级的舱位即使未售完,也不允许被较高等级的舱位使用。

例如:假设某航班经济舱共有 100 个座位,由高到低共有 4 个舱位等级 Y、M、Q、V,则平行嵌套策略下各舱位订座限额如表 11.8 所示。

表 11.8　平行嵌套策略下各舱位订座限额

子舱	保护座位数	订座限额
Y	25	25
M	25	25
Q	25	25
V	25	25

3. 混合嵌套

混合嵌套是线性嵌套和平行嵌套的组合,即部分子舱之间是线性嵌套关系,部分子舱之间是平行嵌套。

例如,假设某航班经济舱共有 100 个座位,由高到低共有 4 个舱位等级 Y、M、Q、V,子舱位 Q、V 之间是平行嵌套,Q、V 和 Y、M 之间是线性嵌套,则混合嵌套策略下各舱位订座限额如表 11.9 所示。

表 11.9　混合嵌套策略下各舱位订座限额

子舱	保护座位数	订座限额
Y	25	100
M	25	75
Q	25	25
V	25	25

综合上述例子分析,如果市场上 Q 舱有 25 张票的需求,那么 3 种销售策略均可以满足需求;但如果市场上 Q 舱有 30 张票的需求,那么仅线性嵌套策略可以满足,平行嵌套和混合嵌套模式下,订座系统会拒绝订座请求。因此,从收益管理理论的角度出发,线性嵌套对增大收益最为有利;而平行嵌套在管理上最简单容易;至于混合嵌套,航空公司可根据实际情况进行选择。

11.3.4　EMSR 模型

EMSR(Expected Marginal Seat Revenue)模型即期望边际座位收入模型,该模型是由美国麻省理工学院 Belobaba 博士于 1987 年提出,用以解决座位控制和座位存量分配问题,旨在获得航班收入最大化的决策模型。

EMSR 模型的实质是一个座位的价值等于该座位的价格乘以其出售的可能性。例如:某舱位等级第 S 个座位的期望边际座位收入为: $EMSR(S) = f \times P(S)$。其中,f 为票价,P 为第 S 个座位出售的可能性。

EMSR 模型涉及两个相关但又有区别的变量。一是座位保护水平;二是最大允许订座限额,即各等级舱位可销售座位的最大限度。EMSR 模型使用线性嵌套模式,即较高等级舱位的最大允许订座限额等于它自身的保护水平与次高等级舱位的最大允许订座限额之和,因此,EMSR 模型的关键即为确定各舱位等级的座位保护水平。

在一个相对成熟并市场化运作的航空客运市场中,可以认为某一航班或舱位的需求符合正态分布特征,如图 11.3 所示。

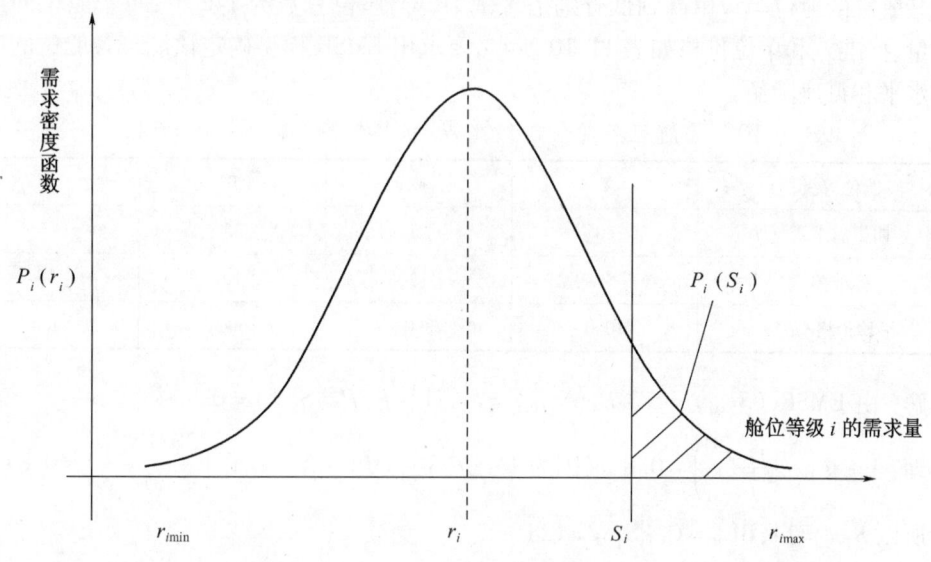

图 11.3　舱位需求正态分布

其中 r_i 是等级 i 舱位的期望需求,如果 i 舱的实际可利用座位数为 S_i,则其全被出售的概率为 $P_i(S_i)$。$P_i(S_i)$ 即为图 13.3 中 S_i 右侧概率分布曲线下方的面积。

假定等级 i 的舱位价格为 f_i。则当 i 舱可提供的座位数为 S_i 时,第 S_i 个舱位的期望边际收入为

$$\text{EMSR}_i(S_i) = f_i \times P_i(S_i)$$

假设座位运价等级分为 2 级,若将座位保留给高舱位等级 i 所得到的期望边际收入大于把座位保留给低舱位等级 j 的期望边际收入,则应将座位保留给舱位等级 i,而不允许舱位等级 j 销售。随着保留给舱位等级 i 的数量的增加,其座位售出的概率减少,期望边际收入减少。当舱位等级 i 的座位期望边际收入等于舱位等级 j 的价格时,便可以确定只保留给舱位等级 i 而不提供给舱位等级 j 的座位数为 $S_{i/j}$。

显然此时,$\text{EMSR}_i(S_{i/j}) = f_i \times P_i(S_{i/j}) = f_j$,从而可以算出 $P_i(S_{i/j})$。若同时已知舱位等级 i 与舱位等级 j 的需求特征(均值与标准差),则可计算出 $S_{i/j}$,并求得舱位等级 j 的最大允许订座限度 $\text{BL}_j = C - S_{i/j}$,其中 C 为航班座位总数。

同理,EMSR 模型可以解决三级或更多等级舱位的座位分配问题。例如,为确定更低等级舱位 k 的座位订座限额,必须确定两个舱位保护水平:一是保留给高等级 i 而不给等级 k 的座位数量;二是保留给较高等级 j 而不给等级 k 的座位数量。这应满足下列条件:

$$\mathrm{EMSR}_i(S_{i/k}) = f_i \times P_i(S_{i/k}) = f_k$$

$$\mathrm{EMSR}_j(S_{j/k}) = f_j \times P_j(S_{j/k}) = f_k$$

则舱位等级 k 的座位订座限额为

$$\mathrm{BL}_k = C - S_{i/k} - S_{j/k}$$

例 2 EMSR 模型算例。

某航班的舱位等级由高到低分别是 Y、M、B、Q,座位总数为 142 个,每个舱位的期望需求量、标准差和单位价格如表 11.10 所示,要求用 EMSR 模型确定该航班各舱位的座位预留水平和订座限额。

表 11.10　某航班各舱位等级需求/价格信息(座位总数 = 142)

舱位等级	Y	M	B	Q
期望需求量	20	25	35	45
标准差	7	12	10	15
平均价格/元	1000	800	600	400

解:由 $\mathrm{EMSR}_Y(S_{Y/M}) = f_Y \times P_Y(S_{Y/M}) = f_M$,计算出 $P_Y(S_{Y/M}) = 0.8$

即:$1 - \varPhi\left(\dfrac{S_{Y/M} - 20}{7}\right) = 0.8$,又因为 $1 - \varPhi(X) = \varPhi(-X)$,所以 $\left(\dfrac{20 - S_{Y/M}}{7}\right) = 0.84$,

所以 $S_{Y/M} = 14$,$\mathrm{BL}_M = \mathrm{C} - S_{Y/M} = 128$

同理可得:$S_{Y/B} = 18$,$S_{M/B} = 15$,$\mathrm{BL}_B = C - S_{Y/B} - S_{M/B} = 109$;

$$S_{Y/Q} = 22, \quad S_{M/Q} = 20, \quad S_{B/Q} = 17, \quad \mathrm{BL}_Q = C - S_{Y/Q} - S_{M/Q} - S_{B/Q} = 83$$

通过 EMSR 模型的运用,可以计算出该航班各舱位等级的初始订座限额,所得结果如表 11.11 所示。

表 11.11　航班各等级舱位订座限额

舱位等级	Y	M	B	Q
预留水平	14	19	26	—
订座限度	142	128	109	83

11.4　航班超售管理

11.4.1　超售相关概念

1. 超售

超售是航空公司最早使用的收益管理方法,而且也是最基本的方法,超售是航空公司考虑航班离港之前旅客取消订座、退票和误机等各种情况,出售座位数超过相应票价舱位的实际座位数或超过飞机实有的座位。其目的是为了减少座位虚耗带来的空位损失,提高座位利用率,优化效益。

2. No-show

No-show 是指旅客购买了机票而由于种种原因不来登机或临起飞前退票。在飞机起飞前的任意时间间隔内机票的售出量是一个随机变量。很多时候,在飞机起飞前会出现订票旅客不到机场的情况,这种情况的发生有可能是因为主观方面的原因(最后时刻改变飞行计划),也可能是由于客观方面的原因(路上塞车错过时间、天气影响等)。这类旅客被称作 No-show 旅客。No-show 是促使航空公司实行超售的主要原因。统计表明,航空公司 No-show 比例为 5% ~ 15%,这种情况表明,如果航空公司不实行超售,会大大降低客座率,损失大量的经济收益,在竞争中处于不利的位置。

3. Go-show

Go-show 是指由于订座系统和旅行社之间的沟通差错,或者联程旅客的第二程或者第三程出行没有相应地通知订座系统,导致旅客有票来登机而订座系统中又没有记录。

4. DB

DB(Denied Boarding)也称"bumping passenger",是指旅客购票后被拒绝登机。这是与超售相应而生的。如果航空公司实行了超售,那么飞机起飞时的机场旅客到达数是一个随机变量,其数值就有可能超过飞机的实际座位数,此时就会造成一部分旅客被某航班拒绝登机。

11.4.2　旅客 No-show 原因

旅客 No-show 造成航班离港人数低于实际订座数,其原因一般来说有以下几种:

(1)旅客误机。也有时候并不是旅客晚到,而是旅客行程有变,根本没有出发。这种旅客通常是买了全价票,但无法事先掌握自己的行程,所以较晚订座,临行前发现自己无法成行,又来不及取消订座或者是懒得取消,只好 No-show。航空公司最初还处罚订好座位不来乘机的旅客,但出现多等级差别票价之后,为了显示高低票价旅客待遇不同,航空公司允许较高票价的旅客 No-show。高票价旅客逐渐将 No-show 视为自己的权利,即使行程有变,也懒得通知航空公司或代理取消或更改订座。这种旅客虽然对航空公司价值较高,但也可能对航空公司的损失较大,特别是在旺季。与此相反的是休闲旅客,他们通常较早订座,购买的是折扣票,因此受到更改、取消等的限制,这种旅客一般不会 No-show。

(2)重复订座。有些旅客可能会同时与多家代理联系订票,而各个代理都给其办理了订座,造成重复订座。订座系统可以很容易发现同一航班的重复订座并予以取消,但很难发现不同航班的重复订座。

(3)虚假订座。在旺季机票紧张的时候,有些旅行社为了抢生意,往往捏造旅客姓名和订票资料来抢座位,如果占的座位没有人要,旅行社又忘了取消,就给航空公司造成了空座损失。虽然,航空公司对这类虚假订座查处很严,但还是有漏网之鱼。

(4)错过衔接航班。中转旅客必须有一定的中转时间,如果前段航班延误,旅客就可能不能按计划转乘下一航班。虽然有时前一航站会拍发延误旅客电报,通知下一航站取消订座,但是如果取消的座位不能及时卖出去,就会造成空位损失。

(5)订座未证实。联程旅客到达外地后,由于各种原因,往往改变回程计划。过去,航空公司为了避免这类座位虚耗,都要求旅客抵达外地后提前若干时间(一般72小时)重新证实座位,否则不予保留座位。一些航空公司在座位控制能力提高以后,为了表现自己的服务特色,为旅客提供方便,主动取消了这种"再证实"规定,也就加大了座位虚耗的可能性。

11.4.3 超售的收益及风险

1. 超售收益

超售的收益是显而易见的。美利坚航空公司在1992年通过有效超售,不仅使1000万名旅客能在第一时间里选乘合意的航班,也给本公司带来了2亿5千万美元的额外收入。因此,以美国的航空业为例,1978年全美的航空公司年超售人数只有10万人次左右,到了1986年便达到近百万。而1997年,仅美国大陆航空公司的超售人数便高达百万。今天,除了日本等极少数国家仍禁止在国内航线上超售外,这种方法已被西方大多数航空公司所普遍采用。

从竞争的角度来说,旅客订不到你公司的座位就会跑到别的航空公司去,而你订满了的航班由于旅客No-show,致使起飞时还有不少空座,航空公司将遭到两头损失。尤其是当被拒绝的旅客事后打听到他没有订上的航班其实尚有空位时,他对你公司的不满也就可想而知了。

订满和飞机起飞时客座率100%是不同的两个概念。订满的飞机是指无座可卖了。由于不是每个订了票的人都来上飞机,所以订满的航班并不一定有100%的客座率。即使在淡季,也有许多航班起飞前是被订满的。如果不超售或少超售,航空公司的收益必然受损。

2. 超售风险

超售在带来收益的同时,航空公司也面临着DB风险。面对DB旅客,航空公司需负责为DB旅客提供适合的航班使其完成行程,包括当DB旅客转乘其他航空公司航班时,负责补齐票价差额。同时,在DB旅客转乘下一航班之前的这一段时间里,航空公司需负责其食宿及一定的通信费用。当航空公司处理不能令旅客满意时,会影响旅客对航空公司的忠诚度,影响航空公司的信誉。以上补偿措施给航空公司造成的成本就是DB成本,包括食宿费用、通信费用、票价差额、赔偿金额及信誉损失,其中信誉损失一般随DB人数的增加而超比例增加。所以,与座位虚耗相比,航空公司更不愿意DB发生。

航空公司要做好超售,需要确定准确超售数额,使DB的可能性减少到最低水平,同时也使虚耗座位的数量减少到最小。从理论上说,超售越多,座位虚耗的可能性越小,但拒绝登机的可能性越大。超售越少,DB的可能性越小,但座位虚耗的可能性会越大。两者关系见图11.4。应该把可售座位数(AU值)定在什么水平上才能达到最优化的结果,是航空公司在超售问题中首先要解决的问题。

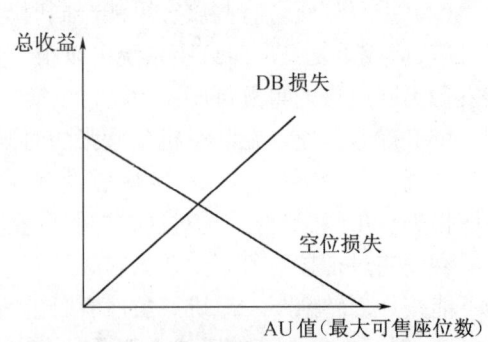

图 11.4　DB损失与空位损失的关系

258

11.4.4　旅客 DB 的处理

旅客 DB 会给航空公司带来风险,面对旅客 DB,航空公司可以采取以下处理措施:

(1) 更改服务等级:即升/降舱的办法。这种方法是利用同一航班上其他舱位的剩余座位来安排 DB 旅客,当发生降舱时,要给予一定的经济补偿。

(2) 更改服务航班:即在更改服务等级的处理之后仍然存在 DB 旅客时,将本航班上的这些 DB 旅客转移到本公司后续航班或其他公司的航班上。所以在每个航班的超售决策时要考虑是否有后续航班。

(3) 拒绝服务:即在前两种超售处理之后仍然有旅客的要求得不到满足,因而不得不拒绝提供运输服务,这种情形下一般将被拒绝服务的超售旅客分为自愿旅客和非自愿旅客两类,这两类旅客都要提供经济补偿,只是后者的风险成本更高,在国内航空公司运输业有关法律不健全的情况下,后者可能出现类似于美国超售初期的法律纠纷。在国际上一般采用拍卖的方式来处理这种情况下的超售旅客,这一方法最早由 Simon 提出,其方法是在旅客中以拍卖的形式选取自愿接受经济补偿的超售旅客,航空公司的代理人进入候机室或机舱解释说明需要自愿者推迟其旅行并获得其个人希望的补偿,每个旅客出最低标价(旅客愿意接受不登机而等待下一个航班的最低价),这样航空公司从中挑选标价最低的旅客作为 DB 人选,并且付给补偿。国外航空公司实践证明,这是一个有效的解决方案,而且很少出现非自愿者被拒绝登机,并且许多旅客愿意接受更少的补偿,这样就进一步降低了超售的风险成本。航空公司可以在地面服务人员中,设立一位现场经理,赋予他特权,处理竞拍。平时可以通过印制宣传单向旅客宣传这种竞拍方式,还可以制作调查表,了解旅客期望的最低标价。

11.4.5　理想超售模型

所谓理想超售模型就是不考虑超售可能带来的 DB 成本而建立的模型。在不考虑 DB 成本的情况下,影响超售的因素主要包括以下 3 个方面:

(1) No-show 率预测。从时间的动态发展过程考虑,市场是一个连续发展的过程,也就是说,将来的市场是在过去和现在的基础上演变而来的,是过去和现在的继续。市场发展的这种连续性,表明事物的发展有它自己固有的规律。只要规律赖以发生作用的条件不变,合乎规律的现象就会重复出现。No-show 率预测就是试图从过去和现在的规律中捕捉到将来的规律,从而给超售决策提供及时而可靠的市场信息。

(2) 减载座位数。所谓的减载指的是从航班上卸下若干座位。飞机不能满载的原因有很多,可能是设备问题,也可能是天气的影响,还可能是机场方面的要求或是政府法令的限制等等。还有一种情况,就是由于客观原因,航空公司要临时更换机型(座位数小于原机型),完成飞行任务。在进行超售决策时,一定要考虑减载座位数。

(3) 潜在的升舱能力。假设某航班 F,头等舱有 24 个座位,经济舱有 100 个座位。但是头等舱的市场需求始终小于 10,即头等舱始终有 14 个座位是空的。那么在进行超售决策的时候,就可以假定经济舱的总座位数是 100 + 14 = 114。增加的 14 个就是所谓的潜在升舱能力。这种升舱使得我们可以通过销售较多的座位提高载运率。从而相对地增加航空公司的收入并且为航空公司创造良好的声誉。

根据超售的原理,可以得到:

超售水平 = (总运力 − 减载座位数 + 潜在的升舱能力)/(1 − No-show 率)

潜在升舱能力 = 头等舱运力 − 头等舱需求

上式中,超售水平是指在超售情况下,某舱位一共可以订出去的座位数;总运力是航班上该舱实际拥有的座位数。

例3 理想超售水平计算。

航空公司各航班对应的总运力、No-show 率、减载座位数、头等舱运力、头等舱需求见表 11.12,请计算航班各对应的超售水平。

表 11.12　航班运力信息

航班总运力/座	No-show 率	减载座位数	头等舱运力	头等舱需求
100	5%	5	8	4
150	8%	6	10	6
200	10%	7	12	8

解:根据公式

当航空总运力为 100 座时,超售水平 = ((100 − 5 + (8 − 4))/(1 − 5%) ≈ 104

同理,当航空总运力为 150 座时,超售水平为 160 座,当航空总运力为 200 座时,超售水平为 218 座。

11.4.6　考虑成本的超售模型

航空公司航班座位需求预测的准确性有时不高,这是因为 No-show 率的随机性所导致的,而这种预测误差会给航空公司带来损失。如果实际 No-show 率大于预测 No-show率,会造成座位虚耗损失;反过来,如果实际 No-show 率小于预测 No-show 率,航空公司就不得不拒绝某些旅客登机,这时会带来 DB 损失。

航空公司最佳 AU 值的计算方法应该是:首先计算某 AU 值能产生的总收益,再计算该 AU 值可能带来的损失,总收益与损失的差即是净收益,将每一个 AU 值的净收益进行比较,就可得出最佳 AU 值。根据这个计算方法,可以建立考虑成本的超售模型。

1. 超售模型符号说明

航班订票旅客总是面临着两种情况:到机场乘坐飞机或不到机场成为 No-show 旅客,因此,可认为订票旅客到达机场的概率服从二项式分布。规定相应模型符号如下:

c:表示飞机实际拥有的座位数,即飞机的总容量。

R:表示航班全部所得,即总收益。

r:表示一张机票出售后所能得到的净收入。

f:表示航班飞行的总成本。

p:表示购买机票的旅客的到达概率。

$P(k)$:表示航班到达 k 个旅客的概率。

x:表示航班可出售的座位数量。

b:表示赔偿每一名 DB 旅客所需要的费用。

对于所有的航班,飞行的总成本 f 都是固定不变的,不会随着其他因素的变化而改变,一般将其设置为常数;考虑超售情况下的机票销售,因此 $x \geq c$。

2. 超售模型建立

首先从航班收益的角度来建立模型,以求收益最大。可以计算出某航班到达的人数为 k 时,航班的总收益为

$$R = \begin{cases} rk - f & 0 \leq k \leq c \\ rc - f - b(k - c) & c \leq k \leq x \end{cases}$$

根据假设条件,航班到达 k 位旅客的概率为

$$P(k) = C_x^k p^k (1 - p)^{x-k}$$

则航班的期望收益可表示为

$$\text{ER} = \sum_{k=0}^{c} p(k)(rk - f) + \sum_{k=x+1}^{x} p(k)[rc - f - b(k - c)]$$

从而超售的数学模型为

$$\max \quad \text{ER} = \sum_{k=0}^{c} p(k)rk + \sum_{k=c+1}^{x} p(k)[rc - b(k - c)]$$

$$\text{s.t.} \quad x \geq c \text{ 且为整数}$$

3. 超售模型计算

从模型的分析中可知,座位销售的数量必须是整数,故目标函数是不连续的;考虑到航空公司实际运作时 x 的取值也并不大,因此可以采用枚举法进行求解。为了求出航班的最优销售量,设 x 的最初值为飞机容量 c,然后增加 x 的值,并计算相应的期望收益 ER,直到 $\text{ER}(x) > \text{ER}(x - 1)$ 且 $\text{ER}(x) > \text{ER}(x + 1)$,则此时的 x 就是最优销售量(AU)。

例 4 超售模型算例。

某航空公司执行上海—广州的飞行任务,飞机座位容量 $c = 142$,出售一张机票所得的净收入 $r = 1500$ 元,赔偿 DB 旅客的费用 $b = 800$ 元。从历史数据中得到,旅客的到达概率为 $p = 0.9$。要求用枚举法求出航班最优的销售量。

解:根据超售模型,使用枚举法计算销售座位数量不同时航班收益,得到表 11.13 的结果,作成曲线图如图 11.5 所示。

表 11.13 航班座位销售量不同时的航班收益

销售量	收益	销售量	收益	销售量	收益
142	189616.3	151	193067.2	160	210994.6
143	189616.4	152	195444.5	161	208738
144	189617.217	153	198533.5	162	205920.1
145	189622.8	154	202100.4	163	202903.9
146	189647.9	155	205741.6	164	199993.3
147	189732.4	156	208966.6	165	197399
148	189959.9	157	211316.3	166	195233.4
149	190469.5	158	212473.6	167	193524.9
150	191444.6	159	212330.8	168	192242.9

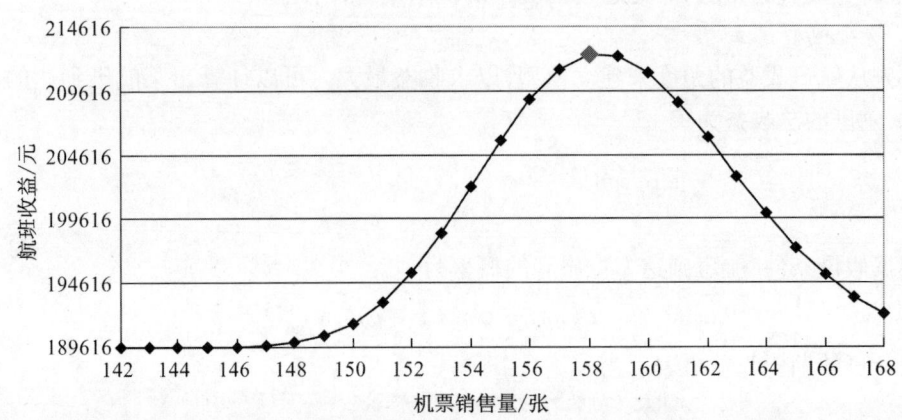

图 11.5 航班座位销售量不同时的航班收益

从表 11.13 和图 11.5 中均可以看出,随着航班座位销售量的增加,航班收益也在增加,当 $x=158$ 时航班收益取得最大值,之后,航班收益又随着销售量的增加而减少。所以,158 即为航班超售时航空公司的最优销售量。

接下来,继续对航班两种不同的情况进行讨论。

(1)赔偿 DB 旅客的费用 b 保持不变,改变 p 的值。

b 值不变,p 值在 0.7 ~ 1.00 区间变化时,航班最优座位销售量和航班收益两者之间变动的情况,见表 11.14。

表 11.14 p 值不同情况下的航班最优座位销售量和航班收益

p 值	最优销售量/个	航班收益/元
0.7	204	175109.8
0.75	190	179668.4
0.80	178	180199.7
0.85	168	182954.1
0.90	158	212473.6
0.95	150	234156.5
1.00	142	234500

从表 11.14 可以看出,随着旅客到达率 p 的增加,最优座位销售的数量在慢慢减少,而同时航班的收益在增加。这种情况可以理解为,旅客的到达率越大,允许超售的机票数量就越少,此时航班的收益也会随着到达旅客的增加而增多。当旅客到达率为 1 时,已经无须超售,航班收益将在该点达到最大值。

(2)旅客到达率 p 保持不变,改变 b 的值。

p 值不变,而 b 值逐渐增加时,航班最优座位销售量和航班收益两者之间变动的情况,见表 11.15。

表 11.15　不同 b 值下的航班最优座位销售量和航班收益

b 值	最优销售量/张	航班收益/元
300	161	213975.4
400	160	213486.2
500	159	212954.1
700	158	212347.7
800	158	212473.6
1000	157	211454.2
1500	156	210968.3
2000	155	210552.2
2500	155	210104.4
3000	154	209622.5

　　从表 11.14 可以得到,航班最优座位销售量随着赔偿费用的增加而减少,与其对应的航班收益也随之减少。这种情况与航空实际的操作是比较吻合的,即赔偿的费用越高,航空公司的销售策略就会越保守,航班超售的数量也就越小;通常在面临较高的赔偿费用形势下,航空公司的收益也会相对比较低。

本章小结

　　客运收益管理是指航空公司通过运用预测和优化等科学手段,对价格和座位进行适时有效管理,使自己经营的每一航段的每个座位以最好的价格出售,从而实现企业整体收益最大化的管理方法。客运收益管理涉及到差别定价、座位优化控制、超售等多方面的内容,一方面采取差别定价、座位优化控制,将市场细分、需求预测和产品定价紧密结合,最大限度地适应市场需求的多样性,另一方面采取超售减少虚假订座和买票而不来登机带来不必要的虚耗,发掘产品的市场潜力,提高航空公司收益。

复习与思考

1. 航空公司实施收益管理的必要性和可行性是什么?
2. 设计折扣票价的幅度时,航空公司应考虑哪些因素?
3. 航班座位嵌套销售策略类型有哪些?
4. EMSR 模型的原理是什么?
5. 航班超售的收益和风险是什么?

国外航班机票超售补偿多

资料来源：http://gb.cri.cn/27824/2010/12/06/5311s3080094.htm

最近,中国国内飞机超员售票现象时常见诸媒体。中国首例"超售机票"罚单近日开出。广东一航空服务公司因超售2张机票,导致2名旅客无法出行,被执行罚款5000元。所谓机票超售,是指航空公司售出的机票多于飞机客舱座位。其实,国外飞机超售现象也普遍存在,但相比之下,航空公司对登不上飞机的旅客都有补偿措施。

美国有人等着被超售

美国的航空公司超员售票是很普遍的现象。航空公司为了减少空座的损失,通常会聘请分析公司做详尽的分析,预测大概会有多少旅客因种种原因无法按时登机。航空公司会参照分析报告而作适量超售。但分析师不是预言家,他们的分析数据常常与实际有不小的出入,旅客因航空公司超售而滞留也就司空见惯了。

《福布斯》杂志称,去年美国有6.3万名旅客因航空公司超员售票而滞留,比例为万分之一,这一比例并不高。美国超售率最高的航空公司是大西洋西南航空公司,其超售率是平均值的4倍,达万分之四。

美国航空法律规定,超售的航空公司要对滞留的旅客进行赔偿。航空公司超售对公司和旅客都不利,既耽误了旅客的时间又损害了公司的形象。不过,这种无奈的情形发生时,双方会寻求一种两厢情愿的方式来解决。即征询一些愿意改签机票的"志愿者",给予他们300美元代金券的补偿。300美元足够一张单程甚至往返机票的价钱,一些没有急事的旅客乐得拿了代金券改签另一个航班。

《世界新闻报》记者有一次在芝加哥机场等候达美航空班机时,碰到该航班超售,工作人员征询10名志愿者。记者正在犹豫是否改签之际,很快10名志愿者已经满额。

在美国,网络上还有专门教授人们如何拿到"代金券"的"秘笈",比如提前到机场跟工作人员报名表示如果超售愿意改签;有针对性地选择航班,像早间航班超售率会高于晚间航班、假期航班的超售率也比较高、选择超售率高的公司等等。看来,从航空公司超售中获得省钱良机的大有人在。

日本给合作旅客发奖金

由于经常会出现旅客未登机或临时取消机票等现象,为了保证飞机的满座率,通常日本的航空公司也会采取超员售票的做法。目前,在日本的航空业界,对于"超售率"并没有相关规定,而是由各大航空公司根据经验自行定夺。

国际航线的机票通常是从1年以前就开始预订,一些组团的旅行社或者准备出国旅行的个人旅客会提前"占位子"。在临近出发1个月或者是1个半月的时候,一些旅行社会将没有卖出去的位子退掉,一些精打细算的旅客也会在多家航空公司之间做出选择。这个时候,如果售票状况处于超员的情况,航空公司就会做出调整。例如,将一些团体旅行游客和购买廉价机票的客人转移到其他航班上。

即便是这样,仍然会有在飞机出发当天,有旅客因超售而无法登机的状况出现。这时候,航空公司就要展开现场协调了。如果超售不多,那么航空公司就可能会把部分旅客的经济舱升级为公务舱。如果超售状况严重,那么协调员就会在旅客中间展开说服工作,寻找容易说服的对象。

而对于造成旅客无法登机的赔偿制度,在日本各大航空公司之间的标准是统一的:即对于当天转乘其他航班的旅客,给予1万日元(约合人民币800元左右)或者7500里程的赔偿;对于转乘次日航班的旅客,在考虑当晚住宿费用的基础上给予2万日元或者1.5万里程的赔偿。即便是旅客进行退票放弃旅行,也可以接受这一补偿。此外,航空公司在售票阶段还会特意征集一些愿意在超售情况下取消飞行的旅客,一旦发生超员情况,航空公司会首先与这些旅客进行协调。当然,旅客在同意放弃飞行的同时,也会得到航空公司方面支付的"合作奖金"。

思考题

1. 国内航空公司采取什么措施防范超售的风险?
2. 国外航空公司的哪些做法值得借鉴?

附录一　国内城市/机场三字代码

三字代码	城市名	机杨名	三字代码	城市名	机杨名
AKA	安康	五里铺机场	HET	呼和浩特	白塔机场
AKU	阿克苏	温宿机场	HFE	合肥	骆岗机场
AQG	安庆	大龙山机场	HGH	杭州	萧山国际机场
AYN	安阳	安阳机场	HJJ	怀化	芷江机场
BAV	包头	二里半机场	HIA	淮安	涟水机场
BHY	北海	福城机场	HLD	海拉尔	东山机场
BPX	昌都	昌都马草机场	HLH	乌兰浩特	乌兰浩特机场
BSD	保山	保山机场	HMI	哈密	哈密机场
CAN	广州	白云国际机场	HNY	衡阳	衡阳机场
CGD	常德	桃花机场	HRB	哈尔滨	阎家岗国际机场
CGO	郑州	新郑国际机场	HSN	舟山	普陀山机场
CGQ	长春	龙嘉国际机场	HTN	和田	和田机场
CHG	朝阳	朝阳机场	HYN	黄岩	路桥机场
CHW	酒泉	酒泉机场	HZG	汉中	西关机场
CIF	赤峰	玉龙国际机场	INC	银川	河东机场
CIH	长治	王村机场	IQM	且末	且末机场
CKG	重庆	江北国际机场	IQN	庆阳	西峰镇机场
CNI	长海	大长山岛机场	JDZ	景德镇	罗家机场
CSX	长沙	黄花国际机场	JGN	嘉峪关	嘉峪关机场
CTU	成都	双流国际机场	JGS	井冈山	井冈山机场
CZX	常州	奔牛机场	JHG	西双版纳	景洪机场
DAT	大同	怀仁机场	JIL	吉林	二台子机场
DAX	达州	河市机场	JIU	九江	庐山机场
DDG	丹东	浪头机场	JJN	泉州	晋江机场
DIG	香格里拉	迪庆机场	JMU	佳木斯	东郊机场
DLC	大连	周水子国际机场	JNZ	锦州	小岭子机场
DLU	大理	大理机场	JUZ	衢州	衢州机场
DNH	敦煌	敦煌机场	JZH	九寨沟	黄龙机场
DOY	东营	东营机场	KCA	库车	库车机场
DYG	张家界	荷花机场	KHG	喀什	喀什机场
ENH	恩施	许家坪机场	KHN	南昌	昌北机场
ENY	延安	二十里铺机场	KMG	昆明	巫家坝国际机场
FUG	阜阳	西关机场	KOW	赣州	黄金机场
FOC	福州	长乐国际机场	KRL	库尔勒	库尔勒机场
FYN	富蕴	可可托托海机场	KRY	克拉玛依	克拉玛依机场
GHN	广汉	广汉机场	KWE	贵阳	龙洞堡机场
GOQ	格尔木	格尔木机场	KWL	桂林	两江国际机场
HAK	海口	美兰国际机场	LCX	连城	连城机场
HEK	黑河	黑河机场	LHW	兰州	中川机场

三字代码	城市名	机杨名	三字代码	城市名	机杨名
LJG	丽江	丽江机场	TGO	通辽	通辽机场
LNJ	临沧	临沧机场	TNA	济南	遥墙国际机场
LUM	潞西	芒市机场	TNH	通化	通化机场
LXA	拉萨	贡嘎机场	TSN	天津	滨海国际机场
LYA	洛阳	北郊机场	TXN	黄山	屯溪机场
LYG	连云港	白塔埠机场	TYN	太原	武宿机场
LYI	临沂	临沂机场	URC	乌鲁木齐	地窝铺国际机场
LZH	柳州	白莲机场	UYN	榆林	西沙机场
LZO	泸州	萱田机场	WEF	潍坊	文登机场
MDG	牡丹江	海浪机场	WEH	威海	大水泊机场
MIG	绵阳	南郊机场	WNZ	温州	永强机场
MXZ	梅州	梅县机场	WUA	乌海	乌海机场
NAO	南充	高坪机场	WUH	武汉	天河国际机场
NAY	北京	南苑机场	WUS	武夷山	武夷山机场
NDG	齐齐哈尔	三家子机场	WUX	无锡	无锡机场
NGB	宁波	栎社机场	WUZ	梧州	长州岛机场
Nkg	南京	禄口国际机场	WXN	万县	万县机场
NNG	南宁	吴墟机场	XFN	襄樊	刘集机场
NNY	南阳	姜营机场	XIC	西昌	青山机场
NTG	南通	兴东机场	XIL	锡林浩特	锡林浩特
BJS/PEK	北京	首都国际机场	XIY/SIA	西安	咸阳国际机场
PVG	上海	浦东国际机场	XMN	厦门	高崎国际机场
PZI	攀枝花	保安营机场	XNN	西宁	曹家堡机场
RLK	巴彦淖尔	天吉泰机场	XUZ	徐州	观音机场
SHA	上海	虹桥机场	YBP	宜宾	菜坝机场
SHE	沈阳	桃仙机场	YNZ	盐城	盐城机场
SHP	山海关市	秦皇岛机场	YIH	宜昌	三峡机场
SHS	荆州	沙市机场	YIN	伊宁	伊宁机场
SJW	石家庄	正定机场	YIW	义乌	义乌机场
SWA	汕头	外砂机场	YNJ	延吉	朝阳川机场
SYM	思茅	思茅机场	YNT	烟台	莱山机场
SYX	三亚	凤凰国际机场	ZAT	昭通	昭通机场
SZX	深圳	宝安国际机场	ZHA	湛江	湛江机场
TAO	青岛	流亭国际机场	ZUH	珠海	三灶机场
TCG	塔城	塔城机场	ZYI	遵义	遵义机场
TEN	铜仁	大兴机场			

附录二　国际城市三字代码

代码	城市	国家或地区	代码	城市	国家或地区
ACC	阿克拉	加纳	CMB	科伦坡	斯里兰卡
ADD	亚的斯亚贝巴	埃塞俄比亚	CPH	哥本哈根	丹麦
AKL	奥克兰	新西兰	CPT	开普敦	南非
ALG	阿尔及尔	阿尔及利亚	DAC	达卡	孟加拉
AMM	阿曼	约旦	DAM	大马士革	叙利亚
AMS	阿姆斯特丹	荷兰	DAR	达累斯萨达姆	坦桑尼亚
ANC	安克雷奇	美国	DEL	新德里	印度
ANK	安卡拉	土耳其	DFW	达拉斯	美国
ATH	雅典	希腊	DHA	宰赫兰	沙特阿拉伯
ATL	亚特兰大	美国	DOH	多哈	卡塔尔
AUA	阿鲁巴	阿鲁巴	DPS	登巴萨巴厘岛	印度尼西亚
AUH	阿布扎比	阿联酋	DTT	底特律	美国
BAH	巴林	巴林	DUB	都柏林	爱尔兰
BCN	巴塞罗那	西班牙	DXB	迪拜	阿联酋
BEG	贝尔格莱德	塞尔维亚	FIH	金沙萨	刚果(金)
BER	柏林	德国	FLR	佛罗伦萨	意大利
BEY	贝鲁特	黎巴嫩	FNJ	平壤	朝鲜
BGI	巴巴多斯	巴巴多斯	FRA	法兰克福	德国
BGO	卑尔根	挪威	FUK	福冈	日本
BGW	巴格达	伊拉克	GLA	格拉斯哥	英国
BKK	曼谷	泰国	GVA	日内瓦	瑞士
BNE	布里斯班	澳大利亚	HAJ	汉诺威	德国
BOG	波哥大	哥伦比亚	HAM	汉堡	德国
BOM	孟买	印度	HAN	河内	越南
BRI	巴里	意大利	HAV	哈瓦那	古巴
BOS	波士顿	美国	HEL	赫尔辛基	芬兰
BRU	布鲁塞尔	比利时	HKD	函馆	日本
BSB	巴西利亚	巴西	HKG	香港	中国
BSL	巴塞尔	瑞士	HNL	火奴鲁鲁	美国
BUD	布达佩斯	匈牙利	HOU	休斯顿	美国
BUE	布宜诺斯艾利斯	阿根廷	IKT	伊尔库茨克	俄罗斯
BUH	布加勒斯特	罗马尼亚	ISB	伊斯兰堡	巴基斯坦
CAI	开罗	埃及	IST	伊斯坦布尔	土耳其
CMN	卡萨布兰卡	摩洛哥	IVC	因佛卡吉尔	新西兰
CBR	堪培拉	澳大利亚	JED	吉达	沙特阿拉伯
CCS	加拉加斯	委内瑞拉	JKT	雅加达	印度尼西亚
CHC	克赖斯特彻奇	新西兰	JNB	约翰内斯堡	南非
CHI	芝加哥	美国	KBL	喀布尔	阿富汗
CJU	济州	韩国	KHH	高雄	中国台湾

代码	城市	国家或地区	代码	城市	国家或地区
KHI	卡拉奇	巴基斯坦	PEN	槟榔屿	马来西亚
KHV	哈巴罗夫斯克	俄罗斯	PER	佩思	澳大利亚
KIN	金斯敦	牙买加	PHL	费城	美国
KTM	加德满都	尼泊尔	PHX	凤凰城	美国
KUL	吉隆坡	马来西亚	PNH	金边	柬埔寨
KWI	科威特	科威特	POS	西班牙港	特立尼达和多巴哥
LAD	罗安达	安哥拉	PRG	布拉格	捷克
LAX	洛杉矶	美国	PTY	巴拿马城	巴拿马
LED	圣彼得堡	俄罗斯	PUS	釜山	韩国
LFW	洛美	多哥	REK	雷克雅未克	冰岛
LHE	拉合尔	巴基斯坦	RGN	仰光	缅甸
LIM	利马	秘鲁	RIO	里约热内卢	巴西
LIS	里斯本	葡萄牙	ROM	罗马	意大利
LON	伦敦	英国	RTM	鹿特丹	荷兰
LOS	拉各斯	尼日利亚	RUH	利雅得	沙特阿拉伯
LUX	卢森堡	卢森堡	SAL	圣萨尔瓦多	萨尔瓦多
LYS	里昂	法国	SAO	圣保罗	巴西
MAD	马德里	西班牙	SCL	圣地亚哥	智利
MAN	曼彻斯特	英国	SEA	西雅图	美国
MEL	墨尔本	澳大利亚	SEL	首尔	韩国
MEX	墨西哥城	墨西哥	SFO	旧金山	美国
MFM	澳门	中国	SGN	胡志明市	越南
MIA	迈阿密	美国	SHJ	加沙	阿联酋
MIL	米兰	意大利	SIN	新加坡	新加坡
MLI	莫林	美国	SJU	圣胡安	阿根廷
MNL	马尼拉	菲律宾	SOF	索非亚	保加利亚
MOW	莫斯科	俄罗斯	SPN	塞班岛	马里亚纳群岛
MRS	马赛	法国	STO	斯德哥尔摩	瑞典
MUC	慕尼黑	德国	STR	斯图加特	德国
MVD	蒙德维的亚	乌拉圭	SVD	圣文森特	圣文森特和格林纳丁斯
NAN	楠迪	斐济	SYD	悉尼	澳大利亚
NBO	内罗毕	肯尼亚	THR	德黑兰	伊朗
NCE	尼斯	法国	TIP	的黎波里	利比亚
NGO	名古屋	日本	TLV	特拉维夫	以色列
NGS	长崎	日本	TUN	突尼斯	突尼斯
NYC	纽约	美国	TPE	台北	中国台湾
OKA	冲绳	日本	TSR	蒂米什瓦拉	罗马尼亚
OSA	大阪	日本	TYO	东京	日本
OSL	奥斯陆	挪威	UKB	神户	日本
PAR	巴黎	法国	ULN	乌兰巴托	蒙古

代码	城市	国家或地区	代码	城市	国家或地区
VCE	威尼斯	意大利	YOW	渥太华	加拿大
VIE	维也纳	奥地利	YQB	魁北克	加拿大
VTE	万象	老挝	YTO	多伦多	加拿大
WAS	华盛顿	美国	YVR	温哥华	加拿大
WAW	华沙	波兰	YYC	卡尔加里	加拿大
WLG	惠灵顿	新西兰	ZRH	苏黎世	瑞士
YMQ	蒙特利尔	加拿大			

附录三　IATA 转换比价表(IATA Rates of Exchange，IROE)

NOTE：

The ROE used to convert NUC into the currency of the country of commencement of transportation shall be that in effect on the date of ticket issuance.

To calculate fares, rates or charges in currencies listed below：			Multiply NUC fare rate/ charge by the following rate of exchange：	And round up the resulting amount to the next higher unit as listed below：			
Country (+ local currency acceptance limited)	Currency Name Alpha	ISO Codes Numeric	From NUC	Rounding Units Local Curr. Fares	Other Charges	Decimal Units	Notes
Afghanistan	US Dollar	USD 840	1.000000	1	0.1	2	5
+ Afghanistan	Afghani	AFN 971	49.500000	1	1	0	2,8
Albania	euro	EUR 978	0.742833	1	0.01	2	
+ Albania	Lek	ALL 008	NA	1	1	0	22
+ Algeria	Algerian Dinar	DZD 012	74.335870	10	1	0	
American Samoa	US Dollar	USD 840	1.000000	1	0.1	2	5
Angola	US Dollar	USD 840	1.000000	1	0.1	2	5
+ Angola	Kwanza	AOA 973	95.164000	1	1	2	2,8
Anguilla	US Dollar	USD 840	1.000000	1	0.1	2	5
Anguilla	East Caribbean Dollar	XCD 951	2.700000	1	0.1	2	2,5
Antigua Barbuda	US Dollar	USD 840	1.000000	1	0.1	2	5
Antigua Barbuda	East Caribbean Dollar	XCD 951	2.700000	1	0.1	2	2
Argentina	US Dollar	USD 840	1.000000	1	0.1	2	5
+ Argentina	Argentina Peso	ARS 032	4.334660	1	0.1	2	1,2,5,8
Armenia	euro	EUR 978	0.758475	1	0.01	2	
+ Armenia	Armenia Dram	AMD 051	389.800000	1	1	0	8,22
Aruba	Aruba Guilders	AWG 533	1.790000	1	1	0	
Australia	Australia Dollar	AUD 036	0.941460	1	0.1	2	8,17
Austria	euro	EUR 978	0.758475	1	0.01	2	8

To calculate fares, rates or charges in currencies listed below:	Multiply NUC fare rate/ charge by the following rate of exchange:	And round up the resulting amount to the next higher unit as listed below:

Country (+ local currency acceptance limited)	Currency Name Alpha	ISO Codes Numeric	From NUC	Local Curr. Fares	Other Charges	Decimal Units	Notes
Azerbaijan	euro	EUR	978	0.758475	1	0.01	2	
+ Azerbaijan	Azerbaijan Manat	AZN	944	0.785270	0.1	0.1	2	8,22
Bahamas	US Dollar	USD	840	1.000000	1	0.1	2	5
Bahamas	Bahamian Dollar	BSD	044	NA	1	0.1	2	2
Bahrain	Bahraini Dinar	BHD	048	0.376100	1	0.1	3	
Bangladesh	US Dollar	USD	840	1.000000	1	0.1	2	5
+ Bangladesh	Taka	BDT	050	81.713000	1	1	0	2,19
Barbados	US Dollar	USD	840	1.000000	1	0.1	2	5
+ Barbados	Barbados Dollar	BBD	052	NA	1	0.1	2	2
Belarus	euro	EUR	978	0.758475	1	0.01	2	
+ Belarus	Belarusian Ruble	BYR	974	8186.000000	10	10	0	4,8,22
Belgium	euro	EUR	978	0.758475	1	0.01	2	8
Belize	US Dollar	USD	840	1.000000	1	0.1	2	5
+ Belize	Belize Dollar	BZD	084	2.000000	1	0.1	2	2
Benin	CFA Franc	XOF	952	497.527252	100	100	0	
Bermuda	US Dollar	USD	840	1.000000	1	0.1	2	5
Bermuda	Bermudian Dollar	BMD	060	1.000000	1	0.1	2	2,5
Bhutan	Ngultrum	BTN	064	50.087000	1	1	0	
Bolivia, Plurinational State of	US Dollar	USD	840	1.000000	1	0.1	2	5
+ Bolivia, Plurinational State of	Boliviano	BOB	068	6.986000	1	1	0	1,2,8
Bonaire, Saba, Sint Eustatius	US Dollar	USD	840	1.000000	1	0.1	2	5
Bosnia and Herzegovina	euro	EUR	978	0.758475	1	0.01	2	
+ Bosnia and Herzegovina	Convertible Mark	BAM	977	NA	1	1	0	22
Botswana	Pula	BWP	072	7.216883	1	0.1	2	
Brazil	US Dollar	USD	840	1.000000	1	0.1	2	5
+ Brazil	Brazilian Real	BRL	986	1.754700	0.01	0.01	2	1, 2, 3, 8,14
Brunei Darussalam	Brunei Dollar	BND	096	1.257080	1	1	0	
Bulgaria	euro	EUR	978	0.758475	1	0.01	2	

| To calculate fares, rates or charges in currencies listed below: | | Multiply NUC fare rate/ charge by the following rate of exchange: | And round up the resulting amount to the next higher unit as listed below: |

Country (+ local currency acceptance limited)	Currency Name Alpha	ISO Codes Numeric	From NUC	Rounding Units			
				Local Curr. Fares	Other Charges	Decimal Units	Notes
+ Bulgaria	Lev	BGN 975	NA	0.01	0.01	2	8,22
Burkina Faso	CFA Franc	XOF 952	497.527252	100	100	0	
Burundi	US Dollar	USD 840	1.000000	1	0.1	2	5
+ Burundi	Burundi Franc	BIF 108	1297.100000	10	5	0	2,16
Cambodia	US Dollar	USD 840	1.000000	1	0.1	2	5
+ Cambodia	Riel	KHR 116	NA	10	10	0	2
Cameroon	CFA Franc	XAF 950	497.527252	100	100	0	
Canada	Canadian Dollar	CAD 124	0.996440	1	0.1	2	8,12
Cape Verde Islands	euro	EUR 978	0.758475	1	0.01	2	
+ Cape Verde Islands	Cape Verde Escudo	CVE 132	83.633291	100	100	0	2,8
Cayman Islands	US Dollar	USD 840	1.000000	1	0.1	2	5
Cayman Islands	Cayman Islands Dollar	KYD 136	0.820000	0.1	0.1	2	2,5
Central African Rep.	CFA Franc	XAF 950	497.527252	100	100	0	
Chad	CFA Franc	XAF 950	497.527252	100	100	0	
Chile	US Dollar	USD 840	1.000000	1	0.1	2	5
+ Chile	Chilean Peso	CLP 152	487.090000	1	1	0	2
+ China excluding Hong Kong SAR & Macao SAR	Yuan Renminbi	CNY 156	6.310330	10	1	0	
Chinese Taipei	New Taiwan Dollar	TWD 901	29.520800	1	1	0	
Colombia	US Dollar	USD 840	1.000000	1	0.1	2	5
+ Colombia	Colombian Peso	COP 170	1771.783000	100	100	0	1,2,8,21
Comoros	Comoro Franc	KMF 174	373.145439	100	50	0	
Congo	CFA Franc	XAF 950	497.527252	100	100	0	
Congo, Democratic Republic of	US Dollar	USD 840	1.000000	1	0.1	2	5
+ Congo, Democratic Republic of	Franc Congolais	CDF 976	NA	1	0.05	3	2,8
Cook Islands	New Zealand Dollar	NZD 554	1.217672	1	0.1	2	8
Costa Rica	US Dollar	USD 840	1.000000	1	0.1	2	5
Costa Rica	Costa Rica Colon	CRC 188	NA	1	1	0	2,5
Côte d'Ivoire	CFA Franc	XOF 952	497.527252	100	100	0	

To calculate fares, rates or charges in currencies listed below:		Multiply NUC fare rate/ charge by the following rate of exchange:	And round up the resulting amount to the next higher unit as listed below:			

Country (+ local currency acceptance limited)	Currency Name Alpha	ISO Codes Numeric	From NUC	Rounding Units Local Curr. Fares	Other Charges	Decimal Units	Notes
Croatia	euro	EUR 978	0.758475	1	0.01	2	
+ Croatia	Kuna	HRK 191	NA	1	1	0	5,8,22
Cuba	US Dollar	USD 840	1.000000	1	0.1	2	5
+ Cuba	Cuban Peso	CUP 192	1.000000	1	0.1	2	2
Curacao	Antillian Guilders	ANG 532	1.790000	1	1	0	
Cyprus	euro	EUR 978	0.758475	1	0.01	2	8
Czech Republic	Czech Koruna	CZK 203	18.808700	1	1	0	8
Denmark	Danish Krone	DKK 208	5.638720	1	1	0	8
Djibouti	Djibouti Franc	DJF 262	175.310000	100	100	0	
Dominica	US Dollar	USD 840	1.000000	1	0.1	2	5
Dominica	East Caribbean Dollar	XCD 951	2.700000	1	0.1	2	2
Dominica Republic	US Dollar	USD 840	1.000000	1	0.1	2	5
Dominica Republic	Dominica Peso	DOP 214	NA	1	1	0	2,8
Ecuador	US Dollar	USD 840	1.000000	1	0.1	2	5
+ Egypt	Egyptian Pound	EGP 818	6.033090	1	1	2	
EI Salvador	US Dollar	USD 840	1.000000	1	0.1	2	5
+ EI Salvador	EI Salvador Colon	SVC 222	NA	1	1	2	2,8,15
Equatorial Guinea	CFA Franc	XAF 950	497.527252	100	100	0	
Eritrea	US Dollar	USD 840	1.000000	1	0.1	2	5
+ Eritrea	NAKFA	ERN 232	15.750000	1	1	0	2,8
Estonia	euro	EUR 978	0.758475	1	0.01	2	8
Ethiopia	US Dollar	USD 840	1.000000	1	0.1	2	5
+ Ethiopia	Ethiopian Birr	ETB 230	17.433000	1	1	0	2,8
Falkland Islands	Falkland Pound	FKP 238	0.633508	1	0.1	2	
Faroe Isl.	Danish Krone	DKK 208	5.638720	1	1	0	8
Fiji Islands	Fiji Dollar	FJD 242	1.769780	1	0.1	2	8
Finland	euro	EUR 978	0.758475	1	0.01	2	8
France	euro	EUR 978	0.758475	1	0.01	2	8
French Guiana	euro	EUR 978	0.758475	1	0.01	2	8

To calculate fares, rates or charges in currencies listed below:			Multiply NUC fare rate／ charge by the following rate of exchange:	And round up the resulting amount to the next higher unit as listed below:			
Country (+ local currency acceptance limited)	Currency Name Alpha	ISO Codes Numeric	From NUC	Rounding Units			
				Local Curr. Fares	Other Charges	Decimal Units	Notes
French Polynesia	CFP Franc	XPF 953	90. 510106	100	10	0	
Gabon	CFA Franc	XAF 950	497. 527252	100	100	0	
Gambia	US Dollar	USD 840	1. 000000	1	0.1	2	5
+ Gambia	Dalasi	GMD 270	NA	1	0.1	2	2,8
Georgia	euro	EUR 978	0. 758475	1	0.01	2	
+ Georgia	Lari	GEL 981	1. 657610	1	0.1	2	8,22
Germany	euro	EUR 978	0. 758475	1	0.01	2	8
Ghana	US Dollar	USD 840	1. 000000	1	0.1	2	5
+ Ghana	Ghana Cedi	GHS 936	1. 711330	1	0.1	2	2,8
Gibraltar	Gibraltar Pound	GIP 292	0. 633508	1	0.1	2	5
Greece	euro	EUR 978	0. 758475	1	0.01	2	8
Greenland	Danish Krone	DKK 208	5. 638720	1	1	0	8
Grenada	US Dollar	USD 840	1. 000000	1	0.1	2	5
Grenada	East Caribbean Dollar	XCD 951	2. 700000	1	0.1	2	2
Guadeloupe	euro	EUR 978	0. 758475	1	0.01	2	8
Guam	US Dollar	USD 840	1. 000000	1	0.1	2	5
Guatemala	US Dollar	USD 840	1. 000000	1	0.1	2	5
Guatemala	Quetzal	GTQ 320	NA	1	0.1	2	2,8
Guinea	US Dollar	USD 840	1. 000000	1	0.1	2	5
+ Guinea	Guinea Franc	GNF 324	7113. 500000	100	100	0	2,8
Guinea Bissau	CFA Franc	XOF 952	497. 527252	100	100	0	
Guyana	US Dollar	USD 840	1. 000000	1	0.1	2	5
+ Guyana	Guyana Dollar	GYD 328	NA	1	1	0	2
Haiti	US Dollar	USD 840	1. 000000	1	0.1	2	5
Haiti	Gourde	HTG 332	NA	1	5	2	2
Honduras	US Dollar	USD 840	1. 000000	1	0.1	2	5
Honduras	Lempira	HNL 340	NA	1	0.2	2	2
Hong Kong SAR, China	Hong Kong SAR Dollar	HKD 344	7. 760810	10	1	0	8
+ Hungary	Forint	HUF 348	222. 331000	100	100	0	8

To calculate fares, rates or charges in currencies listed below:			Multiply NUC fare rate/ charge by the following rate of exchange:	And round up the resulting amount to the next higher unit as listed below:			

Country (+ local currency acceptance limited)	Currency Name Alpha	ISO Codes Numeric	From NUC	Rounding Units			
				Local Curr. Fares	Other Charges	Decimal Units	Notes
Iceland	Iceland Krona	ISK 352	125.726000	100	10	0	8
+ India	Indian Rupee	INR 356	50.087000	5	1	0	8,10
Indonesia	US Dollar	USD 840	1.000000	1	0.1	2	5
Indonesia	Rupiah	IDR 360	9127.500000	1000	100	0	1,2,8
+ Iran, Islamic Republic of	Iranian Rial	IRR 364	12287.100000	1000	1000	0	19
Iraq	US Dollar	USD 840	1.000000	1	0.1	2	5
+ Iraq	Iraq Dinar	IQD 368	1164.000000	0.1	0.05	3	2
Ireland	euro	EUR 978	0.758475	1	0.01	2	8
Israel	US Dollar	USD 840	1.000000	1	0.1	2	5
Israel	New Israeli Sheqel	ILS 376	3.795220	1	1	0	2,5,8
Italy	euro	EUR 978	0.758475	1	0.01	2	8
Jamaica	US Dollar	USD 840	1.000000	1	0.1	2	5
+ Jamaica	Jamaican Dollar	JMD 388	NA	1	1	0	2
Japan	Yen	JPY 392	81.322000	100	10	0	7,8
Jordan	Jordanian Dinar	JOD 400	0.709310	0.1	0.05	3	
+ Kazakhstan	Kazakhstan Tenge	KZT 398	147.987000	1	1	0	8
Kenya	US Dollar	USD 840	1.000000	1	0.1	2	5
+ Kenya	Kenya Shilling	KES 404	82.838000	5	5	0	2
Kiribati	Australian Dollar	AUD 036	0.941460	1	0.1	2	
+ Korea, Democratic People's Republic of	North Korean Won	KPW 408	99.245000	1	1	0	
+ Korea, Republic of	Won	KRW 410	1120.150000	100	100	0	8
Kuwait	Kuwait Dinar	KWD 414	0.278240	1	0.05	3	
Kyrgyzstan	euro	EUR 978	0.758475	1	0.01	2	
+ Kyrgyzstan	Som	KGS 417	46.730240	1	0.1	2	8,22
Lao(People's Dem. Rep.)	US Dollar	USD 840	1.000000	1	0.1	2	5
+ Lao(People's Dem. Rep.)	Kip	LAK 418	7991.300000	10	10	0	2
Latvia	Euro	EUR 978	0.758475	1	0.01	2	8
Latvia	Latvian	LVL 428	0.529090	1	0.01	2	8,22

To calculate fares, rates or charges in currencies listed below:				Multiply NUC fare rate/ charge by the following rate of exchange:	And round up the resulting amount to the next higher unit as listed below:			
Country (+ local currency acceptance limited)	Currency Name Alpha	ISO Codes Numeric		From NUC	Rounding Units			
					Local Curr. Fares	Other Charges	Decimal Units	Notes
Lebanon	US Dollar	USD	840	1.000000	1	0.1	2	5
+ Lebanon	Lebanese Pound	LBP	422	NA	100	100	0	2,8
Lesotho	Loti	LSL	426	7.578150	10	1	0	6
Liberia	US Dollar	USD	840	1.000000	1	0.1	2	5
+ Liberia	Liberian Dollar	LRD	430	NA	1	0.1	2	2
+ Libya	Libyan Dinar	LYD	434	1.253340	0.1	0.05	3	19
Liechtenstein	Same as Switzerland	CHF	756					
Lithuania	Euro	EUR	978	0.758475	1	0.01	2	
Lithuania	Litas	LTL	440	2.618864	1	1	0	8
Luxembourg	Euro	EUR	978	0.758475	1	0.01	2	8
Macao SAR, China	Pataca	MOP	446	7.993634	10	1	0	
Macedonia(FYROM)	Euro	EUR	978	0.758475	1	0.01	2	
+ Macedonia(FYROM)	Macedonian Denar	MKD	807	46.546000	1	1	0	5,8,22
Madagascar	US Dollar	USD	840	1.000000	1	0.1	2	5
+ Madagascar	Ariary	MGA	969	2163.800000	100	100	0	2
Malawi	US Dollar	USD	840	1.000000	1	0.1	2	5
Malawi	Kwacha	MWK	454	167.000000	1	0.1	2	2,8
Malaysia	Malaysian Ringgit	MYR	458	3.017900	1	1	0	8
Maldives Isl.	US Dollar	USD	840	1.000000	1	0.1	2	5
Maldives Isl.	Rufiyaa	MVR	462	NA	1	1	0	2
Mali	CFA Franc	XOF	952	497.527252	100	100	0	
Malta	Euro	EUR	978	0.758475	1	0.01	2	8
Marshall Isl.	US Dollar	USD	840	1.000000	1	0.1	2	5
Martinique	euro	EUR	978	0.758475	1	0.01	2	8
+ Mauritania	Ouguiya	MRO	478	294.300000	20	10	0	
+ Mauritius	Mauritius Rupee	MUR	480	29.180000	5	1	0	
Mayotte	euro	EUR	978	0.758475	1	0.01	2	8
Mexico	US Dollar	USD	840	1.000000	1	0.1	2	5
Mexico	Mexico Peso	MXN	484	12.843890	1	1	0	2,8

To calculate fares, rates or charges in currencies listed below:				Multiply NUC fare rate/ charge by the following rate of exchange:	And round up the resulting amount to the next higher unit as listed below:			
Country (+ local currency acceptance limited)	Currency Name Alpha	ISO Codes	Numeric	From NUC	Rounding Units			Notes
					Local Curr. Fares	Other Charges	Decimal Units	
Micronesia, Federated States	US Dollar	USD	840	1.000000	1	0.1	2	5
Moldova, Republic of	euro	EUR	978	0.758475	1	0.01	2	
+ Moldova, Republic of	Moldovan Leu	MDL	498	11.859150	1	1	0	8,22
Monaco	euro	EUR	978	0.758475	1	0.01	2	8
Mongolia	US Dollar	USD	840	1.000000	1	0.1	2	5
Mongolia	Tugrik	MNT	496	NA	100	100	2	2
Montenegro	euro	EUR	978	0.758475	1	0.01	2	
Montserrat	US Dollar	USD	840	1.000000	1	0.1	2	5
Montserrat	East Caribbean Dollar	XCD	951	2.700000	1	0.1	2	2,5
+ Morocco	Moroccan Dirham	MAD	504	8.450390	5	1	0	8
+ Mozambique	Metical	MZN	943	27.297000	10	1	0	8
+ Myanmar	Kyat	MMK	104	821.800000	1	1	0	
Namibia	Namibia Dollar	NAD	516	7.578160	10	1	0	6,8
Nauru	Australia Dollar	AUD	036	0.941460	1	0.1	2	
+ Nepal	Nepalese Rupee	NPR	524	80.139200	1	1	0	
Netherlands	euro	EUR	978	0.758475	1	0.01	2	8,11
New Caledonia	CFA Franc	XPF	953	90.510160	100	10	0	
New Zealand	New Zealand Dollar	NZD	554	1.217672	1	0.1	2	8,18
Nicaragua	US Dollar	USD	840	1.000000	1	0.1	2	5
+ Nicaragua	Cordoba Oro	NIO	558	23.178480	1	1	0	1,2
Niger	CFA Franc	XOF	952	497.527252	100	100	0	
Nigeria	US Dollar	USD	840	1.000000	1	0.1	2	5
+ Nigeria	Naira	NGN	566	157.630000	1	1	0	2
Niue	New Zealand Dollar	NZD	554	1.217672	1	0.1	2	
Norfolk Isl.	Australia Dollar	AUD	036	0.941460	1	0.1	2	
North Mariana Isl.	US Dollar	USD	840	1.000000	1	0.1	2	5
Norway	Norwegian Krone	NOK	578	5.643400	5	1	0	8
Oman	Rial Omani	OMR	512	0.384500	1	0.1	3	
+ Pakistan	Pakistan Rupee	PKR	586	90.847000	10	1	0	9

To calculate fares, rates or charges in currencies listed below:				Multiply NUC fare rate/ charge by the following rate of exchange:	And round up the resulting amount to the next higher unit as listed below:			
Country (+ local currency acceptance limited)	Currency Name Alpha	ISO Codes	Numeric	From NUC	Rounding Units			
					Local Curr. Fares	Other Charges	Decimal Units	Notes
Palau	US Dollar	USD	840	1.000000	1	0.1	2	5
Palestinian Territory, Occupied	US Dollar	USD	840	1.000000	1	0.1	2	5
Panama	Us Dollar	USD	840	1.000000	1	0.1	2	5
Panama	Balboa	PAB	590	1.000000	1	0.1	2	2
Papua New Guinea	Kina	PGK	598	2.039398	1	0.1	2	
Paraguay	US Dollar	USD	840	1.000000	1	0.1	2	5
+ Paraguay	Guarani	PGY	600	NA	100	100	0	2,20
Peru	US Dollar	USD	840	1.000000	1	0.1	2	5
+ Peru	Nuevo Sol	PEN	604	2.675000	0.1	0.1	2	2,8
Philippines	US Dollar	USD	840	1.000000	1	0.1	2	5
+ Philippines	Philippine Peso	PHP	608	42.765000	1	1	0	2,8
+ Poland	Zloty	PLN	985	3.133670	1	0.01	2	
Portugal incl Azores, Madeira	euro	EUR	978	0.758475	1	0.01	2	
Puerto Rico	US Dollar	USD	840	1.000000	1	0.1	2	5
Qatar	Qatari Rial	QAR	634	3.640000	10	10	0	
Reunion Isl.	euro	EUR	978	0.758475	1	0.01	2	
Romania	euro	EUR	978	0.758475	1	0.01	2	
+ Romania	New Leu	RON	946	3.302860	1	1	2	8,22
Russia	Euro	EUR	978	0.758475	1	0.01	2	8,22
+ Russia	Russian Ruble	RUB	643	29.478080	5	1	0	8,22
Rwanda	US Dollar	USD	840	1.000000	1	0.1	2	5
+ Rwanda	Rwanda Franc	RWF	646	NA	10	5	0	2,13
Saint Kitts, Nevis	US Dollar	USD	840	1.000000	1	0.1	2	5
Saint Kitts, Nevis	East Caribbean Dollar	XCD	951	2.700000	1	0.1	2	2
Saint Lucia	US Dollar	USD	840	1.000000	1	0.1	2	5
Saint Lucia	East Caribbean Dollar	XCD	951	2.700000	1	0.1	2	2
St. Maarten	Antillian Guilders	ANG	532	1.790000	1	1	0	
St. Pierre Miquelon	euro	EUR	978	0.758475	1	0.01	2	8
St. Vincent and the Grenadines	US Dollar	USD	840	1.000000	1	0.1	2	5

（续）

To calculate fares, rates or charges in currencies listed below:				Multiply NUC fare rate/ charge by the following rate of exchange:	And round up the resulting amount to the next higher unit as listed below:			
Country (+ local currency acceptance limited)	Currency Name Alpha	ISO Codes	Numeric	From NUC	Local Curr. Fares	Other Charges	Decimal Units	Notes
St. Vincent and the Grenadines	East Caribbean Dollar	XCD	951	2.700000	1	0.1	2	2
Samoa	Tala	WST	882	2.193371	1	0.1	2	8
Sao Tome and Principe	US Dollar	USD	840	1.000000	1	0.1	2	5
+Sao Tome and Principe	Dobra	STD	678	NA	100	100	0	2,8
Saudi Arabia	Saudi Riyal	SAR	682	3.750410	1	1	0	
Senegal	CFA Franc	XOF	952	497.527252	100	100	0	
Serbia	euro	EUR	978	0.758475	1	0.01	2	
+Serbia	Serbian Dinar	RSD	941	83.920000	1	1	0	5,8,22
Seychelles	Seychelles Rupee	SCR	690	13.990230	1	1	0	
Sierra Leone	US Dollar	USD	840	1.000000	1	0.1	2	5
+Sierra Leone	Leone	SLL	694	NA	1	0.1	2	2,8
Singapore	Singapore Dollar	SGD	702	1.257080	1	0.1	2	8
Slovakia	Euro	EUR	978	0.758475	1	0.01	2	
Slovenia	Euro	EUR	978	0.758475	1	0.01	2	
Solomon Islands	Solomon Island Dollar	SBD	090	7.113732	1	0.1	2	
Somalia	US Dollar	USD	840	1.000000	1	0.1	2	5
+Somalia	Somali Shilling	SOS	706	1620.000000	1	1	0	1,2
South Africa	Rand	ZAR	710	7.578150	10	1	0	6,8
+South Sudan	South Sudanese Pound	SSP	728	3.500000	1	1	2	
Spain incl. Canary Islands	Euro	EUR	978	0.758475	1	0.01	2	8
+Sri Lanka	Sri Lanka Rupee	LKR	144	121.530000	100	1	0	
+Sudan	Sudanese Pound	SDG	938	3.100000	1	1	2	19
Suriname	US Dollar	USD	840	1.000000	1	0.1	2	5
+Suriname	Surinam Dollar	SRD	968	3.300000	1	1	0	2
Swaziland	Lilangeni	SZL	748	7.578150	10	1	0	6
Sweden	Swedish Krona	SEK	752	6.741960	5	1	0	8
Switzerland	Swiss Franc	CHF	756	0.914380	1	0.5	2	8
+Syria Arab Republic	Syrian Pound	SYP	760	75.490000	1	1	0	19
Tajikistan	Euro	EUR	978	0.758475	1	0.01	2	

（续）

To calculate fares, rates or charges in currencies listed below:				Multiply NUC fare rate/ charge by the following rate of exchange:	And round up the resulting amount to the next higher unit as listed below:			
Country (+ local currency acceptance limited)	Currency Name Alpha	ISO Codes Numeric		From NUC	Rounding Units Local Curr. Fares	Other Charges	Decimal Units	Notes
+ Tajikistan	Somoni	TJS	972	4. 759300	1	0. 1	2	8,11
Tanzania, United Republic of	US Dollar	USD	840	1. 000000	1	0. 1	2	5
+ Tanzania, United Republic of	Tanzania Shilling	TZS	834	1593. 200000	10	10	0	2
Thailand	Baht	THB	764	30. 662000	5	5	0	8
Timor Leste	US Dollar	USD	840	1. 000000	1	0. 1	2	5
Togo	CFA Franc	XOF	952	497. 527252	100	100	0	
+ Tonga Isl.	Pa'anga	TOP	776	1. 620875	1	0. 1	2	8
Trinidad and Tobago	US Dollar	USD	840	1. 000000	1	0. 1	2	5
+ Trinidad and Tobago	Trinidad and Tobago Dollar	TTD	780	6. 390000	1	1	0	2
+ Tunisia	Tunisian Dinar	TND	788	1. 509000	1	0. 5	3	
Turkey	euro	EUR	978	0. 758475	1	0. 01	2	8
+ Turkey	Turkish Lira	TRY	949	1. 779050	1	0. 01	2	8,22
Turkmenistan	euro	EUR	978	0. 758475	1	0. 01	2	
+ Turkmenistan	Turkmenistan New Manat	TMT	934	2. 849200	1	0. 1	2	8,22
Turks and Caicos Isl.	US Dollar	USD	840	1. 000000	1	0. 1	2	5
Tuvalu	Australia Dollar	AUD	036	0. 941460	1	0. 1	2	
Uganda	US Dollar	USD	840	1. 000000	1	0. 1	2	5
+ Uganda	Uganda Shilling	UGX	800	2493. 000000	1	1	0	2,8
Ukraine	US Dollar	USD	840	1. 000000	1	0. 1	2	5
+ Ukraine	Hryvnia	UAH	980	8. 031150	1	1	0	2,8
United Arab Emirates	UAE Dirham	AED	784	3. 673000	10	10	0	
United Kingdom	Pound Sterling	GBP	826	0. 633508	1	0. 1	2	5,8
United States of America/UST	US Dollar	USD	840	1. 000000	1	0. 1	2	5
Uruguay	US Dollar	USD	840	1. 000000	1	0. 1	2	5
+ Uruguay	Peso Uruguayo	UYU	858	19. 540000	1	1	0	1,2,5,8
Uzbekistan	euro	EUR	978	0. 758475	1	0. 01	2	5
+ Uzbekistan	Uzbekistan Sum	UZS	860	1827. 890000	1	1	0	8,22
Vanuatu	Vatu	VUV	548	90. 992000	100	10	0	

281

To calculate fares, rates or charges in currencies listed below:				Multiply NUC fare rate/ charge by the following rate of exchange:	And round up the resulting amount to the next higher unit as listed below:			
Country (+ local currency acceptance limited)	Currency Name Alpha	ISO Codes	Numeric	From NUC	Rounding Units			
					Local Curr. Fares	Other Charges	Decimal Units	Notes
Venezuela, Bolivarian Republic of	US Dollar	USD	840	1.000000	1	0.1	2	5
Venezuela, Bolivarian Republic of	Bolivar Fuerte	VEF	937	4.294650	0.01	0.01	2	2,5,8
Viet Nam	US Dollar	USD	840	1.000000	1	0.1	2	5
+ Viet Nam	Dong	VND	704	20887.500000	1000	1000	0	2
Virgin Islands(British)	US Dollar	USD	840	1.000000	1	0.1	2	5
Virgin Islands(US)	US Dollar	USD	840	1.000000	1	0.1	2	5
Wallis and Futuna Isl.	CFA Franc	XPF	953	90.510160	100	10	0	
Yemen	Yemen Rial	YER	886	215.000000	1	1	0	19
Zambia	US Dollar	USD	840	1.000000	1	0.1	2	5
+ Zambia	Kwacha	ZMK	894	NA	5	5	0	2,8
Zimbabwe	US Dollar	USD	840	1.000000	1	0.1	2	5
+ Zimbabwe	Zimbabwe Dollar	ZWR	935	NA	1	1	2	2

NOTES

1 For information apply to the nearest office of an issuing or participating airline.

2 International fares, fares related charges and excess baggage charges will be quoted in US Dollars.

3 No rounding, ignore all decimals beyond two.

4 Rounding of fares and other charges shall be to the nearest rounding unit except US Tax charges shall be rounded to the nearest 0.01.

5 Rounding of fares and other charges shall be to the nearest rounding unit.

For example if rounding unit is nearest 1:

Between: 0.01 and 0.49 round down

0.50 and 0.99 round up

---

6 Other charges: round by dropping amounts less than 50 cents/lisenti and increasing amounts of 50 cents/lisenti or more.

282

7   Changes to promotional fares in Japanese Yen shall be calculated to JPY 1 and rounded up to JPY 1,000.

8   See 11.9. for sources of bank exchange rates.

9   Tickets issued outside Pakistan for journeys commencing in Pakistan may not be issued to Pakistani nationals whose stay abroad has been less than 10 months, unless approved by the Pakistani State Bank.

10 For tickets purchased in India, non-residents need prior approval from Reserve Bank or must produce a bank certificate evidencing the exchange of foreign currency.

11 Netherlands security charge and Passenger Service Charge shall not be rounded.

12

(a) Rounding of local currency fares shall be accomplished by dropping amounts less than 50 cents and increasing amounts of 50 cents or more. Round trip fares in Canadian/US currency shall not exceed twice the one-way fare.

(b) Other charges-Canadian Tax Charges rounded to the nearest 0.01.

13 Notwithstanding the ' + ' sign, Rwanda francs may be accepted only in accordance with the instructions issued by the 'Ministere des Finances' to the agents of Rwanda and the carriers operating to or from Rwanda. All fares from Rwanda shall be published in a basic currency.

14 The sale in Brazilian currency is prohibited for tickets which permit a stopover in Brazil on the outbound journey, once the passenger has left Brazil. This prohibition shall not apply to the sale of transportation to the performed solely within the area comprised of Argentina/ Brazil/Chile/Paraguay and Uruguay.

15 Ecuadorian /EI Salvador VAT shall not be rounded.

16 Notwithstanding the " + " sign, Burundese francs may be accepted only in accordance with the instructions issued by the 'Ministere des Finances' of the Kingdom of Burundi to the agents of Burundi and the carriers operating or from Burundi. All fares from Burundi shall be published in a basic currency.

17 Other Charges-Australian Tax Charges when collected in Australia, round to the nearest 0.01.

18 Other Charges-New Zealand Tax Charges when collected in New Zealand, round to the nearest 0.01.

19 Exchange rate set by Government.

20 Other Charges-Paraguay IVA tax rounded to nearest PYG1.

21 Other Charges-Colombian VAT shall be rounded to the nearest COP 10.

22 International fares, fares related   charges & excess baggage charges will be quoted in euro (EUR).

参 考 文 献

[1]　IATA. Passenger Air Tariff-GENERAL RULES. 2011(1).

[2]　IATA. Passenger Fare Construction Book(5th Edition). 2009 – 2010.

[3]　IATA & SITA. Passenger Air Tariff-TRAINING EXTRACT(Edition 5). 2007.

[4]　IATA & SITA. Passenger Air Tariff-TRAINING EXTRACT(Edition 4). 2005.

[5]　UBM Aviation Worldwide Limited. Official Airline Guide. 2009,11：(2).

[6]　IATA. Travel Information Manual. 2009(8).

[7]　陈小代. 国际旅客运价和票务规则[M]. 北京：法制出版社,2008.

[8]　石丽娜. 航空客运实用教程[M]. 北京：国防工业出版社,2008.

[9]　田静. 机场旅客运输服务[J]. 北京：中国民航出版社,2009.

[10]　郑田颖,傅强. 国际航空旅客运价教程(上册)[M]. 北京：中国民航出版社,2006.

[11]　刘伟民. 论航空运输延误和"超售"拒载的违约责任[J]. 北京航空航天大学学报,2011,24(6)：28 – 34.

[12]　张晓明,黄建伟. 民航旅客运输. 第 2 版[M]. 北京：旅游教育出版社,2010.

[13]　黄建伟,郑巍. 民航地勤服务. 第 2 版[M]. 北京：旅游教育出版社,2010.

[14]　顾胜勤,徐岚. 航空市场服务营销与管理[M]. 北京：中国民航出版社,2010.

[15]　中国民航订座系统订座手册. 中国民航信息网络股份有限公司培训资料,2009.